edition suhrkamp

Redaktion: Günther Busch

Klaus Busch, geboren am 27. 7. 1945 in Brake/Unterweser, studierte Politische Wissenschaften und Nationalökonomie; er ist wissenschaftlicher Assistent am Otto-Suhr-Institut der Freien Universität Berlin. Publikationen: *Weltmarkt und Weltwährungskrise* (gemeinsam mit W. Schoeller und F. Seelow) 1971; Aufsätze in Zeitschriften.

Im Unterschied zu den klassischen Imperialismustheorien (Hilferding, Bucharin, Lenin), die den Kapitalexport aus der Monopolisierungs- und der Überakkumulationstendenz des Kapitals ableiten, versucht Busch, die Internationalisierung der Mehrwertproduktion aus der spezifischen Wirkungsweise des Wertgesetzes auf dem Weltmarkt zu erklären. Realer Untersuchungsgegenstand der Arbeit sind vor allem die Kapitalbeziehungen zwischen den USA und Westeuropa seit dem Zweiten Weltkrieg. Busch analysiert die Ursachen der Vormachtstellung des USA-Kapitals auf dem Weltmarkt und diskutiert gleichzeitig die Möglichkeiten des westeuropäischen Kapitals, durch den Integrationsprozeß (EG-Zollunion, Westeuropäische Freihandelszone, EG-Wirtschafts- und Währungsunion) die Dominanz des USA-Kapitals zu relativieren. Weitere Kapitel der Arbeit beschäftigen sich mit den Ursachen des Kapitalexports in die unterentwickelten Länder (u. a. Kritik der These von den kolonialen Extraprofiten), mit den Problemen, die sich aus der Internationalisierung des Kapitals für die Organisation des bürgerlichen Staates als Nationalstaat ergeben, mit den Auswirkungen der Internationalisierung des Kapitals auf die gewerkschaftlichen Kämpfe.

Klaus Busch

Die multinationalen Konzerne
Zur Analyse der Weltmarktbewegung des Kapitals

Suhrkamp Verlag

Abschluß des Manuskripts: Oktober 1973

edition suhrkamp 741
Erste Auflage 1974
 Satz, in Linotype Garamond, Druck und Bindung bei Georg Wagner, Nördlingen. Gesamtausstattung Willy Fleckhaus.
D 188

Inhalt

Einleitung

Mit dem Ende des Zweiten Weltkrieges avancierten die Vereinigten Staaten von Amerika zur führenden Macht auf dem kapitalistischen Weltmarkt. Der Dollar wurde zur Schlüsselwährung des neu installierten Welt-Währungssystems, die USA verfügten über mehr als 50% der Industrieproduktion der kapitalistischen Welt, und rund ⅓ der Exporte der kapitalistischen Industrieländer waren amerikanischen Ursprungs. Gleichzeitig leitete das US-Kapital eine Kapitalexport-Offensive ein, wie sie die Geschichte des kapitalistischen Weltmarktes nie zuvor erlebte. Das amerikanische Kapital beherrschte nicht mehr nur Kanada und die Länder Lateinamerikas, sondern ließ sich nun auch in wachsendem Maße in Afrika, Asien und Ozeanien, vor allem aber in den kapitalistischen Industrieländern Westeuropas nieder.

War das britische Kapital in der Hoch-Zeit der Vormachtstellung Großbritanniens auf dem Weltmarkt in erster Linie in der Form des Leihkapitals (Portfolio-Investitionen) ins Ausland geflossen, so exportierten die USA seit dem Zweiten Weltkrieg Kapital vor allem in der Form der Direktinvestition, also mit dem Ziele, die Mehrwertproduktion zu internationalisieren.

Aufgabe dieser Arbeit soll es sein, die Ursachen, die Konsequenzen und die Perspektiven dieses Internationalisierungsprozesses der Mehrwertproduktion unter der Dominanz des amerikanischen Kapitals zu analysieren. Im Unterschied zu den klassischen Imperialismustheorien (Hilferding, Bucharin, Lenin), die den Kapitalexport aus der Monopolisierungs- und der Überakkumulationstendenz des Kapitals ableiten, wird hier der Versuch unternommen, die Internationalisierung der Mehrwertproduktion aus den Gesetzmäßigkeiten zu erklären, die die Internationalisierung der Mehrwertrealisierung beherrschen. Dementsprechend beschäftigt sich der erste Abschnitt dieser Arbeit mit der spezifischen Wirkungsweise des Wertgesetzes auf dem Weltmarkt. Diskutiert werden die Durchsetzungsformen des internationalen Wertgesetzes, die Währungsmechanismen, die Voraussetzungen einer internationalen Durchschnittsprofitrate, die Institutionalisierung des ungleichen Tausches und die internationale Arbeitsteilung auf der Basis komparativer Kostenvorteile.

Vor diesem Hintergrund hat der zweite Abschnitt drei Aufgaben zu erfüllen:

a) aus der modifizierten Wirkungsweise des Wertgesetzes auf dem Weltmarkt die Tendenzen zur Internationalisierung der Mehrwertproduktion abzuleiten,

b) diesen Ansatz mit einigen bürgerlichen Theorien zum Kapitalexport (Vernon, Kindleberger, Heidhues) und den klassischen Imperialismustheorien (Hilferding, Bucharin, Lenin) zu konfrontieren,

c) die reale Entwicklung der Kapitalbewegungen zwischen den USA und Westeuropa einerseits und den kapitalistischen Industrieländern und den ökonomisch schwach entwickelten Ländern andererseits zu interpretieren.

Besonderes Gewicht wird dabei auf die Darstellung der Kapitalverflechtung zwischen den kapitalistischen Industrieländern gelegt. Da die ungleichmäßige Entwicklung zwischen den USA und Westeuropa in den fünfziger und sechziger Jahren die Vormachtstellung der USA immer mehr unterminierte, stellt sich die Frage, welches die Perspektiven des innerimperialistischen Kräfteverhältnisses und damit auch der innerimperialistischen Kapitalverkehrsbilanz sind. Die Ursachen der Produktivitätslücke zwischen den USA und Westeuropa sind zu diskutieren und die Möglichkeiten des westeuropäischen Kapitals zu prüfen, durch den innereuropäischen Integrationsprozeß (EWG, Westeuropäische Freihandelszone, Wirtschafts- und Währungsunion im Rahmen der erweiterten EG) die amerikanische Dominanz auf dem Weltmarkt zu brechen.

Sind auf diese Weise die Ursachen der Internationalisierung der Mehrwertproduktion, die reale Entwicklung der internationalen Kapitalbeziehungen seit dem Zweiten Weltkrieg sowie ihre Perspektiven in den siebziger Jahren dargestellt, dann werden in einem dritten Abschnitt die Auswirkungen der Internationalisierung des Kapitals auf die nationale Organisationsform des bürgerlichen Staates untersucht. Die Nationalstaaten stehen in einer widersprüchlichen Beziehung zur Weltmarkttendenz des Kapitals: Sie unterstützen unter besonderen Voraussetzungen die Internationalisierung des Kapitals, hemmen sie aber auch partiell und werden schließlich in der Wahrnehmung bestimmter ökonomischer und politischer Funktionen durch die multinationalen Konzerne bedroht. Gleichzeitig setzt die Internationalisierung der Mehrwertproduktion objektive Triebkräfte frei, die auf eine Überwindung des Nationalstaates drängen. Die Realisierungschancen dieser Supra-Nationalisierungstendenzen müssen deshalb erörtert werden.

In einem letzten, dem vierten Abschnitt dieser Arbeit sollen schließlich die Konsequenzen der Internationalisierung der Mehrwertproduktion für die Kampfbedingungen der internationalen Arbeiterklasse thematisiert werden. Da die Arbeiterklasse sich bisher nur innerhalb der Nationalstaaten effektiv gewerkschaftlich organisiert hat, können die multinationalen Konzerne in ihrer weltweiten Akkumulationsbewegung die Arbeiterklassen verschiedener Länder gegeneinander ausspielen und so die Arbeitsplätze und die Lohnkämpfe der Arbeiter gefährden. Zu prüfen sind deshalb die Voraussetzungen und die bisherigen Ansätze einer Gewerkschaftsbewegung auf internationaler Ebene, also die Versuche, die objektive Konkurrenz unter den nationalen Arbeiterklassen aufzuheben.

Die soeben dargelegte Zielsetzung dieser Arbeit und deren Aufbau implizieren einige methodische Schwierigkeiten. Einerseits befaßt sich diese Arbeit mit der Weltmarktbewegung des Kapitals, bewegt sich also auf einer Ebene der Analyse, auf der die allgemeinen Bewegungsgesetze des Kapitals nur in modifizierter Form zum Durchbruch gelangen; andererseits soll die Internationalisierung der Mehrwertproduktion nicht nur allgemein, sondern in ihrer historischen Realität seit Ende des Zweiten Weltkrieges untersucht werden, besteht also die Notwendigkeit, die allgemeinen Gesetze des Kapitals und deren modifizierte Wirkung auf dem Weltmarkt mit den Erscheinungsformen des internationalen Konkurrenzkampfes der nationalen Kapitale seit 1945 zu vermitteln.

Marx hat in seinem System der Kritik der Politischen Ökonomie die Bewegungsgesetze der kapitalistischen Produktion in einer vom Abstrakten zum Konkreten aufsteigenden Analyse entwickelt[1], sich dabei allerdings auf die Entwicklung der Gesetzmäßigkeiten beschränkt, die das »Kapital im allgemeinen« bestimmen, er hat also nicht die Aktion der »vielen Kapitalien«, die Konkurrenz der Kapitale in ihrer wirklichen Bewegung, untersucht.[2] »Worum es sich in diesem dritten Buch handelt, kann nicht sein, allgemeine Reflexionen über diese Einheit [von Produktions- und Zirkulationsprozeß des Kapitals, K.B.] anzustellen. Es gilt vielmehr, die konkreten Formen aufzufinden und darzustellen, welche aus dem *Bewegungsprozeß des Kapitals, als Ganzes betrachtet,* hervorwachsen. In ihrer wirklichen Bewegung treten sich die Kapitale in solchen konkreten Formen gegenüber, für die die Gestalt des Kapitals im unmittelbaren Produktionsprozeß, wie seine Gestalt im Zirkulationsprozeß, nur als besondere Momente erscheinen. Die Gestaltungen des Kapitals, wie wir sie in diesem Buch entwickeln, nähern sich also schrittweis der Form, worin sie auf der Oberfläche der Gesellschaft, in der Aktion der verschiedenen Kapitale aufeinander, der Konkurrenz, und im gewöhnlichen Bewußtsein der Produktionsagenten selbst auftreten.«[3]

In den Analysebereich der wirklichen Bewegung des Kapitals fällt nach Marx auch der Weltmarkt, den er deshalb aus seiner Untersuchung der »inneren Natur des Kapitals« ausklammerte und späteren Arbeiten an seinem System der Kritik der Politischen Ökonomie überlassen wollte: »Die Phänomene, die wir in diesem Kapitel untersuchen, setzen zu ihrer vollen Entwicklung das Kreditwesen und die Konkurrenz auf dem Weltmarkt voraus, der überhaupt die Basis und die Lebensat-

1 Karl Marx, *Grundrisse der Kritik der Politischen Ökonomie*, Berlin (Ost) 1953, S. 21 ff. (Künftig zitiert als *Grundrisse*).

2 Vgl. dazu Roman Rosdolsky, *Zur Entstehungsgeschichte des Marxschen ›Kapital‹*, 2 Bände, Frankfurt/Main 1968 und Helmut Reichelt, *Zur logischen Struktur des Kapitalbegriffes bei Karl Marx*, Frankfurt/Main 1970; Reichelt macht mit Recht darauf aufmerksam, daß zwei Aspekte im Begriff der »Konkurrenz« zu unterscheiden sind: »Infolgedessen muß man jetzt explizit zwischen zwei Aspekten im Begriff der Konkurrenz unterscheiden: das Kapital als es selbst und seine eigene Oberfläche, als prozessierende Einheit von Wesen und Erscheinung, die selber noch in der begrifflichen Darstellung zum Ausdruck kommt, und dann das Kapital in der historischen Realität.« (S. 85) Den zweiten Aspekt der Konkurrenz klammerte Marx im *Kapital* aus.

3 Karl Marx, *Das Kapital* Bd. 3, *Marx-Engels-Werke* Bd. 25, Berlin 1964, S. 33. (Künftig zitiert als *MEW*).

mosphäre der kapitalistischen Produktionsweise bildet. Diese konkreteren Formen der kapitalistischen Produktion können aber nur umfassend dargestellt werden, nachdem die allgemeine Natur des Kapitals begriffen ist; zudem liegt ihre Darstellung außer dem Plan unseres Werks und gehört seiner etwaigen Fortsetzung an.«[4]

Nun wäre es allerdings ein Mißverständnis der Marxschen Methode, zu meinen, eine Analyse der Weltmarktbewegung des Kapitals, die auf eine spezifische historische Etappe gerichtet ist, könne bruchlos an die Marxsche Analyse des Kapitals im allgemeinen anknüpfen und mit deren Hilfe unvermittelt das je konkrete Material über den internationalen Konkurrenzkampf der nationalen Kapitale untersuchen. Die ursprünglichen Aufbaupläne des Systems der Kritik der Politischen Ökonomie zeigen, daß Marx auf dem Hintergrund seines Buchs »vom Kapital« allgemeine Bestimmungen des Grundeigentums, der Lohnarbeit, des Staates, des auswärtigen Handels und des Weltmarktes zu erarbeiten beabsichtigte. Erst auf Basis dieser Analysen ist es m. E. möglich, die wirkliche Bewegung des Kapitals in ihrer historisch je spezifischen Form darzustellen.

Der konkrete Arbeitsprozeß an der hier vorgelegten Analyse bestätigt diese Einschätzung. Die Tendenzen zur Internationalisierung der Mehrwertproduktion, wie sie insbesondere seit dem Ende des Zweiten Weltkrieges produziert wurden, konnten nicht unvermittelt aus der inneren Natur des Kapitals entwickelt werden, vielmehr waren vorher die modifizierten Formen zu erarbeiten, in denen die allgemeinen Bewegungsgesetze des Kapitals auf dem Weltmarkt zum Durchbruch gelangen. Die spezifisch modifizierten Momente der internationalen Konkurrenz im Vergleich zur nationalen Konkurrenz werden dabei durch die nationalstaatliche Existenz des Kapitals produziert. Bei der Untersuchung der allgemeinen Bewegungsgesetze des Kapitals kann von der Organisation verschiedener Einzelkapitale als *nationale* Gesamtkapitale abstrahiert werden, nicht aber bei der Untersuchung der Bewegungsformen des Kapitals auf dem Weltmarkt.

4 Karl Marx, *Das Kapital* Bd. 3, a.a.O., S. 120; zum Aufbau des Marxschen Systems der Kritik der Politischen Ökonomie vgl.: R. Rosdolsky, *Zur Entstehungsgeschichte . . .*, a.a.O., Bd. I, S. 14 ff.

Ausgangspunkt dieser Arbeit ist deshalb die Darstellung der Modifikation des Wertgesetzes auf dem Weltmarkt, auf deren Basis dann die Tendenzen zur Internationalisierung der Mehrwertproduktion abgeleitet und schließlich in ihrer konkreten historischen Gestalt beschrieben werden können. Dieser Übergang von der Analyse der Modifikation des Wertgesetzes auf dem Weltmarkt zur Untersuchung der konkreten Bewegung der internationalen Kapitalbeziehungen wirft das zweite methodische Problem dieser Arbeit auf.
Die für die Analyse der realen Kapitalbewegung so wichtigen Kategorien wie Profitrate, organische Zusammensetzung des Kapitals, Konzentration und Zentralisation des Kapitals, Produktivität und Intensität der Arbeit etc. erscheinen in der Statistik bürgerlicher Institutionen notwendigerweise verzerrt. Die zur Verfügung stehenden »empirischen« Daten erfassen in den seltensten Fällen dic polit-ökonomischen Verhältnisse, die die Kategorien des Marxschen Systems ausdrükken. Die statistischen Materialien, die in dieser Arbeit verwendet werden, sind daher jeweils als Indikatoren der Kategorien der Kritik der Politischen Ökonomie zu betrachten, die die zu untersuchenden Verhältnisse meist nur sehr grob widerspiegeln. Dies muß vor allem deshalb betont werden, weil sich der Umgang mit bürgerlichen Statistiken im Verlaufe des zweiten Teils dieser Arbeit so sehr zur Routine verdichtete, daß »laxe« Formulierungen, die den Indikator zur Kategorie selber hochstilisieren, nicht auszuschließen sind.

1 Die Wirkungsweise des Wertgesetzes auf dem Weltmarkt

In dieser Arbeit wird die Auffassung vertreten, daß die Internationalisierung der Mehrwertproduktion aus den Gesetzmäßigkeiten erklärt werden muß, die die Internationalisierung der Mehrwertrealisierung beherrschen. Aufgabe des ersten Abschnittes ist es, die Bewegungsformen des Wertgesetzes auf dem Weltmarkt – Bildung einer internationalen Durchschnittsprofitrate, die ungleichen Tauschbeziehungen, die Verankerung einer Weltarbeitsteilung – darzustellen, um auf dieser Basis am Anfang des zweiten Abschnittes die Tendenzen zur Internationalisierung der Mehrwertproduktion ableiten zu können.

Voraussetzung der Entfaltung der Wirkungsweise des Wertgesetzes auf dem Weltmarkt ist wiederum die Entwicklung der Mechanismen des Wertgesetzes im nationalen Rahmen. Die Darstellung beginnt deshalb mit der Abhandlung der für die Wirkungsweise des Wertgesetzes relevanten Kategorien.

1.1 Das Wertgesetz im nationalen Rahmen

Marx bezeichnet es in einem Brief an Kugelmann[1] als Naturgesetz, daß jede Gesellschaft die Masse ihrer gesellschaftlichen Gesamtarbeit ihren Bedürfnissen proportional auf die verschiedenen Produktionszweige verteilen müsse. Diese Notwendigkeit könne im Verlaufe der Geschichte von keiner Gesellschaftsordnung aufgehoben werden; was sich allerdings ändere, sei die Form, in der sich dieses Naturgesetz durchsetze. In der bürgerlichen Gesellschaft, in der a priori keine bewußte Planung der Produktion stattfinde, in der sich der gesellschaftliche Zusammenhang der Privatarbeiten erst im Austausch – nach Abschluß des Produktionsprozesses – herauskristallisiere, übernehme das Wertgesetz diese Regulativ-

1 *Marx an Ludwig Kugelmann,* 11. Juli 1868. In: *MEW* Bd. 32, Berlin (Ost) 1965, S. 552 f.

funktion. Zentrale Bestimmungsmomente des Wertgesetzes sind die Kategorien »gesellschaftlich notwendige Arbeitszeit«, »Marktwert« und – unter kapitalistischen Produktionsverhältnissen – die Kategorie »Produktionspreis«. Gegenstand des folgenden Kapitels ist die Entwicklung dieser grundlegenden Kategorien.

1.1.1 *Die doppelte Bestimmung der gesellschaftlich notwendigen Arbeitszeit*

In der warenproduzierenden Gesellschaft wird das Gesamtquantum der Arbeit an sich naturwüchsig auf die einzelnen Produktionszweige verteilt. Die einzelnen Produzenten verausgaben ihre Arbeit privat und arbeitsteilig. Ob die von ihnen hergestellten Produkte gesellschaftlich anerkannt werden, gesellschaftlich notwendig sind, stellt sich erst post festum – nach Abschluß des Arbeitsprozesses – auf dem Markt heraus. Hier treten die arbeitsteilig produzierten Produkte in ein wechselseitiges Vergleichsverhältnis, und diese Gegenüberstellung erweist, welche der privat aufgewendeten Arbeitsquanta sich als gesellschaftliche Arbeitsquanta bewähren. Grundlage des Vergleiches ist das allen Produkten Gemeinsame, nämlich ihre Eigenschaft, Arbeitsprodukte zu sein. Die Arbeit ist allerdings doppelt charakterisierbar: sie ist einerseits konkret nützliche Arbeit, die durch ihre je spezifische Qualität als Textil-, Metall- etc. Arbeit gekennzeichnet ist, sie ist andererseits abstrakt menschliche Arbeit, die sich als Verausgabung menschlicher Arbeitskraft im physiologischen Sinne, Muskel, Nerven, Hirn, Hand, etc., kennzeichnet. Da die verschiedenen Arbeiten als konkret nützliche nicht kommensurabel sind, ihr gemeinsames Drittes vielmehr die Verausgabung von Arbeitskraft schlechthin ist, kann nur die abstrakt menschliche Arbeit Basis des Vergleichsprozesses der Produkte sein.
Soll die in den Produkten vergegenständlichte Privatarbeit gesellschaftlich honoriert werden, so hat der Marktvergleichungsprozeß zweierlei zu zeigen:
a) das Produkt muß ein Bedürfnis seiner Nicht-Produzenten befriedigen können, also einen Gebrauchswert haben. Gleichzeitig ist es notwendig, daß der den konkreten Gebrauchswert

produzierende Industriezweig nicht mehr von der gesellschaftlichen Gesamtarbeit absorbiert, als gesellschaftlich notwendig ist, d.h. nicht mehr Gebrauchswerte produziert, als das Bedürfnis der Gesellschaft erheischt.

b) Der Gebrauchswert muß »mit den vorhandenen gesellschaftlich-normalen Produktionsbedingungen und dem gesellschaftlichen Durchschnittsgrad an Geschick und Intensität der Arbeit hergestellt«[2] worden sein.

Die aufgewendete Privatarbeit hat sich also unter dem gegebenen Entwicklungsniveau der Produktivkräfte als gesellschaftlich notwendige zu bewähren. Weder darf der Privatproduzent mit veralteten Produktionsmitteln arbeiten, also mit unterdurchschnittlicher Produktivkraft, noch darf er in einer gegebenen Arbeitszeit, sage eine Stunde, weniger Arbeit materialisieren als gesellschaftlich üblich, also mit unterdurchschnittlicher Intensität produzieren. Nur wenn die in den einzelnen Produktionszweigen verausgabte Privatarbeit in diesem doppelten Sinne gesellschaftlich notwendige Arbeit ist, wird sie mittelbar – über den Marktvergleichungsprozeß – als gesellschaftliche Arbeit anerkannt. Dieser gesellschaftliche Charakter der Arbeit drückt sich in der warenproduzierenden Gesellschaft darin aus, daß die Arbeit die Form des Wertes annimmt. Werden die Produkte unter gesellschaftlich notwendigen Produktionsbedingungen hergestellt, befriedigen sie ein gesellschaftliches Bedürfnis und sind sie in proportionalem Verhältnis zum gesamtgesellschaftlichen Bedürfnis produziert worden, nehmen sie die Form der Ware an, bildet die in ihnen vergegenständlichte abstrakt menschliche Arbeit Wert, der als Tauschwert der Produkte auf dem Markt erscheint.

In einer warenproduzierenden Gesellschaft wird damit die Verteilung der gesamtgesellschaftlichen Arbeit auf die einzelnen Produktionszweige durch den Tauschwert der Produkte reguliert; dieser stellt gleichzeitig sicher, daß die Waren unter den gesellschaftlich normalen Produktionsbedingungen erzeugt werden. Während eine auf dem Gemeineigentum basierende Gesellschaft ihren Arbeitsfonds planvoll einsetzt, vor Beginn des Produktionsprozesses festlegt, in welchen Propor-

2 Karl Marx, *Das Kapital* Bd. 1, *MEW* Bd. 23, Berlin (Ost) 1970, S. 53.

tionen die Gesamtarbeit auf die einzelnen Zweige verteilt wird und in welcher Zeit die einzelnen Produkte hergestellt werden, verläuft dieser Prozeß in einer auf dem Privateigentum basierenden Gesellschaft naturwüchsig. Da die Arbeit in der warenproduzierenden Gesellschaft nicht unmittelbar als gesellschaftliche, sondern als private verausgabt wird, setzt sich das gesellschaftlich notwendige nur blindlings, hinter dem Rücken der Produzenten, in der Form des Tauschwertes durch. »In dieser ganz spezifischen Form des Werts gilt die Arbeit einerseits nur als gesellschaftliche Arbeit; andrerseits ist die Verteilung dieser gesellschaftlichen Arbeit und die wechselseitige Ergänzung, der Stoffwechsel ihrer Produkte, die Unterordnung unter und Einschiebung in das gesellschaftliche Triebwerk, dem zufälligen, sich wechselseitig aufhebenden Treiben der einzelnen kapitalistischen Produzenten überlassen. Da diese sich nur als Warenbesitzer gegenübertreten und jeder seine Ware so hoch als möglich zu verkaufen sucht (auch scheinbar in der Regulierung der Produktion selbst nur durch seine Willkür geleitet ist), setzt sich das innere Gesetz nur durch vermittelst ihrer Konkurrenz, ihres wechselseitigen Drucks aufeinander, wodurch sich die Abweichungen gegenseitig aufheben. Nur als inneres Gesetz, den einzelnen Agenten gegenüber als blindes Naturgesetz, wirkt hier das Gesetz des Werts und setzt das gesellschaftliche Gleichgewicht der Produktion inmitten ihrer zufälligen Fluktuationen durch.«[3]

1.1.2 *Marktwert und Extramehrwert*

Den Regulierungsprozeß, in dessen Verlauf das »Gesetz des Werts« sowohl die Verteilung der gesamtgesellschaftlichen Arbeit auf die einzelnen Produktionssphären als auch die für die Einzelware notwendige Arbeitszeit hinter dem Rücken der Produzenten organisiert, analysiert Marx mit der Kategorie Marktwert.

Beginnen wir mit der Regulierung der für die einzelnen Waren gesellschaftlich notwendigen Arbeitszeit durch das

3 Karl Marx, *Das Kapital* Bd. 3, *MEW* Bd. 25, Berlin (Ost) 1964, S. 887.

Wertgesetz, also der technischen Bestimmung der gesellschaftlich notwendigen Arbeitszeit, die unter der Voraussetzung untersucht wird, daß die in einer Produktionssphäre aufgewendete Arbeitszeit dem gesellschaftlichen Bedürfnis nach den in dieser Sphäre produzierten Waren entspricht. Da die Produzenten ohne bewußte gesellschaftliche Planung privat produzieren, ist unmittelbar einsichtig, daß nicht alle Hersteller einer Ware unter denselben Produktionsbedingungen arbeiten, also für die Einzelware nicht alle dasselbe Arbeitsquantum benötigen. Einige Produzenten werden weitaus mehr, andere weitaus weniger Arbeitsquanta in jeder einzelnen ihrer Waren vergegenständlichen als das Gros der Produzenten im Durchschnitt aufwendet. Erscheinen die unter verschiedenen Produktionsbedingungen hergestellten Waren auf dem Markt, dann bewirkt die Konkurrenz, daß die Waren dieser Sphäre einen Tauschwert realisieren, der den individuellen Arbeitsquanta entspricht, die die überwiegende Zahl der Produzenten in ihren Waren materialisiert haben. Unterscheiden wir drei Marktkonstellationen: den Fall I, in welchem das überwiegende Warenquantum zu mittleren Produktionsbedingungen produziert wird, den Fall II, in welchem unter schlechtesten Produktionsbedingungen das Gros der Waren hergestellt wird, und den Fall III, in dem die Waren der besten Produktionsbedingungen den Markt dominieren, dann wird der Marktwert dieses Industriezweiges jeweils unterschiedlich ausfallen. Im Fall I wird er durch die aufgewendeten Arbeitsquanta der mittleren, im Fall II bzw. III durch die der schlechtesten bzw. besten Produktionsbedingungen reguliert.

Der Marktwert ist also eine Resultante des Konkurrenzkampfes der unter verschiedenen Bedingungen produzierenden Privatproduzenten. Dieser Konkurrenzkampf entscheidet, welches Arbeitsquantum zum jeweiligen Zeitpunkt als gesellschaftlich notwendiges Arbeitsquantum (technische Bestimmung) gilt. »Damit Waren derselben Produktionssphäre, derselben Art und annähernd derselben Qualität zu ihren Werten verkauft werden, ist zweierlei nötig: Erstens müssen die verschiedenen individuellen Werte zu einem gesellschaftlichen Wert, dem oben dargestellten Marktwert, ausgeglichen sein, und dazu ist eine Konkurrenz unter den Produzenten dersel-

ben Art Waren erfordert, ebenso wie das Vorhandensein eines Markts, auf dem sie gemeinsam ihre Waren anbieten.«[4]
Strenggenommen müßte der Marktwert als gewogenes arithmetisches Mittel der individuellen Arbeitsquanta der verschiedenen Produkte betrachtet werden,[5] doch gerade der Mechanismus der Konkurrenz ist es, der die individuellen Arbeitsquanta der jeweils massenhaften Produktionsbedingungen als Marktwert konstituiert und deshalb bewirkt, daß die Summe der individuellen Arbeitsquanta in einer Produktionssphäre nicht gleich dem Produkt aus Marktwert und Warenanzahl der betreffenden Sphäre ist.
Mit der Konstituierung des Marktwertes verbunden ist eine Differenzierung der Verwertungsbedingungen innerhalb jedes Industriezweiges. Da in der Regel die mittleren Produktionsbedingungen das überwiegende Warenquantum einer Sphäre produzieren und damit die gesellschaftlich notwendige Arbeitszeit bestimmen, können die mit unterdurchschnittlicher Produktivkraft arbeitenden Produzenten einen Teil der in ihren Waren vergegenständlichten Arbeit nicht als Wert realisieren, während sich die Arbeit der mit überdurchschnittlicher Produktivkraft ausgestatteten Produzenten in höheren Werten darstellt als die durchschnittliche Arbeit dieser Sphäre: »Es wird dann außerdem immer ein Marktwert [...] zu unterscheiden sein von dem individuellen Wert der einzelnen Waren, die von den verschiednen Produzenten produziert werden. Der individuelle Wert einiger dieser Waren wird unter dem Marktwert stehen (d. h. es ist weniger Arbeitszeit für ihre Produzenten erheischt als der Marktwert ausdrückt), der andre darüber.«[6] »[...], so realisieren die Waren, deren individueller Wert unter dem Marktwert steht, einen Extramehrwert oder Surplusprofit, während die, deren individueller Wert über dem Marktwert steht, einen Teil des in ihnen enthaltnen Mehrwerts nicht realisieren können.«[7]

4 Karl Marx, *Das Kapital* Bd. 3, *MEW* Bd. 25, a.a.O., S. 190; die zweite Voraussetzung, nämlich die Kongruenz von Produktion und Markt, wird weiter unten im Rahmen der zweiten Bestimmung gesellschaftlich notwendiger Arbeitszeit behandelt.

5 Vgl. S. L. Wygodski, *Der gegenwärtige Kapitalismus*, Köln 1972, der den Marktwert als gewogenes arithmetisches Mittel begreift.

6 Karl Marx, *Das Kapital* Bd. 3, *MEW* Bd. 25, a.a.O., S. 187.

7 Karl Marx, *Das Kapital* Bd. 3, *MEW* Bd. 25, a.a.O., S. 188.

Diese Formulierungen von Marx bilden die Basis für folgende Interpretation des Wertgesetzes: Die in jeder Einzelware unter verschiedenen Produktionsbedingungen vergegenständlichte Arbeit stellt sich als individueller Wert der Waren dar. Der Konkurrenzkampf der Kapitale konstituiert den individuellen Wert der unter mittleren Produktionsbedingungen hergestellten Waren zum Marktwert, wenn sie das überwiegende Produktquantum der betreffenden Sphäre herstellen. Unter diesen Bedingungen realisieren die Waren mit mittleren Produktionsbedingungen den gesamten in ihnen enthaltenen Mehrwert, die mit unterdurchschnittlicher Produktivität hergestellten Waren verlieren einen Teil des in ihnen vergegenständlichten Mehrwerts, und genau diesen Teil eignen sich die Produzenten mit überdurchschnittlicher Produktivkraft als Extramehrwert an, weil sie ihre Waren über ihrem individuellen Wert, zum Marktwert, absetzen können.[8]

Dieser Argumentation muß m. E. entgegengehalten werden, daß in der warenproduzierenden Gesellschaft nicht jedes privat verausgabte Arbeitsquantum Wert bildet, sondern nur die Privatarbeit die Form des Wertes annehmen kann, die gesellschaftlich notwendig ist, also unter den jeweils durchschnittlichen Produktionsbedingungen verausgabt wurde. Der Wertstempel ist die verrückte Manier der bürgerlichen Produktionsweise, der unmittelbar privat verausgabten Arbeit die Anerkennung, gesellschaftlich notwendig zu sein, aufzuprägen; nur so können in dieser Gesellschaftsform die Verteilung der gesamtgesellschaftlichen Arbeit auf die einzelnen Produktionszweige und das Ausmaß der für die Einzelware aufzuwendenden Arbeitszeit organisiert werden. Damit ist aber klar, daß die im Sinne der bürgerlichen Produktionsweise vergeudete Arbeit – sei es, daß eine ganze Produktionssphäre zuviel des gesellschaftlichen Arbeitsquantums absorbiert hat, sei es, daß ein Produzent innerhalb einer Sphäre mehr Arbeitszeit benötigt als der Durchschnitt dieses Industriezweiges – nicht im vollen Maße die gesellschaftliche Anerkennung verliehen werden kann, Wert zu bilden.[9] Dementsprechend kann

8 Vgl. Ernest Mandel, *Der Spätkapitalismus*, Frankfurt/Main 1972, S. 89 ff.

9 »Es könnte scheinen, daß, wenn der Wert einer Ware durch das während ihrer Produktion verausgabte Arbeitsquantum bestimmt ist, je fauler oder

es keinen »individuellen Wert« einer Ware geben, denn der Wertbegriff stellt von vornherein auf den gesellschaftlichen Charakter der Arbeit ab, der durch die Durchschnittsbedingungen der jeweiligen Branche und nicht durch die privaten Produktionsbedingungen eines einzelnen Produzenten bestimmt wird. In diesem Sinne kann es auch keinen Werttransfer zwischen den Produzenten mit über- und unterdurchschnittlichen Produktionsbedingungen geben, da die Arbeit des unterdurchschnittlich produktiven Produzenten von vornherein nur teilweise Wert bildet und die Arbeit des überdurchschnittlich produktiven Produzenten sich von vornherein in höheren Werten darstellt. Daß Marx die Redeweise vom »individuellen Wert« auch nur als Hilfskategorie verstanden wissen wollte, die die Abweichungen der extremen Produktionsbedingungen von den mittleren, gesellschaftlichen Produktionsbedingungen veranschaulicht, wird aus folgender Passage über den Extramehrwertproduzenten deutlich: »Der individuelle Wert dieser Ware steht nun unter ihrem gesellschaftlichen Wert, d. h. sie kostet weniger Arbeitszeit als der große Haufen derselben Artikel, produziert unter den gesellschaftlichen Durchschnittsbedingungen. Das Stück kostet im Durchschnitt 1 sh. oder stellt 2 Stunden

ungeschickter ein Mann, desto wertvoller seine Ware, weil er desto mehr Zeit zu ihrer Verfertigung braucht. Die Arbeit jedoch, welche die Substanz der Werte bildet, ist gleiche menschliche Arbeit, Verausgabung derselben menschlichen Arbeitskraft. Die gesamte Arbeitskraft der Gesellschaft, die sich in den Werten der Warenwelt darstellt, gilt hier als eine und dieselbe menschliche Arbeitskraft, obgleich sie aus zahllosen individuellen Arbeitskräften besteht. Jede dieser individuellen Arbeitskräfte ist dieselbe menschliche Arbeitskraft wie die andere, soweit sie den Charakter einer gesellschaftlichen Durchschnitts-Arbeitskraft besitzt und als solche gesellschaftliche Durchschnitts-Arbeitskraft wirkt, also in der Produktion einer Ware auch nur die im Durchschnitt notwendige oder gesellschaftlich notwendige Arbeitszeit braucht. Gesellschaftlich notwendige Arbeitszeit ist Arbeitszeit, erheischt, um irgendeinen Gebrauchswert mit den vorhandenen gesellschaftlich-normalen Produktionsbedingungen und dem gesellschaftlichen Durchschnittsgrad von Geschick und Intensität der Arbeit herzustellen. Nach der Einführung des Dampfwebstuhles in England z. B. genügte vielleicht halb so viel Arbeit als vorher, um ein gegebenes Quantum Garn in Gewebe zu verwandeln. Der englische Handwerker brauchte zu dieser Verwandlung in der Tat nach wie vor dieselbe Arbeitszeit, aber das Produkt seiner individuellen Arbeitsstunde stellte jetzt nur noch eine halbe gesellschaftliche Arbeitsstunde dar und fiel daher auf die Hälfte seines früheren Werts.«
Karl Marx, *Das Kapital* Bd. 1, *MEW* Bd. 23, a.a.O., S. 53.

gesellschaftliche Arbeit dar; mit der veränderten Produktionsweise kostet es nur 9 d. oder enthält nur 1½ Arbeitsstunden. Der wirkliche Wert einer Ware ist aber nicht ihr individueller, sondern ihr gesellschaftlicher Wert, d. h. er wird nicht durch die Arbeitszeit gemessen, die sie im einzelnen Fall dem Produzenten tatsächlich kostet, sondern durch die gesellschaftlich zu ihrer Produktion erheischte Arbeitszeit. Verkauft also der Kapitalist, der die neue Methode anwendet, seine Ware zu ihrem gesellschaftlichen Wert von 1 sh., so verkauft er sie 3 d. über ihrem individuellen Wert und realisiert so einen Extramehrwert von 3 d.«[10] Die Arbeit des überdurchschnittlich produktiven Produzenten bildet mehr Wert als die Arbeit des unter mittleren Produktionsbedingungen arbeitenden Produzenten, weil er in der Einzelware weniger Arbeitsquanta vergegenständlicht als gesellschaftlich üblich, die Durchschnittsbedingungen aber die Basis des Wertes als gesellschaftlicher Kategorie bilden: »Die Arbeit von ausnahmsweiser Produktivkraft wirkt als potenzierte Arbeit oder schafft in gleichen Zeiträumen höhere Werte als die gesellschaftliche Durchschnittsarbeit derselben Art.«[11] »Der Kapitalist, der die verbesserte Produktionsweise anwendet, eignet sich daher einen größeren Teil des Arbeitstags für die Mehrarbeit an als die übrigen Kapitalisten in demselben Geschäft.«[12]
Haben wir bis jetzt die Konstituierung des Marktwertes unter der Voraussetzung der Kongruenz von Produktion und Markt erörtert, also nur die technische Bestimmung des Marktwertes behandelt, so muß diese Prämisse im folgenden fallen gelassen werden und die zweite Regulativfunktion des Wertgesetzes, nämlich die Steuerung der proportionalen Verteilung der gesellschaftlichen Arbeit entsprechend den gesellschaftlichen Bedürfnissen auf die einzelnen Produktionszweige, dargestellt werden.
Die Kongruenz von Produktion und gesellschaftlichem Bedarf nach den Waren eines Industriezweiges bildet in der bürgerlichen Produktionsweise eine Ausnahme, weil sich die Verteilung der gesellschaftlichen Arbeit nicht planvoll vollzieht, die Privatproduzenten vielmehr ihren ökonomischen Erwartun-

10 Karl Marx, *Das Kapital* Bd. 1, *MEW* Bd. 23, a.a.O., S. 336.
11 Karl Marx, *Das Kapital* Bd. 1, *MEW* Bd. 23, a.a.O., S. 337.
12 Karl Marx, *Das Kapital* Bd. 1, *MEW* Bd. 23, a.a.O., S. 337.

gen gemäß das Angebot steuern. Der Marktwert ist unter diesen Bedingungen nicht mehr ausschließlich durch die massenhaften, durchschnittlichen Produktionsbedingungen einer Anlagesphäre bestimmt, vielmehr kommt jetzt auch die zweite Bestimmung gesellschaftlich notwendiger Arbeitszeit zur Geltung: »Gesetzt endlich, jedes auf dem Markt vorhandne Stück Leinwand enthalte nur gesellschaftlich notwendige Arbeitszeit. Trotzdem kann die Gesamtsumme dieser Stücke überflüssig verausgabte Arbeitszeit enthalten. Vermag der Marktmagen das Gesamtquantum Leinwand, zum Normalpreis von 2 sh. per Elle, nicht zu absorbieren, so beweist das, daß ein zu großer Teil der gesellschaftlichen Gesamtarbeitszeit in der Form der Leinweberei verausgabt wurde. Die Wirkung ist dieselbe, als hätte jeder einzelne Leinweber mehr als die gesellschaftlich notwendige Arbeitszeit auf sein individuelles Produkt verwandt. Hier heißt's: Mitgefangen, mitgehangen. Alle Leinwand auf dem Markt gilt nur als ein Handelsartikel, jedes Stück nur als aliquoter Teil. Und in der Tat ist der Wert jeder individuellen Elle ja auch nur die Materiatur desselben gesellschaftlich bestimmten Quantums gleichartiger menschlicher Arbeit.«[13]
Marx ändert den letzten Satz dieser Passage in seinem persön-

13 Karl Marx, *Das Kapital* Bd. 1, *MEW* Bd. 23, a.a.O., S. 121 f.; ähnlich heißt es in dem 2. Band der Mehrwerttheorien im Rahmen der Kritik der ricardianischen Akkumulationstheorie: »Es versteht sich übrigens bei der ganzen Betrachtung von selbst: Es soll nicht geleugnet werden, daß in einzelnen Sphären überproduziert und darum in anderen zu wenig produziert werden kann; partielle Krisen also aus disproportionate production (die proportionate production ist aber immer nur das Resultat der disproportionate production auf Grundlage der Konkurrenz) entspringen können und eine allgemeine Form dieser disproportionate production mag Überproduktion von fixem oder andrerseits Überproduktion von zirkulierendem Kapital sein. Wie es Bedingung für die Waren, daß sie zu ihrem Wert verkauft werden, daß nur die gesellschaftlich notwendige Arbeitszeit in ihnen enthalten, so für eine ganze Produktionssphäre des Kapitals, daß von der Gesamtarbeitszeit der Gesellschaft nur der notwendige Teil auf diese besondere Sphäre verwandt sei, nur die Arbeitszeit, die zur Befriedigung des gesellschaftlichen Bedürfnisses (demand) erheischt. Wenn mehr, so mag zwar jede einzelne Ware nur die notwendige Arbeitszeit enthalten; die Summe enthält mehr als die gesellschaftlich notwendige Arbeitszeit, ganz wie die einzelne Ware zwar Gebrauchswert hat, die Summe aber, unter den gegebenen Voraussetzungen, einen Teil ihres Gebrauchswerts verliert.« Karl Marx, *Theorien über den Mehrwert*, 2. Teil, *MEW* Bd. 26.2, Berlin (Ost) 1959, S. 516 f.

lichen Exemplar des 1. Bandes des *Kapital* und in der russischen Übersetzung wie folgt: »Und in der Tat ist der Wert jeder individuellen Elle ja auch nur die Materiatur eines Teils des im Gesamtquantum der Ellen verausgabten gesellschaftlichen Arbeitsquantums.«[14]

Diese Ausführungen über die zweite Bestimmung gesellschaftlich notwendiger Arbeitszeit ließen die folgende Interpretation des Wertgesetzes zu: Solange eine Kongruenz zwischen Produktion und Markt besteht, wird der Marktwert durch die individuellen Arbeitsquanta der massenhaften Produktionsbedingungen bestimmt; weichen aber Nachfrage und Zufuhr voneinander ab, schlägt sich die zweite Bestimmung gesellschaftlich notwendiger Arbeit in der Wertbestimmung nieder. Der Wert der Einzelware wäre dann durch das Quantum gesellschaftlich notwendiger Arbeitszeit bestimmt, das vom Gesamtquantum gesellschaftlich notwendiger Arbeitszeit (in seiner zweiten Bestimmung) anteilsmäßig auf jede einzelne Ware entfällt. Sind in einem Industriezweig mehr Waren produziert worden als die Gesellschaft erheischt, bildet nur das Arbeitsquantum Wert, das im Sinne des gesellschaftlichen Bedürfnisses gesellschaftlich notwendig ist; liegt eine Unterproduktion von Waren vor, bestimmt das fiktive Arbeitsquantum den Wert der Waren, das gesellschaftlich notwendig ist, um das Gesamtbedürfnis nach den Produkten dieser Branche zu befriedigen.

Auch die Kritik Engels' an Rodbertus könnte in dieser Weise interpretiert werden: »Hätte er untersucht, wodurch und wie die Arbeit Wert schafft und daher auch bestimmt und mißt, so kam er auf die gesellschaftlich notwendige Arbeit, notwendig für das einzelne Produkt sowohl gegenüber andern Produkten derselben Art wie auch gegenüber dem gesellschaftlichen Gesamtbedarf.«[15]

Diese sehr weitgehende Interpretation des Wertgesetzes muß dahingehend kritisiert werden, daß sie die Wertbestimmung von ihrer realen Basis, der Verausgabung menschlicher Arbeitskraft, losreißt. Der Tauschwert der Waren ist die Erscheinungsform ihres Wertes, der wiederum in der Arbeit

14 Karl Marx, *Das Kapital* Bd. 1, *MEW* Bd. 23, a.a.O., S. 122, Fußnote 1.

15 Friedrich Engels, *Vorwort zu Karl Marx: Das Elend der Philosophie*, *MEW* Bd. 4, Berlin (Ost) 1964, S. 567.

seine Substanz findet. Insofern können nicht fiktiv verausgabte Arbeitsquanta Wert bilden, sondern nur die real im Produktionsprozeß materialisierte gesellschaftlich notwendige Arbeit. Bei Ungleichgewichten zwischen dem Produktionsumfang eines Industriezweiges und dem gesellschaftlichen Bedürfnis kommt der zweiten Bestimmung gesellschaftlich notwendiger Arbeitszeit deshalb nur in den Grenzen der extremen Produktionsbedingungen dieser Sphäre wertbildende Qualität zu. Wird überproduziert, sinkt der Marktwert auf das individuelle Arbeitsquantum, das die überdurchschnittlich produktiven Produzenten dieses Zweiges in ihren Waren vergegenständlichen; wird unterproduziert, bildet das individuelle Arbeitsquantum der schlechtesten Produktionsbedingungen die Basis des Marktwertes, auch wenn in beiden Fällen unter produktionstechnischen Gesichtspunkten die mittleren Produktionsbedingungen den Marktwert bestimmen müßten.

Zur Schwankungsbreite des Marktwertes führt Marx aus: »Bleibt nun die Nachfrage für diese Masse auch die gewöhnliche, so wird die Ware zu ihrem Marktwert verkauft, welcher der drei vorhin untersuchten Fälle auch den Marktwert regulieren möge. Die Warenmasse befriedigt nicht nur ein Bedürfnis, sondern sie befriedigt es in seinem gesellschaftlichen Umfang. Ist dagegen das Quantum kleiner oder größer als die Nachfrage dafür, so finden Abweichungen des Marktpreises vom Marktwert statt. Und die erste Abweichung ist, daß, wenn das Quantum zu klein, stets die unter den schlechtesten Bedingungen produzierte Ware den Marktwert reguliert, und wenn zu groß, stets die unter den besten Bedingungen produzierte; *daß also eines der Extreme den Marktwert bestimmt, trotzdem daß nach dem bloßen Verhältnis der Massen, die unter den verschiednen Bedingungen produziert sind, ein andres Resultat stattfinden müßte.*«[16]

Fallen oder steigen die Marktpreise unter oder über die durch die extremen Produktionsbedingungen bestimmten Marktwerte, so handelt es sich ausschließlich um Preis- und keine Wertbewegungen, denn: »Dieser Marktwert selbst kann nie

16 Karl Marx, *Das Kapital* Bd. 3, *MEW* Bd. 25, a.a.O., S. 195; Hervorhebung von mir, K. B.

größer sein, als der individuelle Wert des Produkts der mindest fruchtbaren Klasse. Wäre er höher, so bewiese das nur, daß der Marktpreis über dem Marktwert steht. *Der Marktwert aber muß wirklichen Wert darstellen.*«[17] »Der Unterschied von Marktwert und individuellem Wert eines Produktes kann sich daher nur auf die verschiedene Produktivität beziehen, womit ein bestimmtes Quantum Arbeit verschiedene Proportionen des Gesamtprodukts hervorbringt. Er kann sich nie darauf beziehen, daß der Wert unabhängig vom Arbeitsquantum, das in dieser Sphäre überhaupt angewandt ist, bestimmt wird.«[18]

Wolfgang Schöller versucht, die Schwankungen des Marktwertes innerhalb der Produktionsbedingungen einer Anlagesphäre aus den veränderten Reproduktionsbedingungen der Waren abzuleiten. »Weichen Angebot und Nachfrage über eine längere Zeit extrem voneinander ab, so verschiebt sich das Gravitationszentrum hin zu den besten bzw. schlechtesten Bedingungen (infolge der veränderten – verschlechterten bzw. verbesserten – Reproduktionsbedingungen der Waren.) Insofern ist also auch nicht die Nachfrage wertbestimmend, sondern es sind die veränderten Reproduktionsbedingungen der Waren, die die Wertveränderungen hervorrufen!«[19]

17 Karl Marx, *Theorien über den Mehrwert,* Teil 2, *MEW* Bd. 26.2, a.a.O., S. 260; Unterstreichung von mir, K. B.

18 Karl Marx, *Theorien über den Mehrwert,* Teil 2, *MEW* Bd. 26.2, a.a.O., S. 263; Ernest Mandel übersieht in seiner Kritik an der Ableitung des Wertgesetzes in Busch/Schöller/Seelow, *Weltmarkt und Weltwährungskrise,* Bremen 1971, daß dort sehr wohl auf die Grenzen der zweiten Bestimmung der gesellschaftlich notwendigen Arbeitszeit verwiesen wurde (vgl. dort, S. 23), wenn er behauptet, Busch/Schöller/Seelow hätten die Wertbildung aus der Produktions- in die Zirkulationssphäre verlagert. (Ernest Mandel, *Der Spätkapitalismus,* a.a.O., S. 89 ff.) Auch seine Stellungnahme zum 10. Kapitel des 3. Bandes des *Kapital* ist unbefriedigend, weil er auf das eigentliche Problem, nämlich die Verbindung von erster und zweiter Bestimmung gesellschaftlich notwendiger Arbeit zu entwickeln, nur mit dem Satz eingeht: »Wenn freilich – ausnahmsweise unter Bedingungen freier Konkurrenz – die mit niedrigster Arbeitsproduktivität produzierenden Betriebe (die Nachfrage viel größer als das Angebot) oder die mit höchster Arbeitsproduktivität produzierenden Betriebe (das Angebot viel größer als die Nachfrage) den Marktwert bestimmen, dann ist das Problem der Wertschöpfung, der Bestimmung des produzierten Wertquantums, nicht so selbstverständlich.« Ernest Mandel, *Der Spätkapitalismus,* a.a.O., S. 95.

19 Wolfgang Schöller, *Werttransfer und Unterentwicklung.* In: *Probleme des Klassenkampfes,* Nr. 6, Erlangen 1973, S. 103.

Schöller stützt sich dabei auf folgende Ausführungen von Marx: »Der Wert jeder Ware – also auch der Waren, woraus das Kapital besteht – ist bedingt nicht durch die in ihr selbst enthaltne notwendige Arbeitszeit, sondern durch die gesellschaftlich notwendige Arbeitszeit, die zu ihrer Reproduktion erheischt ist. Diese Reproduktion kann erfolgen unter erschwerenden oder unter erleichternden Umständen, verschieden von den Bedingungen der ursprünglichen Produktion. Bedarf es unter den veränderten Umständen allgemein doppelt so vieler oder umgekehrt halb so vieler Zeit, um dasselbe sachliche Kapital zu reproduzieren, so würde bei unverändertem Wert des Geldes, wenn es früher 100 Pfd. St. wert, jetzt 200 Pfd. St., bzw. 50 Pfd. St. wert sein.«[20]
Offensichtlich bezieht sich der Begriff »Reproduktionsbedingungen der Waren« auf die technischen Voraussetzungen der Produktion: verschlechtert sich die Produktivkraft der Arbeit, so steigt der Wert der Waren, weil ihre Reproduktionskosten steigen; wird die Produktivität verbessert, sinkt mit den Reproduktionskosten der Wert der Waren. Diese Veränderungen der Reproduktionsbedingungen sind aber nicht die Basis der Verschiebung des Marktwertes an die Extreme im jeweiligen Industriezweig, wenn Nachfrage und Zufuhr auseinanderklaffen. Marx schreibt explizit: » [...]; daß also eins der Extreme den Marktwert bestimmt, trotzdem, daß nach dem bloßen Verhältnis der Massen, die unter den verschiedenen Bedingungen produziert sind, ein andres Resultat stattfinden müßte.«[21] Der Marktwert verschiebt sich aufgrund der Ungleichgewichte zwischen Produktion und Markt an die Extreme, obwohl die durchschnittlichen Produktionsbedingungen immer noch die Produktion der Waren dieser Branche dominieren. Wolfgang Schöller meint nun, die nach dem Ungleichgewicht einsetzenden Anpassungsbewegungen vollzögen sich dergestalt, daß nach einer Überproduktion die schlechtesten Produktionsbedingungen aus dem Markt fielen und nach einer Unterproduktion schlechtere Produktionsbedingungen in den Markt einbezogen würden. Resultat dieser Angleichungsprozesse wären dann verbesserte bzw. ver-

20 Karl Marx, *Das Kapital* Bd. 3, *MEW* Bd. 25, a.a.O., S. 150.
21 Karl Marx, *Das Kapital* Bd. 3, *MEW* Bd. 25, a.a.O., S. 195.

schlechterte Reproduktionsbedingungen der Waren, so daß die Ungleichgewichte zwischen Produktion und Markt letzten Endes zu niedrigeren oder höheren Marktwerten führten. »Diese Verschiebung des Gravitationszentrums infolge der langfristig veränderten Verhältnisse von Angebot und Nachfrage bedeutet also, daß sich die Reproduktionskosten der Waren verändern, nicht jedoch, daß Nachfrage oder Angebot selbst wertbestimmend sind. Übersteigt nämlich z. B. die gesellschaftliche Nachfrage das Angebot in der Branche langfristig, so wird demnach eine größere Masse der betreffenden Waren zu schlechteren Produktionsbedingungen hergestellt, d. h. die Reproduktionskosten der Waren erhöhen sich allgemein bzw. die zur Herstellung einer Ware gesellschaftlich notwendige Arbeitszeit nimmt zu.«[22]

Meines Erachtens vermengt diese Argumentation zwei voneinander zu trennende Prozesse:

Zunächst verschiebt das Ungleichgewicht zwischen Bedürfnissen und Produktion den Marktwert an die Extreme *nicht* wegen der veränderten technischen Produktionsbedingungen im Anpassungsprozeß (deren Richtung ist nämlich offen), sondern weil sich die zweite Bestimmung gesellschaftlich notwendiger Arbeit in der Wertbildung (innerhalb der genannten Grenzen!) niederschlägt. Die daraufhin einsetzende Angleichungsbewegung im Produktionsprozeß dieser Branche stellt nach einer Übergangszeit ein erneutes Gleichgewicht zwischen Produktion und Markt her, und jetzt erst ist allein die erste Bestimmung gesellschaftlich notwendiger Arbeit für die Konstituierung des Marktwertes ausschlaggebend. Die Richtung dieser Angleichungsprozesse ist dabei durchaus offen und nicht pauschal anzugeben. So kann zwar nach einer Unterproduktionssituation das zusätzliche Warenquantum von schlechteren Produzenten geliefert werden – wie Schöller annimmt –, ebenso ist es aber denkbar, daß die mittleren oder besten Produktionsbedingungen als erste in der Lage sind, sich den neuen Marktverhältnissen anzupassen. In der Gleichgewichtslage kann deshalb das neue Gravitationszentrum größer, kleiner oder gleich dem ursprünglichen Marktwert sein. Die Verschiebung des Marktwertes an die Extreme kann

22 Wolfgang Schöller, a.a.O., S. 104.

damit nicht aus den sich im Anpassungsprozeß eventuell verändernden technischen Bedingungen der Produktion (also sich verändernden Reproduktionskosten der Waren) abgeleitet werden, weil
a) zwischen der Konstituierung des Marktwertes im Ungleichgewicht und nach erfolgtem Anpassungsprozeß differenziert werden muß und
b) die Richtung der Anpassungsbewegungen nicht pauschal angegeben werden kann.

1.1.3 *Durchschnittsprofitrate und Produktionspreis*

»Bei der kapitalistischen Produktion handelt es sich nicht nur darum, für die in Warenform in die Zirkulation geworfne Wertmasse eine gleiche Wertmasse in andrer Form – sei es des Geldes oder einer andren Ware – herauszuziehen, sondern es handelt sich darum, für das der Produktion vorgeschossne Kapital denselben Mehrwert oder Profit herauszuziehn wie jedes andre Kapital von derselben Größe, oder pro rata seiner Größe, in welchem Produktionszweig es auch angewandt sei; es handelt sich also darum, wenigstens als Minimum, die Waren zu Preisen zu verkaufen, die den Durchschnittsprofit liefern, [...]«[23]
Da die organische Zusammensetzung des Kapitals in den verschiedenen Produktionszweigen erkennbar abweicht, impliziert der Tausch der Waren der einzelnen Sphären zu ihren Werten ungleiche Branchenprofitraten. Setzt sich das Kapital der Branche A pro 100 Einheiten Kapitalvorschuß aus 10 Einheiten konstantem Kapital und 90 Einheiten variablem Kapital zusammen und umgekehrt in der Branche B aus 90 Einheiten konstantem Kapital und 10 Einheiten variablem Kapital, so produziert bei einer gleichen Mehrwertrate von 100% die Branche A pro 100 Einheiten Kapitalvorschuß 90 Einheiten Mehrwert und die Branche B 10 Einheiten Mehrwert. Unter der Voraussetzung, daß das konstante Kapital in beiden Branchen »gleichmäßig ganz in das jährliche Produkt dieser Kapitale eingeht«[24] und die Umschlagszeiten gleich

23 Karl Marx, *Das Kapital* Bd. 3, *MEW* Bd. 25, a.a.O., S. 205.
24 Karl Marx, *Das Kapital* Bd. 3, *MEW* Bd. 25, a.a.O., S. 164.

sind, erzielt die Branche A eine Jahresprofitrate von 90% und die Branche B von nur 10%, wenn die Waren zu ihren Werten getauscht werden. Dieses Ergebnis ist mit den Zielen und den Voraussetzungen der kapitalistischen Produktionsweise nicht vereinbar. Jedes Kapital strebt nämlich die höchstmögliche Verwertungsrate an und ruht und rastet nicht, ehe es nicht die unter dem gegebenen Stand der Entfaltung der Produktivkräfte erzielbare Durchschnittsprofitrate realisiert hat.[25]
Werden »die Waren nicht einfach als *Waren* ausgetauscht [...], sondern als *Produkte von Kapitalen*, die im Verhältnis zu ihrer Größe, oder bei gleicher Größe, gleiche Teilnahme an der Gesamtmasse des Mehrwerts beanspruchen«[26], ist eine Gleichgewichtslage zwischen den verschiedenen Branchenkapitalen nur dann zu erreichen, wenn sich die in der folgenden Tabelle zusammengestellten Bedingungen realisieren.
Die ursprünglich sehr verschiedenen Branchenprofitraten gleichen sich nur dann aus, wenn die Waren nicht zu ihren Werten getauscht werden, sondern zu ihren Produktionspreisen verkauft werden, die sich aus der Summe ihres Kostpreises und dem Durchschnittsprofit zusammensetzen. »Die Preise, die dadurch entstehen, daß der Durchschnitt der verschiednen Profitraten der verschiednen Produktionssphären gezogen

25 »Wir haben also gezeigt: daß in verschiednen Industriezweigen, entsprechend der verschiednen organischen Zusammensetzung der Kapitale, und innerhalb der angegebnen Grenzen auch entsprechend ihren verschiednen Umschlagszeiten, ungleiche Profitraten herrschen und daß daher auch bei gleicher Mehrwertsrate nur für Kapitale von gleicher organischer Zusammensetzung – gleiche Umschlagszeiten vorausgesetzt – das Gesetz (der allgemeinen Tendenz nach) gilt, daß die Profite sich verhalten wie die Größen der Kapitale und daher gleich große Kapitale in gleichen Zeiträumen gleich große Profite abwerfen. Das Entwickelte gilt auf der Basis, welche überhaupt bisher die Basis unsrer Entwicklung war: daß die Waren zu ihren Werten verkauft werden. Andererseits unterliegt es keinem Zweifel, daß in der Wirklichkeit, von unwesentlichen, zufälligen und sich ausgleichenden Unterschieden abgesehn, die Verschiedenheit der durchschnittlichen Profitraten für die verschiednen Industriezweige nicht existiert und nicht existieren könnte, ohne das ganze System der kapitalistischen Produktion aufzuheben. Es scheint also, daß die Werttheorie hier unvereinbar ist mit der wirklichen Bewegung, unvereinbar mit den tatsächlichen Erscheinungen der Produktion und daß daher überhaupt darauf verzichtet werden muß, die letztren zu begreifen.« Karl Marx, *Das Kapital* Bd. 3, *MEW* Bd. 25, a.a.O., S. 162.
26 Karl Marx, *Das Kapital* Bd. 3, *MEW* Bd. 25, S. 184 f.; Hervorhebungen im Original.

Tabelle A
Durchschnittsprofitrate und Produktionspreis

Kapitale	m'	m	p'	c	w c+v+m	K	$\bar{p}'$	PP	PP–w
I 80 C + 20 V	100%	20	20%	50	90	70	22%	92	+ 2
II 70 C + 30 V	100%	30	30%	51	111	81	22%	103	– 8
III 60 C + 40 V	100%	40	40%	51	131	91	22%	113	– 18
IV 85 C + 15 V	100%	15	15%	40	70	55	22%	77	+ 7
V 95 C + 5 V	100%	5	5%	10	20	15	22%	37	+ 17

$m' = \frac{m}{v}$ = Mehrwertrate
m = Mehrwert
p' = ursprüngliche Branchenprofitrate
c = verbrauchtes C, konstantes Kapital

w = c+v+m = Wert der Waren
K = c+v = Kostpreis
$\bar{p}'$ = Durchschnittsprofitrate = $\frac{\Sigma m}{\Sigma C + \Sigma V}$
PP = Produktionspreis = K + p, p = Durchschnittsprofit

und dieser Durchschnitt den Kostpreisen der verschiednen Produktionssphären zugesetzt wird, sind die Produktionspreise. Ihre Voraussetzung ist die Existenz einer allgemeinen Profitrate, und diese setzt wiederum voraus, daß die Profitraten in jeder besondren Produktionssphäre für sich genommen, bereits auf ebensoviel Durchschnittsraten reduziert sind. Diese besondren Profitraten sind in jeder Produktionssphäre $= \frac{m}{c}$ und sind, wie dies im ersten Abschnitt dieses Buches geschehn, aus dem Wert der Ware zu entwickeln. Ohne diese Entwicklung bleibt die allgemeine Profitrate (und daher auch der Produktionspreis der Ware) eine sinn- und begriffslose Vorstellung. Der Produktionspreis der Ware ist also gleich ihrem Kostpreis plus dem, entsprechend der allgemeinen Profitrate, prozentig ihm zugesetzten Profit oder gleich ihrem Kostpreis plus dem Durchschnittsprofit.«[27]

Obwohl die Waren nach der Herausbildung einer allgemeinen Profitrate nicht mehr zu ihren Werten, sondern zu ihren Produktionspreisen ausgetauscht werden, regiert dennoch weiterhin das Gesetz des Wertes ihre Bewegung. Die Gesamtsumme der produzierten Warenwerte ist nämlich gleich der Gesamtsumme der Produktionspreise, und die Gesamtsumme der Mehrwertmassen ist gleich der Gesamtsumme der auf die einzelnen Sphären verteilten Profitmassen. Über die Produktionspreise wird den einzelnen Produktionszweigen nur ein bestimmtes Wertquantum anderer Sphären zugeteilt oder ein Teil des in ihnen produzierten Wertquantums entzogen, um das Gesetz des Kapitals zu exekutieren, pro vorgeschossenem Kapitalteil überall dieselbe Profitrate zu erzielen. Die eigentliche Schwierigkeit besteht darin, den Prozeß zur Herausbildung der Durchschnittsprofitrate, die hier als gegeben gesetzt wurde, zu erklären.

Nachdem Marx im II. Abschnitt des 3. Buches des *Kapital* in den Kapiteln 8 und 9 die Verwandlung des Profits in Durchschnittsprofit mit Hilfe der Kategorie »Produktionspreis« theoretisch entwickelt hat, stellt er sich im 10. Kapitel *Ausgleichung der allgemeinen Profitrate durch die Konkurrenz. Marktpreise und Marktwerte. Surplusprofit* die Aufgabe, den Prozeß der Konkurrenz zwischen den verschiedenen Anlage-

27 Karl Marx, *Das Kapital* Bd. 3, *MEW* Bd. 25, a.a.O., S. 167.

sphären, der in der Konstitution der Durchschnittsprofitrate mündet, darzustellen. Er schreibt am Anfang des 10. Kapitels: »Für die Kapitale von mittlerer oder annähernd mittlerer Zusammensetzung fällt der Produktionspreis also mit dem Wert ganz oder annähernd zusammen, und der Profit mit dem von ihnen erzeugten Mehrwert. Alle andren Kapitale, welches immer ihre Zusammensetzung, streben unter dem Druck der Konkurrenz, sich mit diesen auszugleichen. Da aber die Kapitale mittlerer Zusammensetzung gleich oder annähernd gleich dem gesellschaftlichen Durchschnittskapital, so streben alle Kapitale, welches immer der von ihnen selbst erzeugte Mehrwert, an Stelle dieses Mehrwerts den Durchschnittsprofit durch die Preise ihrer Waren zu realisieren, d. h. also die Produktionspreise zu realisieren.«[28] Etwas weiter unten formuliert er dann: »Die eigentlich schwierige Frage ist hier die: wie diese Ausgleichung der Profite zur allgemeinen Profitrate vorgeht, da sie offenbar ein Resultat ist und nicht ein Ausgangspunkt sein kann.«[29]

Im folgenden entwickelt Marx dann die Kategorien »Marktwert« und »Marktpreis« und stellt die Bewegung des Marktwertes durch die doppelte Bestimmung der gesellschaftlich notwendigen Arbeitszeit dar (vgl. 1.1.2), um am Ende des Kapitels die scheinbar verlorene Ausgangsfragestellung wieder aufzunehmen: »Werden die Waren aber zu ihren Werten verkauft, so entstehn, wie entwickelt, sehr verschiedne Profitraten in den verschiednen Produktionssphären, je nach der verschiednen organischen Zusammensetzung der darin angelegten Kapitalmassen. Das Kapital entzieht sich aber einer Sphäre mit niedrigerer Profitrate und wirft sich auf die andre, die höheren Profit abwirft. Durch diese beständige Aus- und Einwanderung, mit einem Wort, durch seine Verteilung zwischen den verschiednen Sphären, je nachdem dort die Profitrate sinkt, hier steigt, bewirkt es solches Verhältnis der Zufuhr zur Nachfrage, daß der Durchschnittsprofit in den verschiednen Produktionssphären derselbe wird und daher die Werte sich in Produktionspreise verwandeln.«[30]

Demnach verläuft der Ausgleichungsprozeß offensichtlich in

28 Karl Marx, *Das Kapital* Bd. 3, *MEW* Bd. 25, a.a.O., S. 183.
29 Karl Marx, *Das Kapital* Bd. 3, *MEW* Bd. 25, a.a.O., S. 183.
30 Karl Marx, *Das Kapital* Bd. 3, *MEW* Bd. 25, a.a.O., S. 205 f.

folgenden Formen: Der unterschiedliche Stand der organischen Zusammensetzung des Kapitals in den einzelnen Anlagesphären führt ursprünglich zu ungleichen Branchenprofitraten, mittleren, über- und unterdurchschnittlichen. In ihrem maßlosen Verwertungstrieb werfen sich dann die Kapitale aus Branchen mit unterdurchschnittlicher Profitrate in die Produktionszweige mit höherer Profitrate und produzieren in einzelnen Sphären folgende Konstellationen der Nachfrage und Zufuhr: In den Branchen mit ursprünglich niedrigen Profitraten führt die Kapitalabwanderung zu einer Unterversorgung des Marktes, in deren Folge die Marktpreise über die individuellen Werte auch der schlechtesten Produktionsbedingungen steigen, in den Branchen mit ursprünglich höheren Profitraten resultiert der Kapitalzufluß in einer Überproduktionssituation, die Marktpreise fallen unter die individuellen Werte auch der besten Produktionsbedingungen. Die Produktionszweige mit überdurchschnittlicher organischer Zusammensetzung des Kapitals und zunächst unterdurchschnittlicher Profitrate realisieren nach der Kapitalbewegung Preise, die über ihren Werten liegen, also etwa zu ihren Produktionspreisen, die Produktionszweige mit unterdurchschnittlicher organischer Zusammensetzung des Kapitals und zunächst überdurchschnittlicher Profitrate realisieren ihre Waren zu Preisen, die unter ihren Werten liegen, also etwa zu ihren Produktionspreisen; die allgemeine Profitrate ist realiter konstituiert. An die Stelle des Marktwertes tritt nach der Herausbildung der Durchschnittsprofitrate der Marktproduktionspreis, der jetzt das Gravitationszentrum der Marktpreise bildet.[31]

Ändert sich im Zuge der Entwicklung der Produktivkräfte die Zusammensetzung des Kapitals in den einzelnen Sphären und weichen dort abermals die Branchenprofitraten von der Durchschnittsprofitrate ab, so sind erneute Anpassungsbewegungen in Gestalt der Wanderung der Kapitale notwendig, um die Ausgleichung herzustellen. »Die beständige Ausgleichung der beständigen Ungleichheiten vollzieht sich um so rascher, 1. je mobiler das Kapital, d. h. je leichter es über-

31 Vgl. Karl Marx, *Das Kapital* Bd. 3, *MEW* Bd. 25, a.a.O., S. 188 und 208 f.

tragbar ist von einer Sphäre und von einem Ort zum andern; 2. je rascher die Arbeitskraft von einer Sphäre in die andre und von einem lokalen Produktionspunkt auf den andren werfbar ist. Nr. 1 unterstellt vollständige Handelsfreiheit im Innern der Gesellschaft und Beseitigung aller Monopole außer den natürlichen, nämlich aus der kapitalistischen Produktionsweise selbst entspringenden. Ferner Entwicklung des Kreditsystems, welches die unorganische Masse des disponiblen gesellschaftlichen Kapitals den einzelnen Kapitalisten gegenüber konzentriert; endlich Unterordnung der verschiedenen Produktionssphären unter Kapitalisten [...]. Endlich große Dichtigkeit der Bevölkerung. – Nr. 2 setzt voraus Aufhebung aller Gesetze, welche die Arbeiter hindern, aus einer Produktionssphäre in die andre oder aus einem Lokalsitz der Produktion nach irgendeinem andern überzusiedeln. Gleichgültigkeit des Arbeiters gegen den Inhalt seiner Arbeit. Möglichste Reduzierung der Arbeit in allen Produktionssphären auf einfache Arbeit. Wegfall aller professionellen Vorurteile bei den Arbeitern. Endlich und namentlich Unterwerfung des Arbeiters unter die kapitalistische Produktionsweise. Weitre Ausführungen hierüber gehören in die Spezialuntersuchung der Konkurrenz.«[32]

Das 10. Kapitel des 3. Bandes des *Kapital,* in dem die Bewegungsgesetze des Marktwertes im Mittelpunkt stehen, schließt sich damit trotz der wenigen Ausführungen über die Durchschnittsprofitrate mit Recht unter dem Titel *Ausgleichung der allgemeinen Profitrate durch die Konkurrenz. Marktpreise und Marktwerte. Surplusprofit* an das 8. und 9. Kapitel an. Die über die Kapitalwanderungsprozesse ausgelösten Veränderungen der Marktpreise sind nämlich die Bewegungsformen, in denen sich die allgemeine Profitrate durchsetzt.

1.2 Modifikation des Wertgesetzes auf dem Weltmarkt

Im Kapitel 1.1 haben wir dargestellt, daß das Gesetz des Werts die Form ist, in der eine auf dem Privateigentum an Produktionsmitteln basierende Gesellschaft die Produktion der Privatproduzenten an den gesellschaftlichen Notwendig-

32 Karl Marx, *Das Kapital* Bd. 3, *MEW* Bd. 25, a.a.O., S. 206 f.

keiten im doppelten Sinne – Verteilung der Gesamtarbeit auf die einzelnen Industriezweige, Regulierung der für die Einzelware notwendigen Arbeitszeit – orientiert. Wertbildende Qualität kommt nur der in dieser doppelten Bestimmung gesellschaftlich notwendigen Arbeit zu.

Der gesellschaftliche Rahmen, in den die Privatproduzenten eingegliedert sind, ist nun allerdings variablen Bedingungen unterworfen. Werden ihre Produkte nur auf lokalen oder regionalen Märkten dem Vergleichsprozeß mit anderen Produkten unterworfen und konkurrieren sie dort mit Produkten, die ebenfalls lokaler oder regionaler Herkunft sind, so bildet dieser enge gesellschaftliche Rahmen die Basis des Wertbildungsprozesses, der Bestimmung des Arbeitsquantums, das als gesellschaftlich notwendig gilt. Sind demgegenüber die lokalen und regionalen Märkte mit anderen Teilmärkten der Nation zu einem nationalen Markt verschränkt, konkurriert also jedes nationale Produkt mit prinzipiell allen anderen nationalen Produkten derselben Art, hat sich der gesellschaftliche Raum, in den die Privatproduzenten eingebettet sind, erweitert, herrscht der nationale Rahmen den einzelnen Produzenten das gesellschaftlich Notwendige auf, so ist die gesellschaftlich notwendige Arbeit national bestimmt. Welches Arbeitsquantum zu einem gegebenen Zeitpunkt als gesellschaftlich notwendige Arbeit anerkannt wird, ist demnach von dem jeweiligen Entwicklungsniveau der Produktivkräfte und von dem Stand des gesellschaftlichen Bedürfnisses in einem vorgegebenen gesellschaftlichen Rahmen abhängig, der räumlich variablen Bedingungen unterworfen ist. Konkurrieren auf einer weiteren Entwicklungsstufe die Produkte verschiedener Nationen auf Teilmärkten des Weltmarktes oder auf dem gesamten Weltmarkt, haben sich die Bestimmungsmomente der gesellschaftlich notwendigen Arbeit erneut verschoben, konstituieren sich internationale Werte. »Bei lokalen Märkten wird auch die Wertgröße lokal bestimmt, bei nationalen Märkten national, bei beschränkt internationalen Märkten (die nur einige Länder umfassen) beschränkt international und bei universell internationalen Märkten (Weltmarkt) universell international.«[33]

33 Gunther Kohlmey, *Karl Marx' Theorie von den internationalen Werten.* In: *Probleme der Politischen Ökonomie*, Bd. 5, Berlin 1962, S. 35.

Da einzelne Produzenten und einzelne Produktionssphären meist gleichzeitig für lokale, regionale, nationale und internationale Teilmärkte produzieren, existiert ein Nebeneinander von räumlich differierenden Wertbildungsprozessen.[34] Zu fragen ist nun, ob eine Differenz zwischen der Wirkungsweise des Wertgesetzes auf dem Weltmarkt und seinen Bewegungsformen im nur nationalen Rahmen besteht.
Betrachten wir die Konkurrenz der verschiedenen nationalen Kapitale branchenspezifisch, dann lassen sich zunächst keine spezifischen Unterschiede zwischen dem Wirken des Wertgesetzes auf dem nationalen und dem internationalen Markt feststellen. Wie sich innerhalb einer nationalen Branche Produzenten mit unterschiedlichen Produktionsbedingungen gegenüberstehen, konkurrieren auf dem Weltmarkt nationale Branchenkapitale, die aufgrund der ungleichzeitigen und ungleichmäßigen Entwicklung der Nationen mit unterschiedlichen Graden an Produktivität und Intensität der Arbeit produzieren. Resultat des nationalen wie des internationalen

34 Wolfgang Schöller meint, der Grad der Orientierung des Produktionsprozesses an der nationalen oder der internationalen Zirkulation sei maßgebend für die Unterscheidung zwischen nationalen und internationalen Werten. Ist der nationale Markt die überwiegende äußere Produktionsbedingung einer Branche, gibt es nach Schöller nur nationale Werte, umgekehrt liegt ein internationaler Wertbildungsprozeß vor, wenn die einzelnen Produktionszweige überwiegend für den Weltmarkt produzieren. (Wolfgang Schöller, a.a.O., S. 107 f.) Meines Erachtens ist diese Unterscheidung mechanistisch. Da das Wertgesetz die *gesellschaftlichen* Beziehungen der Privatproduzenten organisiert, der gesellschaftliche Bezugsrahmen aber räumlich variablen Bedingungen unterworfen ist, existiert notwendigerweise ein Nebeneinander von lokaler, nationaler, begrenzt internationaler und internationaler Wertbildung. Wirft ein Produktionszweig 60% seiner Produktion auf den nationalen Markt, auf dem er überwiegend mit nationalen Produzenten konkurriert, und 40% auf den Weltmarkt, ist er offensichtlich unterschiedlichen gesellschaftlichen Bezügen unterworfen: zum Teil bestimmt die nationale Konkurrenz die Variable »gesellschaftlich notwendige Arbeit«, zum Teil der Weltmarkt. »Zur Bemessung gesellschaftlich notwendiger Arbeitszeit, die Maß der Wertgröße einer Ware ist, muß jeweils betrachtet werden, ob die Privatproduzenten lokal, regional, national oder international in Austausch treten und insofern der Durchschnittsgrad an Intensität und Produktivität der Arbeit und die gesellschaftlichen Bedürfnisse lokal, regional, national oder international bestimmt sind.« Busch/Schöller/Seelow, *Weltmarkt und Weltwährungskrise*, Bremen 1971, S. 24; vgl. auch: Klaus Busch, *Ungleicher Tausch – Zur Diskussion über internationale Durchschnittsprofitrate, ungleichen Tausch und komparative Kostentheorie, anhand der Thesen von Arghiri Emmanuel.* In: *Probleme des Klassenkampfes*, Nr. 8/9 1973, S. 86 f.

Konkurrenzkampfes ist die Konstituierung eines Marktwertes, der durch die individuellen Arbeitsquanta der jeweils massenhaften Produktionsbedingungen bestimmt wird.
Ein Unterschied zwischen der nationalen und der internationalen Konkurrenz wäre hier vielleicht darin zu sehen, daß die individuellen nationalen Arbeitsquanta stärker voneinander abweichen als die individuellen Arbeitsquanta der Produzenten innerhalb einer Nation und eventuell keine Nation einen überwiegenden Teil des Warenquantums liefern kann, das zur Befriedigung des weltgesellschaftlichen Bedürfnisses notwendig ist. Der internationale Marktwert würde unter diesen Bedingungen eher dem gewogenen arithmetischen Mittel entsprechen als die nationalen Marktwerte. Diese möglichen Abweichungen, die zwischen dem nationalen und dem internationalen Marktwertkonstituierungsprozeß bestehen, rechtfertigen es aber nicht, von einer Modifikation des Wertgesetzes auf dem Weltmarkt zu sprechen, denn hier handelt es sich um unwesentliche, sozusagen prozessuale Differenzen.[35]
Ergebnis des Marktwertbildungsprozesses sind im nationalen wie im internationalen Rahmen differierende Profitraten innerhalb der betreffenden Anlagesphären: Die produktiveren Kapitale eignen sich Surplusprofite an, weil sie weniger Arbeitsquanta in ihren Waren vergegenständlichen als das Gros ihrer Konkurrenten; die unterdurchschnittlich produktiven Kapitale erhalten einen Teil der in ihren Waren materialisierten Arbeitsquanta nicht als Wert vergütet.
Die eigentlichen Unterschiede zwischen der Wirkungsweise des Wertgesetzes im nationalen und im internationalen Rahmen können aus dem branchenspezifischen Konkurrenzkampf der Kapitale nicht entwickelt werden, sie werden erst deutlich, wenn wir den gesamten Prozeß des Konkurrenzkampfes ungleich entwickelter und nationalstaatlich organisierter Kapitale auf dem Weltmarkt betrachten. Da sich das Kapital in seinem historischen Entwicklungsprozeß in verschiedenen nationalen Organisationsverbänden (Nationalstaaten) zusammengeschlossen hat, die Einzelkapitale sich

35 Gunther Kohlmey leitet die Modifikation des Wertgesetzes auf dem Weltmarkt im Kern aus diesen möglichen Unterschieden zwischen der nationalen und der internationalen Marktwertbildung ab: Gunther Kohlmey, *Karl Marx' Theorie* ..., a.a.O., S. 35 ff.

also auf nationaler und nicht auf weltweiter Ebene als ideelles Gesamtkapital konstituiert haben, setzt sich der Weltmarkt aus der Summe verschiedener, national voneinander abgegrenzter Zirkulationssphären zusammen. Während die Kapitale im nationalen Rahmen direkt, ohne staatliche Schranken miteinander konkurrieren, ist der internationale Konkurrenzkampf des Kapitals prinzipiell über nationale Schranken vermittelt, die sich im einfachsten Falle (also abgesehen von Importzöllen und sonstigen Importbelastungen, Exportprämien etc.) als Grenzpfähle der verschiedenen nationalen Zirkulationssphären, als Wechselkurse nämlich, darstellen. Verlassen die Waren eines Landes die nationale Zirkulationssphäre, um auf dem Weltmarkt realisiert zu werden, vollziehen sie die zunächst nur als äußerlich erscheinende Metamorphose, ihren Preis, ihren Geldnamen, nicht mehr in nationaler Währung, sondern in internationaler oder ausländischer Währung auszudrücken. Vor dem Hintergrund eines unterschiedlichen Entwicklungsstandes der Produktivkräfte in den einzelnen auf dem Weltmarkt miteinander konkurrierenden nationalen Kapitale kommt dieser Geldnamen-Metamorphose eine besondere Bedeutung zu.

Die entwickelten Nationen, deren mittlere Intensitätsgrade der Arbeit und deren branchenspezifische Produktivitätsgrade im internationalen Vergleich besonders hoch liegen, werden den weniger entwickelten nationalen Kapitalen im internationalen Konkurrenzkampf zunächst weit überlegen sein und deshalb ein größeres Warenquantum auf dem Weltmarkt realisieren, als sie umgekehrt aus den übrigen Welthandelsnationen importieren. Während die Leistungsbilanzen der höher entwickelten Länder hohe Überschüsse ausweisen, verzeichnen die ökonomisch schwächer entwickelten nationalen Kapitale große Leistungsbilanzdefizite. Da diese ungleichen Warenkapitalbeziehungen über die Grenzen der verschiedenen nationalen Zirkulationssphären vermittelt sind, initiieren sie eine Reihe von Währungsmechanismen, die je nach der Struktur des internationalen Währungssystems eine unterschiedliche Verlaufsform haben. Im System der einlösbaren Goldkernwährungen, das von 1870 bis zum Ersten Weltkrieg seine Blütezeit erlebte, produzieren die Außenhandelsungleichgewichte internationale Goldbewegungen. Aus den

Ländern mit Leistungsbilanzdefiziten fließt Gold in die Nationen mit Leistungsbilanzüberschüssen und verursacht – über die Golddeckungsvorschriften – in den Defizitländern Deflations- und in den Überschußländern Inflationsprozesse. Im System fester Wechselkurse, z. B. dem Bretton-Woods-System, führen die Leistungsbilanzungleichgewichte zu Ab- bzw. Aufwertungen der Währungen der einzelnen Nationen. Verzögern die nationalen Staatsapparate in diesem System die durch die Leistungsbilanzungleichgewichte angezeigten Währungsparitätsänderungen, so kommen – ähnlich wie im Goldstandard – die Geldmengen-Preis-Mechanismen zum Zuge und leiten in den Überschußländern Inflations- und in den Defizitländern Deflationsprozesse ein.[36] Welche Verlaufsform auch immer diese Währungsmechanismen annehmen mögen, sie führen in der Tendenz zu folgendem Ergebnis: Die Waren der höher entwickelten Nation erhalten über die Aufwertung der Währung ihres Landes oder die importierte Inflation einen höheren internationalen Preisausdruck, während sich umgekehrt die Waren der weniger entwickelten Nation nach der Abwertung oder der Deflation in niedrigeren internationalen Preisen darstellen.

Die Arbeitswertgrundlagen dieser internationalen Geld- und Preisbewegungen lassen sich an folgendem Beispiel veranschaulichen:

Auf dem Weltmarkt stehen sich drei über ein unterschiedliches Entwicklungsniveau in der Produktivkraftentwicklung verfügende Nationen A, B und C gegenüber. A sei die am höchsten entwickelte Nation, sie realisiert also den höchsten durchschnittlichen Grad an Arbeitsintensität, und ihre Produktionszweige produzieren im internationalen Vergleich mit dem höchsten Grad an Arbeitsproduktivität. B sei die mittlere und C die am schwächsten entwickelte Nation. Da A über das höchste Arbeitsintensitäts- und Arbeitsproduktivitätsniveau verfügt, stellt sich ein nationaler Arbeitstag von A in höheren internationalen Werten dar als ein entsprechender Arbeitstag von B und C. Nennen wir die Wertsubstanz der internationalen Werte »universelle Arbeit«, dann repräsentiert etwa 1

36 Diese Währungsmechanismen sind ausführlicher dargestellt in: Busch/Schöller/Seelow, *Weltmarkt und Weltwährungskrise*, a.a.O., S. 47 ff.

nationaler Arbeitstag von A 2 universelle Arbeitstage, 1 nationaler Arbeitstag von B 1 universellen Arbeitstag und 1 nationaler Arbeitstag von C einen halben universellen Arbeitstag. Führen wir jetzt noch das allgemeine Äquivalent in seiner nationalen und seiner internationalen Form ein, dann können folgende Gleichungen aufgestellt werden:

1 n AT von A = 1 n WE von A = 2 u AT = 2 i WE
1 n AT von B = 1 n WE von B = 1 u AT = 1 i WE
1 n AT von C = 1 n WE von C = ½ u AT = ½ i WE

1 n WE von A = 2 n WE von B = 4n WE von C

---

n AT = Nationaler Arbeitstag
n WE = Nationale Währungseinheit
u AT = Universeller Arbeitstag
i WE = Internationale Währungseinheit

Ein nationaler Arbeitstag der Nation A stellt sich folglich in größeren internationalen Geldsummen dar als ein nationaler Arbeitstag der Länder B und C.
Karl Marx hat diese Zusammenhänge im 20. Kapitel des 1. Bandes des *Kapital* ausgeführt: »In jedem Lande gilt eine gewisse mittlere Intensität der Arbeit, unter welcher die Arbeit bei Produktion einer Ware mehr als die gesellschaftlich notwendige Zeit verbraucht, und daher nicht als Arbeit von normaler Qualität zählt. Nur ein über den nationalen Durchschnitt sich erhebender Intensitätsgrad ändert, in einem gegebenen Lande, das Maß des Werts durch die bloße Dauer der Arbeitszeit. Anders auf dem Weltmarkt, dessen integrierende Teile die einzelnen Länder sind. Die mittlere Intensität der Arbeit wechselt von Land zu Land; sie ist hier größer, dort kleiner. Diese nationalen Durchschnitte bilden also eine Stufenleiter, deren Maßeinheit die Durchschnittseinheit der universellen Arbeit ist. Verglichen mit der weniger intensiven, produziert also die intensivere nationale Arbeit in gleicher Zeit mehr Wert, der sich in mehr Geld ausdrückt.
Noch mehr aber wird das Wertgesetz in seiner internationalen Anwendung dadurch modifiziert, daß auf dem Weltmarkt die

produktivere nationale Arbeit ebenfalls als intensivere zählt, sooft die produktivere Nation nicht durch die Konkurrenz gezwungen wird, den Verkaufspreis ihrer Ware auf ihren Wert zu senken.
Im Maß, wie in einem Lande die kapitalistische Produktion entwickelt ist, im selben Maß erheben sich dort auch die nationale Intensität und Produktivität der Arbeit über das internationale Niveau. Die verschiedenen Warenquanta derselben Art, die in verschiedenen Ländern in gleicher Arbeitszeit produziert werden, haben also ungleiche internationale Werte, die sich in verschiedenen Preisen ausdrücken, d. h. in je nach den internationalen Werten verschiednen Geldsummen.«[37]

Die oben erwähnten Währungsmechanismen sind die Bewegungsformen, in denen sich diese internationalen Wertstrukturen durchsetzen. Die einzelnen Nationen nehmen in der Stufenleiter der internationalen Arbeitsintensität und Arbeitsproduktivität einen bestimmten Rangpunkt ein, und genau dieser Rangpunkt wird einerseits durch die Wechselkursparitäten widergespiegelt und/oder schlägt sich andererseits in den nationalen Preisniveaus nieder.[38]

Der internationale Marktwertbildungsprozeß nimmt unter diesen Voraussetzungen folgende Form an: Die Warenpreise aller Branchen, deren Arbeitsprodukte auf dem Weltmarkt veräußert werden sollen, werden beim Verlassen der nationalen Zirkulationssphäre zunächst mit Hilfe der Wechselkurse in internationale Währungseinheiten transformiert. Diese Geldnamenmetamorphose kommt einem Gewichtungsprozeß gleich. Jedes nationale Arbeitsquantum, das auf dem Weltmarkt erscheint, wird über den Wechselkurs wertmäßig mit dem Rangpunkt gewichtet, den das jeweilige nationale Kapital durchschnittlich in der Stufenleiter der universellen Arbeit einnimmt. Die Arbeitsquanta der höchst entwickelten Nationen *müssen* sich in hohen internationalen Werten darstellen, weil der mittlere Arbeitsintensitätsgrad und die branchenspe-

37 Karl Marx, *Das Kapital* Bd. 1, *MEW* Bd. 23, a.a.O., S. 583 f.

38 Zur näheren Erläuterung dieser Zusammenhänge vergleiche Busch/Schöller/Seelow, *Weltmarkt und Weltwährungskrise*, a.a.O., S. 24 ff.; Neusüß/Blanke/Altvater, *Kapitalistischer Weltmarkt und Weltwährungskrise*. In: *Probleme des Klassenkampfes*, Nr. 1, 1971; Christel Neusüß, *Imperialismus und Weltmarktbewegung des Kapitals*, Erlangen 1972, S. 142 ff.

zifischen Produktivitätsgrade dieses Landes über dem internationalen Durchschnitt liegen; umgekehrt *müssen* sich die Arbeitsquanta der ökonomisch schwach entwickelten Nationen in niedrigen internationalen Werten darstellen.
Auf dem Weltmarkt stehen sich Waren gegenüber, die alle diesen länderspezifischen Gewichtungsprozeß durchlaufen haben, und auf der Basis dieser internationalen »Angebotspreise« bilden sich dann in den verschiedenen Weltmarktbranchen internationale Marktwerte heraus. Die Verlaufsform des Marktwertbildungsprozesses ist dabei durchaus mit dem entsprechenden Prozeß innerhalb nationaler Produktionszweige zu vergleichen. Die massenhaften Produktionsbedingungen bestimmen das Gravitationszentrum der Weltmarktpreise, wenn Zufuhr und Nachfrage ausgeglichen sind; klaffen Produktion und Marktbedürfnis auseinander, schlägt sich die zweite Bestimmung gesellschaftlich notwendiger Arbeit in den oben beschriebenen Grenzen im Marktwertkonstitutionsprozeß nieder.
Inwiefern kann nun aber von einer Modifikation des Wertgesetzes auf dem Weltmarkt gesprochen werden? Welches sind die spezifischen Differenzen zwischen der Wirkungsweise des Wertgesetzes im nationalen Rahmen und seiner Verlaufsformen auf dem Weltmarkt?
Im Kern umfaßt die Modifikation des Wertgesetzes auf dem Weltmarkt zwei Momente:
1. Während im nationalen Rahmen der Konkurrenzkampf die schwächeren Produzenten der überlegenen Produktivkraft der hoch entwickelten Kapitale unvermittelt aussetzt, werden die ökonomisch schwächer entwickelten Nationen vor der vernichtenden Konkurrenzkraft der höchst entwickelten Nationen dadurch geschützt, daß der internationale Konkurrenzkampf über die Grenzpfähle der nationalen Zirkulationssphären, die Wechselkurse, vermittelt ist. Auch wenn die weniger entwickelten Nationen in allen Industriezweigen mit geringerer Arbeitsproduktivität produzieren als die höher entwickelten Länder, können sie in der internationalen Preiskonkurrenz mithalten, weil ihre hohen nationalen Warenpreise über den Wechselkurs in niedrigere internationale Preise transformiert werden und umgekehrt die höher entwickelten Länder ihre niedrigen nationalen Warenpreise über die

Währungsparität in höhere internationale Preise umwandeln müssen.
Dieser Schutzmechanismus, den das internationale Wertgesetz für die schwächer entwickelten Nationen impliziert, stellt eine wesentliche Modifikation des Wertgesetzes dar. Diesem Mechanismus ist es auch geschuldet, daß sich in den Warenkapitalbeziehungen zwischen den ungleich entwickelten Nationen eine internationale Arbeitsteilung etablieren kann. Da die Währungsparitäten den durchschnittlichen Intensitäts- und Produktivitätsrangpunkt widerspiegeln, den die einzelnen Nationen in der Stufenleiter der universellen Arbeit einnehmen, aber neben den Industriezweigen mit mittleren Produktionsbedingungen auch über- und unterdurchschnittliche Produktionssphären existieren, benachteiligt der Wechselkursmechanismus in jeder Nation die unterdurchschnittlich produktiven Industriezweige. In den hochentwickelten Ländern zwingt der Wechselkursmechanismus den unterdurchschnittlichen Industriezweigen so hohe internationale Preise auf, daß sie von den entsprechenden Branchen der weniger entwickelten Nationen niederkonkurriert werden können, obwohl sie absolut produktiver produzieren mögen als jene; in den weniger entwickelten Ländern schützt der Wechselkursmechanismus die unterdurchschnittlichen Produktionssphären nicht ausreichend vor der überlegenen Konkurrenzkraft der höher entwickelten Nationen und läßt sie deshalb im internationalen Konkurrenzkampf unterliegen. Auf diese Weise institutionalisieren die über die Wechselkurse vermittelten internationalen Warenkapitalbeziehungen eine internationale Arbeitsteilung auf der Basis komparativer Kostenvorteile, eine arbeitsteilige Struktur also, die im nationalen Rahmen nicht möglich ist, weil die schwächeren Produzenten den hochentwickelten Kapitalen hier schutzlos ausgeliefert sind.
2. Während sich die überdurchschnittlich produktiven Kapitale im nationalen Konkurrenzkampf Surplusprofite aneignen können, ist die Aneignung von Extraprofiten den höher entwickelten nationalen Kapitalen im internationalen Konkurrenzkampf nur vorübergehend möglich.
Diese These soll an einem Beispiel erläutert werden: Auf dem Weltmarkt konkurrieren zwei Nationen A und B miteinander. Beide verfügen im Durchschnitt über dasselbe Arbeitsin-

tensitäts- und branchenspezifische Produktivitätsniveau, so daß folgende durchschnittliche Tauschrelationen gelten mögen: 1 nationaler Arbeitstag A = 1 nationale Währungseinheit A = 1 universeller Arbeitstag = 1 internationale Währungseinheit; 1 nationaler Arbeitstag B = 1 nationale Währungseinheit B = 1 universeller Arbeitstag = 1 internationale Währungseinheit; 1 nationale Währungseinheit A = 1 nationale Währungseinheit B.

Entwickelt sich nun die Produktivkraft der Arbeit in der Nation A schneller als in der Nation B, können sich die durchschnittlichen Weltmarktbranchen von A vor der Wechselkursanpassungsbewegung Surplusprofite aneignen, denn sie vergegenständlichen jetzt in demselben Warenquantum weniger nationale Arbeit, realisieren aber dieselben internationalen Werte wie in der Ausgangssituation. Stellte sich vorher 1 nationaler Arbeitstag von A als 1 internationale Währungseinheit dar, so sind es jetzt vielleicht nur noch 0,8 nationale Arbeitstage. Die neuen Konkurrenzverhältnisse werden sich allerdings schnell in den Leistungsbilanzen der beiden Länder niederschlagen. Die Kapitale von A werden die verbesserte Produktivkraft dazu ausnutzen, die Kapitale von B teilweise aus dem Markt zu verdrängen, so daß A jetzt mehr exportiert und weniger importiert als vorher und Umgekehrtes für B gilt. Letzten Endes wird A damit zur Aufwertung seiner Währung oder B zur Abwertung seiner Währung gezwungen sein. Wertet A seine Währung auf, stellt sich 1 nationaler Arbeitstag von A in der Folge vielleicht in 1,2 internationalen Währungseinheiten dar. Bieten die Kapitale von A weiterhin ihre Waren zu denselben Preisen an (in nationalen Währungseinheiten ausgedrückt), drückt sich 1 nationaler Arbeitstag von A nicht mehr in 1 internationalen Währungseinheit aus, sondern in 1,2 internationalen Währungseinheiten. Die Wettbewerbsfähigkeit von A hat sich damit verschlechtert, es wird Markteinbußen erleiden, weil seine internationalen Preise gestiegen sind. Wollen die Kapitale aus A ihre internationalen Märkte weiterhin halten, müssen sie ihre internationalen Preise senken. Diese Preissenkung wird zur Folge haben, daß sich 1 nationaler Arbeitstag von A erneut in 1 internationalen Währungseinheit präsentiert. Diese 1 internationale Währungseinheit stellt aber für A wegen der Aufwertung nicht mehr 1 nationale Währungseinheit dar, sondern nur noch 0,8 nationale Währungseinheiten. Den Surplusprofiten der Kapitale aus A ist durch die Aufwertung der Boden entzogen worden, weil sie entweder Absatzeinbußen erleiden oder zu Preissenkungen gezwungen sind.

Der Wechselkursmechanismus entzieht damit den höher entwickelten nationalen Kapitalen im Durchschnitt ihre Surplusprofite; nur noch die überdurchschnittlich produktiven Industriezweige dieses Landes können im internationalen Konkurrenzkampf Extraprofite realisieren, die allerdings durch die Profitverluste der unterdurchschnittlich produktiven Anlagesphären dieser Nation aufgewogen werden.

Die Vermittlung des internationalen Konkurrenzkampfs der unterschiedlich entwickelten nationalen Kapitale über die Grenzpfähle der nationalen Zirkulationssphären impliziert diese beiden Modifikationen des Wertgesetzes auf dem Weltmarkt. Wären die ungleich entwickelten Länder des Weltmarktes unter einen Weltstaat subsumiert, der die Grenzen zwischen den ehemaligen nationalen Zirkulationssphären aufheben würde und eine internationale Zirkulationssphäre institutionalisierte, wären die Bedingungen für die Modifikation des Wertgesetzes im internationalen Rahmen beseitigt, das Wertgesetz würde jetzt in eben denselben Mechanismen verlaufen wie vorher innerhalb der einzelnen Nationen. In der nationalstaatlichen Verfaßtheit des Kapitals ist damit die wesentliche Voraussetzung der Modifikation des Wertgesetzes auf dem Weltmarkt zu sehen.[39]

Nicht als Modifikation des Wertgesetzes im eigentlichen Sinne kann die ebenfalls mit der Wirkungsweise des Wertgesetzes auf dem Weltmarkt verbundene Institutionalisierung des ungleichen Tausches betrachtet werden.

Greifen wir auf unser oben dargelegtes Beispiel der drei ungleichmäßig entwickelten Nationen A, B und C zurück. 1 nationaler Arbeitstag der am weitest entwickelten Nation A tauschte sich auf dem Weltmarkt gegen 2 nationale Arbeitstage der mittleren Nation B und gegen 4 nationale Arbeitstage des schwach entwickelten Landes C. Dieser ungleiche

39 Vgl. Christel Neusüß, *Imperialismus und Weltmarktbewegung des Kapitals,* a.a.O., S. 125 ff.

Tausch von Arbeitsquanta zwischen den auf dem Weltmarkt konkurrierenden nationalen Kapitalen, der durch die Währungsmechanismen in den Warenkapitalbeziehungen institutionell verankert wird, darf nicht als Spezifikum der Wirkungsweise des Wertgesetzes auf dem Weltmarkt interpretiert werden. Im nationalen Rahmen tauscht auch der Extramehrwertproduzent ungleich: Da er in seinen Waren weniger Arbeitsquanta vergegenständlicht als gesellschaftlich notwendig, diese Waren aber zu ihrem Marktwert verkauft, realisiert auch er auf dem Markt mehr Arbeitsquanta, als er selber gibt. Ebenso ist in der Kategorie »Produktionspreis« ein ungleicher Tausch impliziert. Die Branchen mit überdurchschnittlicher organischer Zusammensetzung des Kapitals erhalten im Tausch mehr Arbeitsquanta, als sie selber geben, weil die Produktionspreise ihrer Waren über ihren Werten stehen, umgekehrt geben die Produktionszweige mit unterdurchschnittlicher organischer Zusammensetzung des Kapitals mehr Arbeitsquanta, als sie realisieren, die Werte ihrer Waren stehen über ihren Produktionspreisen. Der in den Welthandelsbeziehungen verankerte ungleiche Tausch bildet keine Besonderheit, die nur der Wirkungsweise des Wertgesetzes auf dem Weltmarkt eigen ist, und kann daher auch nicht als Modifikation des Wertgesetzes angesehen werden.
Sind bis jetzt die Spezifika der Wirkungsweise des Wertgesetzes auf dem Weltmarkt herausgearbeitet worden, so sollen in den folgenden Kapiteln dieses Abschnittes die bisher nur teilweise angedeuteten Momente des Wertgesetzes auf dem Weltmarkt, nämlich das Problem der internationalen Durchschnittsprofitrate, die ungleichen Tauschbeziehungen und die Arbeitsteilung auf der Basis komparativer Kostenvorteile, weiterentwickelt werden.

1.2.1 *Durchsetzungsform und Voraussetzungen der allgemeinen internationalen Profitrate*

Zahlreiche marxistische Autoren (z. B. Henryk Grossmann, Arghiri Emmanuel und Christian Palloix[40]) stellen sich die

40 Henryk Grossmann, *Das Akkumulations- und Zusammenbruchsgesetz des kapitalistischen Systems, Archiv sozialistischer Literatur* Nr. 8, Frank-

Durchsetzungsweise der allgemeinen internationalen Profitrate analog der Herausbildung der nationalen Durchschnittsprofitrate vor. Wie sich im nationalen Rahmen Branchen mit unterschiedlicher organischer Zusammensetzung des Kapitals und unterschiedlichen Mehrwertraten gegenüberstehen, gibt es nach dieser Auffassung auf dem Weltmarkt ein Entwicklungsgefälle zwischen den Nationalstaaten, das sich in einem unterschiedlichen Grad an organischer Zusammensetzung des Kapitals und einer Ungleichheit der nationalen Lohnniveaus ausdrückt. Die dabei entstehenden unterschiedlichen Branchenprofitraten bzw. nationalen Profitraten werden durch einen permanenten Kapitalfluß in die Branchen bzw. Nationen mit höherer Profitrate zum Ausgleich gebracht. Die nationalen bzw. die internationalen Produktionspreise sind die Formen, in denen die nationale bzw. die internationale Durchschnittsprofitrate zum Durchbruch gelangt.

Dieser Analogieschluß von der nationalen auf die internationale Ebene muß allerdings zu falschen Ergebnissen führen, weil die in dieser Weise argumentierenden Autoren übersehen, daß die ungleichmäßige und ungleichzeitige Entwicklung auf der Basis nationalstaatlich eingebundener Kapitale zu einer Modifikation des Wertgesetzes auf dem Weltmarkt und damit auch zu einer Modifikation der Durchsetzungsform der allgemeinen internationalen Profitrate führt. Auf dem Weltmarkt stehen sich aufgrund der ungleichmäßigen und ungleichzeitigen Entwicklung Warenkapitale gegenüber, die eine weitgefächerte Skala nationaler Produktivitäts- und Intensitätsgrade der Arbeit repräsentieren. Wären die derart unterschiedlich entwickelten Kapitale nicht nationalstaatlich verfaßt, würden sich die am weitest entwickelten Kapitale zunächst Surplusprofite aneignen und im Verlaufe des sich weiter entwickelnden Konkurrenzkampfes die schwächsten Kapitale nach und nach schlucken, denn nur wenige der unterdurchschnittlich produktiven Kapitale könnten bei einem extremen Entwicklungsgefälle die Produktivkraft der Arbeit in dem Maße entfalten, daß sie dem von den entwik-

furt/Main 1970, S. 431; Arghiri Emmanuel, *L'échange inégal*, Paris 1972, S. 108 ff.; Christian Palloix, *L'économie mondiale capitaliste*, Tome I: *Le stade concurrentiel*, Paris 1971, S. 117 ff.

keltsten Kapitalen angeführten Zentralisationsprozeß auszuweichen in der Lage wären. Auf einem Weltmarkt ohne nationalstaatliche Schranken würde der internationale Kapitalfluß auch sehr schnell zu internationalen Produktionspreisen und damit zu einer internationalen Durchschnittsprofitrate führen. Wie wir oben gesehen haben, nimmt der internationale Konkurrenzkampf jedoch vor dem Hintergrund der nationalstaatlichen Organisation des Kapitals und der damit verbundenen Währungsmechanismen modifizierte Formen an. Fragen wir nach den Auswirkungen der Modifikation des Wertgesetzes auf dem Weltmarkt auf die Durchsetzungsform der internationalen Durchschnittsprofitrate, dann muß zunächst darauf hingewiesen werden, daß die Form der Konkurrenz der Kapitale um die höchstmögliche Verwertungsrate im internationalen Rahmen nicht mit der Interbranchenkonkurrenz zu vergleichen ist, die im nationalen Rahmen zur Konstituierung der Durchschnittsprofitrate führt. Während innerhalb einer Nation die Branchen mit höherer organischer Zusammensetzung des Kapitals (und damit niedriger ursprünglicher Profitrate) mit den Industriezweigen, deren organische Zusammensetzung des Kapitals niedrig und deren ursprüngliche Profitrate deshalb überdurchschnittlich ist, in *keinem unmittelbaren* Konkurrenzverhältnis stehen, treffen die entwickelten nationalen Kapitale (höhere organische Zusammensetzung des Kapitals und damit niedrigere nationale Durchschnittsprofitrate) und die weniger entwickelten nationalen Kapitale (niedrigere organische Zusammensetzung des Kapitals und deshalb höhere nationale Durchschnittsprofitrate) in der Regel in *unmittelbaren* branchenspezifischen Konkurrenzkämpfen aufeinander. Bezogen auf die Profitratenkonkurrenz folgt daraus, daß die verschiedenen nationalen Kapitale eher mit den verschieden entwickelten Kapitalen innerhalb einer nationalen Branche vergleichbar sind als mit den unterschiedlichen Anlagesphären innerhalb eines nationalen Gesamtkapitals.

In den *Theorien über den Mehrwert* führt Marx über die unterschiedliche Auswirkung der Inter- und der Intrabranchenkonkurrenz auf die Profitrate folgendes aus: »Ricardo nun braucht zu seiner Aufstellung der Renttheorie zwei Sätze, die nicht nur nicht dieselbe, sondern die entgegengesetzte Wirkung der Konkurrenz ausdrücken. Der erste ist, daß die Produkte derselben Sphäre sich zu einem und demselben Marktwert verkaufen, daß die Konkurrenz also verschiedne Profitraten, Abweichungen von der allgemeinen Profitrate, erzwingt. Die zweite ist, daß die Profitrate für jede Kapitalanlage dieselbe sein muß oder, daß die Konkurrenz eine allgemeine Profitrate schafft. Das erste Gesetz gilt für die verschiednen selbständigen Kapitalien, die in derselben Produktionssphäre angelegt sind. Das zweite gilt für die Kapitalien, soweit sie in verschiednen Produktionssphären angelegt sind. Durch die erste Aktion schafft die Konkurrenz den Marktwert, das heißt denselben Wert für Waren derselben Produktionssphäre, obgleich dieser identische Wert differente Profite erzeugen muß, also denselben Wert trotz oder vielmehr durch differente Profitraten. Durch die zweite Aktion (die übrigens auch anders bewerkstelligt wird; das ist die Konkurrenz der Kapitalisten in den verschiednen Sphären, die das Kapital aus der einen in die andre wirft, während die andre Konkurrenz, soweit sie sich nicht auf die Käufer bezieht, unter den Kapitalien derselben Sphäre stattfindet) schafft die Konkurrenz den Kostenpreis, das heißt dieselbe Profitrate in den verschiednen Produktionssphären, obgleich diese identische Profitrate der Ungleichheit der Werte widerspricht, also nur durch von den Werten unterschiedne prices erzwungen werden kann.«[41]

Da sich die verschiedenen Industriezweige der verschiedenen Nationen auf dem Weltmarkt als direkte Konkurrenten gegenüberstehen, dieser Konkurrenzkampf in der Konstituierung branchenspezifischer internationaler Marktwerte mündet und damit differierende Profitraten für die einzelnen Branchen der verschieden entwickelten Nationen schafft, ist die Form der Profitratenkonkurrenz der einzelnen Nationen eher mit der Intrabranchenkonkurrenz als mit der Interbranchenkonkurrenz zu vergleichen. Die höher entwickelten nationalen Kapitale können also zunächst – anders als die höher entwickelten Branchen innerhalb einer Nation gegenüber den Branchen mit niedrigerer organischer Zusammenset-

41 Karl Marx, *Theorien über den Mehrwert*, Teil 2, *MEW* Bd. 26.2, a.a.O., S. 198.

zung des Kapitals – durch den internationalen Konkurrenzkampf auf dem Weltmarkt gegenüber den weniger entwickelten nationalen Kapitalen Surplusprofite durchsetzen. Die nationale Durchschnittsprofitrate der entwickelten Nation wird auf diese Weise angehoben und die der ökonomisch schwächeren Länder gesenkt – eine Ausgleichungstendenz der nationalen Profitraten wird erzeugt, ohne daß ein internationaler Kapitalfluß (in der Form des Geldkapitals mit dem Ziele der Auslandsdirektinvestition) stattgefunden haben muß.

Wie wir im Teil 1.2 gesehen haben, bewirkt aber gerade die modifizierte Wirkungsweise des Wertgesetzes auf dem Weltmarkt, daß die entwickelteren nationalen Kapitale diese Surplusprofitposition – auch ohne Angleichungsbewegungen in der Arbeitsprodukivität und Arbeitsintensität der einzelnen Nationen – nicht auf Dauer halten können. Die Aufwertung der Währungen der höher entwickelten Länder und die Abwertung der Währungen der ökonomisch schwächer entwickelten Nationen unterminiert die Surplusprofitposition der Weltmarktbranchen der hochentwickelten Nationen und verbessert die Verwertungsbedingungen der Weltmarktbranchen der weniger entwickelten Länder. Insgesamt wird sogar die nationale Durchschnittsprofitrate der hochentwickelten Länder durch die Aufwertung leicht fallen und die der schwächer entwickelten Länder durch die Abwertung leicht steigen. In der Aufwertungsnation verlieren nicht nur die Weltmarktbranchen ihre Surplusprofite, vielmehr sind jetzt auch die inländischen Branchen einem schärferen internationalen Konkurrenzkampf ausgeliefert, weil die Preise der Auslandskonkurrenten durch die Paritätsänderungen gesunken sind. Fällt so die Profitrate des Aufwertungslandes wegen der verschlechterten Realisierungsbedingungen seiner Kapitale im In- und Ausland, so wird sie andererseits positiv dadurch beeinflußt, daß sich die Reproduktionskosten einiger Elemente des konstanten Kapitals und der Ware Arbeitskraft durch die gesunkenen Importpreise verringern. Die Gesamtentwicklung der nationalen Durchschnittsprofitrate wird eine leicht fallende Tendenz aufweisen, weil die Preis- und Markteinbußen, die die inländischen und die Weltmarktbranchen des Aufwertungslandes zu verzeichnen haben, nicht durch die

Verwohlfeilerung der Reproduktion einiger Elemente des vorgeschossenen Kapitals kompensiert werden können.[42] Nivelliert auf diese Weise der Wechselkursmechanismus im Durchschnitt die ursprünglich durch die ungleiche Konkurrenz auf dem kapitalistischen Weltmarkt erzeugte Profitraten-Differenzierung, bleibt den Kapitalen der höher entwickelten Länder nur die Möglichkeit der Auslandsdirektinvestition in den schwächer entwickelten Ländern, wollen sie weiterhin ihre Surplusprofitposition behaupten. Mit Hilfe dieser Auslandsdirektinvestitionen können die Weltmarktbranchen der hochentwickelten Länder den Wechselkursmechanismus

42 Ernest Mandel geht davon aus, daß sich die höher entwickelten Nationen auf dem Weltmarkt Surplusprofite aneignen können, solange sie über einen Vorsprung an Produktivität und Intensität der Arbeit verfügen. Vgl. Ernest Mandel, *Der Spätkapitalismus*, Frankfurt/Main 1972, S. 66 ff. Mandel vertritt diese Position, weil er in seiner Ableitung des Wertgesetzes auf dem Weltmarkt die Spezifika der Modifikation des Wertgesetzes im internationalen Rahmen unterschlägt. Für Mandel gibt es keine Differenzen zwischen dem Wirken des Wertgesetzes im nationalen und im internationalen Rahmen; er schreibt: »Das gesamte kapitalistische System erscheint so als eine gestaffelte Struktur von Produktivitätsgefällen, als das Produkt einer ungleichen und kombinierten Entwicklung von Staaten, Gebieten, Industriezweigen und Firmen, bestimmt von der Suche nach Surplus-Profit. Es handelt sich um eine integrierte Einheit, aber eine integrierte Einheit nicht-homogener Teile, wobei gerade die Einheit die fehlende Homogenität bedingt. In diesem ganzen System setzen Entwicklung und Unterentwicklung einander voraus, weil die Suche nach Surplus-Profit überhaupt erst die Wachstumsmechanismen auslöst, Surplus-Profit aber nur auf Kosten der weniger produktiven Länder, Gebiete und Produktionsbereiche erzielt werden kann. So entsteht Entwicklung nur aus dem Nebeneinander mit der Unterentwicklung, fixiert sie in diesem Zustand und entwickelt sich dank dieser Fixierung.« Mandel, *Der Spätkapitalismus,* a.a.O., S. 96. Aus dieser Passage wird deutlich, daß Ernest Mandel die spezifische Differenz in der Wirkungsweise des Wertgesetzes im nationalen und im internationalen Rahmen übersieht und deshalb von der dauerhaften Aneignung von Surplusprofiten durch die höher entwickelten Nationen ausgehen kann. Vgl. dazu auch: Klaus Busch, *Bemerkungen zu Ernest Mandels Analyse der Weltmarktbewegung des Kapitals.* In: *Die Internationale*, Nr. 2, Okt. 1973. Obwohl Christel Neusüß von der Modifikation des Wertgesetzes auf dem Weltmarkt ausgeht, kommt auch sie zu dem Ergebnis, daß sich die höher entwickelten Länder auf dem Weltmarkt Surplusprofite über längere Zeitspannen aneignen können; sie begründet dies mit dem Wechselkursmechanismus (vgl. Christel Neusüß, *Imperialismus . . .*, a.a.O., S. 145 ff.). M. E. übersieht Christel Neusüß bei dieser Argumentation, daß gerade die Paritätsänderungen – wie oben dargelegt – die Surplusprofite eliminieren und gleichzeitig die Inlandbranchen des Aufwertungslandes wegen des verschärften internationalen Konkurrenzkampfes Profiteinbußen erleiden werden.

unterlaufen. Sie setzen so die schwächer entwickelten nationalen Kapitale ihrer überlegenen Produktivkraft direkt aus und sind damit erneut in der Lage, Surplusprofite zu produzieren. Die Surplusprofitposition der Kapitale der entwickelten Länder wird durch diese Direktinvestitionen sogar erheblich ausgebaut werden können, weil mit Hilfe der Auslandsproduktion sämtliche Schranken der Konkurrenz, die die ehemaligen Warenexporte belasteten, nämlich Importzölle, Transportkosten, Wechselkurse, mangelnde Marktkontakte etc., abgebaut werden.
Die Kapitalströme aus den entwickelten Ländern in die weniger entwickelten Länder ermöglichen den produktiveren Kapitalen in dieser Weise die Stabilisierung und den Ausbau der Extraprofite und steigern durch Profittransfers der Töchter an die Stammkonzerne die nationalen Gesamtprofitraten der entwickelteren Nationen. Umgekehrt bewirkt dieser Prozeß den Rückgang der nationalen Gesamtprofitrate im weniger entwickelten Land, da den Kapitalen dieser Nationen der Wechselkursschutz genommen ist und die überlegene Konkurrenzkraft der ausländischen Tochtergesellschaften die inländischen Kapitale in unterdurchschnittliche Profitmargen drängt. Die nationalen Profitraten der hochentwickelten und der weniger entwickelten Nationen können über derartige Transaktionen in Annäherung gebracht werden, wobei die Stärke dieser Angleichungsbewegung von dem Ausmaß der internationalen Kapitalströme abhängt.
Deutlich geworden sein sollte jedoch, daß diese internationalen Kapitalbewegungen nicht zu internationalen Produktionspreisen führen und über diese vermittelte Form des Wertes eine internationale Durchschnittsprofitrate der Tendenz nach produzieren, denn die internationale Kapitalwanderung vollzieht sich über die hier dargestellten Mechanismen in erster Linie *innerhalb* der einzelnen Anlagesphären des Kapitals und bewirkt daher ausschließlich Veränderungen im internationalen, branchenspezifischen Marktwertkonstituierungsprozeß. Die Angleichung der nationalen Profitraten verläuft also nicht über eine internationale Umverteilung des Mehrwertes im Medium internationaler Produktionspreise, also über die Interbranchenkonkurrenz, sondern über den Profitraten-Differenzierungsprozeß, den die Intrabranchenkonkur-

renz bei der Konstituierung des Marktwertes immer produziert. Dabei eignen sich die Kapitale mit an sich niedrigerer nationaler Durchschnittsprofitrate Surplusprofite an, während die Kapitale mit an sich höherer nationaler Durchschnittsprofitrate unterdurchschnittliche Profite realisieren.

In unserer Darstellung der Durchsetzungsform der internationalen allgemeinen Profitrate sind implizit auch die Voraussetzungen der realen Existenz einer internationalen Durchschnittsprofitrate angedeutet worden. Wie im nationalen Rahmen, so ist auch auf dem Weltmarkt eine permanente Kapitalbewegung notwendig, um die verschiedenen nationalen Profitraten zum Ausgleich zu bringen. In einer ersten Entwicklungsstufe zur Herausbildung einer allgemeinen internationalen Profitrate wäre vor allem ein permanenter Kapitalfluß aus den höher entwickelten Ländern – mit niedrigerer nationaler Profitrate – in die jeweils weniger entwickelten Länder – mit höherer nationaler Profitrate – erheischt.

Zu Marxens Zeiten waren diese Bedingungen einer internationalen Durchschnittsprofitrate auch nicht annäherungsweise erreicht, deshalb geht Marx davon aus, daß sich eine Durchschnittsprofitrate nur im nationalen Rahmen herausbilden kann, nicht aber auf dem Weltmarkt. Er vergleicht die Barrieren der internationalen Kapitalbewegungen mit den Hindernissen, die die Zunftorganisationen des Handwerks der Übertragung von Produktionsmitteln zwischen den Industriezweigen entgegenstellten: »Abgesehn von der Beherrschung der Preise und der Preisbewegung durch das Wertgesetz, ist es also durchaus sachgemäß, die Werte der Waren nicht nur theoretisch, sondern historisch als das prius der Produktionspreise zu betrachten [...]. Wie für diesen ursprünglichen Zustand, so gilt es für die späteren Zustände, die auf Sklaverei und Leibeigenschaft gegründet sind, und für die Zunftorganisation des Handwerks, solange die in jedem Produktionszweig festgelegten Produktionsmittel nur mit Schwierigkeit aus der einen Sphäre in die andre übertragbar sind, und die verschiednen Produktionssphären sich daher innerhalb gewisser Grenzen zueinander verhalten wie fremde Länder oder kommunistische Gemeinwesen.«[43]

43 Karl Marx, *Das Kapital* Bd. 3, *MEW* Bd. 25, a.a.O., S. 186 f.

In seinen methodischen Bemerkungen am Anfang des 2. Abschnittes des 3. Buchs des *Kapital* betont Marx explizit, daß er in diesem Abschnitt die Herausbildung der Durchschnittsprofitrate innerhalb eines Landes untersuchen werde.[44] Um die Auswirkungen der ungleichen organischen Zusammensetzung des Kapitals auf die einzelnen Branchenprofitraten zu veranschlaulichen, greift Marx mehrmals auf einen Vergleich der Profitraten zwischen unterschiedlich entwickelten Ländern zurück. So schreibt er im 8. Kapitel des 3. Buchs des *Kapital:* »Es findet das Entwickelte statt unter der Voraussetzung, daß die Waren zu ihren Werten verkauft werden. Der Wert einer Ware ist gleich dem Wert des in ihr enthaltnen konstanten Kapitals, plus dem Wert des in ihr reproduzierten variablen Kapitals, plus dem Inkrement dieses variablen Kapitals, dem produzierten Mehrwert. Bei gleicher Rate des Mehrwerts hängt seine Masse offenbar ab von der Masse des variablen Kapitals. Der Wert des Produkts des Kapitals von 100 ist in dem einen Fall 90 c + 10 v + 10 m = 110; im andern Fall 10 c + 90 v + 90 m = 190. Werden die Waren zu ihren Werten verkauft, so das erste Produkt zu 110, wovon 10 Mehrwert oder unbezahlte Arbeit darstellt; das zweite Produkt dagegen zu 190, wovon 90 Mehrwert oder unbezahlte Arbeit.

Es ist dies namentlich wichtig, wenn nationale Profitraten miteinander verglichen werden. In einem europäischen Land sei die Rate des Mehrwerts 100%, d. h. der Arbeiter arbeite den halben Tag für sich und den halben Tag für seinen Beschäftiger; in einem asiatischen Land sei sie = 25%, d. h. der Arbeiter arbeite 4/5 des Tages für sich und 1/5 für seinen Beschäftiger. In dem europäischen Land aber sei die Zusammensetzung des nationalen Kapitals 84 c + 16 v, und im asiatischen Land, wo wenig Maschinerie etc. angewandt und in einer gegebenen Zeit von einer gegebnen Menge Arbeitskraft relativ wenig Rohmaterial produktiv konsumiert wird, sei die Zusammensetzung 16 c + 84 v. Wir haben dann folgende Rechnung:

Im europäischen Land Produktwert = 84 c + 16 v + 16 m = 116; Profitrate = 16/100 = 16%.

44 Vgl. Karl Marx, *Das Kapital* Bd. 3, *MEW* Bd. 25, a.a.O., S. 152.

Im asiatischen Land: Produktwert = 16 c + 84 v + 21 m = 121; Profitrate = 21/100 = 21 %.
Die Profitrate ist also im asiatischen Land um mehr als 25 % größer als im europäischen, obgleich die Mehrwertsrate in jenem viermal kleiner ist als in diesem. Die Careys, Bastiats und tutti quanti werden gerade auf das Umgekehrte schließen.«[45]
In ähnlicher Intention heißt es im Abschnitt über den tendenziellen Fall der Profitrate: »Man hat gesehn, daß auf einer Stufe der kapitalistischen Entwicklung, wo die Zusammensetzung des Kapitals c:v wie 50:100, eine Rate des Mehrwerts von 100 % sich in einer Profitrate von 66⅔ % ausdrückt, und daß auf einer höhern Stufe, wo c:v wie 400:100, dieselbe Rate des Mehrwerts sich ausdrückt in einer Profitrate von nur 20 %. *Was von verschiednen aufeinanderfolgenden Entwicklungsstufen in einem Land gilt, gilt von verschiednen gleichzeitig nebeneinander bestehenden Entwicklungsstufen in verschiednen Ländern.* In dem unentwickelten Land, wo die erstere Zusammensetzung des Kapitals den Durchschnitt bildet, wäre die allgemeine Profitrate = 66⅔ %, während sie in dem Land der zweiten, viel höhern Entwicklungsstufe = 20 % wäre.«[46]
Es stellt sich die Frage, ob sich seit Mitte des 19. Jahrhunderts die reale Voraussetzung einer internationalen Durchschnittsprofitrate, nämlich die internationale Kapitalwanderung, in einem Maße entfaltet hat, daß heute mit Recht von der Existenz einer allgemeinen internationalen Profitrate ausgegangen werden kann. Aus den weiter unten durchgeführten Analysen der internationalen Kapitalbewegungen zwischen den hochentwickelten Ländern (USA – Westeuropa) einerseits, sowie den kapitalistischen Industrieländern und den Ländern der Dritten Welt andererseits (vgl. die Kapitel 2.3 und 2.4) geht hervor, daß zwar die Intensivierung der Kapitalbeziehungen zwischen den USA und Westeuropa seit dem Zweiten Weltkrieg in der Tendenz die realen Bedingungen einer Angleichung der nationalen Profitraten dieser Länder produ-

45 Karl Marx, *Das Kapital* Bd. 3, *MEW* Bd. 25, a.a.O., S. 159 f.
46 Karl Marx, *Das Kapital* Bd. 3, *MEW* Bd. 25, a.a.O., S. 224; Hervorhebung von mir, K. B.

ziert, der relative Rückgang der Kapitalbewegungen zwischen den kapitalistischen Industrieländern und den unterentwickelten Ländern aber die Schlußfolgerung zuläßt, daß das Profitratengefälle zwischen den »armen« und den »reichen« Ländern nur in äußerst schwachem Maße eingeebnet wird. Tatsächlich reicht aber auch die Kapitalwanderung zwischen den USA und Westeuropa nicht aus, die reale Existenz einer Durchschnittsprofitrate in diesem Teil des atlantischen Raumes anzunehmen.

Im Durchschnitt der Jahre 1960 bis 1965 erreichten die amerikanischen Auslandsinvestitionen einen Anteil von 3,5% an den Anlageinvestitionen in den USA selber. Der Anteil der ausländischen Ausrüstungsinvestitionen an den gesamten Ausrüstungsinvestitionen der amerikanischen verarbeitenden Industrie ist bedeutend höher, er machte 1963 und 1966 rund 20% aus (Vgl. Tabelle 45). Diese Auslandsinvestitionen steigern zwar wegen ihrer hohen Verwertungsraten (Vgl. Kapitel 2.3.4.1) die Gesamtprofitrate des US-Kapitals und setzen damit eine Angleichungsbewegung zwischen der amerikanischen und der westeuropäischen Durchschnittsprofitrate in Gang, zum vollständigen Ausgleich der nationalen Profitraten aber reichen sie nicht aus. Die Differenz zwischen der Profitrate im amerikanischen Binnenmarkt und der Profitrate amerikanischer Auslandsinvestitionen in Europa machte in den 60er Jahren ca. 5% aus (Vgl. Tabelle 10). Addieren wir die amerikanischen Kapitalanlagen in den USA und die US-Auslandsinvestitionen und beziehen auf diesen gesamten amerikanischen Kapitalvorschuß die gesamten im In- und Ausland erzeugten Profitmassen, dann wird die so errechnete hypothetische Gesamtprofitrate des US-Kapitals nur geringfügig über der Profitrate im US-Binnenmarkt stehen, weil die Inlandsanlagen die Auslandsinvestitionen immer noch um ein Vielfaches übertreffen und insofern die höheren Auslandsprofitraten die Gesamtprofitrate nur minimal anheben können.

Können wir damit nicht einmal von einer realen Ausgleichung der nationalen Profitraten zwischen den USA und Westeuropa ausgehen, muß die These von einem Profitratenausgleich zwischen den kapitalistischen Industrieländern und den unterentwickelten Ländern – wie sie etwa von Emmanuel und Palloix vertreten wird – erst recht zurückgewiesen werden, denn die relative Bedeutung der Kapitalexporte der kapitalistischen Industrieländer in die Länder der Dritten Welt ist seit dem Jahr 1945 kontinuierlich zurückgegangen.[47] Hier wird demgegenüber der Auffassung Ernest Mandels und Gunther Kohlmeys zugestimmt, daß beim heutigen Niveau der internationalen Kapitalbewegungen die reale Existenz einer allgemeinen internationalen Profitrate nicht behauptet werden kann.[48]

1.2.2 *Ungleicher Tausch*

1.2.2.1 Ungleicher Tausch, Werttransfer und Surplusprofit

Ein wesentliches Resultat der Wirkungsweise des Wertgesetzes auf dem Weltmarkt besteht darin, daß sich die Arbeit der ungleich entwickelten Nationen in ungleichen internationalen Werten darstellt. Der Arbeitstag des produktiveren Landes bildet höhere internationale Werte als der Arbeitstag des weniger produktiven Landes. So tauschte sich in unserem oben angeführten Beispiel 1 nationaler Arbeitstag der Nation A gegen 2 nationale Arbeitstage der Nation B und gegen 4 nationale Arbeitstage der Nation C.

Der Inhalt dieses ungleichen Tausches ist nicht als ungleicher Tausch von Werten zu begreifen, sondern ausschließlich als ungleicher Tausch von Arbeitsquanta.[49] Wie im nationalen Markt nicht die von den einzelnen Produzenten aufgewendeten individuellen Arbeitsquanta Wert bilden, sondern nur die Arbeitsquanta, die im gegebenen gesellschaftlichen Rahmen gesellschaftlich notwendig sind, so stellen sich auch auf dem Weltmarkt nicht die Arbeitsquanta, die in den Waren der einzelnen Nationen vergegenständlicht werden, als Werte

47 Vgl. A. Emmanuel, a.a.O., S. 108 ff.; Ch. Palloix, a.a.O., S. 117 ff.

48 E. Mandel, *Der Spätkapitalismus*, a.a.O., S. 66 ff. und S. 70 ff.; Gunther Kohlmey, *Karl Marx' Theorie* . . ., a.a.O., S. 55 ff.

49 Zur Diskussion über die Frage des Werttransfers. Vgl. Busch/Schöller/Seelow, *Weltmarkt und Weltwährungskrise*, a.a.O., S. 31 ff.; Ernest Mandel, *Der Spätkapitalismus*, a.a.O., S. 89 ff.; Wolfgang Schöller, *Werttransfer und Unterentwicklung*, a.a.O., S. 99 ff.; Klaus Busch, *Bemerkungen zu Ernest Mandels Analyse der Weltmarktbewegung des Kapitals*, a.a.O., Teil 4; Christel Neusüß, *Imperialismus* . . ., a.a.O., S. 137 ff.; Gunther Kohlmey, *Karl Marx' Theorie* . . ., a.a.O., S. 66 ff.

dar, sondern nur die nationalen Arbeitsquanta, die international gesellschaftlich notwendig sind. Auf dem Weltmarkt ist von vornherein ein Teil der nationalen Arbeit, die die schwächer entwickelten Nationen zur Produktion ihrer Waren aufwenden, vergeudet, bildet keinen internationalen Wert, weil die vom nationalen Kapital dieses Landes »individuell« aufgewendeten Arbeitsquanta über den für die Konstituierung des internationalen Marktwertes ausschlaggebenden durchschnittlichen Arbeitsquanta der internationalen Produzenten liegen.

Ernest Mandel, der den Extramehrwert, den die überdurchschnittlich produktiven Produzenten innerhalb einer nationalen Anlagesphäre des Kapitals erzielen, als Wertübertragung von den schlechtesten auf die besten Produktionsbedingungen interpretiert (Vgl. Kapitel 1.1.2), betrachtet auch den ungleichen Tausch auf dem Weltmarkt als Werttransfer; er argumentiert: »Der ungleiche Tausch besteht im Tausch des Produkts von 300 gegen das Produkt von 1200 Millionen Arbeitsstunden, d. h. in der Tatsache, daß auf dem Weltmarkt die Arbeitsstunde des entwickelten Landes als produktiver und intensiver gilt als die des zurückgebliebenen. Impliziert dieser Tausch äquivalenter internationaler Warenwerte, bestehend aus ungleichen Arbeitsquanten, einen internationalen Werttransfer? Auf den ersten Blick könnte man diese Frage als rein rhetorisch abtun. Statisch und isoliert betrachtet, erscheint es unwesentlich, ob man den Weltmarkt oder den nationalen Markt als wertbestimmend ansieht. Im ersten Fall findet kein Werttransfer im eigentlichen Sinne des Wortes statt, da ja auf dem Weltmarkt nicht vergütete, nicht anerkannte Arbeit, d. h. gesellschaftlich verschwendete Arbeit nicht wertbildend ist. Im zweiten Fall kann man sagen, daß die national durchaus gesellschaftlich notwendige (unter Bedingungen gesellschaftlich durchschnittlicher Arbeitsproduktivität geleistete) Arbeit international wohl geringer anerkannt wird als jene der fortgeschrittenen Länder, jedoch tatsächlich voll wertbildend ist.

Kommt man jedoch von der statischen zur dynamischen Betrachtungsweise – der einzigen, die einer rigorosen Anwendung der Wert- und Mehrwerttheorie entspricht –, so ändert sich das Bild vollkommen. Das Land A verfügt nur über ein

genau beschränktes Arbeitspotential: Produktion, Konsum und Akkumulation (erweiterte Reproduktion) sind durch die Gesamtzahl der geleisteten Arbeitsstunden streng begrenzt. Nehmen wir an, im Land A sei der Wert des gesamten jährlichen Produkts 50 000 (Millionen Frs.), der neugeschaffene Wert 30 800 (Millionen), so daß das Exportpaket etwa 26% der Jahresproduktion darstellt und das mit Waren aus der Halbkolonie ausgetauschte Exportpaket rd. 11,55% des neugeschaffenen Wertes enthält (um das Beispiel nicht zu komplizieren, nehmen wir eine identische Wertstruktur von Jahresprodukt, Exportpaket und in die Halbkolonien exportierten Waren an). Die Gesamtzahl lebendiger, wertbildender Arbeitsstunden, die dem Land A zur Verfügung steht, sei ca. 2,6 Milliarden (1,3 Millionen produktive Arbeiter, die 50 Wochen im Jahr 40 Arbeitsstunden pro Woche leisten). Hätte nun kein ungleicher Tausch stattgefunden, so hätte A das aus der Halbkolonie importierte Warenpaket nicht mit 30 Millionen Arbeitsstunden, sondern mit 1200 Millionen Arbeitsstunden bezahlen müssen. A wäre demnach nur imstande gewesen, einen Bruchteil dieses Importes zu verwirklichen. Die Ressourcen für Konsum und Akkumulation wären jedenfalls bedeutend reduziert worden; das Wirtschaftswachstum hätte sich verlangsamt. In diesem Sinne hat die Formel ›internationaler Werttransfer‹ eine durchaus handfeste Bedeutung.
Dieser durch den ›ungleichen Tausch‹ vermittelte internationale Werttransfer (Transfer von Arbeitsquanta) muß noch vergrößert werden um den Teil des in B akkumulierten Mehrwertes, der den Kapitalisten aus der Metropole gehört, und der dorthin abgeführt wird, sowie um die bedeutenden Lasten, die die Unterentwicklung dem Land B in Form von Zahlungen für ›internationale Dienstleistungen‹ (Transport- und Versicherungskosten, usw.) aufbürdet. *Der ungleiche Tausch führt daher zum Werttransfer* (Transfer von Arbeitsquanten, d. h. Wirtschaftsressourcen) *nicht im Gegensatz zum Wertgesetz, sondern in Anwendung des Wertgesetzes* – nicht wegen eines internationalen Ausgleiches der Profitraten, sondern trotz fehlendem internationalem Ausgleich der Profitraten.«[50] Ernest Mandel vermengt in dieser Argumentation

50 Ernest Mandel, *Der Spätkapitalismus*, a.a.O., S. 331 ff.; Hervorhebungen im Originaltext.

m. E. zwei Ebenen der Analyse, die der Interpretation des internationalen Wertgesetzes und die der Auswirkungen des ungleichen Tausches auf den Akkumulationsprozeß in den ungleich entwickelten Ländern.

Wie auch immer man den ungleichen Tausch betrachtet, als Werttransfer oder als Tausch ungleicher Arbeitsquanta, in beiden Fällen ist die Auswirkung auf den Akkumulationsprozeß in den Welthandelsländern eindeutig. In den weniger entwickelten Ländern wird der Akkumulationsprozeß beeinträchtigt, weil das Land auf Grund des ungleichen Tausches mehr nationale Arbeit in Gestalt der Exportwaren aufwenden muß, um ein gegebenes Quantum an Waren importieren zu können, im höher entwickelten Land wird der Akkumulationsprozeß positiv beeinflußt, weil diese Nation weniger nationale Arbeit in Form der Exportwaren geben muß, um ein bestimmtes Quantum an Waren importieren zu können. Mandel ist deshalb zuzustimmen, wenn er argumentiert, der ungleiche Tausch bereichere die höher entwickelten Nationen, die Arbeit einsparen und diese zur Produktion anderer Gebrauchswerte verwenden können, um so ihren Konsum zu steigern, und mache gleichzeitig die weniger entwickelten Länder ärmer, weil diese zusätzliche nationale Arbeit aufwenden müßten, um dasselbe Quantum an Importwaren in internationaler Währung entgelten zu können, und daher auf die Produktion einiger Gebrauchswerte, die das Lebensniveau steigern können, zu verzichten hätten.

Dies ist der reale Effekt des ungleichen Tausches, ob als Werttransfer oder als Tausch von Äquivalenten verstanden. Damit ist aber klar, daß Ernest Mandel seine Interpretation des ungleichen Tausches als Werttransfer nicht aus diesem realen Bereicherungs- und Verarmungseffekt ableiten und etwa behaupten kann, weil der ungleiche Tausch einen Transfer von Wirtschaftsressourcen impliziere, müsse ein Werttransfer vorliegen. Da nicht die individuellen Arbeitsquanta der Einzelproduzenten, sondern nur die gesellschaftlich notwendige Arbeit Basis des Wertbildungsprozesses ist, kann die höhere Verwertung der nationalen Arbeit der produktiveren Nation auf dem Weltmarkt ebensowenig auf einem Werttransfer beruhen wie der Extramehrwert des mit überdurchschnittlichen Produktionsbedingungen arbeitenden

Produzenten innerhalb einer nationalen Anlagesphäre des Kapitals.

In diesem Zusammenhang muß auf eine Differenz zwischen der hier vertretenen Auffassung der modifizierten Wirkungsweise des Wertgesetzes auf dem Weltmarkt und den Marxschen Ausführungen zum ungleichen Tauch explizit hingewiesen werden. Marx spricht in allen Passagen, in denen er das Phänomen des ungleichen Tausches erwähnt, von *Surplusprofiten,* die sich das höher entwickelte Land aneignen könne. »Kapitale, im auswärtigen Handel angelegt, können eine höhere Profitrate abwerfen, weil hier erstens mit Waren konkurriert wird, die von andern Ländern mit mindren Produktionsleichtigkeiten produziert werden, so daß das fortgeschrittnere Land seine Waren über ihrem Wert verkauft, obgleich wohlfeiler als die Konkurrenzländer. Sofern die Arbeit des forgeschrittneren Landes hier als Arbeit von höherm spezifischen Gewicht verwertet wird, steigt die Profitrate, indem die Arbeit, die nicht als qualitativ höhere bezahlt, als solche verkauft wird. Dasselbe Verhältnis kann stattfinden gegen das Land, wohin Waren gesandt und woraus Waren bezogen werden; daß dies nämlich mehr vergegenständlichte Arbeit in natura gibt, als es erhält, und daß es doch hierbei die Ware wohlfeiler erhält, als es sie selbst produzieren könnte. Ganz wie der Fabrikant, der eine neue Erfindung vor ihrer Verallgemeinerung benutzt, wohlfeiler verkauft als seine Konkurrenten, und dennoch über dem individuellen Wert seiner Ware verkauft, d. h. die spezifisch höhere Produktivkraft der von ihm angewandten Arbeit als Mehrarbeit verwertet. Er realisiert so einen Surplusprofit [...]. Das begünstigte Land erhält mehr Arbeit zurück im Austausch für weniger Arbeit, obgleich diese Differenz, dies Mehr, wie beim Austausch zwischen Arbeit und Kapital überhaupt, von einer gewissen Klasse eingesackt wird.«[51]

Ähnlich schreibt Marx in den Mehrwerttheorien: »Profit kann auch durch Prellerei gemacht werden, daß der eine gewinnt, was der andre verliert. Verlust und Gewinn innerhalb eines Landes gleichen sich aus. Nicht so zwischen verschiednen Ländern. Und selbst die Theorie Ricardos betrachtet [...],

51 Karl Marx, *Das Kapital* Bd. 3, *MEW* Bd. 25, a.a.O., S. 247 f.

können sich drei Arbeitstage eines Landes gegen einen eines anderen austauschen. Das Gesetz des Werts erhält hier wesentliche Modifikation. Oder wie sich innerhalb eines Landes skilled composed labour zur unskilled, simple verhält, so können sich die Arbeitstage verschiedner Länder verhalten. In diesem Fall exploitiert das reichere Land das ärmere, selbst wenn letzteres durch den Austausch gewinnt, wie auch J. St. Mill in seinen ›Some Unsettled Questions etc.‹ entwickelt hat.«[52]

Aus diesen Ausführungen ist ersichtlich, daß sich Marx zufolge die höher entwickelte Nation auf dem kapitalistischen Weltmarkt Surplusprofite aneignen kann. Nun hat aber gerade unsere Darstellung der modifizierten Wirkungsweise des Wertgesetzes auf dem Weltmarkt (vgl. Kapitel 1.2) und der Durchsetzungsform einer internationalen allgemeinen Profitrate (vgl. Kapitel 1.2.1) ergeben, daß diese Surplusprofite *im Durchschnitt* über die Währungsmechanismen abgebaut werden. Durch die Auf- und Abwertungen der Währungen und/oder die Inflations- und Deflationsprozesse müssen sich zwar die nationalen Arbeitsquanten der ungleich entwikkelten Nationen in ungleichen internationalen Werten darstellen, dieser Mechanismus bewirkt aber ebenfalls, daß die in nationalem Geld ausgedrückten Surplusprofite der höher entwickelten Länder und die unterdurchschnittlichen Weltmarktprofite der weniger entwickelten Länder nivelliert werden. Das Wesen des ungleichen Tausches liegt damit nicht in den Surplus- oder unterdurchschnittlichen Weltmarktprofitraten der unterschiedlich entwickelten Nationen begründet, sondern darin, daß sich die nationalen Arbeitstage der einzelnen Nationen auf dem Weltmarkt ungleich tauschen, weil sie

52 Karl Marx, *Theorien über den Mehrwert*, 3. Teil, *MEW* Bd. 26.3, S. 101; vgl. auch die *Grundrisse*, wo es heißt: »Daraus, daß der Profit unter dem Mehrwert stehen kann, also das Kapital sich profitlich austauschen kann, ohne sich zu verwerten im strikten Sinn, folgt, daß nicht nur individuelle Kapitalisten, sondern Nationen fortwährend miteinander austauschen können, auch fortwährend den Austausch auf stets wachsender Stufenleiter wiederholen, ohne daß sie deswegen gleichmäßig zu gewinnen brauchen. Die eine kann sich fortwährend einen Teil der Surplusarbeit der anderen aneignen, für den sie nichts im Austausch zurückgibt, bloß daß hier das Maß nicht wie im Austausch zwischen Kapitalist und Arbeiter.« Karl Marx, *Grundrisse*, Berlin 1953, S. 755.

ungleiche internationale Werte bilden. Die realen Wirkungen des ungleichen Tausches sind nicht in den ungleichen Profitraten zu sehen, sondern in den ungleichen nationalen Arbeitsaufwendungen – in Gestalt des Exportäquivalents –, um ein und dasselbe Warenquantum importieren zu können (vgl. die obigen Ausführungen zu Ernest Mandels Verständnis des ungleichen Tausches).

Meines Erachtens könnte ohne diese durch die Währungsmechanismen produzierten Prozesse nicht von einer *Modifikation* des Wertgesetzes auf dem Weltmarkt gesprochen werden. Wären die ökonomisch schwach entwickelten Nationen nicht wegen der vermittelten Form der internationalen Konkurrenz vor der überlegenen Wettbewerbsposition der höher entwickelten Länder geschützt, könnten sich diese auf Dauer Surplusprofite aneignen und gleichzeitig ihre Weltmarktkonkurrenten in unterdurchschnittliche Profitmargen drängen, so gäbe es keine Wirkungsdifferenz des Wertgesetzes im nationalen und im internationalen Rahmen. Wie oben dargelegt, lassen sich die Modifikationen des Wertgesetzes auf dem Weltmarkt auf der Basis der von Marx im System der Kritik der Politischen Ökonomie entfalteten Kategorien ableiten. Wenn Marx selber die Bewegungsgesetze des kapitalistischen Weltmarktes nicht vollständig entfalten konnte, dann ist dies in erster Linie darauf zurückzuführen, daß er die ursprünglichen Aufbaupläne seines Systems der Kritik der Politischen Ökonomie, wonach von den 6 geplanten Büchern die beiden letzten dem auswärtigen Handel und dem Weltmarkt gewidmet sein sollten, nicht durchführen konnte.[53] Während Marx noch einige Teile der geplanten Bücher über das Grundeigentum und die Lohnarbeit in das 1. Buch des *Kapital* einbaute, kann nicht geleugnet werden, daß vom Inhalt der restlichen drei Bücher, »vom Staat«, »vom auswärtigen Handel«, »vom Weltmarkt«, nur fragmentarische Anmerkungen im Marxschen Werk zu finden sind.[54]

Eine wesentliche Aufgabe der Rekonstruktion des Systems der

53 Vgl. Roman Rosdolsky, *Zur Entstehungsgeschichte des Marxschen ›Kapital‹*, 2 Bände, Frankfurt/Main 1968, insbesondere Band I, Kapitel 2.

54 Vgl. Roman Rosdolsky, *Zur Entstehungsgeschichte* . . ., Band I, a.a.O., S. 43 ff.

Kritik der Politischen Ökonomie ist es daher heute, die theoretische Basis zur Analyse des Staates und des Weltmarktes zu fundieren.[55]

1.2.2.2 Der Begriff des ungleichen Tausches bei Emmanuel, Palloix und Amin

In den Imperialismustheorien der französischen Autoren Arghiri Emmanuel, Christian Palloix und Samir Amin ist ein Begriff des ungleichen Tausches entfaltet worden, der der auf der Basis der Marxschen Theorie der internationalen Werte entwickelten Kategorie des ungleichen Tausches widerspricht. Ausgangspunkt der Argumentation dieser Theoretiker ist die Annahme, daß einerseits die internationale Mobilität des Kapitals ein Ausmaß erreicht hat, das die Existenz einer internationalen Durchschnittsprofitrate im Medium internationaler Produktionspreise rechtfertigt, andererseits aber die Ware Arbeitskraft im internationalen Rahmen weitgehend immobil ist, so daß der Wert der Arbeitskräfte international sehr stark differiert und die Mehrwertraten international ungleich sind. Arghiri Emmanuel formuliert diese Prämisse wie folgt: »Mobilität des Faktors Kapital – Immobilität des Faktors Arbeit, bei gleichzeitiger Ablehnung der Ricardianischen Hypothese von der physiologischen Bestimmung des Werts der Arbeitskraft. Ausreichende Mobilität des ersten Faktors, damit sich die internationale Ausgleichung der Profite realiter vollzieht und das Produktionspreistheorem gültig bleibt; ausreichende Immobilität des zweiten Faktors, damit die nationalen Lohnunterschiede, die auf das sozialhistorische Moment in der Bestimmung des Werts der Ware Arbeitskraft zurückzuführen sind, nicht aufgehoben werden können und eine Modifikation dieses Theorems notwendig wird.«[56]
Auf der Basis dieser theoretischen Voraussetzungen implizieren die Warenkapitalbeziehungen zwischen den ungleich ent-

55 Es ist daher nicht zufällig, daß in letzter Zeit gerade Arbeiten an quantitativem Gewicht gewinnen, die sich auf der Basis der Marxschen Theorie um die theoretische Ableitung des Staates und der Bewegungsgesetze des kapitalistischen Weltmarktes bemühen.

56 Arghiri Emmanuel, a.a.O., S. 53; Übersetzung dieses Zitates und aller folgenden von mir, K. B.

wickelten Nationen des kapitalistischen Weltmarktes, insbesondere die Handelsbeziehungen zwischen dem Block der entwickelten Industrieländer und dem Block der ökonomisch schwach entwickelten Länder, einen ungleichen Tausch. Emmanuel illustriert die Struktur dieses Ungleichen-Tausch-Modells anhand einiger Schemata.[57] Er abstrahiert zunächst von den ungleichen Mehrwertraten zwischen der Gruppe der entwickelten Länder und der Gruppe der unterentwickelten Länder und diskutiert folgendes Schema[58]:

Tabelle B
Modell I: International gleiche Mehrwertraten, international ungleiche organische Zusammensetzung des Kapitals

LAND	K total vorgeschossenes Kapital	c konsumiertes konstantes Kapital	v variables Kapital	m Mehrwert	V Wert der Ware c+v+m	R Kostpreis	T Profitrate $\frac{\Sigma m}{\Sigma K}$	P Profit T · K	L Produktionspreis R+P
A	240	50	60	60	170	110	$33^1/_3$	80	190
B	120	50	60	60	170	110		40	150
	360	100	120	120	340	220		120	340

Das System A repräsentiert die Gruppe der entwickelten Nationen, wobei die Werte in der Tabelle aggregierte Werte von n Branchen in A darstellen; das System B repräsentiert die Gruppe der weniger entwickelten Nationen, die Werte sind ebenfalls aggregierte Größen. In der Ausgangssituation

57 Wir stellen hier die Argumentation Arghiri Emmanuels dar, weil dessen Werk *L'échange inégal* den Begriff des ungleichen Tausches in den Arbeiten Palloix' und Amins entscheidend geprägt hat. Abgesehen von geringfügig abweichenden Interpretationen der Prämissen, sind die Modelle des ungleichen Tausches bei Emmanuel, Palloix und Amin identisch.
58 Emmanuel, a.a.O., S. 108.

erzielt der Block der entwickelten Nationen (A) eine Profitrate von 25%, der Block der weniger entwickelten Nationen (B) realisiert demgegenüber eine Profitrate von 50%. Der Wert der Waren beträgt je 170. Durch die Herausbildung einer internationalen Durchschnittsprofitrate auf der Basis internationaler Produktionspreise verändern sich allerdings die Tauschrelationen zwischen A und B. Die internationale Durchschnittsprofitrate beträgt 33⅓% und transformiert den Wert der Waren von A in einen Produktionspreis von 190, umgekehrt den Wert der Waren von B in einen Produktionspreis von 150. Die Folge der Herausbildung einer internationalen Durchschnittsprofitrate sind also Mehrwerttransfers von B nach A, die in der ungleichen Tauschrelation 170 A : 170 B größer als 150 A : 190 B ihren Ausdruck finden.

»Wenn wir annehmen, daß die Löhne in A zehnmal höher stehen als die Löhne in B, daß aber wegen der doppelt so großen Arbeitsintensität in A die Arbeitskosten in A nur fünfmal höher als in B sind – dies ist ein sehr niedrig angesetzter Parameter – ändert sich unser Schema wie folgt«[59]:

Tabelle C
Modell II: International ungleiche Mehrwertraten; international ungleiche organische Zusammensetzung des Kapitals[60]

Land	K	c	v	m	V	R	T	P	L
A	240	50	100	20	170	150	33⅓	80	230
B	120	50	20	100	170	70		40	110
	360	100	120	120	340	220		120	340

Weil im Vergleich zum Modell I im Modell II nicht nur ungleiche organische Zusammensetzung des Kapitals, sondern auch ungleiche Mehrwertraten vorausgesetzt werden, verschärfen sich die ungleichen Tauschbeziehungen zuungunsten von B. Der Transformationsprozeß der Werte in internatio-

59 Emmanuel, a.a.O., S. 109.
60 A.a.O.

nale Produktionspreise führt jetzt zur Ungleichung 170 A : 170 B größer als 110 A : 230 B, also zu bedeutend höheren Mehrwerttransfers von B nach A, als die Relation 170 A : 170 B größer als 150 A : 190 B impliziert. Emmanuels Begriff vom ungleichen Tausch entspricht die Ungleichung 150 A : 190 B größer als 110 A : 230 B. Weil seiner Auffassung nach Produktionspreise nicht auf Werte im Sinne der Marxschen Arbeitswerttheorie zurückzuführen sind, sondern sich aus der Summe der Vergütungen der am Produktionsprozeß beteiligten Produktionsfaktoren (Kapital, Arbeit, etc.) zusammensetzen, betrachtet Emmanuel die Tauschrelation 150 A : 190 B (Modell I) als Äquivalententausch (beide Produktionsfaktoren werden hier in A und B gleich vergütet), während er den Tausch von 110 A gegen 230 B als Nicht-Äquivalententausch begreift (Der »Faktor« Kapital wird in A und B weiterhin gleich vergütet, nicht aber der »Faktor« Arbeit). »Außerhalb aller Preisänderungen, die aus der unvollkommenen Konkurrenz auf den Warenmärkten resultieren, handelt es sich beim ungleichen Tausch um ein Verhältnis von Gleichgewichtspreisen, die sich über die Ausgleichung der Profite zwischen Regionen mit ›institutionell‹ ungleichen Mehrwertraten herausbilden. Der Ausdruck ›institutionell‹ soll bedeuten, daß diese Raten – aus welchen Gründen auch immer – der Ausgleichbewegung durch die Konkurrenz auf den Faktormärkten entzogen sind und sich unabhängig von den relativen Preisen bilden«.[61]

»Daß sich Produktionspreise herausbilden, ist in der Tat mit dem Wertgesetz vereinbar, deshalb betrachten wir nicht die Differenz in der organischen Zusammensetzung des Kapitals als konstitutives Moment per se des ungleichen Tausches. Wir bezweifeln aber sehr, ob auch die Lohndifferenzen, die geographisch festgemacht werden können, gleichermaßen mit dem Wertgesetz vereinbar sind. Eine der wesentlichen Bedingungen der Wirkungsweise dieses Gesetzes ist die Existenz eines einzigen Marktes und eines einzigen Preises für jede Ware (abgesehen natürlich von den Transportkosten). Da die Arbeitskraft im Kapitalismus eine Ware wie jede andere ist, muß sie bei vollkommener Konkurrenz überall denselben

61 Emmanuel, a.a.O., S. 111.

Preis haben. Wenn sie verschiedene Preise hat, ist die Konkurrenz nicht vollkommen, ist das Wertgesetz verletzt. Dabei ist zu berücksichtigen, daß vor allem der politische Faktor der Trennung der Welt in Nationalstaaten für die Unvollkommenheit der Konkurrenz auf dem Arbeitsmarkt verantwortlich ist.«[62]

Aus dem so verstandenen ungleichen Tausch entwickelt Emmanuel seine Theorie der Unterentwicklung. Weil sich die Arbeiterklasse in den kapitalistischen Industrieländern im Vergleich zu den Arbeiterklassen in den unterentwickelten Ländern ein höheres Lohnniveau erkämpfen konnte und erkämpft hat, ist in den Warenkapitalbeziehungen zwischen diesen beiden Blöcken ein ungleicher Tausch institutionalisiert, der die Unterentwicklung der Länder der Dritten Welt produziert und permanent verschärft.

Der in den Imperialismustheorien Emmanuels, Palloix und Amins angewandte Begriff des ungleichen Tausches basiert damit vor allem auf zwei Prämissen:

a) der Herausbildung einer allgemeinen Profitrate auf dem kapitalistischen Weltmarkt,

b) der Existenz internationaler Produktionspreise, die die Durchsetzungsform der internationalen Durchschnittsprofitrate seien.

Nun haben aber unsere Ausführungen im Kapitel 1.2.1 gezeigt, daß es äußerst problematisch ist, von der realen Existenz einer internationalen Durchschnittsprofitrate auszugehen – das gilt insbesondere für das Verhältnis der kapitalistischen Industrieländer und der unterentwickelten Länder –, und daß die Durchsetzungsform dieser allgemeinen internationalen Profitrate nicht in möglichen Produktionspreisen, sondern in den internationalen Marktwerten und deren Veränderungen im Verlauf internationaler Kapitalbewegungen zu sehen ist. Emmanuel, Palloix und Amin vernachlässigen die spezifischen Formen, in denen sich das Wertgesetz im internationalen Rahmen durchsetzt, sie übersehen insbesondere die Wirkungen der Währungsmechanismen auf den Konkurrenzkampf ungleich entwickelter nationaler Kapitale; dies ist der Ausgangspunkt ihrer fehlerhaften Argumentation bezüglich

62 Emmanuel, a.a.O., S. 197 f.

der Durchsetzungsform der internationalen allgemeinen Profitrate. Gleichzeitig führt die Prämisse von der realen Existenz einer internationalen Durchschnittsprofitrate ihre Ableitung der Unterentwicklung in fundamentale Widersprüche. Die Kapitalexporte, die die kapitalistischen Industrieländer in die unterentwickelten Länder leiten müßten, um die Differenzen zwischen den Profitraten beider Blöcke auszugleichen, würden in den ökonomisch schwach entwickelten Ländern zur forcierten Akkumulation und damit zur forcierten Entfaltung der Produktivkräfte beitragen. Emmanuel, Palloix und Amin können nicht einerseits die Existenz einer internationalen Durchschnittsprofitrate behaupten und andererseits die Unterentwicklung der Dritten Welt aus dem ihrer Meinung nach mit der internationalen allgemeinen Profitrate institutionalisierten ungleichen Tausch ableiten. Das von den drei französischen Autoren vertretene Modell des ungleichen Tausches muß daher wegen seiner theoretisch und empirisch unzureichenden Voraussetzungen zurückgewiesen werden.[63]

1.2.2.3 Zum Problem der brüchigen Durchsetzung des ungleichen Tausches in den Handelsbeziehungen zwischen kapitalistischen Industrieländern und ökonomisch schwach entwickelten Nationen[64]

Analysiert man den realen Prozeß, der zur Durchsetzung des ungleichen Tausches führt, der hier als ungleicher Tausch von Arbeitsquanta gefaßt wird, dann tauchen bei den Handelsbeziehungen innerhalb des Blockes der kapitalistischen Industrieländer (USA, EWG, Japan) insofern keine Schwierigkeiten auf, als die kapitalistischen Industrieländer untereinander bei einem breiten Sortiment gleicher oder ähnlicher Gebrauchswerte konkurrieren. Auf dieser Basis vermitteln sich die unterschiedlichen Niveaus an nationaler Produktivität und Intensität der Arbeit ohne weiteres in Handelsbilanz-

63 Vgl. dazu auch Ernest Mandel, *Der Spätkapitalismus*, a.a.O., S. 318 ff.; Klaus Busch, *Ungleicher Tausch* . . ., a.a.O., S. 57 ff.

64 Dieses Kapitel sowie das anschließende Kapitel über die Theorie der Komparativen Kosten ist eine nur leicht geänderte Wiedergabe der Ausführungen in: Klaus Busch, *Ungleicher Tausch* . . ., a.a.O., S. 68 ff.

Ungleichgewichten und dementsprechenden Wechselkursänderungen mit dem Resultat, daß nach der Aufwertung die entwickelte Nation ihre Arbeit höher und die weniger entwickelte Nation nach der Abwertung ihre Arbeit geringer verwerten muß als vorher. Nicht so einfach läßt sich der reale Prozeß zur Durchsetzung des ungleichen Tausches in den Handelsbeziehungen zwischen den kapitalistischen Industrieländern und den unterentwickelten Ländern analysieren.

Palloix behauptet, daß sich zwischen den Industrieländern und den Entwicklungsländern ein ungleicher Tausch auf der Basis differierender Produktivitäts- und Intensitätsniveaus der Arbeit nicht durchsetzen könne, da aufgrund der spezifischen Arbeitsteilung zwischen Industrieländern und Entwicklungsländern unterschiedliche Gebrauchswerte getauscht würden, deren voneinander abweichende Produktionsbedingungen sich in den Tauschbeziehungen nicht niederschlagen könnten.[65] Emmanuel stellt sogar die These auf, daß bei einem derartigen Konzept des ungleichen Tausches die unterentwickelten Länder die Industrieländer ausbeuten müßten, denn die Rohstoffproduktion in der Dritten Welt vollziehe sich aufgrund der enormen Fruchtbarkeit der Böden und des Reichtums der Minen auf einem vergleichsweise höheren Produktivitätsniveau als die Fertigwarenproduktion in den kapitalistischen Industrieländern.[66] Eine weitere Schwierigkeit ergibt sich daraus, daß zahlreiche Waren der unterentwickelten Länder durch Rohstoffsubstituierungsprozesse, sinkende Materialintensität des Produktionsprozesses in den Zentren und aus sonstigen Gründen niedriger Einkommenselastizität der Nachfrage bei teilweise starren Angebotsstrukturen häufig Überproduktionssituationen auf dem Weltmarkt gegenüberstehen.[67] Die mit der Überproduktion einhergehenden Preisstürze führen bei der wenig ausdifferenzierten

65 Christian Palloix, *L'économie* ... Bd. 1, a.a.O., S. 135.
66 Emmanuel, a.a.O., S. 397 f.
67 Vgl. dazu Werner Theess, *Kapitalistische Rohstoffmärkte – Internationale Rohstoffabkommen.* In: *Probleme der kapitalistischen Weltwirtschaft,* Nr. 8, Berlin 1967; Gunther Kohlmey, *Zum Problem der Weltmarktpreise, besonders der Schere zwischen den Preisen für Primärerzeugnisse und Fertigwaren.* In: *Gegenwartsprobleme der internationalen Handelsbeziehungen, Probleme der kapitalistischen Weltwirtschaft,* Nr. 6, Berlin (Ost) 1964, S. 74-104.

Exportstruktur der Entwicklungsländer oft zu Handelsbilanzdefiziten und in deren Gefolge zu Abwertungen, obwohl sich das nationale Produktivitäts- und Intensitätsniveau der Arbeit des betreffenden Landes nicht verändert haben muß.[68]
Zu diesen hier bezeichneten Schwierigkeiten ist folgendes zu sagen:
Zu Palloix: Die Feststellung, daß die unterentwickelten Länder und die Industrieländer nur unterschiedliche Gebrauchswerte gegenseitig tauschen, ist in der von Palloix behaupteten absoluten Form nicht richtig:

Tabelle D
Exporte und Importe der unterentwickelten Länder in/aus Industrieländern 1964 (in Mrd. Dollar, laufende Preise)[1]

	Exporte der EWL in die IL	Importe der EWL aus den IL
SITC 0+1	7,40	3,50
SITC 2+4	5,93	1,24
SITC 3	7,83	0,39
SITC 5–8	3,19	17,12

SITC = Standard International Trade Classification
0+1 = Nahrungsmittel, Getränke und Tabak
2+4 = Agrarische Rohstoffe und Bergbauprodukte
3 = Brennstoffe
5–8 = Fertigwaren

1 Zusammengestellt aus Angaben von Hans Sieber, *Die realen Austauschverhältnisse zwischen Entwicklungsländern und Industriestaaten*, Zürich 1968, S. 79 ff.

Wie die Tabelle zeigt, exportieren und importieren die Entwicklungsländer in die Industrieländer/aus den Industrieländern, wenn auch in unterschiedlichem Ausmaß, Waren aller Klassifizierungen. Es ist allerdings zur Lösung unseres Pro-

68 Im Unterschied zur »normalen« Form des ungleichen Tausches würde diese Form ungleicher Tauschbeziehungen Werttransfers implizieren, wenn der Preis der Rohstoffe unter den Wert der am günstigsten produzierenden Kapitale in den Entwicklungsländern fiele.

blems, nämlich die reale Durchsetzungsform des ungleichen Tausches zwischen Industrieländern und Entwicklungsländern zu ermitteln, auch nicht notwendig, daß die beiden Blöcke in etwa das gleiche Warensortiment im- bzw. exportieren; entscheidend ist nur, ob die importierten oder exportierten Waren in einem Konkurrenzverhältnis stehen. So betrachtet, stehen sowohl die Fertigwarenexporte als auch ein großer Teil der Mineralienexporte der Entwicklungsländer mit Waren aus den Industrieländern in einem Vergleichsverhältnis.
Man sollte jedoch bei aller Relativierung das von Palloix aufgeworfene Problem nicht verleugnen, denn für einige Entwicklungsländer, deren Exporte sich überwiegend aus tropischen Waren zusammensetzen, z. B. Kaffee bei Brasilien und Kolumbien, Tee bei Ceylon, Kakao bei Ghana, bleibt die Frage der Vergleichbarkeit voll bestehen. M. E. läßt sich für diese Nationen der Rangpunkt in der Stufenleiter der universellen Arbeit allein in Relation zu anderen Entwicklungsländern ermitteln, die dieselbe Warengruppe für den Weltmarkt produzieren. Inwieweit zwischen diesem Entwicklungsland und den Industrieländern ungleiche Tauschbeziehungen existieren, hängt dann ab einerseits von dem soeben bestimmten Rangpunkt dieser Nation im Vergleich zum Rangpunkt derjenigen Nation, mit denen sie in Austauschbeziehungen steht, andererseits von dem weltgesellschaftlichen Bedürfnis, das für das betreffende Hauptexportgut dieses Landes vorhanden ist. Stößt diese Ware auf eine relativ stagnierende Nachfrage auf dem Weltmarkt, so wird diese Nation eventuell aufgrund sinkender Weltmarktbedürfnisse in eine ungleiche Tauschposition gedrängt, obwohl ihre Produktionsbedingungen im Vergleich zu ihren Konkurrenten sehr günstig sein mögen.
Zu Emmanuel: Die pauschale Feststellung Emmanuels, die unterentwickelten Länder verfügten über einen derartigen Vorsprung an »natürlicher« Produktivität, daß sich in den Tauschbeziehungen zu den Industrieländern auf der Basis des hier diskutierten Modells des ungleichen Tausches die unterentwickelten Länder bereichern müßten, hält wahrscheinlich keiner empirischen Überprüfung stand. Natürliche Produktivitätsvorsprünge lassen sich nämlich durch hochwertige Produktionstechnologien kompensieren. Deutlich wird dies etwa

an der Entwicklung der Produktivkraft der Arbeit in der Landwirtschaft der Industrieländer und der unterentwickelten Länder. Hier konnten die kapitalistischen Länder, seit dem Zweiten Weltkrieg, gigantische Produktivitätsfortschritte erzielen, Produktivitätsfortschritte, die sogar die der verarbeitenden Industrie (so z. B. in den USA, Italien und der BRD) übertrafen, während in den unterentwickelten Ländern die Entwicklung der landwirtschaftlichen Produktivität bereits seit Beginn des 20. Jahrhunderts stagniert oder sogar rückläufig ist.[69]

Im übrigen wird an dieser Stelle deutlich, daß Emmanuel das Problem des weltgesellschaftlichen Bedürfnisses nach den Waren der unterentwickelten Ländern für die Beurteilung ungleicher Tauschbeziehungen völlig vernachlässigt. Auch bei gleicher Entwicklung der Arbeitsproduktivität in den unterentwickelten Ländern und den kapitalistischen Industrieländern könnte sich nämlich auf der Basis der relativ stagnierenden Nachfrage nach Rohstoffen ein ungleicher Tausch zuungunsten der unterentwickelten Länder durchsetzen. Der für Emmanuel typische Rigorismus führt ihn dazu, bei der Beurteilung des ungleichen Tausches sowohl das Problem der ungleichmäßigen und ungleichzeitigen Entwicklung der Produktivkraft wie auch das der sich ungleichmäßig entwickelnden weltgesellschaftlichen Bedürfnisse zu mißachten. Dabei bleibt dann ein Erklärungsmodell übrig, das an einer doppelt falschen Prämisse über die internationale Durchschnittsprofitrate leidet.

Insgesamt sollte aus diesen Ausführungen über den ungleichen Tausch deutlich geworden sein, daß dieses Problem bei den Tauschbeziehungen zwischen den Industrieländern und den unterentwickelten Ländern weitaus komplexer zu beurteilen ist als bei den Tauschbeziehungen innerhalb des Blocks der entwickelten Länder. Aufgrund der historisch gewachsenen spezifischen Exportstruktur der Dritten Welt ist hier die

69 Zur Entwicklung der landwirtschaftlichen Produktivität in den unterentwickelten Ländern vgl. Paul Bairoch, *L'évolution de la productivité agricole*, Tabellen 4 und 5, abgedruckt bei Palloix, a.a.O., Bd. 1, S. 214; Diverse Angaben über die Entwicklung in den Industriestaaten finden sich in Robert Katzenstein, *Technischer Fortschritt, Kapitalbewegung und Kapitalfixierung*, Berlin 1971

Durchsetzungsform des ungleichen Tausches brüchiger und sein Inhalt zwieschlächtig.

1.2.3 *Relative Vor- und Nachteile in den internationalen Warenkapitalbeziehungen (internationale Arbeitsteilung auf der Basis Komparativer Kostenvorteile)*

Wir konnten bereits weiter oben feststellen, daß es ein Spezifikum des Wertgesetzes auf dem Weltmarkt ist, die ökonomisch schwächer entwickelten Länder vor der vernichtenden Konkurrenzkraft der hochentwickelten Nationen zu schützen. Ausfluß dieses Schutzmechanismus des internationalen Wertgesetzes ist es, daß sich in den internationalen Warenkapitalbeziehungen eine Arbeitsteilung durchsetzt, die die einzelnen Nationen auf die Produktion ihrer jeweils komparativ günstigsten Waren spezialisiert.
Meines Erachtens stimmen die Aussagen des von Ricardo entwickelten Theorems der Komparativen Kosten im Kern mit den Ergebnissen der modifizierten Wirkungsweise des Wertgesetzes auf dem Weltmarkt überein. Diese These ist unter den Autoren, die sich auf der Basis des Marxschen Systems der Kritik der Politischen Ökonomie um eine Analyse der Bewegungsgesetze des kapitalistischen Weltmarktes bemühen, umstritten. Arghiri Emmanuel und Charles Bettelheim zum Beispiel kritisieren die ricardianische Außenhandelstheorie explizit,[70] Ernest Mandel enthält sich in seiner Analyse der Weltmarktbewegung des Kapitals einer Stellungnahme zum Ricardo-Theorem,[71] während einige Theoretiker aus den sozialistischen Ländern das Theorem der Komparativen Kosten für richtig halten.[72]

70 A. Emmanuel, a.a.O., S. 254 ff.; Charles Bettelheim, *Préface et remarques théoriques* zu Arghiri Emmanuels *L'échange inégal,* a.a.O., S. 9 ff. und 297 ff.

71 Vgl. Ernest Mandel, *Der Spätkapitalismus,* a.a.O., S. 42 ff. und 318 ff.; Implizit lehnt Mandel das Theorem der Komparativen Kosten ab, denn seiner Auffassung nach institutionalisiert das Wertgesetz auf dem Weltmarkt keine Schutzmechanismen für die schwächer entwickelten Nationen. Vgl. auch: Klaus Busch, *Bemerkungen zu Ernest Mandel . . .,* a.a.O., Teil I, Punkt 2.

72 Vgl. Gunther Kohlmey, *Karl Marx' Theorie . . .,* a.a.O., S. 47 ff. und Gunther Kohlmey, *Bemerkungen zur Theorie der Komparativen Vorteile im Außenhandel.* In: Derselbe (Hrsg.), *Außenwirtschaft und Wachstum,* Berlin 1968.

Ich werde im folgenden zu zeigen versuchen, daß die internationalen Mechanismen des Wertgesetzes nicht nur absolute Vor- und Nachteile (also ungleiche Tauschbeziehungen), sondern auch die von dem Ricardo-Theorem behaupteten relativen Vor- und Nachteile in den Warenkapitalbeziehungen zwischen den ungleich entwickelten Nationen verankern.

1.2.3.1 Das Ricardo-Theorem und die modifizierte Wirkungsweise des Wertgesetzes auf dem Weltmarkt[73]

Ricardo begründet seine Theorie an einem Zwei-Länder-Zwei-Waren-Modell: England und Portugal produzieren je zwei Waren, Tuch und Wein. England benötigt zur Produktion von Tuch in einem Jahr die Arbeit von 100 und für Wein die Arbeit von 120 Menschen. Portugal wendet für die Produktion beider Waren weniger Arbeit auf: für Tuch die Arbeit von 90 und für Wein die Arbeit von 80 Menschen. Obwohl Portugal sowohl Wein als auch Tuch billiger herstellt als England, wird sich Portugal nach Aufnahme der Handelsbeziehungen mit England auf Wein spezialisieren und Tuch aus England beziehen, weil der Produktivitätsvorsprung Portugals bei Wein komparativ größer ist als bei Tuch (120 : 80 größer als 100 : 90); umgekehrt lohnt sich für England die Spezialisierung auf die Tuchproduktion, da der Produktivitätsrückstand gegenüber Portugal hier komparativ am geringsten ist (90 : 100 größer als 80 : 120).

Die Frage, die sich hier sofort aufdrängt, ist die: Wie können die portugiesischen Tuchkapitalisten gezwungen werden, ihre Produktion einzustellen und in die Weinproduktion abzuwandern, sind sie doch den englischen Tuchproduzenten soweit überlegen, daß sie sich im bilateralen Konkurrenzkampf Surplusprofite aneignen könnten?

Die Schwierigkeit der Transformation der relativen Wertdifferenzen in absolute Wertdifferenzen löst Ricardo durch die Einführung des Edelmetallautomatismus: »Gold und Silber werden, da sie zum allgemeinen Umlaufmittel ausgewählt worden sind, durch den Mitbewerb im Handel unter die verschiedenen Länder der Welt in solchen Verhältnissen ver-

73 David Ricardo, *Grundsätze der Volkswirtschaft und der Besteuerung*, Leipzig 1837.

teilt, daß sie sich dem natürlichen Verkehre anpassen, welcher auch stattfinden würde, wenn es keine solchen Metalle gäbe und der Handel zwischen den Ländern ein reiner Tauschhandel wäre.
Darum kann nach Portugal kein Tuch eingeführt werden, wenn es daselbst nicht für mehr Gold verkauft wird, als es dem Lande kostet, woher es eingeführt wird; und nach England kann kein Wein eingeführt werden, wenn er daselbst nicht für mehr Gold verkauft wird, als er in Portugal kostet.«[74]

Der Edelmetallautomatismus bewirkt nach Ricardo, daß in Ländern mit großer »Geschicklichkeit im Gewerkswesen«[75] und damit Exportüberschüssen der Tauschwert des Geldes über Edelmetallimporte verringert wird, während in den weniger produktiven Nationen der umgekehrte Prozeß vonstatten geht. Die Edelmetallumverteilungsprozesse und die damit verbundenen Inflations- bzw. Deflationsprozesse produzieren eine Handelsstruktur, die der komparativen Kostenstruktur zwischen den Ländern entspricht.

»So kommt es, daß jedem Land sein Gold verhältnismäßig in dem Maße zugeteilt wird, als es zur Führung eines vorteilhaften Tauschhandels nötig ist.«[76]

Aus den angeführten Ricardo-Zitaten wird deutlich, daß er die Formen, in denen sich das internationale Wertgesetz im Goldstandard-Währungssystem durchgesetzt hat, durchaus richtig beschreibt, allerdings begreift er diese Mechanismen als rein monetäre, denn eine Theorie internationaler Werte hat er nicht entwickelt, für ihn gelten nur nationale Werte: »Keinerlei Ausdehnung des auswärtigen Handels wird unmittelbar den Betrag der Tauschwerte in einem Lande erhöhen, obgleich er kräftig dazu beiträgt, die Masse der Güter und darum auch die Summe der Genüsse zu vermehren. Da der Tauschwert aller auswärtigen Güter nach der Menge von Erzeugnissen unseres Bodens und unserer Arbeit bemessen wird, welche man im Tausche dafür gibt, so würden wir auch keinen größeren Tauschwert haben, wenn wir, in Folge der Auffindung neuer Märkte, für die hingegebene bestimmte

74 Ricardo, a.a.O. S. 126.
75 Ricardo, a.a.O., S. 133.
76 Ricardo, a.a.O., S. 130.

Menge eigener Güter im Tausche die doppelte Menge auswärtiger bekämen.«[77] »Die nämliche Regel, welche den gegenseitigen Tauschwert der Güter in dem eignen Lande regelt, bestimmt keineswegs auch den gegenseitigen Tauschwert der Waren, welche zwischen zwei oder mehreren Ländern ausgetauscht werden.«[78]

Da Ricardo die Transformation der nationalen Werte (der relativen Wertdifferenzen) in die internationalen Werte (und damit absoluten Wertdifferenzen) theoretisch nicht entwikkelt, erscheinen bei ihm die Edelmetallbewegungen zwischen den Nationen als deus ex machina, der die Handelswelt nach dem komparativen Kostenprinzip ordnet. Diese mechanische Vorstellung über die internationalen Geldprozesse (bzw. Wechselkursänderungen) läßt sich bis heute in der herrschenden Außenhandelstheorie nachweisen. So löst z. B. Klaus Rose in seiner *Theorie der Außenwirtschaft*[79] die Transformation der relativen Realkostenvorteile in absolute Preisvorteile, indem er den passenden Wechselkurs herbeizaubert, ohne allerdings die Zusammenhänge zwischen den »monetären« Prozessen und der »reinen« Theorie explizieren zu können.

Aufgrund seiner falschen Auffassung der internationalen Werte kann Ricardo die Tauschbeziehungen zwischen Portugal und England auch nicht als ungleiche Tauschbeziehungen begreifen. Obwohl er selbst schreibt: »So würde also England das Erzeugnis der Arbeit von 100 Menschen für ein Erzeugnis der Arbeit von 80 hingeben [...]«[80], kann er den darin enthaltenen ungleichen Tausch nicht als solchen erkennen, denn der Wert der Importwaren eines Landes ist ja seiner Auffassung nach gleich dem Wert der Exportwaren, so daß also der Wein, von England importiert, für es den Wert hat, den die Arbeit von 100 Menschen produziert.

Trotz Ricardos falscher Theorie der internationalen Werte muß aber betont werden, daß die modifizierte Wirkungsweise des Wertgesetzes auf dem Weltmarkt nicht nur absolute Vor- und Nachteile in Gestalt des ungleichen Tausches impliziert, sondern ebenso die im Komparativen-Kosten-Theorem

77 Ricardo, a.a.O., S. 115.
78 Ricardo, a.a.O., S. 122.
79 Klaus Rose, *Theorie der Außenwirtschaft*, Berlin 1970, S. 225 ff.
80 Ricardo, a.a.O., S. 124.

behaupteten relativen Vor- und Nachteile. Diese Zusammenhänge sollen im folgenden in einem Zwei-Länder-Zwei-Waren-Modell veranschaulicht werden:

Tabelle E

Ware / Land	A	B
100 X	75 nAT	100 nAT
100 Y	50 nAT	125 nAT

Voraussetzung: 1 nationaler Arbeitstag (nAT) = 1 nationale Währungseinheit (nWE) = 1 universeller Arbeitstag (uAT) = 1 internationale Währungseinheit (iWE)

Obwohl A weitaus produktiver arbeitet als B, lohnt sich für A die Spezialisierung auf die Ware Y, weil hier der komparative Kostenvorteil größer ist als bei der Ware X. Für B lohnt sich die Spezialisierung auf die Ware X, denn hier ist der komparative Kostennachteil geringer als bei Y.
Diese potentielle Spezialisierungsstruktur vermittelt sich über folgende Prozesse: Nach Aufnahme des auswärtigen Handels erzielt A zunächst Handelbilanzüberschüsse, denn es ist B bei beiden Waren weit überlegen. B ist zu einer Abwertung seiner Währung um ca. 50% gezwungen, wodurch die Konkurrenzpositionen zwischen A und B verschoben werden, und zwar:

Tabelle F

Ware / Land	A	B
100 X	75 iWE	50 iWE
100 Y	50 iWE	62,5 iWE

Voraussetzung:
1 nAT von A = 1 nWE = 1 uAT = 1 iWE
1 nAT von B = 1 nWE = ½ uAT = ½ iWE

A ist B jetzt nur noch bei Y überlegen, während B A bei X in der Preiskonkurrenz überholt hat. Zwingt diese Konkurrenzstruktur nun die Länder A und B, sich auf Y, bzw. X zu spezialisieren, dann nimmt die Gebrauchswertproduktion folgendes Bild an:

Tabelle G

Land Ware	A	B
X	(100)	225(100)
Y	250(100)	(100)
Summe der nAT	125	225

A produzierte vor der Spezialisierung mit 50 nationalen Arbeitstagen 100 Einheiten Y und kann deshalb nach der Aufnahme der internationalen Arbeitsteilung unter der Prämisse gleichbleibender Produktivitätsverhältnisse mit 125 nationalen Arbeitstagen 250 Einheiten Y herstellen, also 50 Einheiten mehr als vorher A und B zusammen.
B produzierte vor der Spezialisierung mit 100 nationalen Arbeitstagen 100 Einheiten X, kann deshalb nach der Institutionalisierung der internationalen Arbeitsteilung unter der Prämisse gleichbleibender Produktivitätsbedingungen mit 225 nationalen Arbeitstagen 225 Einheiten X herstellen, also 25 Einheiten mehr als vorher A und B zusammen.
Nehmen wir an, daß die internationalen Werte für X und Y das arithmetische Mittel der internationalen Ausgangspreise von A und B betragen (beide haben in der ursprünglichen Situation je die Hälfte der Gesamtmenge produziert), dann kann A seine 150 zusätzlichen Einheiten Y zu einem internationalen Preis von 56,25 internationalen Währungseinheiten je 100 Einheiten Y an B verkaufen, also zu insgesamt 84,375 internationalen Währungseinheiten; während B seine 125 zusätzlichen Einheiten X zu einem internationalen Preis von 62,5 internationalen Währungseinheiten je 100 Einheiten X verkauft, also zu insgesamt 88,1 internationalen Währungseinheiten.

Das Handelssystem ist also in etwa ausgeglichen, denn A und B verfügen über fast gleiche Exportwerte: 84 internationale Währungseinheiten und 88 internationale Währungseinheiten. Insgesamt haben wir damit folgendes Resultat:

1. Es hat sich eine internationale Arbeitsteilung auf der Basis der komparativen Kostenstruktur herausgebildet.
2. Die produktivere Nation A verwertet ihre nationale Arbeit auf dem Weltmarkt höher als die weniger produktive Nation B. Der ungleiche Tausch zwischen A und B drückt sich in der Tauschrelation 75 nAT von A:125 nAT von B aus.
3. Trotz der absoluten Nachteile für B aufgrund des ungleichen Tausches impliziert die modifizierte Wirkungsweise des Wertgesetzes auf dem Weltmarkt den Schutz der schwächer entwickelten Nation B und ermöglicht ihr insofern relative Vorteile, als sie jetzt 50 Einheiten Y mehr konsumieren kann als vor Aufnahme des internationalen Handels.
4. Die internationale Arbeitsteilung auf der Basis komparativer Kostenvorteile führt zu einer Steigerung der Produktivität des Gesamtsystems, dieses verfügt nach der Spezialisierung über 50 Einheiten Y und über 25 Einheiten X mehr. Diese Vorteile internationaler Arbeitsteilung könnten auch in der Arbeitszeitverkürzung zum Ausdruck kommen, wenn A und B in der Situation I nicht mehr konsumieren würden als in der Situation O.
5. Die relativen Vorteile der internationalen Arbeitsteilung werden noch größer, wenn wir die unrealistische Prämisse unseres Illustrationsbeispieles, »konstante Produktivitätsverhältnisse«, aufgeben. Da A und B in diesem Falle durch die Spezialisierung mehr als nur 225 Einheiten X bzw. 250 Einheiten Y produzieren, »gewinnen« beide Länder noch zusätzlich durch die internationale Arbeitsteilung.[81]

In welchem Maße der Akkumulationsprozeß in den Welt-

81 Gunther Kohlmey leitet m. E. in seinem Aufsatz über die Marxsche Theorie der internationalen Werte (Gunther Kohlmey, *Karl Marx' Theorie* . . ., a.a.O., S. 47 ff.) die Theorie der Komparativen Kosten falsch ab. Er versucht, die arbeitsteilige Wirkung des internationalen Handels an einem Drei-Länder-Drei-Waren-Modell zu illustrieren, zeigt in diesem Beispiel aber nur, daß jedes der drei Länder auf die Produktion der Ware verzichtet, bei der es international *absolut*, nicht relativ, die ungünstigsten Produktionsverhältnisse aufweist. Dies ist insofern kein Beleg des Ricardo-Theorems, als es Ricardo gerade um den

marktländern durch diese Doppelstruktur absoluter und relativer Vor- und Nachteile beeinflußt wird, hängt davon ab:
a) wie hoch die relativen Vorteile sind, die die jeweiligen Länder durch die Importe erzielen, also von den Ersparnissen, die dadurch entstehen, daß die Ware mit einem geringeren nationalen Arbeitsaufwand (in Form der Exporte) importiert wird, als sie im Lande selber produziert werden könnte. (Wegen des höheren Produktivitätsniveaus im entwickelten Land erzielt das weniger entwickelte Land oft vergleichsweise größere relative Vorteile);
b) wie hoch die Produktivitätsvorteile sind, die die jeweiligen Länder bei ihren Spezialisierungswaren wegen der Umstrukturierung der Produktion erzielen. Aus den gleichen Gründen wie unter a) liegt hier der größere relative Vorteil sicherlich bei dem entwickelteren Land;
c) wie hoch die Arbeitsquantaverluste bzw. die Arbeitsquantagewinne sind, die die unterschiedlich entwickelten Nationen dadurch realisieren, daß sie wegen des ungleichen Tausches die Importwaren mit einem größeren bzw. geringeren nationalen Arbeitsaufwand in Gestalt der Exportwaren erlangen können.
Da insbesondere der Faktor c), aber auch der Faktor b), zugunsten der entwickelteren Länder ausschlägt, wird deren Akkumulationsprozeß durch die internationale Arbeitsteilung, die sich über die Wirkungsweise des Wertgesetzes auf dem Weltmarkt durchsetzt, stärker begünstigt als der Akkumulationsprozeß der ökonomisch schwächer entwickelten nationalen Kapitale.

1.2.3.2 Emmanuels Ricardo-Kritik

Untersuchen wir nun, nachdem wir die Zusammenhänge von modifizierter Wirkungsweise des Wertgesetzes auf dem Welt-

Nachweis ging, daß auch das Land aus der Arbeitsteilung Vorteile zieht, das *absolut* in allen Branchen am produktivsten ist, aber dennoch seine *komparativ* ungünstigsten Industriezweige zugunsten des Auslandes aufgibt. Kohlmey kann das Theorem der *Komparativen* Kosten nicht ableiten, weil er die spezifischen modifizierten Momente des Wertgesetzes in seiner internationalen Anwendung – also die über die Währungsmechanismen produzierten Strukturen – nicht erkennt.

markt, ungleichem Tausch und Arbeitsteilung auf der Basis komparativer Kostenvorteile dargestellt haben, die Kritik Emmanuels am Ricardo-Theorem. Seine Annahme, daß das Gesetz der internationalen Produktionspreise die Bildung der internationalen Werte entsprechend dem Komparativen Kostentheorem ersetze, können wir aufgrund seiner falschen Prämissen (Existenz einer internationalen Durchschnittsprofitrate, deren Durchsetzungsform internationaler Produktionspreise) zurückweisen.
Seine zweite Kritik an dem Komparativen Kostentheorem, die darauf abzielt, daß die internationale Arbeitsteilung auf der Basis der Komparativen Kostentheorie nicht zu Produktivitätssteigerungen des Gesamtsystems und/oder zu relativen Vorteilen aller am Welthandel beteiligten Länder führe, müssen wir allerdings näher untersuchen.
Emmanuel behauptet, daß nur auf der Basis sehr unrealistischer Prämissen (gleiche organische Zusammensetzung des Kapitals in den am Welthandel beteiligten Nationen, gleiche organische Zusammensetzung der Arbeit) die Spezialisierung zu einem relativen Optimum des Gesamtsystems führe. Seine Argumentation verläuft in dem Kapitel *Die Hypothese von der Gleichheit der organischen Zusammensetzung des Kapitals*[82] im einzelnen wie folgt:

Tabelle H
Salaires égaux. Taux de plus-value 100 %[1]

Land	m/se	K	v	m	V	T	p	L
Portugal	Wein	100	63	63	126	17%	17	80
	Tuch	400	22	22	44		68	90
		500	85	85	170		85	170
England	Wein	100	98	98	196	22%	22	120
	Tuch	400	12	12	24		88	100
		500	110	110	220		110	220

1 Emmanuel, a.a.O., S. 261.

82 Emmanuel, a.a.O., S. 260 ff.

Vor der Spezialisierung nimmt die Verteilung der Arbeit des Gesamtsystems folgendes Bild an:

Tabelle I[2]

	Wein	Tuch	Arbeitseinheiten total
Portugal	126	44	170
England	196	24	220
Summe			390

2 Emmanuel, a.a.O., S. 262.

Nach der Spezialisierung erhalten wir nach Emmanuel das Schema:

Tabelle J[3]

	Wein	Tuch	Arbeitseinheiten total
Portugal	2×126		252
England		2×24	48
Summe			300

3 Emmanuel, a.a.O., S. 262.

Emmanuel folgert: »Während der totale Kapitaleinsatz sich nicht ändert, spart das Gesamtsystem 90 Arbeitseinheiten ein. Alles steht damit zum besten.«[83]
Voraussetzungen seines Beispieles sind, daß beide Länder mit unterschiedlicher Produktivität die gleiche Warenmenge Wein und Tuch produziert haben, daß also jedes Land nach der Spezialisierung die doppelte Menge produzieren muß. Sich als Konsequenz der Spezialisierung ergebende Produktivitätsfortschritte scheidet Emmanuel aus, womit sich dann allerdings die Frage ergibt, woher Portugal die zusätzlichen

83 Emmanuel, a.a.O., S. 262.

82 Arbeitseinheiten nehmen soll, die es nach der Spezialisierung braucht, um bei konstanten Produktionskosten die doppelte Menge Wein produzieren zu können. Da Portugal diese zusätzlichen Arbeitseinheiten nicht herbeizaubern kann, hat das Problem nur zwei Lösungen: Entweder kommt es nicht zu einer vollständigen Spezialisierung, so daß England neben dem Tuch weiterhin eine gewisse Menge Wein produziert, und zwar die Menge, die es von Portugal aufgrund von dessen Arbeitskräftemangel nicht erhalten kann; oder aber die Prämisse der konstanten Produktionskosten muß aufgegeben werden, so daß Portugal die fehlenden Arbeitseinheiten durch Produktivitätsfortschritte, die als Ergebnis der Spezialisierung möglich werden, wettmacht.
Doch folgen wir Emmanuels Argumentation weiter: »Nehmen wir an, daß die Löhne in Portugal um ein Drittel steigen, ohne irgendeine Änderung der objektiven Produktionsbedingungen in Portugal und ohne eine Änderung weder der Löhne noch der Produktionsbedingungen in England. Die Transformationstabelle nimmt dann folgendes Bild an:«[84]

Tabelle K
Salaires inégaux[1]

Pays	m/se	K	v	m	V	T	p	L
Portugal	Vin	100	84	42	126	11⅓ %	11⅓	95⅓
Taux de	Drap	400	29⅓	14⅔	44		45⅓	74⅔
plusvalue		500	113⅓	56⅔	170		56⅔	170
50%								
Angleterre	Vin	100	98	98	196	22%	22	120
Taux de	Drap	400	12	12	24		88	100
plusvalue		500	110	110	220		110	220
100%								

1 Emmanuel, a.a.O., S. 263.

Durch die Verschiebungen in der Mehrwertrate haben sich die komparativen Kostenvorteile verschoben: England speziali-

84 Emmanuel, a.a.O., S. 262 f.

siert sich jetzt auf Wein, Portugal auf Tuch, so daß wir, Emmanuel zufolge, nach der Spezialisierung folgendes Bild haben:

Tabelle L[2]

	Wein	Tuch	Arbeitseinheiten total
Portugal		2×44	88
England	2×196		392
Summe			480

2 Emmanuel, a.a.O., S. 263.

Emmanuel triumphiert: »480 Einheiten lebendiger Arbeit statt 390 vor der Spezialisierung. Während das gesamte eingesetzte Kapital sich nicht geändert hat, verliert also das System durch die Aufnahme des auswärtigen Handels 90 Einheiten lebendiger Arbeit.«[85]

Aber, so muß man wie oben fragen, woher nimmt jetzt England die 172 zusätzlichen Arbeitseinheiten, die es braucht, um die doppelte Menge Wein zu produzieren? Da es diese Arbeitszeit nicht zur Verfügung hat, kommt wieder dieselbe alternative Lösung in Frage wie oben: Entweder gibt es keine vollständige Spezialisierung, so daß Portugal neben Tuch auch noch Wein produziert, oder die durch die Spezialisierung erzielten Produktivitätsfortschritte kompensieren die fehlende Arbeitszeit. Einen Beweis für die Nachteile, die sich aufgrund einer Spezialisierung auf der Basis der Komparativen Kostentheorie bei Aufgabe bestimmter Prämissen ergeben können, hat Emmanuel damit nicht liefern können. Ebensowenig gelingt ihm dies bei der angeblich zweiten Prämisse der Komparativen Kostentheorie, nämlich der Gleichheit der organischen Zusammensetzung der Arbeit, ohne die es im Gesamtsystem keine Spezialisierungsvorteile gäbe; Emmanuels Argumentation weist hier dieselben Fehler auf, wie bei der angeblichen Prämisse »Gleichheit der organischen Zusammensetzung des Kapitals«.

85 Emmanuel, a.a.O., S. 263.

Richtig ist dagegen Emmanuels, in starker Anlehnung an Graham formulierte Kritik an der der Theorie Ricardos immanenten Voraussetzung konstanter Kostenverläufe. Tauschen nämlich zwei Länder auf der Basis des Komparativen Kostentheorems Waren mit inversen Kostenverläufen, d. h. wachsenden Produktivitätsfortschritten bei der einen Ware und wachsenden Produktivitätsrückgängen bei der anderen Ware, dann erzielt das Land mit steigenden Kosten keine relativen Vorteile in der Spezialisierung, und ebensowenig gewinnt das Gesamtsystem aus der internationalen Arbeitsteilung.[86]

1.2.3.3 Komparative Kostentheorie und die Spezialisierungsstruktur der unterentwickelten Länder

Obwohl wir die pauschale Kritik Arghiri Emmanuels an der Komparativen Kostentheorie zurückweisen mußten, deutet bereits das Graham-Paradoxon an, daß man auf der Basis der »reinen« Gesetzmäßigkeiten bestimmter Theoreme keine

86 Palloix entwickelt in seinem ersten Band eine differenziertere Einschätzung der Komparativen Kostentheorie als Emmanuel. Er kritisiert Emmanuels Position, die s. E. übersieht, daß die Arbeitsteilung auf der Basis der Komparativen Kostentheorie für den Konkurrenzkapitalismus ein Mittel zur Lösung seiner inneren Widersprüche gewesen sei. Den entwickelten kapitalistischen Ländern gelingt es nach Palloix, durch die internationale Arbeitsteilung einerseits die weniger produktiven Branchen in die Peripherieländer abzustoßen, andererseits auf dieser Basis einen ungleichen Tausch (internationale Durchschnittsprofitrate) zu ihren Gunsten zu institutionalisieren. Ergebnis dieser Arbeitsteilung ist eine größere ökonomische Dynamik in den kapitalistischen Zentren und eine Unterentwicklung der Produktivkräfte in der Peripherie. Abgesehen von der auch hier wieder vorliegenden falschen Prämisse (Existenz einer internationalen Durchschnittsprofitrate, von der Marx im 3. Band des *Kapital* angeblich ausgegangen sei) ist Palloix' Kritik an Ricardo insofern zuzustimmen, als Ricardo von konstanten Produktivitätsniveaus ausgegangen ist und damit das Problem der ungleichmäßigen Entwicklung der Produktivkräfte in den arbeitsteiligen Weltmarktsbranchen übersehen hat. Nur verkennt Palloix, daß sich diese ungleichmäßige Entwicklung der Produktivkräfte durchaus nicht immer gegen die weniger entwickelten nationalen Kapitale wenden muß; z. B. richtet sich dieses »Gesetz« der kapitalistischen Produktionsweise heute in der Konkurrenz zwischen der USA, der EWG und Japan gegen das höher entwickelte Land. Daß in den Beziehungen zwischen den Industrieländern und den Entwicklungsländern die ungleichmäßige Entwicklung zugunsten der entwickelten Länder verlaufen ist, liegt nicht an der Arbeitsteilung auf der Basis der Komparativen Kostentheorie an sich, sondern hat spezifische Ursachen, die im folgenden Abschnitt kurz zusammengefaßt werden.

vorschnellen Rezepte für eine Weltarbeitsteilung unterbreiten sollte.[87]

Die Arbeitsteilung zwischen den unterentwickelten Ländern und den kapitalistischen Industrieländern legt ein beredtes Zeugnis davon ab, wie trotz aller Postulate der »reinen« Theorie sich eine Arbeitsteilung mit ungleich verteilten Akkumulationsimpulsen institutionalisieren kann. Die Ursachen dieser wachsenden Ungleichheit sind m. E. in den bereits oben erwähnten spezifischen Nachfragestrukturen auf dem Weltmarkt, gekoppelt mit der teilweise im kapitalistischen Sinne dysfunktionalen Produktionsstruktur und der äußerst starren Spezialisierungsstruktur in den unterentwickelten Ländern, zu suchen. Wenn sich das weltgesellschaftliche Bedürfnis nach Rohstoffen und Fertigwaren ungleichmäßig zugunsten der Fertigwaren entwickelt und die rohstoffproduzierenden Länder gleichzeitig durch Kolonialismus und Imperialismus im wesentlichen auf die Exportproduktion eines oder weniger Rohstoffe zugeschnitten worden sind, dann verfehlt der die weniger entwickelten nationalen Kapitale schützende Wechselkursmechanismus seine Wirkung, und die auf der Basis komparativer Kostenvorteile potentiell existierenden relativen Vorteile können aufgrund von ungünstigen Nachfragestrukturen nicht nutzbar gemacht werden. Gepaart mit dem ohnehin im Handel zwischen den Industrieländern und den Entwicklungsländern institutionalisierten ungleichen Tausch müssen dann kumulative Unterentwicklungsprozesse Platz greifen.

Vor dem Hintergrund der für die unterentwickelten Länder nachteiligen Arbeitsteilung in der Rohstoff-Fertigwaren-Variante schlagen heute einige Ökonomen[88] auf der Basis des Ohlin-Heckscher-Samuelson-Theorems[89] eine internationale

87 Vgl. z. B. Dieter Jaeger, *Handelspolitik als Entwicklungspolitik,* Bielefeld 1968.

88 G. Fels, *Spezialisierungsmuster in der Arbeitsteilung zwischen Industrie- und Entwicklungsländern.* In: *Die Weltwirtschaft,* Nr. 1, Kiel 1971; P. J. Donges, *Die Entwicklungsländer als Anbieter industrieller Erzeugnisse.* In: *Die Weltwirtschaft,* Nr. 1, Kiel 1971.

89 Bertil Ohlin, *Interregional and international trade,* Cambridge 1952; P. A. Samuelson, *Der Ausgleich der Faktorpreise durch den internationalen Handel.* Derselbe, *Der internationale Faktor-Preis-Ausgleich – noch einmal.* In: Klaus Rose, *Theorie der internationalen Wirtschaftsbeziehungen,* Berlin 1966.

Arbeitsteilung vor, bei der die unterentwickelten Länder arbeitsintensive Fertigungen übernehmen sollen, da dort der Produktionsfaktor Arbeit relativ billiger sei als der »Faktor« Kapital, während den kapitalistischen Industrieländern aufgrund des hier billigeren »Faktors« Kapital die Spezialisierung auf kapitalintensive Fertigungen zugewiesen wird.
Auch dieses, wiederum einseitige Arbeitsteilungsmodell, birgt m. E. aufgrund seiner problematischen Prämissen keinerlei Gewähr für eine Lösung des Problems der Unterentwicklung. Voraussetzung des Ohlin-Heckscher-Samuelson-Theorems ist nämlich, daß bei jedem Faktor-Preis-Verhältnis die Faktorintensitäten jeder Warenproduktion, auf die sich die Nationen jeweils spezialisieren, in allen Nationen gleich sind und gleich bleiben, was bedeuten würde, daß etwa Lederwaren in allen Weltmarktländern relativ arbeitsintensiv und Autos in allen Weltmarktländern relativ kapitalintensiv gefertigt werden. Genau diese Ausgangsbedingung ist durch die empirischen Forschungen der Stanford-Gruppe (Arrow, Chenery, Solow, Minhas) mit Hilfe der CES-Funktion falsifiziert worden.[90] Die amerikanischen Ökonomen haben festgestellt, daß eine Ware zu einem gegebenen Zeitpunkt in verschiedenen Nationen mit durchaus unterschiedlicher Faktorintensität produziert werden kann, die Möglichkeit des Umschlages der Faktorintensität also nicht auszuschließen ist. Daraus folgt, daß sowohl das Faktor-Proportionen-Theorem, als auch das Faktor-Preisausgleichs-Theorem Ohlins und Samuelsons auf einer empirisch falsifizierten Prämisse basieren.
Für die Arbeitsteilung zwischen Industrieländern und Entwicklungsländern heißt das konkret, daß die unterentwickelten Länder, die sich auf arbeitsintensive Fertigungen spezialisieren, nicht sichergehen können, daß
a) dieselbe Ware in den Industrieländern nicht kapitalintensiv und damit auch bei Berücksichtigung der Wechselkursrelationen von den Industrieländern billiger für den Weltmarkt produziert wird,
b) diese Möglichkeit des Umschlags der Faktorintensität

90 Arrow/Chenery/Minhas/Solow, *Capital Labor Substitution and Economic Efficiency*. In: *The Review of Economics and Statistics*, Bd. 43, Cambridge/Mass. 1961; Minhas, *An international Comparison of Factor Costs and Factor Use*, Amsterdam 1963.

nicht in der Zukunft (technischer Fortschritt, Verschiebung der sogenannten Faktor-Preis-Relation in verschiedenen Nationen) eintreten kann.
Daneben bleibt auch bei dieser neuen Form der Weltarbeitsteilung für die unterentwickelten Länder die Gefahr der Produktion über das weltgesellschaftliche Bedürfnis hinaus bestehen. Es ist denkbar, daß die Einkommenselastizität der Nachfrage sich auch bei einer Arbeitsteilung zwischen arbeitsintensiven und kapitalintensiven Fertigungen ebenso zuungunsten der Entwicklungsländer entwickelt wie bei der Arbeitsteilung zwischen Rohstoffen und Fertigwaren.

1.2.4 Modifikation des Wertgesetzes auf dem Weltmarkt und internationale Zölle

Nachdem wir bisher bei der Ableitung der modifizierten Wirkungsweise des Wertgesetzes auf dem Weltmarkt die Institutionalisierung der doppelten Gesetzmäßigkeit – ungleicher Tausch und Arbeitsteilung auf der Basis der Komparativen Kostenvorteile – herausarbeiten konnten, stellt sich jetzt die Frage, wie vor diesem Hintergrund die Erhebung von Einfuhrzöllen im internationalen Handel erklärt werden kann.
Dieses Problem drängt sich vor allem deshalb auf, weil ein zentrales Ergebnis unserer Analyse der Wirkungsweise des Wertgesetzes auf dem Weltmarkt in der Bedeutung der Schutzfunktion zu sehen ist, die der Wechselkursmechanismus für die schwächer entwickelten nationalen Kapitale in ihrem Konkurrenzkampf mit den produktiveren nationalen Kapitalen ausübt. Wenn das Wechselkursgefüge als Ausdruck der Struktur der Stufenleiter der universellen Arbeit die Nationen mit schwach entwickelter Produktivkraft vor der vernichtenden Konkurrenz der Nationen mit hochentwickeltem Stand der Produktivkräfte schützt, ist nach den Ursachen zu fragen, die die weniger entwickelten Nationen zur Erhebung von Einfuhrzöllen zwingen. Ebenso ist zu klären, weshalb die höher entwickelten Nationen trotz ihrer günstigen Konkurrenzposition auf dem Weltmarkt die Importe von Waren mit Zöllen belegen.
Erste Antworten auf diese Probleme lassen sich unmittelbar

aus unserer Darstellung der die internationalen Warenkapitalbeziehungen regierenden Gesetzmäßigkeiten herleiten:

1. Da der Wechselkurs eines Landes in der Regel die Branchen mit vergleichsweise unterdurchschnittlicher Produktivität und Intensität der Arbeit entweder verschärften Konkurrenzbedingungen auf dem Weltmarkt aussetzt – so im höher entwickelten Land, das zur Aufwertung gezwungen war – oder nicht ausreichend vor der Konkurrenz der höher entwikkelten nationalen Kapitale schützt – so im ökonomisch schwächer entwickelten Land, das seine Währung abwerten mußte –, versuchen die Kapitale dieser Anlagesphären in beiden Ländergruppen, ihre Verwertungssituation durch Forderungen an den nationalen Staatsapparat zu verbessern. Diese Forderungen können sich auf Subventionen aus dem Staatshaushalt oder auf die Erhebung von Einfuhrzöllen richten.

Die Externalisierung dieser Forderungen, also die Erhebung von Zöllen oder von sonstigen Importrestriktionen durch den Nationalstaat, ist dabei die wahrscheinlichste Lösung des Problems, weil die Finanzierung staatlicher Subventionen über den Abzug von akkumulationsfähigen Mehrwertmassen in Gestalt von Steuern auf Dauer die Akkumulation des nationalen Kapitals eingrenzt, während die Errichtung von Zöllen die Abwälzung der negativen Konsequenzen für den Akkumulationsprozeß auf andere nationale Kapitale ermöglicht.

Ist in den nachteiligen Folgen der Gesetze des internationalen Handels auf die unterdurchschnittlichen Branchen der einzelnen Nationen eine Ursache für die potentielle Erhebung von Zöllen zu sehen, so ist die Durchsetzung der Forderungen dieser schwächer entwickelten Kapitale nicht von vornherein als sicher anzunehmen. Die Einführung von Schutzzöllen für die Anlagesphären mit schwächer entwickelter Produktivkraft tangiert nämlich die Verwertungsbedingungen der höher entwickelten Branchen in negativer Weise: Einerseits führen die Zölle zu einer Verteuerung von Elementen des konstanten Kapitals sowie über gestiegene Reproduktionskosten auch zu einer Erhöhung des Wertes und des Preises der Ware Arbeitskraft; sie senken deshalb die Profitrate in den entwickelten Anlagesphären des Kapitals, andererseits bringt die Erhebung von Zöllen im eigenen Lande die Gefahr negativer Sanktionen des Auslandes mit sich, vor allem in Gestalt von Importrestriktionen, und verschlechtert auf diese Weise potentiell die Realisierungsbedingungen der produktiveren Weltmarktbranchen dieses Landes. Der nationale Staatsapparat wird bei dieser widersprüchlichen Interessenlage innerhalb des nationalen Gesamtkapitals nicht nur zugunsten der Interessen der entwickelten Branchen entscheiden, weil diese die stärkste Kapitalfraktion bilden, sondern die Zollforderungen der weniger entwickelten Branchen gerade auch deshalb vorsichtig aufnehmen, weil er als ideeller Gesamtkapitalist der Wahrung günstiger Verwertungsbedingungen des nationalen Gesamtkapitals Rechnung zu tragen hat.

Zusammenfassend kann damit festgestellt werden, daß die auf eine internationale Arbeitsteilung drängenden Mechanismen des Wertgesetzes auf dem Weltmarkt starke Zollforderungen der durch die Gesetze des internationalen Handels bedrohten Branchen der einzelnen nationalen Kapitale hervorbringen, diese Interessen allerdings durch die Verwertungsinteressen der höher entwickelten nationalen Anlagesphären potentiell paralysiert werden.

2. Aus der zweiten Gesetzmäßigkeit der internationalen Warenkapitalbeziehungen, nämlich der Verankerung ungleicher Tauschbeziehungen zwischen Nationen mit unterscniedlich entfalteter Produktivkraft der Arbeit, lassen sich ebenfalls Tendenzen zur Errichtung von Zöllen durch die Nationalstaaten, und zwar in diesem Falle durch die schwächer entwikkelten Nationen, herleiten. Um die negativen Wirkungen des ungleichen Tausches auf ihren nationalen Akkumulationsprozeß zu beseitigen, sind diese Nationen zur bedingungslosen Entfaltung ihrer Produktivkräfte, also zur forcierten Akkumulation von Industriekapital gezwungen, denn nur durch Angleichungsprozesse in der Stufenleiter der universellen Arbeit läßt sich der ungleiche Tausch in den internationalen Handelsbeziehungen aufheben. Dieser Zwang zur Akkumulation von Industriekapital ergibt sich um so mehr, wenn, wie im Falle der heutigen unterentwickelten Länder, die Weltmarktgesetze des Kapitals aufgrund der konkreten Gebrauchswertstruktur der internationalen Arbeitsteilung nur in einer Richtung wirken, nämlich nur den ungleichen Tausch institutionalisieren, nicht aber gleichzeitig die relativen Vorteile der internationalen Arbeitsteilung auch für die

schwächer entwickelten nationalen Kapitale durchsetzen können. Dieser Industrialisierungszwang bringt nun in der Regel die Notwendigkeit einer Schutzzollpolitik, also der Abschirmung der überlegenen Konkurrenzkraft des Industriekapitals der entwickelten Länder mit sich.

Zwar könnte die Schutzwirkung des Wechselkursmechanismus alleine eine internationale Arbeitsteilung durchsetzen, die etwa den weniger entwickelten Ländern die Akkumulation von Kapital in Branchen mit niedriger organischer Zusammensetzung des Kapitals überläßt und die entwickelten Nationen auf Anlagesphären mit hoher organischer Zusammensetzung spezialisiert, nicht aber eine Transformation dieser Arbeitsteilungs-Struktur in eine Arbeitsteilung zwischen Nationen mit etwa gleichem Stand der Entwicklung der Produktivkräfte garantieren. Diese Transformation wäre allein auf der Basis der reinen Mechanismen des Wertgesetzes auf dem Weltmarkt unmöglich, da das Wechselkursgefüge bei einer Arbeitsteilung zwischen »arbeitsintensiven« und »kapitalintensiven« Fertigungen zwar das Produktivitätsgefälle zwischen den »arbeitsintensiven« Branchen in den Industrieländern und den entsprechenden Branchen in den unterentwickelten Ländern in Preiskonkurrenzvorteile für die weniger entwickelten Länder umwandeln könnte, gleichzeitig aber die Konkurrenzvorsprünge der Industrieländer in den »kapitalintensiven« Fertigungen wegen des hier viel größeren Produktivitätsgefälles zwischen beide Blöcken perpetuieren würde.

Wollen die unterentwickelten Länder die Akkumulation von Industriekapital nicht nur auf arbeitsintensive Produktionszweige begrenzen, sondern ebenfalls die Akkumulation von Kapital in kapitalintensiven Branchen vorantreiben, müssen sie die Schutzwirkungen, die die Wechselkurse nur für die arbeitsintensiven Branchen ihrer Länder ausüben, durch die Erhebung von Importzöllen auf Industriewaren der kapitalintensiven Branchen verstärken, also Schutzzollmauern errichten. Erst die doppelte Wirkung von Wechselkursstruktur und Importzöllen kann das Produktivitätsgefälle, das in den hochentwickelten Anlagesphären des Kapitals zwischen den Industrieländern und den unterentwickelten Ländern besteht, in eine Preisstruktur transformieren, die den unterentwickelten Ländern den Aufbau dieser Branchen im eigenen Lande

ermöglicht.
Zusammenfassend ist also festzuhalten, daß bei einem starken Entwicklungsgefälle zwischen den auf dem Weltmarkt konkurrierenden nationalen Kapitalen der Wechselkursmechanismus zwar die weniger entwickelten Länder vor der vernichtenden Konkurrenz der entwickelten Nationen schützt, dieser Schutz aber nur für die Anlagesphären des Kapitals gilt, in denen das Produktivitätsgefälle zwischen den Industrieländern und den unterentwickelten Ländern am geringsten ist. Wollen die unterentwickelten Länder sich den Wirkungen des ungleichen Tausches entziehen und damit eine Industrialisierungspolitik betreiben, die eine Angleichung der Entwicklungsniveaus zwischen beiden Blöcken intendiert, so sind sie zur Verstärkung des Wechselkursmechanismus mit Hilfe von Schutzzöllen für die Anlagesphären mit höherer organischer Zusammensetzung des Kapitals gezwungen.
Lassen sich aus den Gesetzen des internationalen Handels direkt die eben beschriebenen Ursachen von Zöllen bestimmen, bleibt allerdings weiterhin die Frage offen, aus welchen Gründen auch die am weitesten entwickelten Branchen der entwickelten nationalen Kapitale, ja sogar das den Weltmarkt dominierende nationale Kapital durch Importzölle ihre nationalen Märkte teilweise vom Weltmarkt abgrenzen. Da die Weltmarktkonkurrenz für diese nationalen Anlagesphären des Kapitals keine unmittelbar vernichtenden Wirkungen produziert, kann als allgemeiner Grund für die Importzölle auf Waren dieser Branchen nur das Interesse dieser Kapitale angesehen werden, durch eine partielle Abschirmung der Konkurrenz von außen, die Realisierungsbedingungen im Innern zu verbessern und damit letzten Endes die Profitrate zu steigern. Genau dieser Aspekt der Zollpolitik ist in den klassischen Imperialismustheorien (Hilferding, Bucharin, Lenin, Luxemburg) stets als wesentliche Ursache der Schutzzollpolitik analysiert worden. Ungeklärt bleibt dabei aber, wie die aus den direkten Verwertungsinteressen des Kapitals resultierende Zollpolitik mit der allgemeinen Weltmarkttendenz des Kapitals zu vermitteln ist. Der Akkumulationsprozeß jedes nationalen Kapitals sprengt nämlich aufgrund der allgemeinen Gesetzmäßigkeiten des Kapitals den reproduktiven Zusammenhang im bloß nationalen Rahmen und drängt

mit Notwendigkeit auf den Weltmarkt. Diese Tendenz, die die Realisierungs- und Verwertungsbedingungen der nationalen Kapitale immer mehr vom Weltmarkt abhängig werden läßt, zwingt die Nationalstaaten, Barrieren der Handelsbeziehungen durch internationale Verträge zu beseitigen. Als ideelle Gesamtkapitalisten des nationalen Kapitals müssen die Nationalstaaten zur Sicherung der Verwertungsbedingungen des nationalen Gesamtkapitals dieser Liberalisierungstendenz auch dann Rechnung tragen, wenn die internationale Konkurrenz die weniger entwickelten nationalen Branchen in starke Bedrängnis bringt und die unmittelbaren Profitinteressen der höher entwickelten nationalen Anlagesphären auf eine Abschirmung des Binnenmarktes vom Weltmarkt drängen. In allgemeinen Aufschwungstendenzen des Weltkapitals setzt sich deshalb, wenn auch zähflüssig, die Liberalisierungstendenz auf dem Weltmarkt durch, werden die Überbleibsel allgemeiner Niedergangsperioden des Weltkapitals in Gestalt von Restriktionen des internationalen Handels- und Kapitalverkehrs nach und nach abgebaut.

Die Periode seit dem 2. Weltkrieg, die nach der Niedergangsperiode des Weltkapitals seit den 30er Jahren (Weltwirtschaftskrise, 2. Weltkrieg) als allgemeine Aufschwungsetappe des Kapitals im weltweiten Maßstab bezeichnet werden kann, bestätigt diese Einschätzung. Im Rahmen des GATT und des Bretton-Woods-Systems konnten in verschiedenen Abschnitten (Dillon-Runde, Kennedy-Runde) bedeutende Erfolge bei der Beseitigung von Handelsrestriktionen erzielt werden, die bis zum 2. Weltkrieg und in der Wiederaufbauetappe danach errichtet worden waren. Allgemeine Zolltarife, die in der Konkurrenz der entwickelten nationalen Kapitale untereinander auch die am weitest entwickelten Anlagesphären des nationalen Kapitals partiell vom Weltmarkt abschirmen, sind also im wesentlichen Relikte aus Krisenzeiten des Weltkapitals, die in Aufschwungsperioden des Kapitals erst nach und nach abgebaut werden können, weil besondere Kapitalinteressen mit der Wahrnehmung der Interessen des nationalen Gesamtkapitals durch die verschiedenen nationalen Staatsapparate in Widerspruch stehen.

2 Modifikation des Wertgesetzes auf dem Weltmarkt und die Internationalisierung der Mehrwertproduktion

Im ersten Teil dieser Arbeit wurde die Modifikation des Wertgesetzes auf dem Weltmarkt dargestellt; Ziel des folgenden zweiten Abschnittes ist es, die Tendenzen der Internationalisierung der Mehrwertproduktion aus den Gesetzen abzuleiten, die die Internationalisierung der Mehrwertrealisierung regieren. Zunächst wird in einem ersten Schritt der in dieser Arbeit vertretene Ansatz zur Ableitung des Kapitalexportes begründet und gleichzeitig von den relevantesten bürgerlichen Theorien der Internationalisierung des Kapitals abgegrenzt. Die Kapitalbeziehungen zwischen den USA und Westeuropa und zwischen den kapitalistischen Industrieländern und den unterentwickelten Ländern werden anschließend dargestellt; dabei wird vor allem die Frage untersucht, inwieweit die Ursachen, die regionale sowie sektorale Struktur und die Perspektiven dieser Kapitalbewegungen aus den Gesetzmäßigkeiten der internationalen Warenkapitalbeziehungen abgeleitet werden können. In einem abschließenden Kapitel wird die Analyse des Kapitalexportes in den klassischen Imperialismustheorien (Hilferding, Bucharin, Lenin) mit dem theoretischen Ansatz dieser Arbeit in Beziehung gesetzt.
Wie bereits der Titel dieses Abschnittes andeutet, soll nicht der gesamte Prozeß der Internationalisierung des Kapitals behandelt werden, sondern nur die Internationalisiserung der Mehrwertproduktion. Gegenstand der Untersuchung sind also nur die internationalen Kapitalbeziehungen, die das Ziel verfolgen, den Produktionsprozeß innerhalb eines Konzerns – sei es in der Form horizontaler, sei es in der Form vertikaler Integration – zu internationalisieren. Ausgeklammert sind damit einmal die mit dem internationalen Handel verbundenen Kreditgeschäfte und die Portfolioinvestitionen, also der Kauf ausländischer Aktien und festverzinslicher Wertpapiere, soweit damit nicht die Absicht verbunden ist, Kontrolle über

ausländische Kapitale zu gewinnen.[1] Die internationalen Leihkapitalbewegungen werden in dieser Arbeit nicht analysiert, weil die sie verursachenden Faktoren im Unterschied zu den Direktinvestitionen ohne Schwierigkeiten zu ermitteln sind: Die Portfolioinvestitionen haben ihre Ursache in den internationalen Zinssatzdifferenzen, den mit internationalen Wechselkursveränderungen verbundenen Spekulationsbewegungen und den Kapitalexportrestriktionen der in Zahlungsbilanzkrisen stehenden Nationen, während die Exportkredite als bloßer Annex der internationalen Handelsbeziehungen betrachtet werden können.
Aus dem Gesamtkomplex der internationalen Kapitalbeziehungen sind durch die Beschränkung auf die Internationalisierung der Mehrwertproduktion jedoch nicht nur die internationalen Leihkapitalbewegungen ausgeklammert, sondern auch bestimmte Formen ihres Pendants, der Direktinvestitionen.[2]
Im Vordergrund unserer Untersuchung steht die Internationalisierung des Industriekapitals, unberücksichtigt bleiben die Internationalisierung des Bank- und des Handelskapitals. Diese Einengung des Analysebereichs ist dadurch gerechtfertigt, daß in der Internationalisierung des Industriekapitals das eigentliche Zentrum der Internationalisierung des Kapitals zu sehen ist, während die Internationalisierung des Bankkapitals und die Internationalisierung des Handelskapitals als bloße Anpassungsbewegungen an die Internationalisierung des Industriekapitals betrachtet werden können.

2.1 Die Gesetze der Mehrwertrealisierung auf dem Weltmarkt und die Internationalisierung der Mehrwertproduktion

In der Imperialismustheorie Hilferdings, Bucharins und Lenins[3] und in einigen Analysen des heutigen Imperialis-

1 Zur Abgrenzung von Portfolioinvestitionen und Direktinvestitionen vergleiche: Franz Heidhues, *Zur Theorie der internationalen Kapitalbewegungen*, Tübingen 1969, S. 10 ff.; Hans-Eckart Scharrer, *Direktinvestitionen im Ausland – Probleme der Messung und Förderung*. In: Derselbe (Hrsg.), *Förderung privater Direkt-Investitionen*, Hamburg 1972, S. 2 ff.; Hans-Eckart Scharrer, *Portfolio – Kapitalexport und Zahlungsbilanz*, Hamburg 1970, S. 22 ff.
2 Zur Begriffsklärung vergleiche die Literaturangaben in Fußnote (1).
3 Rudolf Hilferding, *Das Finanzkapital, Eine Studie über die jüngste Entwick-*

mus (Ernest Mandel, Katja Nehls, Paul Boccara u. a.)[4] wird die Tendenz zur Internationalisierung des Kapitals einerseits aus der Monopolisierung der Produktion in der imperialistischen Phase des Kapitalismus, andererseits aus dem Überakkumulationszyklus des Kapitals hergeleitet. In dieser Arbeit wird die Auffassung vertreten, daß die Erklärung des Kapitalexportes aus der Überakkumulations- und Monopolisierungstendenz des Kapitals problematisch ist, weil sie methodische Mängel aufweist und nicht ausreicht, die sektorale und die regionale Struktur der Internationalisierung des Kapitals zu bestimmen. So vernachlässigen Hilferding, Bucharin und Lenin die Vermittlung der von ihnen analysierten neuen Qualitäten des Kapitalismus (Monopolisierung, Kapitalexport) mit den im System der Kritik der Politischen Ökonomie entfalteten allgemeinen Gesetzmäßigkeiten des Kapitals und lassen in ihrer Darstellung der Internationalisierung des Kapitals die modifizierte Wirkungsweise des Wertgesetzes auf dem Weltmarkt unberücksichtigt.[5] Im Unterschied zur klassischen Imperialismustheorie und neueren, in ihrer Nachfolge entstandenen Imperialismusanalysen wird in dieser Arbeit versucht, die Internationalisierung der Mehrwertproduktion aus der spezifischen Wirkungsweise des Wertgesetzes auf dem Weltmarkt abzuleiten. Die grundlegende These besteht darin, die Geldkapitalexporte mit dem Ziele der Internationalisierung der Mehrwertproduktion als Ausdruck der die internationalen Warenkapitalbeziehungen bestimmenden Gesetzmäßigkeiten zu begreifen. Die Internationalisierung der Mehrwertproduktion ist demgemäß nicht nur Resultat spezifischer historischer Etappen der kapitalistischen Produktionsweise, in

lung des Kapitalismus, Frankfurt/Main 1968; Nikolai Bucharin, *Imperialismus und Weltwirtschaft, Archiv sozialistischer Literatur* 13, Frankfurt/Main 1969; W. I. Lenin, *Der Imperialismus als höchstes Stadium des Kapitalismus – Gemeinverständlicher Abriß,* Berlin(Ost) 1970.

4 Ernest Mandel, *Der Spätkapitalismus,* Frankfurt/Main 1972; Derselbe, *Marxistische Wirtschaftstheorie,* Frankfurt/Main 1968; Katja Nehls, *Kapitalexport und Kapitalverflechtung,* Frankfurt/Main 1970; Dieselbe, *Internationale Konzerne, Monopolmacht, Klassenkampf, IPW Forschungshefte,* Nr. 1, Berlin (Ost) 1973; Paul Boccara u. a., *Der Staatsmonopolistische Kapitalismus,* Berlin (Ost) 1972.

5 Eine ausführliche Auseinandersetzung mit den Theorien Hilferdings, Bucharins und Lenins wird weiter unten in Kap. 2.5 gegeben.

denen die Monopolisierungstendenz dominiert, oder nur Resultat der Überakkumulationskrise, sondern als allgemeine Tendenz des Kapitals zu betrachten, die im Zusammenhang mit der Internationalisierung der Mehrwertrealisierung stets produziert wird.

2.1.1. *Der Zusammenhang von internationalen Warenkapital- und internationalen Geldkapitalbeziehungen*

Der maßlose Verwertungstrieb des Kapitals und der daraus entspringende maßlose Akkumulationstrieb zwingen das Kapital, stets mehr Austauschpunkte zu schaffen, zwingen es insbesondere in Verbindung mit seinen immanenten Widersprüchen (Widerspruch von Produktion und Konsumtion, Tendenz zur disproportionalen Entwicklung, Überakkumulationstendenz), den Zirkel der Zirkulation permanent auszudehnen und daher letzten Endes alle nationalen Schranken niederzureißen, um den Weltmarkt zu erobern. Das Kapital durchbricht dabei die nationalen Schranken zunächst, indem es das Warenkapital nicht mehr nur im nationalen Rahmen realisiert, sondern ins Ausland exportiert und diese ausländischen Realisationsbasen permanent zu erweitern sucht. Hat diese Tendenz des Kapitals, die Zirkulation weltweit auszudehnen, eine solche Stufe erreicht, daß die Verwertungsbedingungen des nationalen Gesamtkapitals oder einiger nationaler Anlagesphären bzw. einiger nationaler Einzelkapitale von der Realisierung des Warenkapitals auf dem Weltmarkt abhängig geworden sind, so produzieren die Gesetzmäßigkeiten, die diese Internationalisierung der Mehrwertrealisierung regieren, aus sich heraus die Tendenz zur Internationalisierung der Mehrwertproduktion. Es sind im wesentlichen drei Momente der Wirkungsweise des Wertgesetzes auf dem Weltmarkt, die das Umschlagen der Internationalisierung der Mehrwertrealisierung in die Internationalisierung der Mehrwertproduktion bewirken:

a) Die Beseitigung der Surplusprofite, die die höchstentwickelten nationalen Kapitale im Durchschnitt bei der Realisierung ihres Warenkapitals auf dem Weltmarkt erzielen konnten, durch den Wechselkursmechanismus.

b) Die vernichtende Wirkung, die die Wechselkursstruktur in

ihrer Tendenz zur Herstellung einer weltweiten Arbeitsteilung auf die unterdurchschnittlich produktiven Branchen der verschiedenen nationalen Kapitale ausübt.
c) Die Tendenz zur internationalen Zentralisation des Kapitals, die auch der Konkurrenzkampf der nationalen Kapitale trotz der Schutzfunktion des Wertgesetzes auf dem Weltmarkt für die schwächer entwickelten Nationen hervorbringt.

2.1.2. *Kapitalexporte zur Sicherung und Erweiterung von Surplusprofiten*

Aufgrund der ungleichmäßigen und ungleichzeitigen Entwicklung der Produktivkräfte im Weltmaßstab eignen sich die Kapitale der höher entwickelten Nationen im internationalen Konkurrenzkampf um die Realisierung des Warenkapitals zeitweise Surplusprofite an, weil sie die Waren auf dem Weltmarkt zu höheren Werten realisieren können als auf dem nationalen Markt. Der Wechselkursmechanismus verhindert allerdings – wie oben ausführlich dargestellt –, daß die entwickelten nationalen Kapitale diese Surplusprofitposition auf Dauer behaupten können. Da die produktiveren Nationen aufgrund ihrer überlegenen Konkurrenzposition auf dem Weltmarkt mehr Warenkapital exportieren, als sie gleichzeitig importieren, zwingen die Mechanismen des internationalen Wertgesetzes sie zur Aufwertung ihrer Währung und/oder zum Import von Inflation. Resultat dieser Prozesse sind verschlechterte Wettbewerbsbedingungen der Weltmarktbranchen dieser Nation: Deren Kapitale werden nämlich durch die Aufwertung gezwungen, ihre Weltmarktwaren zu höheren internationalen Preisen anzubieten. Der damit einhergehende Verlust von internationalen Absatzmärkten oder die zur Abwendung dieses Verlustes notwendigen Preisnachlässe beseitigen im Durchschnitt die Surplusprofite der Weltmarktskapitale dieser Länder.
Bildet die Realisierung eines Teils ihres Warenkapitals auf dem Weltmarkt ein wichtiges Moment der Verwertungsbedingungen dieser Kapitale – dies gilt in unterschiedlichem Maße für einzelne Branchen eines nationalen Gesamtkapitals oder für einzelne Kapitale bestimmter Anlagesphären –, können die alten Verwertungsbedingungen nur dadurch wieder-

gewonnen werden – von der forcierten Entwicklung der Produktivkräfte einmal abgesehen –, daß die Exportproduktion ins Ausland selber verlagert wird. Durch Tochtergesellschaften im Ausland, die durch Produktionsaufnahme im Exportmarkt selbst Warenkapitalexporte des Stammkonzerns substituieren, unterlaufen die Weltmarktbranchen der produktiveren nationalen Kapitale den ihre Profite mindernden Wechselkursmechanismus. Auslandsproduktionen dieser Art werden nicht nur die ehemals über Warenexporte erzielte Surplusprofitposition wiederherstellen, sondern diese erheblich ausbauen, weil die Kapitale der weniger entwickelten Nationen jetzt der überlegenen Produktivkraft der höher entwickelten Nationen ohne die Vermittlung des Wechselkurses ausgeliefert sind und daher erhebliche Einbußen erleiden werden. Dies gilt um so mehr, als die Kapitale der produktiveren Nationen mit Tochtergesellschaften im weniger entwikkelten Ausland nicht nur den Wechselkursschutz der ökonomisch schwächeren Nationen unterlaufen, sondern gegebenenfalls auch die diese Schutzmechanismen des Wechselkurses verstärkenden Importzölle und Transportkosten.
Voraussetzung von Kapitalexporten zur Stabilisierung und Erweiterung von Surplusprofiten ist eine Stufe der Weltmarktintegration der nationalen Kapitale, die die internationalen Märkte zu wichtigen Faktoren der Verwertungsrate einzelner Branchen oder Unternehmen hat werden lassen. Man kann sich daher den sukzessiven Prozeß zur Internationalisierung der Mehrwertproduktion wie folgt vorstellen:
1. Das Akkumulationsvolumen einzelner nationaler Anlagesphären und/oder einzelner hochkonzentrierter und -zentralisierter Kapitale einer Branche beginnt den reproduktiven Zusammenhang der Kapitale im nationalen Rahmen zu sprengen, Warenkapital muß auf dem Weltmarkt realisiert werden.
2. Mit jedem weiteren Akkumulationszyklus des Kapitals wächst die Weltmarktabhängigkeit der betreffenden Branchen und Einzelkapitale. Um die Position auf den Exportmärkten zu stabilisieren, werden Vertriebsnetze und Servicestationen im Ausland aufgebaut.
3. Die Weltmarktabhängigkeit dieser Kapitale ist so weit gewachsen, daß die Realisierungsbedingungen auf den inter-

nationalen Märkten einen entscheidenden Faktor der Profitrate des Konzerns oder der gesamten Branche geworden sind. Wird in dieser Situation wegen der ungleichmäßigen Entwicklung der Produktivkräfte in den einzelnen Nationen die Währung dieses nationalen Kapitals aufgewertet oder die der importierenden Nationen abgewertet, so werden die Kapitale der produktiveren Nation die Verschlechterung ihrer Realisierungsbedingungen auf dem Weltmarkt und damit die Senkung ihrer Profitrate durch die Verlagerung der Produktion in die wesentlichen Exportmärkte selber unterlaufen. Die Auslandsproduktion wird auch ohne Veränderung des Wechselkursgefüges aufgenommen, wenn das Währungsgefälle zwischen der produktiveren Nation und den importierenden weniger entwickelten Nationen so groß ist, daß ein Unterlaufen des Schutzwalles aus Wechselkurs plus Zoll plus Transportkosten den Kapitalen der produktiveren Nation eine starke Verbesserung der Profitrate garantiert.

4. Haben Kapitale der entwickelten Nation auf diese Weise eine Reihe von Tochtergesellschaften in den wichtigsten Exportmärkten erworben oder aufgebaut und damit die horizontale Konzentration und Zentralisation des Gesamtkonzerns vorangetrieben, ist eine weitere Stufe der Internationalisierung der Mehrwertproduktion dadurch erreichbar, daß die konzerninterne Arbeitsteilung aus der horizontalen Integration – mit der primär regionalen Arbeitsteilung – in eine vertikale Integration – mit weltweiter Zergliederung des Produktionsprozesses und regionaler Organisation des Vertriebes – transformiert wird. Diese Umstrukturierung der internationalen Arbeitsteilung dient der Steigerung der Profitrate des Gesamtkonzerns; unter Berücksichtigung von Wechselkursen, Importzöllen und Transportkosten werden die einzelnen Stufen des Produktionsprozesses in den Ländern angesiedelt, die die günstigsten Produktionsbedingungen für die jeweilige Produktionsstufe aufweisen, wie z. B. Rohstoffversorgung, Arbeitskräftereservoir, deren Qualifikation und Preis, Energieversorgung und Infrastruktur.

2.1.3 *Kapitalexporte zur Sicherung der Wettbewerbsfähigkeit des Kapitals auf dem Weltmarkt*

Die modifizierte Wirkungsweise des Wertgesetzes auf dem Weltmarkt produziert neben einer Struktur ungleicher Tauschbeziehungen in den internationalen Warenkapitalbeziehungen auch eine internationale Arbeitsteilung auf der Grundlage komparativer Kostenvorteile. Die Wechselkursmechanismen, die diese Form der internationalen Arbeitsteilung durchsetzen, unterminieren die internationale Wettbewerbsfähigkeit der unterdurchschnittlich produktiven Anlagesphären eines nationalen Gesamtkapitals, indem sie diese Branchen entweder vor der überlegenen Konkurrenzkraft produktiverer nationaler Kapitale nicht ausreichend abschirmen oder der ausländischen Konkurrenz aus weniger produktiven Nationen niedrigere internationale Preise garantieren als den entsprechenden nationalen Branchen. Branchen mit einem niedrigeren als dem mittleren nationalen Grad an Produktivität und Intensität der Arbeit, der den Rangpunkt der Nation in der Stufenleiter der universellen Arbeit bestimmt und durch den Wechselkurs der nationalen Währung abgebildet wird, sind aufgrund der Gesetzmäßigkeiten des internationalen Handels in ihrer Existenz bedroht, auch wenn sie mit an sich höherer Produktivkraft der Arbeit produzieren als ihre internationalen Konkurrenten. Um ihre Wettbewerbsfähigkeit trotz des für sie nachteiligen Wechselkursgefälles zu garantieren, sind diese Anlagesphären des nationalen Kapitals entweder auf Schutzzölle angewiesen oder zur Auslagerung ihrer Produktion in Länder gezwungen, die einen niedrigeren Rangpunkt in der Stufenleiter der universellen Arbeit einnehmen und daher einen größeren Wechselkursschutz genießen. Da die Verwertungsinteressen des nationalen Gesamtkapitals einerseits eine Liberalisierung des Weltmarktes erfordern und andererseits gegen durch Schutzzölle überhöhte Kostpreise der Waren gerichtet sind, sind die Schutzzölle für Branchen mit unterdurchschnittlicher organischer Zusammensetzung des Kapitals nicht von langer Dauer und werden im Zuge einer mit Aufschwungperioden des Weltkapitals verbundenen Liberalisierung des Welthandels nach und nach abgebaut. Entweder gelingt es deshalb den unterdurchschnittlich produktiven Branchen des nationalen Gesamtkapitals, die Produktivkräfte forciert zu entfalten, oder es bleibt ihnen keine andere Wahl, als ins weniger entwickelte Ausland abzuwandern. Durch die Produktionsverlagerung in Länder mit niedrigerem Rangpunkt in der Stufenleiter der universellen Arbeit können diese Kapitale ihre internationale Wettbewerbsfähigkeit wiederherstellen, weil sie durch Exporte aus diesen Ländern ebenfalls in den Vorteil der niedrigen Währungsparität kommen, die die weniger entwickelten Nationen vor der überlegenen Produktivkraft der höher entwickelten Nationen schützt. Die Auslandsproduktion dieser Kapitale ist damit nicht wie im Falle der Auslandsproduktion mit dem Ziele der Stabilisierung und Erweiterung von Surplusprofiten an der Substitution von ehemaligen Warenexporten, also am lokalen Markt des Landes orientiert, in welches Kapital exportiert wird, sondern von vornherein auf die Sicherung der alten heimischen und eventuell auch ausländischen Märkte ausgerichtet, die im Schutze des Wechselkurses des weniger entwickelten Landes unter neuen Preiswettbewerbsbedingungen beliefert werden können. Die Auslagerung des Produktionsprozesses von Branchen mit unterdurchschnittlicher organischer Zusammensetzung des Kapitals in weniger entwickelte Nationen ist für diese Kapitale oft auch mit dem Vorteil niedrigerer Arbeitslöhne verbunden. Wenn der geringere Preis der Ware Arbeitskraft nicht mit einem weitaus niedrigeren Grad an Qualifikation des Arbeitsvermögens verknüpft ist, kann die Ausbeutungsrate bei Kapitalanlagen in diesen Ländern höher stehen als in den Ursprungsländern des Kapitals und insofern in Verbindung mit dem Wechselkurseffekt die Konkurrenzposition der unterdurchschnittlich produktiven Branchen auf dem Weltmarkt erheblich verbessern.

2.1.4 *Kapitalexport als Form der internationalen Zentralisation des Kapitals*

Die entscheidende Differenz zwischen dem nationalen und dem internationalen Konkurrenzkampf des Kapitals besteht darin, daß im nationalen Rahmen die Kleinkapitale der überlegenen Konkurrenzkraft der großen Kapitale schutzlos ausgeliefert sind, weil es ihnen in der Regel nicht gelingt, die

Produktivkraft der Arbeit in demselben Maße zu entfalten wie die großen Kapitale, während auf dem Weltmarkt die modifizierte Wirkungsweise des Wertgesetzes den Schutz der schwächer entwickelten nationalen Kapitale vor der vernichtenden Konkurrenz der produktiveren nationalen Kapitale erzeugt. Das Zerschlagen der kleinen Kapitale durch die großen, Zentralisation also, ist im nationalen Rahmen ein weitaus rigideres Gesetz des Kapitals als auf dem Weltmarkt. Wenn trotz dieser den Konkurrenzdruck abmildernden Funktion des Wechselkursmechanismus auch internationale Zentralisationsprozesse des Kapitals stattfinden, hat dies vor allem folgende Gründe:

a) bewahrt die Wechselkursstruktur nur die nationalen Branchen des weniger entwickelten Landes vor den Folgen der höheren Produktivkraft der Arbeit der entwickelteren Länder, die den durchschnittlichen Grad an Produktivität und Intensität der Arbeit des betreffenden Landes realisieren, unterdurchschnittliche Branchen sind dem Konkurrenzkampf auf dem Weltmarkt schärfer ausgesetzt;

b) setzen die Auslandsinvestitionen, die die Kapitale aus produktiveren Nationen zur Sicherung ihrer Surplusprofite oder zur Sicherung ihrer Wettbewerbsfähigkeit in schwächer entwickelten Nationen tätigen, die Kapitale dieser Länder der überlegenen Produktivkraft der höher entwickelten Länder direkt, also nicht über den Wechselkurs vermittelt, aus;

c) haben die Kapitale der weniger entwickelten Länder oft keine andere Möglichkeit, die Produktivkraft der Arbeit zu steigern, als durch den Import hochwertiger Technologien. Dieser Technologieimport kann die Form des Aufkaufes von ausländischen Patenten annehmen oder zur Lizenzproduktion führen. Immer mehr setzt sich dabei die Tendenz durch, daß die höher entwickelten ausländischen Kapitale ihren Technologievorsprung dazu ausnutzen, Beteiligungen an den Kapitalen zu erwerben, denen sie ihr technisches Know-how verkaufen oder zur Lizenzproduktion abtreten;

d) führt die Gründung von Freihandelszonen und Zollunionen durch die verstärkte Integration der Märkte zu zunächst forcierten nationalen Konzentrations- und Zentralisationsprozessen des Kapitals, schließlich aber auch zu übernationalen Zentralisationsvorgängen. Die übernationale Zentralisa-

tion des Kapitals kann dabei auch die Funktion haben, mehrere Kapitale aus schwächer entwickelten Ländern zu größeren Kapitalgruppen zusammenzuschließen, um den Kapitalen aus entwickelteren Ländern im Grad an Konzentration und Zentralisation des Kapitals und damit auch im Grad an entfalteter Produktivkraft ebenbürtig zu werden.
Die mit diesen vier Momenten des internationalen Konkurrenzkampfes verbundenen Zentralisationsprozesse des Kapitals sind nun durchaus nicht immer als alleinige Ursache der mit ihnen verbundenen internationalen Geldkapitalexporte zu betrachten. Die internationalen Zentralisationsprozesse sind nämlich vielfach das adäquate Mittel der produktiveren nationalen Kapitale, um die Voraussetzungen für die Erweiterung und Stabilisierung von Surplusprofiten durch Auslandsproduktionen sicherzustellen. So stellt der Erwerb von Beteiligungskapital im Ausland oft einen ersten Schritt dar, die Exportmärkte durch Kapitalexport ins Ausland abzusichern oder zu entwickeln, und endet meist mit dem Aufkauf des gesamten ausländischen Unternehmens. Dieser Weg zur Aufnahme der Produktion im Ausland bietet gegenüber der Neugründung von Auslandsunternehmen den Vorteil, etablierte Marktpositionen zusätzlich zu den bereits über die Warenexporte eroberten Marktanteilen übernehmen und damit eine entsprechende Größe des Unternehmens und eingefahrene Vertriebswege von vornherein garantieren zu können.

2.1.5 *Die Regionalstruktur der Internationalisierung der Mehrwertproduktion:*

Überblicken wir die drei Momente, deretwegen die Internationalisierung der Mehrwertrealisierung bei entfalteten Weltmarktbeziehungen des Kapitals notwendigerweise aus sich heraus die Internationalisierung der Mehrwertproduktion hervorbringt, so fällt auf, daß die Gesetzmäßigkeiten der internationalen Handelsbeziehungen in erster Linie das Kapital der entwickelteren Nationen zum Kapitalexport treiben. Die Sicherung und Entwicklung von Surplusprofiten durch Auslandsinvestitionen und die Kapitalexporte, die die internationalen Zentralisationsprozesse begleiten, sind ohnehin den am weitesten entwickelten nationalen Kapitalen vorbehalten; doch auch die mit der Institutionalisierung der internationalen Arbeitsteilung auf der Basis der komparativen Kostenvorteile einhergehenden Kapitalexporte zur Sicherung der Wettbewerbsfähigkeit unterdurchschnittlich produktiver nationaler Anlagesphären des Kapitals können im wesentlichen nur von den höher entwickelten Nationen ausgehen. Die Kapitale der weniger entwickelten Länder wären bei Auslandsdirektinvestitionen im höher entwickelten Land dessen überlegener Produktivkraft ohne den vermittelnden Schutz der Wechselkurse ausgeliefert und könnten sich in diesem direkten Konkurrenzkampf nicht behaupten. Die Geldkapitalexporte mit dem Ziele, im Ausland Produktionsstätten aufzubauen, müssen sich deshalb durch eine starke regionale Eingleisigkeit zugunsten der entwickelten nationalen Kapitale auszeichnen. Die Internationalisierung des Kapitals wird demnach bei Existenz eines internationalen Entwicklungsgefälles zwischen den Nationen immer einseitig von den höchstentwickelten Zentren des Kapitals ausgehen und darf nicht als wechselseitige Integration der nationalen Märkte durch regional gleich verteilte Geldkapitalexporte interpretiert werden.

2.2 Zur Kritik herrschender Theorien der Direktinvestitionen

In der bürgerlichen Außenwirtschaftstheorie hat sich bisher keine einheitliche Theorie der Direktinvestitionen herausgebildet. Der überwiegende Teil der Analysen, die sich mit den multinationalen Konzernen beschäftigen, führt summarisch Faktoren auf, die für die Kapitalexporte in Form der Direktinvestitionen verantwortlich sind, ohne diese in ein theoretisches Konzept einzubetten. Einige Verbreitung haben in der Literatur die Erklärungsansätze Raymond Vernons und Charles P. Kindlebergers gefunden, die im folgenden zusammen mit der Theorie der internationalen Kapitalbeziehungen von Franz Heidhues vorgestellt werden sollen. Heidhues' Arbeit wird hier neben Vernon und Kindleberger abgehandelt, weil diese den wichtigsten westdeutschen Beitrag zur Theorie der Direktinvestitionen enthält.

2.2.1 *Raymond Vernons Product-Cycle-Ansatz*

Vernons »Product Cycle Model« wurde im Rahmen des von der Harvard Business School Ende der 60er Jahre durchgeführten Forschungsprojektes über multinationale Konzerne entwikkelt.[6] Vernon geht davon aus, daß die USA wegen des hohen Einkommensniveaus und der hohen Arbeitskosten, aber geringen Kapitalkosten im Vergleich zu anderen Industrieländern einen Vorsprung in der Innovation hochwertiger Konsumgüter und arbeitssparender Produktionsmittel haben. »Our hypothesis asserts that United States producers are likely to be the first to spy an opportunity for high-income or laborsaving new products.«[7] Aufgrund dieses Innovationsvorsprunges können die USA trotz eventuell höherer Produktionskosten bei sich entwickelnder Weltnachfrage nach den neuen Produkten den Weltmarkt durch Exporte dominieren. Die internationale Wettbewerbsfähigkeit der USA kommt erst in der zweiten Phase des Produktzyklus in Bedrängnis. In diesem Reifestadium des Produktes haben die USA die Massenproduktionsphase erreicht, doch auch in den anderen Industrieländern wächst die Nachfrage nach den neuen Konsumgütern und Produktionsmitteln rapide. Es besteht die Gefahr, daß ausländische Unternehmen die Produktion dieser Waren aufnehmen, und zwar zu eventuell niedrigeren Produktionskosten als in den USA. Um die Exportmärkte zu halten, müssen die US-Unternehmen deshalb zur Aufnahme der Auslandsproduktion übergehen, wobei ein US-Investor den anderen nach sich zieht. »If the product has a high income elasticity of demand or if it is a satisfactory substitute for high-cost labor, the demand in time will begin to grow quite rapidly in relatively advanced coutries such as those of Western Europe. Once the market expands in such an advanced country, entrepreneurs will begin to ask themselves whether the time has come to take the risk of setting up a local producing

6 Raymond Vernon, *International investment and international trade in the product cycle.* In: *Quarterly Journal of Economics*, vol. 80, 1966, S. 190-207, erneut abgedruckt in: John H. Dunning (Hrsg.), *International Investment*, Harmondsworth 1972, S. 305-325; und Raymond Vernon, *Sovereignty at Bay, The Multinational Spread of U.S. Enterprises*, New York/London 1971, S. 65 ff.

7 Raymond Vernon, *International Investment* . . ., a.a.O., S. 309.

facility.«[8] »Any threat to the established position of an enterprise is a powerful galvanizing force to action; in fact, if I interpret the empirical work correctly, threat in general is a more reliable stimulus to action than opportunity is likely to be. In the international investment field, threats appear in various forms once a large-scale export business in manufactured products has developed. Local entrepreneurs located in the countries which are the targets of these exports grow restive at the opportunities they are missing. Local governments concerned with generating employment or promoting growth or balancing their trade accounts begin thinking of ways and means to replace the imports. An international investment by the exporter, therefore, becomes a prudent means of forestalling the loss of a market. In this case, the yield on the investment is seen largely as the avoidance of a loss of income to the system.«[9] Die Aufnahme der Auslandsproduktion wird nach Vernon nicht nur die ehemaligen Warenexporte substituieren, sondern auch zu Reexporten in die USA führen, wenn die Produktionskosteneinsparungen die Transportkosten überkompensieren. In der dritten Phase des Produktzyklus, dem Stadium der standardisierten Produktion, erzielen die ausländischen Produzenten und die im Ausland produzierenden US-Unternehmen so große Produktionskostenvorteile, daß die USA sich von einem Exporteur zu einem Importeur dieses Produktes entwickeln. In diesem Produktstadium können die unterentwickelten Länder bei einigen Fertigungen bedeutende Exporterfolge erzielen.[10]

Vernon faßt seine Theorie wie folgt zusammen: »Still, there is a basis for picturing the development of overseas manufacturing facilities in the following terms: To begin with, U.S.-controlled enterprises generate new products and processes in response to the high per capita income and the relative availability of productive factors in the United States; they introduce these new products or processes abroad through exports; when their export position is threatened they establish overseas subsidiaries to exploit what remains of their advantage; they retain their oligopolistic advantage for a period of time,

8 Raymond Vernon, *International Investment* . . ., a.a.O., S. 312.
9 Raymond Vernon, *International Investment* . . ., a.a.O., S. 314 ff.
10 Vgl. Raymond Vernon, *International Investment* . . ., a.a.O., S. 318 ff.

then lose it as the basis for the original lead is completely eroded.«[11]

2.2.2 *Charles P. Kindlebergers Theorie der Direktinvestitionen*

Im Unterschied zu R. Vernon stellt Charles P. Kindleberger in seiner Theorie der Direktinvestitionen die Verwertungsbedingungen des Kapitals in den Mittelpunkt.[12] Kapitalexporte in der Form der Direktinvestition sind nach Kindleberger an zwei Bedingungen geknüpft: Einerseits muß die Profitrate, die bei Investitionen im Ausland erzielt werden kann, höher sein als im Ursprungsland, andererseits müssen die direkt investierenden Unternehmen aber auch Vorteile gegenüber ihren Konkurrenten im Anlageland haben, also höhere Profitraten realisieren als ihre Konkurrenten, um nicht aus dem Auslandsmarkt verdrängt zu werden. »The investing company can earn a higher rate of return abroad than at home – as it must if it undertakes the risks and overcomes the costs of operating in a different political and legal environment, at a distance from its decision-making center. It is not enough for the return to be higher abroad than at home [...]. In addition to earning more abroad than at home, the investing firm must be able to earn a higher return in the market where it is investing than local firms earn [...]. For a firm to undertake direct investment in a foreign country it must have an advantage over existing or potentially competitive firms in that country. If not, those firms, operating more cheaply in other respects because nearer the locus of decision-making and without the filter of long lines to distort communication, would put the intruder out of business.«[13]
Solche Konkurrenzvorteile können eine hochwertige Technologie, hohe economies of scale, bessere Management- und Marketingmethoden sein. Kindleberger faßt seine Theorie in einer Formel zusammen: »Let me present the pith of this

11 Raymond Vernon, *Sovereignty ...*, a.a.O., S. 66.
12 Charles P. Kindleberger, *American Business Abroad, Six Lectures on Direct Investment*, New Haven and London 1969, Lecture 1: *The Theory of Direct Investment*, S. 1-36.
13 Charles P. Kindleberger, *American Business Abroad ...*, a.a.O., S. 11 f.

theory of direct investment with the use of the simple formula for capitalizing a stream of income, C = I/r, where C is the value of a capital asset, I is the stream of income it produces, and r is the rate of return on investment. Thus, for example, an investment producing a $ 5 flow of income is worth $ 100 at a 5 percent rate of profit. This theory of direct investment insists that ordinary capital movements take place between countries when interest rates differ, but that direct investment corresponds for the most part to differences in I that can be earned by entrepreneurs from abroad over local entrepreneurs. I is higher for the foreigner than for the local entrepreneur because of some advantage in goods markets such as a differentiated product or assured outlets or marketing skill; in factor markets, such as specialized technology or management skill; or in both goods and factor markets through coordinating operations at several stages of production.«[14]

2.2.3 *Franz Heidhues' Theorie der Direktinvestitionen*

Franz Heidhues stützt sich in seiner Theorie der Direktinvestitionen[15] auf die amerikanische Theorie der Verhaltensweise von Großunternehmen. Nach Galbraith, Berle, Baumol, Kaysen u. a.[16] ist das Hauptziel der Großunternehmen nicht mehr in der Profitmaximierung, sondern im Unternehmenswachstum und dessen Sicherung zu sehen. Abgeleitet wird diese Auffassung aus der Trennung von Kapitaleigentum und Entscheidungsbefugnis in den Kapitalgesellschaften und einer Soziologie des Managements. Da Management und Kapitaleigentum nicht mehr personell identisch seien, die Manager in ihrem sozialen Verhalten an Einkommen, Status und Macht orientiert seien, diese Werte aber eher durch Unternehmensexpansion als durch hohe Gewinne zu realisieren seien, stehe das Expansionsziel in Großunternehmen vor

14 Charles P. Kindleberger, *American Business Abroad* . . ., a.a.O., S. 24.
15 Franz Heidhues, *Zur Theorie der internationalen Kapitalbewegungen*, Tübingen 1969.
16 J. K. Galbraith, *Die moderne Industriegesellschaft*, München und Zürich 1968; A. A. Berle, *Power without Property, A new Development in American Political Economy*, New York 1969; W. J. Baumol, *Business Behavior, Value and Growth*, New York 1959; Carl Kaysen, *The Social Significance of the Modern Corporation*. In: *American Economic Review*, Mai 1957.

dem Profitstreben. Bei den vorherrschenden oligopolistischen Marktstrukturen kann nun nach Heidhues das Expansionsziel im Binnenmarkt nur noch ungenügend verwirklicht werden, denn hohe Wachstumsraten führen schnell zu Überkapazitäten und beschwören damit die Gefahr eines Preiskrieges herauf, den das Management in Großunternehmen aus Sicherheitsgründen vermeiden will. Als Ausweg bietet sich die Expansion im Ausland in Form der Direktinvestitionen an. »Das Expansionsstreben steht im Mittelpunkt der Unternehmenspolitik moderner, vom Management geleiteter Großunternehmen. Die Verfolgung des Wachstumsziels ist unter bestimmten Bedingungen die Ursache von Direktinvestitionen im Ausland. Dies gilt vor allem dann, wenn die expandierenden Unternehmen im Inland einer oligopolistischen Marktstruktur gegenüberstehen, in der das Wachstum eines Unternehmens auf Kosten der Konkurrenten erfolgt und infolgedessen die Gefahr eines harten Konkurrenzkampfes in sich birgt. Die Expansion über Direktinvestitionen erlaubt die Erreichung des Wachstumszieles, ohne das Risiko einzugehen, Reaktionen der Konkurrenten auszulösen. Die Umsatzausdehnung erfolgt in solchen Fällen durch die Errichtung von Zweigniederlassungen oder Tochtergesellschaften.«[17]
Um nicht nur dem Expansionsziel, sondern auch dem Sicherheitsmotiv der Großunternehmen Rechnung zu tragen, ist es nach Heidhues eine weitere Bedingung für Direktinvestitionen, daß die im Ausland investierenden Unternehmen über Konkurrenzvorteile gegenüber den einheimischen Unternehmen verfügen. In forschungs- und kapitalintensiven Branchen ist die Möglichkeit spezifischer Vorteile gegenüber den Auslandskonkurrenten am ehesten gegeben, deshalb entfällt auf die chemische Industrie, die elektrotechnische Industrie, den Maschinenbau, den Fahrzeugbau und die Erdölindustrie der Hauptteil der Direktinvestitionen. »Voraussetzung dafür, daß Unternehmen durch Direktinvestitionen im Ausland das Wachstumsziel zu erreichen versuchen ist die Erwartung, dort hohe Gewinne erzielen zu können. Die Gewinnerwartung ist um so größer, je vorteilhafter die Position der eigenen Tochtergesellschaft gegenüber den Konkurrenten im Ausland ist.

17 Franz Heidhues, *Zur Theorie der ...*, a.a.O., S. 183 f.

Die Vorteile einer Tochtergesellschaft im Ausland gegenüber den Konkurrenten sind besonders dann groß, wenn sie auf das ›Know-how‹, die Erfahrung, die Ergebnisse der Forschung und Entwicklung und die Kapitalquellen der Muttergesellschaft zurückgreifen kann, was den konkurrierenden Unternehmen nicht möglich ist.«[18]

2.2.4 *Zur Kritik der Theorie Vernons, Kindlebergers und Heidhues'*

In der westdeutschen Literatur hat von den hier vorgestellten Theorien der Direktinvestition insbesondere das Vernonsche Product-Cycle-Modell, aber auch der Ansatz Heidhues' Anerkennung gefunden, so etwa in den jüngsten Studien des Hamburger Weltwirtschaftsarchivs über die Förderung privater Direktinvestitionen oder die Auswirkungen der Direktinvestitionen auf den internationalen Handel.[19] Mit dem in dieser Arbeit vertretenen Ansatz zur Erklärung der Internationalisierung der Mehrwertproduktion sind jedoch gerade die Theorien Vernons und Heidhues' nicht vereinbar, so daß an dieser Stelle eine Kritik dieser Theorien auf der Basis der im vorangegangenen Kapitel entfalteten theoretischen Überlegungen notwendig ist.
An der Theorie Heidhues' sind in erster Linie die Prämissen zu kritisieren. Die Ableitung der Ziele der Großunternehmen aus der Soziologie des Managements offenbart den oberflächlichen methodischen Ansatz der bürgerlichen Unternehmenstheorie. Da sie den Erscheinungsformen der bürgerlichen Gesellschaft verhaftet ist, die die wesentlichen Gesetzmäßigkeiten dieser Gesellschaftsordnung notwendigerweise verkehrt widerspiegeln und damit mystifizieren, kann diese Theorie nicht erfassen, daß der Verwertungszwang des Kapitals trotz der personellen Trennung von Kapitaleigentum und Unternehmensleitung die Handlungsweise der Manager determiniert, welche sozialen Ziele – Macht, Status, Einkommen etc. – diese persönlich auch verfolgen mögen. Ihre Posi-

18 Franz Heidhues, *Zur Theorie der . . .*, a.a.O., S. 188.
19 Vgl. die bereits zitierten Arbeiten von Hans-Eckart Scharrer und Dietmar Haubold, desgleichen auch Ingo von Jacobi, *Direktinvestitionen und Export*, Hamburg 1972.

tion in der Unternehmenshierarchie macht sie notwendigerweise zu Charaktermasken des Kapitals, die Konkurrenz verleiht ihren Handlungen die Handschrift der Kapitalverwertungsgesetze. Es ist also genau umgekehrt, wie in der von Heidhues übernommenen Theorie der Großunternehmen behauptet: nicht das Wachstumsziel, welches das Management dem Unternehmen angeblich diktiert, produziert als Nebenbedingung aus Sicherheitsgründen das Profitmotiv, sondern der Verwertungstrieb des Kapitals äußert sich, durch die Konkurrenz angetrieben, als Akkumulationstrieb.
Wenn Heidhues in seiner Analyse der Direktinvestitionen feststellt, daß die im Ausland investierenden Unternehmen über spezifische Konkurrenzvorteile verfügen müßten, um mittels der so zu erzielenden Surplusprofite das Expansionsmotiv der direktinvestierenden Unternehmen abzusichern, so sind auch hier Ursache und Wirkung verkehrt: Die Surplusprofite sind Antrieb zur Akkumulation im Ausland und nicht deren bloße Nebenbedingung. Die entscheidende Frage der Theorie der Direktinvestitionen zielt nun ab auf die Benennung derjenigen Faktoren, die die investierenden Unternehmen veranlassen, ihre internationalen Konkurrenzvorteile nicht durch Warenexporte, sondern durch Direktinvestitionen in Surplusprofite umzumünzen. Eine Antwort auf diese Frage läßt sich in der Theorie Heidhues' nicht finden. Seines Erachtens führt das Expansionsziel die Großunternehmen in Verbindung mit den oligopolistischen Binnenmarktstrukturen zur Akkumulation im Ausland. Oligopolistische Strukturen einmal als Prämisse akzeptiert, läßt Heidhues dennoch offen, aus welchen Gründen die Expansion in die Weltmärkte nicht in der Form der Warenexporte möglich ist, eine Expansionsform, die ebensosehr Preiskämpfe auf dem Binnenmarkt vermeidet wie die Auslandsdirektinvestitionen. Beide Probleme sind auf der Basis der Gesetzmäßigkeiten zu lösen, die die internationalen Warenkapitalbeziehungen bestimmen. Nur die modifizierte Wirkungsweise des Wertgesetzes auf dem Weltmarkt verdeutlicht, daß das produktivere nationale Kapital seinen Konkurrenzvorsprung nicht auf Dauer durch Warenexporte in Surplusprofite umsetzen kann und die Kapitale dieses Landes – monopolistische Marktstrukturen einmal unterstellt – nicht unbegrenzt in dieser Form in die Welt-

märkte expandieren können. Genau diesen Springpunkt der Theorie des Kapitalexportes läßt Heidhues unbeachtet.

Im Unterschied zu Heidhues stellt Raymond Vernon den Zusammenhang von Warenexporten und Direktinvestitionen in das Zentrum seiner Product-Cycle-Theorie. Dennoch werden auch bei Vernon die Gesetzmäßigkeiten der internationalen Handelsbeziehungen in ihrer Bedeutung für die regionale und sektorale Struktur der Direktinvestitionen nicht ausreichend berücksichtigt. Vernon geht davon aus, daß die USA als führende Macht auf dem kapitalistischen Weltmarkt in der Innovationsphase eines Produktes internationale Konkurrenzvorteile erzielen könnten, diese aber in den weiteren Produktphasen wegen der Produktionskostenvorteile im Ausland nach und nach verlören und deshalb aus defensiven Gründen zu Direktinvestitionen gezwungen seien. Dieses Modell übersieht die Auswirkungen der Gesetze des internationalen Handels auf die Wettbewerbsfähigkeit der nationalen Kapitale auf dem Weltmarkt. Wenn trotz der Stufenleiter der universellen Arbeit, trotz des Produktivitätsgefälles zwischen den verschieden entwickelten Nationen – das der höher entwickelten Nation auch bei höheren Arbeitslöhnen eine günstigere Wettbewerbsposition auf dem Weltmarkt verleiht – die weniger entwickelten Nationen in der internationalen Preiskonkurrenz mithalten können, so ist dies auf die modifizierte Wirkungsweise des Wertgesetzes auf dem Weltmarkt zurückzuführen. Der Wechselkursmechanismus als Bewegungsform des Wertgesetzes auf dem Weltmarkt unterminiert – wie oben ausführlich dargestellt – die Surplusprofitposition der Weltmarktbranchen des produktiveren nationalen Kapitals und gefährdet die internationale Wettbewerbsfähigkeit der unterdurchschnittlich produktiven Anlagesphären des Kapitels dieses Landes. Die Auslandsdirektinvestitionen der im internationalen Maßstab überdurchschnittlich produktiven Branchen des US-Kapitals dienen deshalb der Sicherung der Surplusprofite und werden von Vernon falsch charakterisiert, wenn er sie als defensive Investitionen bezeichnet. Die internationale Wettbewerbsfähigkeit dieser Kapitale ist nämlich durch die Gesetzmäßigkeiten des internationalen Handels nicht gefährdet, sondern ausschließlich ihre Surplusprofite. Defensiven Charakter haben demgegenüber die Direktinvesti-

tionen der im internationalen Rahmen unterdurchschnittlich produktiven Branchen der USA, deren Wettbewerbsfähigkeit durch die arbeitsteiligen Wirkungen des Wertgesetzes auf dem Weltmarkt tatsächlich bedroht ist. Vernon vernachlässigt diese Unterscheidung zwischen im internationalen Rahmen über- und unterdurchschnittlichen Branchen eines Landes, weil er die Gesetze des internationalen Handels in seinem Modell nicht berücksichtigt. Er verdeckt mit seiner Theorie die wirklichen Ursachen des überwiegenden Teiles der amerikanischen Auslandsdirektinvestitionen, nämlich die Absicht, Surplusprofite zu erzielen, ja, das Product-Cycle-Modell kann für apologetische Zwecke funktionalisiert werden, denn es dient durch die Bestimmung der Direktinvestitionen multinationaler Konzerne als primär defensiv – wie wir weiter unten sehen werden – den amerikanischen Konzernen zur Verteidigung und teilweisen Verschleierung der negativen Effekte ihrer Kapitalexporte auf die amerikanische Handelsbilanz und die Sicherheit der Arbeitsplätze in den USA.[20]
Demgegenüber ist die Theorie der Direktinvestitionen Charles P. Kindlebergers, die dem Surplusprofitmotiv eine zentrale Bedeutung beimißt, mit dem in dieser Arbeit vertretenen Ansatz vereinbar. Kindleberger ist allerdings vorzuhalten, daß er die enge Verbindung zwischen der Internationalisierung der Mehrwertrealisierung und der Internationalisierung der Mehrwertproduktion, also den Zusammenhang von Warenexporten und Direktinvestitionen, nicht herausarbeitet und die Relevanz der Direktinvestitionen zur Sicherung der internationalen Wettbewerbsfähigkeit völlig unterschlägt.

2.3 Die Kapitalbeziehungen zwischen den USA und Westeuropa

Die in den vorigen Kapiteln entfalteten Thesen über die Ursachen der Internationalisierung der Mehrwertproduktion sollen im folgenden Teil dieser Arbeit anhand der Kapitalbeziehungen zwischen den USA und Westeuropa empirisch belegt

20 In Kapitel 2.3 wird gezeigt werden, daß Vernons Product-Cycle-Theorie auch der Empirie der internationalen Kapitalbewegungen widerspricht.

werden. Zunächst wird in einem ersten Schritt das Ungleichgewicht in der Direktinvestitionsbilanz innerhalb des Blockes der kapitalistischen Industrieländer bis Ende der 60er Jahre analysiert. Nachdem in einem anschließenden Exkurs einige Daten über die Produktivitätslücke und die Differenzen im Grad an Kapitalkonzentration und -zentralisation zwischen den USA und Westeuropa zusammengetragen wurden, werden dann die westeuropäischen Investitionen in den USA einerseits und die Ursachen der amerikanischen Direktinvestitionen in Westeuropa andererseits untersucht. Aufgabe eines abschließenden Kapitels ist es, die Voraussetzungen und Möglichkeiten der Umkehrung der Kapitalverkehrsbilanz zwischen den USA und Westeuropa in den 70er Jahren zu prüfen.

2.3.1 *Das Ungleichgewicht in den Kapitalbeziehungen zwischen den USA und Westeuropa bis Ende der 60er Jahre*

Die USA, deren ökonomische Vormachtstellung im kapitalistischen Lager sich durch den Zweiten Weltkrieg endgültig festigte,[21] wurde nach 1945 auch zum hauptsächlichen Kapitalexporteur unter den kapitalistischen Industrieländern. Aus Tabelle 1 geht hervor, daß die US-amerikanischen Auslandsdirektinvestitionen seit dem Jahr 1945 erheblich schneller anstiegen als die Auslandsanlagen ihrer wesentlichen Weltmarktskonkurrenten.
Während die USA und Großbritannien noch 1946 über das gleiche akkumulierte Vermögen im Ausland in Höhe von 7,2

21 Zur Entwicklung des Kräfteverhältnisses auf dem kapitalistischen Weltmarkt vergleiche: Jürgen Kuczynski, *Eine Weltübersicht über die Geschichte der Lage der Arbeiter*, Band 37 der Reihe: *Die Geschichte der Lage der Arbeiter unter dem Kapitalismus*, Berlin (Ost) 1967; auch: Eugen Varga, *Der englisch-amerikanische Gegensatz im zweiten imperialistischen Krieg*. In: Derselbe, *Die Krise des Kapitalismus und ihre politischen Folgen*, herausgegeben und eingeleitet von Elmar Altvater, Frankfurt/Main und Wien 1969.
Zum imperialistischen Kräfteverhältnis nach dem Zweiten Weltkrieg vergleiche: A. W. Kirsanow, *Die USA und Westeuropa*, Berlin (Ost) 1968; auch: L. A. Mendelsohn, *Widersprüche nach dem Kriege*, Berlin 1948 und Henri Claude, *Der Marshallplan*, Berlin 1949, beide Arbeiten sind erneut abgedruckt in: Mendelsohn/Claude/Ulbricht, *Die Weltherrschaftspläne des US-Imperialismus*, Münster 1972.

Tabelle 1
Direktinvestitionen im Ausland – Akkumulierte Vermögen der wichtigsten Länder – in Mio. $

	1946	1957	1966
USA	7200	25200	54652
GB	7200	9776	16000
Frankreich			4000
BRD			2724
Schweden			793
Kanada			3283
Japan			1000
Welt			89853

Quelle: Industrial Policy Group, *The Case for Overseas Direct Investment,* London 1970, zitiert nach: Institut für Marxistische Studien und Forschungen (Hrsg.), *Internationale Konzerne und Arbeiterklasse,* Frankfurt/Main 1972, S. 28; bis Ende 1969 erreichten die führenden kapitalistischen Industrieländer einen Direktinvestitionsbestand in folgender Höhe: USA: 259 Mrd. DM, Großbritannien: 73,3 Mrd. DM, Frankreich: 19-26 Mrd. DM; BRD: 17,6 Mrd. DM und Japan: 9,8 Mrd. DM, nach: Hans-Eckart Scharrer, *Direktinvestitionen im Ausland, Probleme der Messung und Förderung.* In: Derselbe (Hrsg.), *Förderung privater Direktinvestitionen,* Hamburg 1972, S. 7; die DM-Angaben wurden von Scharrer auf der Basis der am 31. 12. 1970 gültigen Währungsparitäten errechnet.

Mrd. $ verfügten, erreichten die USA 1966 mit 54,65 Mrd. $ einen mehr als dreifach höheren Vermögensbestand als Großbritannien mit 16 Mrd. $ und einen doppelt so hohen Bestand an Auslandsdirektinvestitionen wie Großbritannien, Frankreich, die BRD, Schweden, Kanada und Japan zusammen. Diese eindeutige Dominanz der Vereinigten Staaten bei den Direktinvestitionen der kapitalistischen Industrieländer spiegelt sich auch in den Kapitalbeziehungen zwischen den USA und Westeuropa wider (vgl. Tabelle 2).

Zwar investierten die westeuropäischen Länder bis Ende 1968 mit 26 Mrd. $ insgesamt etwas mehr in den USA als die Vereinigten Staaten mit 24,6 Mrd. $ in Europa; dieses leichte europäische Übergewicht ist aber darauf zurückzuführen, daß die europäischen Portfolioinvestitionen in den USA den amerikanischen Erwerb von Aktien und Obligationen in Europa weit

Tabelle 2
Langfristige private Anlagen am 31. 12. 1968 (in Mio. $)

	US-Anlagen in Europa	Europäische Anlagen in den USA
Direktinvestitionen	19386	7750
Obligationen	756	3352
Aktien	2899	12989
Bankforderungen und Sonstiges	1646	1946
Langfristige private Anlagen	24687	26037

Quelle: Rainer Hellmann, *Weltunternehmen nur amerikanisch? Das Ungleichgewicht der Investitionen zwischen Amerika und Europa*, Baden-Baden 1970, S. 30 und S. 276; zur Investitionsbilanz zwischen den USA und Westeuropa vergleiche auch: Dietmar Haubold, *Direktinvestitionen und Zahlungsbilanz,* Hamburg 1972, S. 268 f.; Katja Nehls, *Internationale Konzerne, Monopolmacht, Klassenkampf, IPW-Forschungshefte* 1, 1973, S. 24 ff.; Christopher Tugendhat, *The Multinationals,* London 1971, S. 39 ff.; Christopher Layton, *Trans-Atlantic Investments,* Boulogne-sur-Seine 1966; Sidney E. Rolfe, *The International Corporation in Perspective.* In: S. E. Rolfe / W. Damm, *The Multinational Corporation in the World Economy,* New York/Washington/London 1970. S. 15.

übertrafen. An Direktinvestitionen verfügten die USA 1968 mit 19,3 Mrd. $ über einen um das Zweieinhalbfache größeren Bestand in Europa als umgekehrt Europa mit 7,7 Mrd. $ in den Vereinigten Staaten.
In Tabelle 3 sind die Direktinvestitionen der USA in Westeuropa und die Westeuropas in den USA grob branchenmäßig aufgeschlüsselt.
Diese Tabelle macht deutlich, daß die verarbeitende Industrie der USA zu 55,6% an den amerikanischen Direktinvestitionen in Westeuropa beteiligt war, die verarbeitende Industrie Westeuropas an den Anlagen in den USA aber nur einen Anteil von 38% erreichte. Für die Konkurrenzposition des westeuropäischen Kapitals gegenüber dem US-Kapital in den 60er Jahren war es bezeichnend, daß die beiden europäischen Erdölkonzerne Royal Dutch/Shell und British Petroleum, auf die der Löwenanteil der europäischen Ölinvestitionen in

Tabelle 3
Aufteilung der Direktinvestitionen nach Wirtschaftsbereichen in % – Ende 1968

	US-Anlagen in Europa	Europäische Investitionen in den USA
Erdöl	23,9	27,7
Verarbeitende Industrie	55,6	38,0
Handel	10,9	*
Finanzen und Versicherungen	*	23,9
Sonstiges	9,6	10,4
	100	100

* = unter Sonstiges

Quelle: Rainer Hellmann, *Weltunternehmen* . . ., a.a.O., S. 58.

den USA entfällt[22], und einige britische Banken und Versicherungsinstitute, die den überwiegenden Anteil der Direktinvestitionen Europas im Bereich Finanzen und Versicherungen auf sich vereinigen, mehr in den USA investierten als die verarbeitende Industrie Westeuropas insgesamt.
Die Dominanz des US-Kapitals in den Kapitalbeziehungen zwischen den USA und Westeuropa ist vor dem Hintergrund der Ausführungen über den Zusammenhang von Warenkapital- und Geldkapitalexporten auf dem Weltmarkt zu interpretieren. Während das ranghöchste Land in der Stufenleiter der universellen Arbeit zum Kapitalexport veranlaßt wird, um a) seine Surplusprofite zu stabilisieren und auszubauen, b) internationale Zentralisationsprozesse des Kapitals einzuleiten, c) die internationale Wettbewerbsfähigkeit unterdurchschnittlich produktiver Branchen sicherzustellen, laufen die rangniederen nationalen Kapitale (in diesem Falle die westeuropäischen Kapitale) bei Auslandsdirektinvestitionen im höchstentwickelten Land des kapitalistischen Weltmarktes Gefahr, durch den nicht mehr über den Wechselkurs vermit-

22 Die Shell-Tochter Shell-Oil liegt mit einem Umsatz von 3,5 Mrd. $ 1970 in der Umsatzrangfolge der US-Unternehmen an 19. Stelle und hinter Standard Oil of Indiana an 7. Stelle in der Rangfolge der US-Ölunternehmen.

telten Konkurrenzkampf zugrunde gerichtet zu werden. Nur die Branchenkapitale und die Spitzenunternehmen der weniger entwickelten Länder können in der höher entwickelten Nation direkt investieren, deren Produktivkraft mit der ihrer Konkurrenten im Anlageland vergleichbar ist. Da die Wechselkursstruktur diesen Kapitalen günstige Realisationsbedingungen auf dem Weltmarkt verschafft, werden sie nur dann zu Direktinvestitionen im höher entwickelten Land übergehen, wenn das Unterlaufen der Transportkosten und der Importzölle sowie die besseren Marktkontakte (Reparaturleistungen, Service etc.) die Vorteile des Wechselkursmechanismus überkompensieren.

Die Direktinvestitionsbilanz zwischen den USA und Westeuropa muß demnach ungleichgewichtig sein, weil die Weltmarktbranchen des US-Kapitals ihre Verwertungs- und Realisierungsbedingungen durch Kapitalexporte nach Westeuropa verbessern können, aber nur ein geringer Teil der westeuropäischen Weltmarktbranchen direkte Kapitalanlagen in den USA riskieren kann und diese Kapitale wegen der Wechselkursstruktur als Exporteure in der Regel konkurrenzfähiger sind denn als Produzenten im US-Markt selber.

2.3.2 *Exkurs: Daten zur Produktivitäts- sowie Konzentrations- und Zentralisationslücke des Kapitals zwischen den USA und Westeuropa*

Bevor die Kapitalbeziehungen zwischen den USA und Westeuropa in den nächsten Kapiteln im Detail analysiert werden, sollen in diesem Exkurs einige Materialien über das Produktivitätsgefälle und die Differenzen im Grad an Konzentration und Zentralisation des Kapitals zwischen beiden Blöcken zusammengetragen werden. Dieser Exkurs ist notwendig, weil nur auf der Basis differenzierter, branchenspezifischer Angaben über das Entwicklungsgefälle zwischen den USA und Westeuropa die Ursachen sowie die sektorale Struktur der wechselseitigen Direktinvestitionen untersucht werden können.

Tabelle 4 verdeutlicht zunächst das globale Produktivitätsgefälle zwischen den USA und ausgewählten westeuropäischen kapitalistischen Industrieländern:

Tabelle 4
Produktivität ausgewählter kapitalistischer Industrieländer, in Dollar, zu jeweiligen Preisen[1]

	Produktivität pro Kopf		Produktivität pro Arbeitsstunde	
	1959	1969	1959	1969
USA	6 819,0	11 028,0	3,6	5,8
BRD	2 459,5	5 585,0	1,17	2,46
Niederlande	2 297,4	5 410,7	1,02	2,59
Belgien	2 304,4	5 226,8	–	2,47
Frankreich	2 322,7	5 204,9	1,09	2,43
Luxemburg	2 926,6	5 114,1	–	2,35
Italien	1 346,4	3 638,4	–	1,75
Großbritannien	2 391,2	3 580,8	1,12	1,68
Japan	752,5	3 046,0	–	1,32

$$\text{Produktivität pro Kopf} = \frac{\text{Produktives Brutto-Volkseinkommen}}{\text{Gesamtbeschäftigung}}$$

$$\text{Produktivität pro Arbeitsstunde} = \frac{\text{Produktives Brutto-Volkseinkommen}}{\text{Arbeitsstunden}}$$

1 Pierre Uri, *Bericht über die Wettbewerbsfähigkeit der Europäischen Gemeinschaft,* Band I, November 1971, o. O., Einleitung, S. 33a; im Kapitel III *Produktivität und Unternehmensführung* des 2. Teiles dieses Berichtes finden sich detaillierte vergleichende Analysen des Produktivitätsniveaus. Die Problematik solcher nationalen Vergleichszahlen liegt unter Berücksichtigung unserer Ausführungen über den Zusammenhang von Stufenleiter der universellen Arbeit und Wechselkursen auf der Hand. Da die Wechselkurse nur die Produktivitätsniveaus widerspiegeln, mit denen die auf dem Weltmarkt erscheinenden nationalen Waren produziert wurden und darüber hinaus Durchschnittsgrößen darstellen, müssen nationale Produktivitätsvergleiche auf der Basis der Währungsparität notwendigerweise erhebliche Verzerrungen beinhalten, wenn in den einzelnen Nationen ein unterschiedliches Gefälle zwischen den Weltmarkts- und Inlandsbranchen besteht.
Verzerrungen weisen die Daten der angeführten Tabelle auch aus einem anderen Grunde auf: Der US-Dollar war 1969 gerade wegen der ungleichmäßigen Entwicklung der Produktivkraft zwischen den USA, der EWG und Japan, die in der Tabelle zum Ausdruck kommt, weit überbewertet, die DM

und der Yen unterbewertet, so daß die Produktivität in Dollar 1969 für die USA niedriger und für die BRD und Japan höher liegt, als die Tabelle angibt. Die Überbewertung der US-amerikanischen Produktivitätsdaten wird allerdings teilweise dadurch kompensiert, daß die amerikanischen Direktinvestitionen in Westeuropa in die westeuropäische Bruttosozialproduktsrechnung einfließen und wegen ihres höheren Produktivitätsniveaus die europäischen Daten positiv verzerren.

Das durchschnittliche Produktivitätsniveau war in den USA 1959 pro Kopf und pro Arbeitsstunde etwa dreimal so groß wie das Produktivitätsniveau der EWG-Länder. Bis Ende 1969 schrumpfte der Produktivitätsvorsprung der USA gegenüber den EWG-Ländern zwar erheblich zusammen, die Produktivität pro Arbeitsstunde war in den USA aber immer noch doppelt so groß wie die der führenden EWG-Länder Niederlande, Belgien und BRD.

Dieser Produktivitätsvorsprung ist – wie weiter unten näher begründet wird – in erster Linie auf den höheren Grad an Kapitalkonzentration und -zentralisation in den USA zurückzuführen. Die Größe des amerikanischen Binnenmarktes und die besondere Struktur des amerikanischen Arbeitsmarktes ermöglichten es dem amerikanischen Kapital, die Konzentration und Zentralisation in einem für seine wesentlichen Weltmarktkonkurrenten bis heute nicht erreichbaren Maße voranzutreiben. Die von der Zeitschrift *Fortune* jährlich veröffentlichten Listen über die umsatzgrößten Unternehmen der kapitalistischen Welt veranschaulichen diesen Konkurrenzvorteil des US-amerikanischen Kapitals.

Über die Hälfte der 460 umsatzstärksten Unternehmen der kapitalistischen Welt haben ihren Sitz in den Vereinigten Staaten, diese verfügen also über weitaus mehr Unternehmen mit einem hohen Grad an Konzentration und Zentralisation als die Länder, mit denen sie auf dem Weltmarkt konkurrieren.

Schlüsselt man die Daten über die umsatzstärksten Unternehmen weiter auf, verdichtet sich das Bild vom Konzentrations- und Zentralisationsvorsprung des US-Kapitals. Von den 100 größten Industrieunternehmen der kapitalistischen Welt im Jahre 1970 stammten 64 aus den USA, 9 aus der BRD, 8 aus Japan, 7 aus Großbritannien, aus Frankreich und Italien jeweils 3. Von den 200 größten Industrieunternehmen stamm-

Tabelle 5
Die 460 größten Industrieunternehmen der kapitalistischen Welt, nach Herkunftsländern, 1970[1]

Herkunftsland	Anzahl der Gesellsch.	Name der jeweils größten Gesellschaft	Umsatz in 1000 US-$	Platz i. d. Rangliste der 460
USA	260	General Motors	18 752 354	1
Japan	51	Nippon Steel	3 991 578	20
GB	46	BP	4 062 000	19
BRD	26	VW	4 314 481	15
Frankreich	21	Renault	2 528 902	53
Kanada	11	Alcan Aluminium	1 367 852	134
Italien	7	Montedison	2 841 600	41
Schweiz	7	Nestlé	2 333 734	63
Schweden	7	Volvo	1 029 071	192
Belgien	4	Petrofina	1 252 600	147
Niederlande	4	Philips	4 163 002	18

1 Institut für Marxistische Studien und Forschungen (IMSF), a.a.O., S. 367. Die Anzahl der Unternehmen summiert sich nicht auf 460, weil Länder mit nur 1 oder 2 Unternehmen in der Liste der 460 größten Industrieunternehmen der kapitalistischen Welt in der Tabelle nicht aufgeführt wurden.

ten 123 aus den USA, 16 aus Großbritannien, 15 aus der BRD, je 13 aus Frankreich und Japan, 5 aus Italien.[23]
Die Auswirkungen des höheren Grades an Konzentration und Zentralisation des Kapitals auf die Produktivkraft der Arbeit indizieren die von Bob Rowthorn und Stephen Hymer zusammengestellten Daten (vergleiche Tabelle 6): Die US-Unternehmen erzielten 1967 in allen Größenklassen (1-50, 1-100, 1-200) mit etwa derselben Beschäftigtenzahl wie die Nicht-US-Unternehmen einen in etwa doppelt so hohen Umsatz,

23 Vgl. die IMSF-Studie, a.a.O., S. 367. Über die in diesen Daten, die auf Dollar-Basis errechnet wurden, enthaltenen Verzerrungen vgl. auch die Fußnote unter Tabelle 4.

produzierten also mit einem erheblich höheren Maß an Produktivität und Intensität der Arbeit als die nicht-amerikanischen Unternehmen. Ursache dieses Produktivitätsvorsprunges ist die höhere organische Zusammensetzung des amerikanischen Kapitals, die in den Vermögensvergleichsdaten angedeutet ist: In allen 3 Größenklassen produzieren die US-Unternehmen mit fast der gleichen Beschäftigtenzahl, aber einem 1 ½-mal so großen Vermögen wie die nicht-amerikanischen Kapitale.

Gliedert man das Material über die umsatzstärksten Unternehmen der kapitalistischen Welt branchenmäßig auf, ergibt sich allerdings eine Relativierung der globalen These von der ökonomischen Überlegenheit des amerikanischen Kapitals. Ein Vergleich der jeweils umsatzgrößten US-amerikanischen und westeuropäischen Kapitale in den Branchen Erdöl, Chemie, Fahrzeugbau, Maschinenbau und Elektrotechnik, Flugzeugbau, Gummi, NE-Metalle, Nahrungsmittel sowie Eisen und Stahl zeigt, daß in den Branchen Chemie, Eisen und Stahl, NE-Metalle und Nahrungsmittel keine eindeutige US-amerikanische Dominanz vorliegt, sondern sich in diesen Branchen ebenbürtige amerikanische und westeuropäische Spitzenunternehmen gegenüberstehen.[24]

Im einzelnen ergeben sich folgende Relationen: Im *Fahrzeugbau* erzielten die führenden US-amerikanischen Konzerne General Motors mit 18,7 Mrd. $ und Ford mit 14,9 Mrd. $ 1970 jeweils einen größeren Umsatz als die führenden 5 westeuropäischen Automobilproduzenten VW, Daimler-Benz, Fiat, Renault und British Leyland Motors zusammen.[25] Der Umsatz von General Motors war sogar noch höher als der gemeinsame Umsatz der ersten 9 westeuropäischen Automobilkonzerne, zu denen neben den bereits genannten Unternehmen Citroen, Peugeot, Volvo und BMW zählen. Auch der Umsatz des drittgrößten amerikanischen Autokonzerns, Chrysler, lag noch fast so hoch wie der gemeinsame Umsatz von VW und Daimler-Benz. Diese US-amerikanische Dominanz könnte allerdings relativiert werden, wenn sich im Rahmen eines westeuropäischen Konzentrations- und Zentralisa-

24 Vgl. die Tabellen I-IX im Anhang dieser Arbeit.
25 Vgl. Tabelle I im Anhang.

Tabelle 6
The Relative Size of U.S. and Non-U.S. Corporations Firms[1]

Firms Ranked +	1967 Sales (billions of $) U.S.	Non-U.S.	Relative Size Ratio in 1967* Sales	Assets	Employees
1–10	82.2	32.8	2.5	1.9	1.2
11–20	30.7	15.7	2.0	2.0	1.2
21–30	25.3	12.7	2.0	1.4	1.5
31–40	20.1	10.7	1,9	1.7	0.7
41–50	15.2	9.5	1.6	1.4	1.0
51–60	13.5	8.7	1.5	1.7	0.5
61–70	12.0	8.0	1.5	1.7	0.9
71–80	10.6	7.1	1.5	1.1	0.9
81–90	9.9	6.5	1.5	1.2	1.2
91–100	9.1	5.6	1.6	1.2	0.9
101–110	8.1	5.2	1.6	1.3	0.7
111–120	7.7	4.7	1.6	0.9	0.9
121–130	7.1	4.4	1.6	1.5	1.0
131–140	6.5	4.0	1.6	1.1	0.8
141–150	6.0	3.7	1.6	1.4	0.9
151–160	5.5	3.5	1.6	0.9	1.3
161–170	5.2	3.3	1.6	1.1	1.0
171–180	4.9	3.1	1.6	1.4	0.9
181–190	4.6	2.9	1.6	1.1	1.2
191–200	4.4	2.8	1.6	0.7	0.5
1–50	173.5	81.3	2.1	1.7	1.1
1–100	228.6	117.2	1.9	1.6	1.0
1–200	288.8	154.8	1.8	1.5	1.0

* The relative size ratio is the ratio of total sales, assets or employees of U.S. corporations to non-U.S. corporations within a given ranking.
\+ 1-10 means the 10 largest firms (by sales size), etc.

1 Stephen Hymer and Bob Rowthorn, *Multinational Corporations and International Oligopoly: The Non-American Challenge.* In: C. P. Kindleberger, (Hrsg.), *The International Corporation,* Cambridge/Mass. 1970, S. 61.

tionsprozesses die führenden Konzerne des Fahrzeugbaues zusammenschließen würden, denn in Westeuropa konkurrieren im Gegensatz zu den USA, wo hinter den drei Spitzenkonzernen eine Lücke klafft, mehrere Unternehmen von etwa gleicher Umsatzstärke.

Im *Flugzeugbau* ist die Schwäche des westeuropäischen Kapitals noch eindeutiger als im Fahrzeugbau. Hier ist allenfalls noch die britische Gruppe Hawker Siddeley mit den amerikanischen Konzernen Boeing, Lockheed, United Aircraft, General Dynamics und McDonnell Douglas vergleichbar, während die nachfolgenden europäischen Unternehmen Aerospatiale, Rolls Royce, British Aircraft, VFW-Fokker u. a. den US-amerikanischen Kapitalen im Grad an Konzentration und Zentralisation weit unterlegen sind.[26]

Ebenso dominant wie im Flugzeugbau ist die Position des amerikanischen Kapitals im Vergleich mit den westeuropäischen Kapitalen in der *Erdölbranche.* Während in Westeuropa nur 2 Ölkonzerne, nämlich Royal Dutch/Shell und British Petroleum, den amerikanischen Unternehmen ebenbürtig sind, verfügen die USA über eine große Anzahl von Erdölkonzernen mit weltweiten Aktivitäten. Neben den in der Tabelle[27] angeführten Konzernen Standard Oil of N.J., Mobil Oil, Texaco, Gulf Oil, Standard Oil of California und Standard Oil of Indiana sind noch Continental Oil (2,7 Mrd. $ Umsatz 1970), Phillips Petroleum (2,2 Mrd. $ Umsatz 1970), Occidental Petroleum (2,2 Mrd. $ Umsatz), Sun Oil (1,9 Mrd. $ Umsatz) und die Union Oil of California (1,8 Mrd. $ Umsatz) zu erwähnen, von denen selbst die Sun Oil und die Union Oil of California, also das 10. und 11. größte Erdölunternehmen der USA, noch einen mit dem 3. und 4. westeuropäischen Ölkonzern (Cie. Française des Pétroles und ENI) vergleichbaren Umsatz erzielen.

Auch im *Maschinenbau*, der *Elektrotechnik* und der *Elektronik* erzielen die ersten 7 amerikanischen Konzerne bedeutend höhere Umsätze als die entsprechenden europäischen Unternehmen, wenn auch die Überlegenheit des US-Kapitals hier nicht so eklatant ist wie in der Auto-, Flugzeugbau- und Erdölbranche.[28] Der Umsatz des 1. europäischen Elektrokonzerns, Philips, ist kleiner als der des fünftgrößten US-Unternehmens dieser Branche, Westinghouse, und auch der Umsatz

26 Vgl. die Tabelle II im Anhang.
27 Vgl. Tabelle III im Anhang.
28 Vgl. Tabelle IV im Anhang.

von Siemens, des 2. europäischen Elektrokonzerns, ist geringer als der des 7. US-Konzerns, RCA. Darüber hinaus ist zu berücksichtigen, daß die USA auch im Bereich des Maschinenbaues und der Elektrotechnik über ein breites Feld an Großunternehmen verfügen, deren Umsatz mit dem AEG-Telefunkens, General Electrics, der Cie Générale d'Electricité, also dem des 3., 4. und 5. europäischen Unternehmens in der Elektrobranche, vergleichbar ist. Dies gilt z. B. für die amerikanischen Konzerne Litton Industries (2,4 Mrd. $ Umsatz 1970), Singer (2,1 Mrd. $ Umsatz), Honeywell (1,9 Mrd. $ Umsatz), Sperry Rand (1,7 Mrd. $ Umsatz), Xerox (1,7 Mrd. $ Umsatz) und National Cash Register (1,4 Mrd. $ Umsatz).
Die amerikanische Vorherrschaft kann auch in dieser Branche nur durch einen forcierten westeuropäischen Konzentrations- und Zentralisationsprozeß relativiert werden, wie er sich etwa in dem Unidata-Projekt der Konzerne Philips, Siemens und CII im Computerbereich andeutet.[29]
In der *Gummiindustrie* erzielen die amerikanischen Unternehmen Goodyear, Firestone und Uniroyal größere Umsätze als die führenden westeuropäischen Konzerne Dunlop, Pirelli und Michelin.[30] Durch die Zusammenarbeit von Dunlop und Pirelli kann in Europa ein Reifenkonzern geschaffen werden, der dieselbe Umsatzstärke wie das 2. US-Unternehmen, Firestone, erreicht. Die US-amerikanische Überlegenheit bleibt jedoch durch diese Verflechtung unberührt, denn zum einen liegt Goodyears Umsatz noch weit vor dem gemeinsamen Umsatz von Dunlop und Pirelli, und zum anderen verfügen die USA über eine größere Dichte an Großunternehmen hinter ihrem Spitzenunternehmen Goodyear als Westeuropa hinter Dunlop und Pirelli.
Ist in den Bereichen Automobil, Erdöl, Flugzeugbau, Gummi, Maschinenbau und Elektrotechnik der amerikanische Konzentrations- und Zentralisationsvorsprung eindeutig, so ergibt sich in den Branchen Chemie, Eisen und Stahl, NE-Metalle und Nahrungsmittel ein anderes Bild.
In der *chemischen Industrie*[31] erreichen die westeuropäischen Konzerne ICI, Hoechst, BASF, Montedison, Bayer, AKZO

29 Vgl. *Süddeutsche Zeitung*, Nr. 160, v. 14./15. 7. 1973, Seite 25.
30 Vgl. Tabelle V im Anhang.
31 Vgl. Tabelle VI im Anhang.

und Rhône-Poulenc Umsätze, die nicht von den amerikanischen Spitzenkonzernen Du Pont, Union Carbide, Procter and Gamble, Monsanto, W. R. Grace, Dow Chemical und Allied Chemical übertroffen werden.
In der *Stahlindustrie*[32] gruppiert sich hinter dem amerikanischen bzw. westeuropäischen Spitzenunternehmen U. S. Steel bzw. British Steel eine Reihe von Konzernen, die vergleichbare Umsätze erzielen. Die Verbindung von Hoesch und Hoogoven und die Fusion von Rheinstahl und der August-Thyssen-Hütte werden dabei in Zukunft das Gewicht zugunsten der westeuropäischen Stahlindustrie verlagern, denn Hoogovens und Hoesch haben 1970 zusammen einen Umsatz erzielt, der mit 2 Mrd. $ vor dem des 3. amerikanischen Konzerns, Armco Steel, liegt, und die Fusion von Rheinstahl mit der August-Thyssen-Hütte wird einen Stahlproduzenten hervorbringen, der in der Umsatzstärke knapp hinter dem momentan größten Stahlkonzern der USA, der U.S. Steel, liegen dürfte.
Ein ebenso ausgewogenes Verhältnis der Umsatzstärke der amerikanischen und der westeuropäischen Spitzenunternehmen liegt in der *NE-Metall-Industrie* vor.[33] Die ersten drei Unternehmen der USA, Aluminium Co, Kennecott Copper und Reynolds Metals, sind im Umsatz etwa mit den ersten drei europäischen Unternehmen, Péchiney, Metallgesellschaft und Ugine-Kuhlmann, vergleichbar; im selben Verhältnis stehen die Anaconda Co, National Lead und Kaiser-Aluminium einerseits und die Rio Tinto Zinc, die Consolidated Tin Smelters und die Metallurgie Hoboken Overpelt andererseits zueinander, die jeweils 4.- bis 6.-größten amerikanischen und westeuropäischen Unternehmen der NE-Metall-Industrie.
In der *Nahrungsmittelindustrie*[34] verfügt Westeuropa mit dem britisch/holländischen Konzern Unilever über den führenden Nahrungsmittelproduzenten der kapitalistischen Welt, dessen Umsatz den des ersten amerikanischen und zweiten Weltunternehmens der Branche, Swift, um mehr als das Doppelte übertrifft. Die hinter Swift liegenden amerikanischen Lebensmittelkonzerne, Kraftco, Armour, General Food,

32 Vgl. Tabelle VII im Anhang.
33 Vgl. Tabelle VIII im Anhang.
34 Vgl. Tabelle IX im Anhang.

Borden, Reynolds Industries und Consolidated Foods, sind den Unilever folgenden westeuropäischen Unternehmen Nestlé, British American Tobacco, Associated British Foods, Imperial Tobacco, Ranks Hovis Mc Dougal und Unigate jedoch weit überlegen, so daß insgesamt von einer vergleichbaren Stärke der Spitzenunternehmen in der Nahrungsmittelbranche in den USA und Westeuropa gesprochen werden kann. Der Vorteil Westeuropas liegt in diesem Industriezweig in dem großen Vorsprung Unilevers vor den US-Unternehmen, der Vorteil der USA ist in der großen Dichte an umsatzstarken Unternehmen hinter Swift zu sehen, denn das 12. US-Unternehmen dieser Branche, nämlich die Pepsi-Cola, erzielte 1970 noch einen größeren Umsatz als der 5. westeuropäische Konzern Imperial Tobacco.

2.3.3 *Die westeuropäischen Direktinvestitionen in den USA*

Unsere theoretischen Überlegungen über die Ursachen der Internationalisierung der Mehrwertproduktion lassen in Verbindung mit der Analyse des Kräfteverhältnisses zwischen den amerikanischen und westeuropäischen Spitzenunternehmen in wichtigen Branchen vermuten, daß die Direktinvestitionen der verarbeitenden Industrie Westeuropas in den USA regional von den höchstentwickelten Ländern Westeuropas und sektoral von den Branchen Chemie, Nahrungsmittel, NE-Metalle und Stahl sowie einigen international herausragenden Spitzenunternehmen anderer Industriegruppen bestimmt werden.

In Tabelle 7 sind die Direktinvestitionen in den USA regional aufgeschlüsselt.

An der Spitze der Direktinvestitionen in den USA liegt Großbritannien, auf das rund 1/3 der gesamten Auslandsdirektinvestitionen in diesem Land entfallen. Gefolgt wird Großbritannien von Kanada mit ca. 26%, den Niederlanden mit ca. 15%, der Schweiz (11%) sowie der BRD und Frankreich mit zusammen weniger als 5% der Gesamtinvestitionen.

Angesichts der momentanen innerimperialistischen Kräfteverhältnisse überrascht an diesen Daten zunächst der hohe Anteil Großbritanniens und die fast marginale Bedeutung der westdeutschen Direktinvestitionen in den USA. Der generell

Tabelle 7
Ausländische Direktinvestitionen in den USA (Wert am Ende des jeweiligen Jahres in Mrd. Dollar)

Land	1950	1965	1966	1967
Kanada	1,0	2,4	2,4	2,6
Großbritannien	1,2	2,9	2,9	3,2
Belgien	–	0,2	0,2	0,2
Frankreich	–	0,2	0,2	0,3
BRD	–	0,2	0,2	0,3
Italien	–	0,1	0,1	0,1
Niederlande	0,3	1,3	1,4	1,5
Schweden	–	0,2	0,2	0,2
Schweiz	0,2	0,9	0,9	1,1
Japan	–	0,1	0,1	0,1
Lateinamerika	–	0,2	0,2	0,2
Andere Länder	–	0,2	0,2	0,2
Insgesamt	3,4	8,8	9,1	9,9

– = nicht ausgewiesen; die angegebenen Werte sind teilweise abgerundet.

Quelle: Rolfe/Damm, a.a.O., Appendix A, S. 122.

hohe Anteil der britischen Direktinvestitionen an den gesamten Direktinvestitionen der kapitalistischen Industrieländer (Vgl. Tabelle 1), der sich auch in der regionalen Verteilung der Auslandsdirektinvestitionen in den USA widerspiegelt, ist vor allem als Auswirkung der ehemaligen britischen Spitzenposition auf dem kapitalistischen Weltmarkt zu begreifen. Bis zum Ersten Weltkrieg war Großbritannien die führende Macht des kapitalistischen Weltmarkts, doch auch in der Zeit zwischen den beiden Weltkriegen war die britische Position in der Stufenleiter der universellen Arbeit immer noch mit dem entsprechenden Rangpunkt der USA vergleichbar. In dieser Zeit konnte sich die britische Industrie eine im Vergleich zu den übrigen westeuropäischen Nationen starke Investitionsposition in den USA aufbauen, die sich noch heute im Bestandsgrößenvergleich der Direktinvestitionen der europäischen Länder in Amerika niederschlägt. So zeigt Tabelle 8, daß von den bis 1961 in der amerikanischen Industrie getätigten Direktinvestitionen 57,9% auf ursprüngliche Anlagen vor 1918 zurückgehen, weitere 24,8% in der Zwischenkriegszeit, aber nur 13,6% der Investitionen nach 1954 angelegt wurden.

Tabelle 8
Distribution of Total Net Assets Controlled by UK Firms in United States Industry by Age of Investment[1]

Date of Initial Investment	Value ($ m.)	Per Cent
Pre–1918	725.0	57.9
1918/39	310.1	24.8
1940/50	11.2	0.9
1951/53	35.2	2.8
1954/56	130.8	10.5
1957/59	39.4	3.1
	1251.7	100

1 Vergleiche John H. Dunning, *The Profitability of British Enterprise in North America.* In: Derselbe, *Studies in International Investments,* London 1970, S. 243, Table 9; zur Bedeutung britischer Direktinvestitionen in den USA vor dem 1. Weltkrieg vergleiche auch den Aufsatz von J. H. Dunning, *British Investment in the United States 1860/1913.* In: Derselbe, a.a.O., S. 143 ff.

Das Wachstum der britischen Anlagen in den USA seit dem Jahr 1945 ist deshalb vor allem als erweiterte Reproduktion der bis 1939 aufgebauten Unternehmen zu betrachten.
Der geringe Anteil der westdeutschen Direktinvestitionen an den europäischen Kapitalanlagen in den USA ist ebenfalls Spiegelbild der allgemeinen Position des BRD-Kapitals in der Kapitalexportbilanz der führenden kapitalistischen Industrieländer (Vgl. Tabelle 1). Da ein großer Teil des westdeutschen Auslandsvermögens nach dem Zweiten Weltkrieg konfisziert wurde, konnte die BRD bis heute nicht einen ihrer Bedeutung im internationalen Handel angemessenen Direktinvestitionsbestand erlangen. Diese besonderen historischen Bedingungen geschuldete Struktur der westdeutschen Direktinvestitio-

nen hat sich auch in den westdeutschen Kapitalanlagen in den USA niedergeschlagen: Gemessen an ihrer Position in der Stufenleiter der universellen Arbeit (vgl. Kapitel 2.3.2) sind die Direktinvestitionen der westdeutschen Kapitale in den USA zu niedrig.
Die regionale Verteilung der westeuropäischen Direktinvestitionen in den USA widerspricht unseren Erwartungen damit nur bei einer oberflächlichen Betrachtung. Besondere historische Bedingungen sind dafür verantwortlich, daß das britische und das westdeutsche Kapital bei den ausländischen Kapitalanlagen in den USA in Relation zu ihrer momentanen Position in der Stufenleiter der universellen Arbeit über- bzw. unterrepräsentiert sind.
In Tabelle 9 sind die ausländischen Direktinvestitionen in den USA regional und sektoral aufgegliedert worden.

Tabelle 9
Wert der Direktinvestitionen in den USA Ende 1967, nach Ländern und Branchen gegliedert (in Mio. $)

	Summe	Verarbeitende Industrie	Finanzen u. Versicherung.	Öl	Andere Bereiche
Alle Länder	9923	4181	2193	1885	1664
Kanada	2575	1397	354	99	725
Großbritannien	3156	1009	1189	612	396
Übriges Europa	3848	1660	569	1160	459
Niederlande	1508	388	41	1021	57
Schweiz	1096	744	309	—	43
Andere Länder	343	113	79	15	134

Quelle: Walter Damm, *The Economic Aspects of European Direct Investment in the United States.* In: Rolfe/Damm, a.a.O., S. 46.

Zunächst bestätigt diese Tabelle die bereits aus der Tabelle 3 gewonnene Erkenntnis, daß die verarbeitende Industrie Westeuropas weniger in den USA investierte als die Erdölindustrie und der Wirtschaftsbereich Finanzen und Versicherungen gemeinsam. Dies gilt insbesondere für die Niederlande und Großbritannien, während bei den übrigen europäischen Ländern die verarbeitende Industrie gegenüber der Ölindustrie und der Finanz- und Versicherungsbranche stärker vertreten ist. Die britische Ölindustrie ist an den gesamten Investitionen Großbritanniens in den USA zu ca. 20% beteiligt, die niederländische Ölindustrie vereinigt sogar ⅔ der niederländischen Gesamtinvestitionen in den USA auf sich. Die Ölinvestitionen beider Länder wurden vor allem von der British Petroleum und der britisch/niederländischen Gruppe Royal Dutch/Shell durchgeführt, beides Unternehmen, die zur Spitzengruppe der Welterdölunternehmen zählen.[35]

Wichtiger für unsere Analyse der Internationalisierung der Mehrwertproduktion ist allerdings die branchenspezifische Aufgliederung der Direktinvestitionen der verarbeitenden Industrie Westeuropas in den USA. Läßt sich die These belegen, daß die Industriegruppen Chemie, NE-Metalle, Nahrungsmittel und Stahl und wenige Spitzenunternehmen anderer Branchen die westeuropäischen Direktinvestitionen in den USA beherrschen, weil sie im Vergleich zu den übrigen Branchen, nämlich Automobil, Maschinenbau, Elektrotechnik, Flugzeugbau und Gummi, eine günstigere internationale Konkurrenzposition gegenüber dem US-Kapital einnehmen?

Eine Auswertung der Liste der ausländischen Unternehmen, die in der amerikanischen verarbeitenden Industrie über Kapitalanlagen verfügen, bestätigt die besondere Bedeutung der Branchen Chemie, NE-Metalle, Nahrungsmittel und Stahl im innerimperialistischen Konkurrenzkampf zwischen den USA und Westeuropa.[36]

Die Direktinvestitionen der *Schweiz* in den USA werden von der chemischen und der pharmazeutischen Industrie angeführt, die durch Unternehmen wie Ciba, Geigy, Sandoz, Hoffmann-La-Roche und die Siegfried AG vertreten ist. Neben diesen Unternehmen der chemischen und der pharmazeutischen Industrie ziehen die Investitionen des NE-Metall-

35 Vgl. Tabelle III im Anhang.

36 Vergleiche die in Rolfe/Damm angeführten Unternehmensliste, Rolfe/Damm, a.a.O., Appendix B, S. 131 ff.

Konzerns Alusuisse und des Nahrungsmittelkonzerns Nestlé den Hauptteil der schweizerischen Direktinvestitionen in den USA auf sich.[37]

Auch bei den Direktinvestitionen der *BRD* liegt die chemische Industrie weit an der Spitze. 1964 entfielen ca. 40% der bundesrepublikanischen Direktinvestitionen in den USA auf diese Branche, die unter anderen durch die Unternehmen Hoechst, BASF, Bayer, Casella und Dynamit Nobel repräsentiert wird.[38] Als zweitgrößte Direktinvestitionsgruppe hatten die Versicherungs- und Finanzierungsunternehmen der BRD 1964 einen Anteil von 16% an den Anlagen in den USA.[39] Im Vergleich zu den anderen westeuropäischen Ländern sind bei den bundesrepublikanischen Investitionen die Stahlunternehmen in besonderem Maße vertreten, und zwar mit der Ilseder Hütte, der Korf-Gruppe, Mannesmann und Thyssen, während die Schweiz, Frankreich, Großbritannien und die Niederlande keine nennenswerten Direktinvestitionen dieses Industriezweiges in den USA verzeichnen konnten. Neben der chemischen Industrie und der Stahlindustrie sind die Investitionen des NE-Metall-Unternehmens Vereinigte Aluminiumwerke AG und der internationalen Spitzenunternehmen der Elektroindustrie, Siemens und Bosch, zu erwähnen.[40]

Frankreichs Industrie ist in den USA hauptsächlich durch die chemische Industrie und die NE-Metall-Industrie vertreten, und zwar durch die Unternehmen Saint Gobain, Péchiney, Pont-a-Mousson, Rhône-Poulenc, Roussel Uclaf und Société le Nickel.[41]

Aus dem Bereich der verarbeitenden Industrie der *Niederlande* sind die umfangreichen Direktinvestitionen des europäischen Spitzenkonzerns der Elektroindustrie, Philips, und des führenden europäischen Unternehmens der Nahrungsmittelbranche, Unilever, eine britisch/holländischen Gruppe, zu nennen. Neben der niederländischen Ölindustrie geht der

37 Rolfe/Damm, a.a.O., S. 131 ff.

38 Rolfe/Damm, a.a.O., S. 154 ff.; Deutsche Bundesbank, *Direktinvestitionen im Ausland*. In: *Monatsberichte der Deutschen Bundesbank*, Dezember 1965, S. 24 f.

39 Deutsche Bundesbank, a.a.O., S. 24 f.

40 Rolfe/Damm, a.a.O., S. 154 f.

41 Rolfe/Damm, a.a.O., S. 151 ff.

größte Teil der niederländischen Direktinvestitionen in den USA auf das Konto dieser beiden Weltunternehmen.[42]
Auch die Anlagen der verarbeitenden Industrie *Großbritanniens* in den USA verdeutlichen die besondere Bedeutung der chemischen Industrie, der Nahrungsmittel- und der NE-Metall-Industrie. Zu erwähnen sind hier die Direktinvestitionen der chemischen Unternehmen ICI, Courtaulds, Fisons, der Nahrungsmittelunternehmen Unilever, British American Tobacco und Imperial Tobacco sowie des NE-Metall-Unternehmens Rio Tinto Zinc Corporation.[43]
Insgesamt hat die regionale und sektorale Analyse der westeuropäischen Direktinvestitionen in den USA zwei Thesen bestätigt:
1. Wegen des Produktivitätsgefälles zwischen den USA und Westeuropa sind die westeuropäischen Unternehmen in der verarbeitenden Industrie der USA im allgemeinen sehr gering. Der ohnehin niedrige Direktinvestitionsbestand Westeuropas in den USA wird noch dadurch relativiert, daß ein extrem hoher Prozentsatz der britischen Kapitalanlagen, die fast 50% der westeuropäischen Direktinvestitionen ausmachen, bereits vor dem Zweiten Weltkrieg in Angriff genommen wurden.
2. Die Direktinvestitionen, die die westeuropäische verarbeitende Industrie überhaupt in den USA durchführt, gehen von Unternehmen oder Branchen aus, deren internationale Konkurrenzposition mit der der entsprechenden amerikanischen Industriegruppe vergleichbar ist. Es sind dies hauptsächlich die Branchen Chemie, NE-Metalle und Nahrungsmittel und die Spitzenunternehmen der Elektrotechnischen Industrie.

2.3.4 Die Ursachen der amerikanischen Direktinvestitionen in Westeuropa

Aufgabe des folgenden Kapitels ist es, zu ermitteln, welchen Stellenwert die in Kapitel 2.1 entwickelten Thesen über die Ursachen der Internationalisierung der Mehrwertproduk-

42 Rolfe/Damm, a.a.O., S. 161 ff.
43 Rolfe/Damm, a.a.O., S. 142 ff.

tion für die Analyse der amerikanischen Direktinvestitionen in Westeuropa haben. Nach den im Exkurs vorgelegten Angaben über die allgemeine Produktivitätslücke zwischen den USA und Westeuropa und die Kräfteverhältnisse zwischen amerikanischen und westeuropäischen Unternehmen in relevanten Industriezweigen kann angenommen werden, daß sowohl das Surplusprofitmotiv, dies gilt insbesondere für die Branchen Fahrzeugbau, Maschinenbau und Elektrotechnik, als auch das Wettbewerbssicherungsmotiv, vor allem für die Industriezweige Chemie, NE-Metalle und Nahrungsmittel anzuführen, die amerikanischen Kapitalexporte nach Westeuropa dominiert haben. Gleichzeitig wird der Konkurrenzkampf auf dem Weltmarkt wegen des allgemeinen Produktivitätsvorsprunges der USA auch internationale Zentralisationsprozesse zugunsten der amerikanischen Kapitale hervorgerufen haben.

2.3.4.1 Kapitalexporte zur Stabilisierung und Entwicklung der Surplusprofitposition des US-Kapitals auf dem Weltmarkt

Das US-Kapital konnte mit seinen Direktinvestitionen in Westeuropa in den 50er und 60er Jahren beträchtlich höhere Profitraten realisieren als in den USA selbst (vgl. Tabelle 10). Während die Profitrate in der verarbeitenden Industrie der USA von 1951 bis 1957 im Durchschnitt bei 13,3% lag, erzielten die US-Kapitale bei ihren Auslandsinvestitionen in der verarbeitenden Industrie der EWG-Länder eine Profitrate von durchschnittlich 16,2%, in den europäischen Ländern insgesamt durchschnittlich 17,6% und in Großbritannien 18,4%. Von 1958 bis 1964 sanken die Profitraten des US-Kapitals in allen Regionen, die Profitraten der Auslandsdirektinvestitionen lagen aber weiterhin über der Profitrate in den USA. Hier wurde ein Wert von 11% im Durchschnitt der Jahre 1958 bis 1964 erreicht, gegenüber 13,6% in Großbritannien, 14,6% in Europa insgesamt und 15,8% in den EWG-Ländern.
Der in einigen Publikationen Mitte der 60er Jahre behauptete Rückgang der US-Profitrate in Westeuropa stützte sich vor allem auf die Daten der Rezessionsjahre 1966 und 1967, in

Tabelle 10
Die Kapitalrentabilität der amerikanischen Direktinvestitionen in der verarbeitenden Industrie Westeuropas und der US-Inlandsunternehmen in der verarbeitenden Industrie 1951 bis 1964, in Prozent

Jahr	USA	Europa	EWG	GB
1951	14,4	20,8	19,2	21,8
1952	12,3	15,7	15,1	15,9
1953	12,5	15,8	13,3	16,6
1954	12,4	19,2	15,9	20,2
1955	15,0	18,9	18,1	19,0
1956	13,9	17,2	17,0	18,6
1957	12,8	15,7	14,9	16,5
1951–1957	13,3	17,6	16,2	18,4
1958	9,8	15,9	17,4	14,8
1959	11,6	18,2	18,1	18,4
1960	10,6	16,5	17,8	15,6
1961	9,9	14,0	16,4	11,6
1962	10,9	11,7	14,0	9,8
1963	11,6	12,5	13,0	12,0
1964	12,6	13,4	13,6	13,1
1958–1964	11,0	14,6	15,8	13,6

Quelle: Dietmar Haubold, a.a.O., S. 283.

denen die Profitrate des US-Kapitals in der verarbeitenden Industrie Westeuropas auf 11,3 bzw. 9,5 % fiel. 1968 und 1969 stieg die Profitrate amerikanischer Anlagen der verarbeitenden Industrie Westeuropas allerdings wieder auf 10,6 bzw. 13,5 % und widerlegte damit diese vorschnellen Prognosen.[44]

Die Surplusprofite der amerikanischen Direktinvestitionen in Westeuropa sind auf niedrigere Produktionskosten in den europäischen Ländern, in erster Linie aber auf den Produkti-

44 Vgl. Haubold, a.a.O., S. 43.

vitätsvorsprung des amerikanischen Kapitals gegenüber dem westeuropäischen Kapital zurückzuführen. Die Vergleichsstudien über die sogenannten Arbeits- und Kapitalkosten in den USA und Westeuropa sind bisher zu sehr unterschiedlichen Einschätzungen gekommen. Während Edwards[45] zu dem Ergebnis kommt, daß die niedrigeren amerikanischen Material- und Finanzierungskosten das höhere Lohnniveau in den USA in seinem Einfluß auf die Gesamtkosten nicht kompensieren können und deshalb der durchschnittliche Kostenvorteil in der EWG 25% betrage, meinen T. R. Gates und F. Linden in einer vom National Industrial Conference Board in Auftrag gegebenen Studie[46], der Gesamtkostenvorteil in der EWG betrage nur 4%.[47] Berücksichtigt man, daß die Studien von Edwards und Gates/Linden sich auf die 50er und frühen 60er Jahre beziehen, in den 60er Jahren aber die Löhne in Europa weitaus schneller anstiegen als in den USA, so dürften sich die Arbeitskosten in beiden Blöcken in einer Angleichungsbewegung befinden, auch wenn die höheren Produktivitätszuwächse in Westeuropa in Rechnung gestellt werden. Der Index der Arbeitskosten pro Einheit der Bruttowertschöpfung in der Industrie (1958 = 100) stieg in der BRD von 1959 100,5% auf 1968 135,5%, in Frankreich von 86,3% auf 124,5%, in Italien von 97,1% auf 144%, in den Niederlanden von 96,7% auf 141%, hingegen in den USA nur von 99,6% auf 115%.[48] Zwischen den Gesamtkosten in den USA und Westeuropa dürften daher seit Mitte der 60er Jahre nur noch geringe Differenzen bestehen.

Demgegenüber wird die Bedeutung des US-amerikanischen Produktivitätsvorsprunges für die amerikanischen Surplus-

45 A. Edwards, *Investment in the European Economic Community*, New York und London 1964, S. 43 ff.

46 T. R. Gates and F. Linden, *Costs and Competition: American Experience Abroad*, New York 1961, S. 91 ff.

47 Zum Vergleich der Arbeits- und Kapitalkosten in Westeuropa und den USA siehe auch: Klaus-Heinrich Standke, *Amerikanische Investitionspolitik in der EWG*, Frankfurt/Main 1965, S. 57 ff. und S. 83 ff.; ferner Pierre Uri, a.a.O., Teil III, Kapitel I und II.

48 Vgl. Tabelle X im Anhang, aus: M. Albert, *Repercussions of the Economic Policy of the United States on the Policies of the Countries of the European Economic Community*. In: Charles P. Kindleberger and Andrew Shonfield (Hrsg.), *North American and Western European Economic Policies*, London and Basingstoke 1971, S. 63.

profitrate in Westeuropa durch mehrere Studien von John H. Dunning bestätigt.[49] Nach Dunnings Untersuchungen arbeiteten die US-Unternehmen in Großbritannien auf einem höheren Produktivitätsniveau als führende britische Unternehmen und erzielten die US-Unternehmen von 1950 bis 1966 weitaus höhere Profitraten als die Spitzenunternehmen Großbritanniens, ein Vergleich, bei dem unterschiedliche Arbeits- und Kapitalkosten als erklärende Faktoren weitgehend ausgeschaltet sind (vgl. Tabelle 11).

Tabelle 11

Profitability of US Financed Firms and Leading UK Public Companies in Manufacturing Industries 1950-1966

	UK public companies	US financed firms	US profitability as percentage of UK profitability
1950	11.1	20.3	183
1951	10.8	20.5	190
1952	7.9	15.2	192
1953	8.1	16.3	201
1954	9.6	19.1	199
1955	9.8	18.4	188
1956	8.7	13.9	160
1957	8.3	14.7	177
1958	8.1	16.9	209
1959	9.1	17.0	187
1960	8.9	13.3	149
1961	7.5	11.3	151
1962	6.8	9.4	138
1963	7.4	11.5	155
1964	7.8	12.5	160
1965	11.2	12.7	113
1966	7.2	9.7	135
1950–1966	8.79	14.9	171

Quelle: John H. Dunning, *The Role* . . ., a.a.O., S. 131.

49 John H. Dunning, *Inter-Firm Efficiency Comparisons: US and UK Manufacturing Enterprises in Britain.* In: Dunning, *Studies* . . ., a.a.O., S. 345 ff.,

Die führenden britischen Unternehmen erzielten von 1950-1966 eine durchschnittliche Profitrate von 8,7%, die US-Unternehmen in Großbritannien demgegenüber 14,9%, so daß die US-Profitraten, in Prozent der UK-Profitraten ausgedrückt, im Durchschnitt den Wert von 171% erreichten.[50] Diese Daten können nur als Ausdruck des höheren Rangpunktes des US-Kapitals in der Stufenleiter der universellen Arbeit begriffen werden, der es dem amerikanischen Kapital in der direkten Konkurrenz mit den weniger produktiven nationalen Kapitalen ermöglicht, sich Surplusprofite anzueignen. Das Motiv, ihre Surplusprofitposition auf dem Weltmarkt zu stabilisieren und zu entwickeln, muß vor dem Hintergrund der dargestellten Daten über die Profitraten der US-Kapitale als ein entscheidender Erklärungsfaktor der amerikanischen Kapitalexporte nach Westeuropa angesehen werden, insbesondere dann, wenn man sich vergegenwärtigt, daß in den 60er Jahren die Entwicklung der Produktivkraft der Arbeit in Westeuropa weitaus schneller voranschritt als in den USA. Die ungleichmäßige Entwicklung der Produktivkraft führte bei gleichzeitig fixen Wechselkursen im Verlaufe der 60er Jahre zu einer immer stärkeren Überbewertung des Dollar. In dieser Situation waren die US-Kapitale nicht nur zur Auslandsdirektinvestition gezwungen, um ihre Surplusprofite zu stabilisieren und zu entwickeln, sondern auch um ihre durchschnittlichen Verwertungsbedingungen sicherzustellen, denn durch die Überbewertung des Dollar und die gleichzeitige Unterbewertung der DM und des Yen waren die amerikanischen Exportmärkte gefährdet und konnten nur durch die Ausdehnung der Auslandsproduktion gehalten werden. Das US-Kapital hatte damit seit Mitte der 60er Jahre aufgrund der Währungsparitäten einen doppelten Anlaß zum Kapitalexport: Einmal, um die konkrete Überbewertung seiner Währung, zum anderen, um die seine Surplusprofitposi-

sieh auch: Derselbe, *The Role of American Investment in the British Economy*, London 1969.

50 Vgl. auch Michael Z. Brooke and H. Lee Remmers, *The Strategy of Multinational Enterprise, Organisation and Finance*, Bristol 1970, S. 216 ff., die bei ihren Untersuchungen ausländischer Direktinvestitionen in Großbritannien ebenfalls feststellten, daß die US-Unternehmen weitaus höhere Profitraten erzielten als die europäischen Unternehmen in Großbritannien.

tion auf dem Weltmarkt generell gefährdenden Wechselkursstrukturen zu unterlaufen.

2.3.4.2 Kapitalexporte als Ausfluß internationaler Zentralisationsprozesse des Kapitals

Über das Ausmaß der durch die US-amerikanischen Kapitalexporte eingeleiteten Zentralisierungsprozesse gibt es erst seit Abschluß des Harvard-Forschungsprojektes über multinationale Konzerne ausreichende Informationen.[51] In den Tabellen 12 und 13 sind einige Ergebnisse des Harvard-Projektes zusammengestellt, die sich auf die Form der internationalen Expansion von 187 wichtigen multinationalen Konzernen der verarbeitenden Industrie der USA beziehen.
Die Expansion des US-Kapitals auf dem Weltmarkt ist insbesondere seit dem Zweiten Weltkrieg in hohem Maße mit internationalen Zentralisationsprozessen verbunden. Während die Gründung von Auslandsunternehmen durch das amerikanische Kapital bereits vor dem Zweiten Weltkrieg zu 32% die Form des Aufkaufes von oder der Beteiligung an ausländischen Unternehmen annahm, stieg dieser Prozentsatz von 1946 bis 1957 auf 37% und von 1958 bis 1967 auf 49%. Insgesamt wurden 40% aller vor 1968 von den 187 amerikanischen Konzernen gegründeten Tochtergesellschaften durch Aufkauf oder Beteiligung erworben. Das relative Wachstum der durch das US-Kapital eingeleiteten internationalen Zentralisationsprozesse seit dem Zweiten Weltkrieg reflektiert einerseits die dominierende Position, die sich das amerikanische Kapital auf dem kapitalistischen Weltmarkt im Zweiten Weltkrieg endgültig eroberte, andererseits die Überbewertung des amerikanischen Dollar seit Beginn der 60er Jahre, die diese Expansionsform für das US-Kapital besonders profitabel machte.
Die sektorale Gliederung der Zentralisationsprozesse zeigt, daß vor allem die verarbeitende Industrie durch Aufkauf oder Beteiligung ausländische Unternehmen erwarb, vor 1968 insgesamt zu 45% und im Zeitraum von 1958 bis 1967 sogar zu

51 Vgl. dazu Raymond Vernon, *Sovereignty* . . ., New York and London 1971, und James W. Vaupel and Joan P. Curhan, *The Making of Multinational Enterprise, A Sourcebook of Tables, based on a Study of 187 Major US Manufacturing Corporations*, Boston 1969.

Tabelle 12
Expansionsformen von 187 US-MNK*:
Aufkauf von/Beteiligung an bestehenden Unternehmen gegenüber Neugründung von Unternehmen; zeitlich und sektoral gegliedert.

Branchenzugehörigkeit der Tochtergesellschaft	Expansionsform: +	Zeitpunkt des Eintrittes der Tochter in den MNK vor 1946	1946–1957	vor 1968 (insges.)
Handel	Neugründung	83%	77%	66%
	Aufkauf/Beteiligung	15%	18%	27%
Extraktive Industrie	Neugründung	51%	68%	60%
	Aufkauf/Beteiligung	44%	30%	33%
Verarbeitende Industrie	Neugründung	57%	49%	44%
	Aufkauf/Beteitigung	33%	39%	45%
Alle Branchen	Neugründung	67%	63%	53%
	Aufkauf/Beteiligung	32%	37%	40%

* MNK = Multinationale Konzerne
\+ Einige marginale Expansionsformen, wie die Produktionsaufnahme durch eine frühere Vertriebsgesellschaft, sind nicht berücksichtigt worden, deshalb addieren sich die Prozentsätze nicht auf 100.

Quelle: Vaupel/Curhan, a.a.O., Diverse Tabellen; Daten errechnet von Volker Bornschier, *Multinationale Wirtschaftskorporationen: Eine Form organisationeller Überschichtung im Weltmaßstab,* Zürich, im Febr. 1973, S. 2, 3, 6, unveröffentlichtes Manuskript, vorgelegt auf der Tagung der Sektion Internationale Politik der DVfPW in Tutzing, April 1973.

53%. Die Verbindung der sektoralen und der regionalen Gliederung der Expansionsformen des US-Kapitals offenbart ein eindeutiges Übergewicht der Zentralisationsprozesse bei Direktinvestitionen in der verarbeitenden Industrie Westeuropas (57%). Der höhere Prozentsatz an Neugründungen in den rangniedrigsten Ländern der Stufenleiter der universellen Arbeit (61%) ist auf den geringen Entwicklungsstand der Pro-

Tabelle 13
Expansionsformen von 187 US-MNK:
Aufkauf/Beteiligung versus Neugründung; sektoral und regional gegliedert.

		1958–1967		
Branchenzugehörigkeit der Tochtergesellschaft	Expansionsform: +	Alle Regionen	Europa	Entwicklungsländer
Handel	Neugründung	61%	58%	75%
	Aufkauf/ Beteiligung	36%	39%	22%
Extraktive Industrie	Neugründung	60%	67%	59%
	Aufkauf/ Beteiligung	27%	33%	33%
Verarbeitende Industrie	Neugründung	41%	36%	51%
	Aufkauf/ Beteiligung	53%	57%	42%
Alle Branchen	Neugründung	51%	48%	61%
	Aufkauf/ Beteiligung	49%	51%	38%

+ = entspricht der Anmerkung + der Tabelle 12

Quelle wie Tabelle 12, Datenerrechnung ebenfalls wie Tabelle 12.

duktivkräfte in diesen Regionen des Weltkapitals zurückzuführen.

Inwieweit die in diesen Daten dokumentierten internationalen Zentralisationsprozesse Ursache der mit ihnen verbundenen Kapitalexporte des US-Kapitals waren, kann nicht endgültig geklärt werden, denn mit dem Aufkauf von oder der Beteiligung an ausländischen Unternehmen kann auch die Absicht verbunden sein, auf diese Weise die Surplusprofitposition des US-Kapitals auf dem Weltmarkt zu sichern. Die Expansionsform mit zentralisierender Wirkung hat für das amerikanische Kapital den Vorzug, mit den erworbenen

Auslandsunternehmen nicht nur die ehemaligen Exportmärkte, sondern auch die Märkte der ehemaligen Konkurrenten beliefern zu können. Spektakuläre internationale Zentralisierungsprozesse dieser Art waren in den 60er Jahren z. B. der Aufkauf folgender westeuropäischer Konzerne durch das US-Kapital: Machines Bull durch General Electric, Simca durch Chrysler, DEA durch Texaco, Rootes durch Chrysler, Braun durch Gillette, Adler/Triumph durch Litton Industries und ACEC durch Westinghouse.

Die überlegenere Konkurrenzposition des US-Kapitals, die in den beschriebenen Expansionsformen amerikanischer Konzerne auf dem Weltmarkt ihren Ausdruck findet, wird auch aus Dunnings Untersuchungen der Direktinvestitionen in Kanada und Großbritannien ersichtlich. Dunning stellte fest, daß die multinationalen Konzerne der USA über weitaus mehr 100%ige Tochtergesellschaften verfügten als die multinationalen Konzerne Großbritanniens, die sich in relativ stärkerem Maße mit Mehrheits- oder Minderheitsbeteiligungen begnügen mußten.[52]

Genauere Daten über die Besitzverhältnisse in ausländischen Unternehmen, an denen multinationale Konzerne der USA beteiligt sind, können wiederum der Harvard Studie entnommen werden (vgl. Tabelle 14 und 15).

Die 187 multinationalen Konzerne der USA verfügen über ihre ausländischen Tochtergesellschaften überwiegend im Totalbesitz, nämlich zu 71%, und sind an weiteren 20% der Tochtergesellschaften zu 50-94% beteiligt. Regional steht Kanada und Großbritannien ersichtlich. Dunning stellt fest, Europa liegen die Totalbesitzverhältnisse zwischen ca. 60% in der EWG und ca. 70% in der EFTA. Unterdurchschnittliche Totalbesitzraten herrschen in den Ländern vor, die bei Kapitalimporten nationale Beteiligungsauflagen vorschreiben, sei es durch staatliche, sei es durch private Unternehmen. Dies gilt fast generell für die Entwicklungsländer, in denen die 187 amerikanischen Konzerne »nur« 66% ihrer Töchter mit einer Kapitalanteilsquote von 95% und mehr etabliert haben. Weit unter dieser durchschnittlichen Totalbesitzrate in den Entwicklungsländern liegt Indien mit 36%. Auch Japan,

52 Dunning, *Studies* . . ., a.a.O., S. 190 ff. und S. 264 ff.

Tabelle 14
Number of Foreign Subsidiaries of 187 U.S.-controlled Multinational Enterprises, Classified by Degree of System Ownership, 1967

Area	By Degree of System Ownership*				
	Wholly owned	Majority owned	Minority owned	Unknown	Total Subsidiaries
All foreign areas	5 143	1457	660	667	7 927
Canada	817	101	44	86	1 048
Latin America	1 195	365	197	167	1 924
Mexico	230	79	61	42	412
Argentina	115	36	20	16	187
Brazil	173	48	16	30	267
Europe and United Kingdom	2 221	651	227	302	3 401
European Community	1 025	351	137	162	1 675
France	256	133	62	42	493
Germany	293	84	26	53	456
Italy	188	70	19	33	310
EFTA	1 037	196	53	119	1 405
United Kingdom	554	129	38	79	800
Other Europe	159	104	37	21	321
Southern dominions	460	113	37	38	648
Asia and other Africa	450	227	155	74	906
Japan	72	71	65	25	233
India	29	23	28	6	86
Black Africa	112	28	20	6	166

* »Wholly owned« means that the subsidiary's parents in the system hold 95 percent or more of the voting stock; »majority owned«, 50-94 percent; »minority owned« 5-49 percent.

Quelle: Raymond Vernon, *Sovereignty* . . ., a.a.O., S. 141, zusammengestellt nach: Vaupel/Curhan, a.a.O., Kapitel 3.

Tabelle 15
Besitzverhältnisse in den Tochtergesellschaften der 187 US-MNK, 1967, nach Branchen gegliedert; unter besonderer Berücksichtigung der Entwicklungsländer.[1]

Branchengruppe	Alle Tochtergesellschaften; Tochtergesellschaften in EWL	Totalbesitz 95–100%	Mehrheitsbesitz 50–94%	Minderheitsbesitz 5–49%
Alle Branchen	alle Töchter (100%)	71%	20%	9%
	Töchter in EWL (100%)	66%	22%	12%
Handel	alle Töchter (100%)	86%	12%	2%
	Töchter in EWL (100%)	87%	10%	3%
Extraktive Industrie	alle Töchter (100%)	68%	17%	15%
	Töchter in EWL (100%)	67%	18%	15%
Verarbeitende Industrie	alle Töchter (100%)	60%	27%	13%
	Töchter in EWL (100%)	53%	29%	18%

1 Berechnet von Volker Bornschier, a.a.O., S. 2, 31, auf der Basis von: Vaupel/Curhan, a.a.O., Kapitel 3.

das bis Ende der 60er Jahre sehr rigide Kapitalimportrestriktionen verhängte, hat nur 35% der Tochtergesellschaften der untersuchten amerikanischen Konzerne in deren Totalbesitz übergehen lassen. Unter den europäischen Ländern unterwirft insbesondere Frankreich die Direktinvestitionen in seinem Land relativ strengen Kontrollen, so daß hier die Totalbesitzrate mit ca. 50% unter dem europäischen Durchschnitt liegt. Branchenmäßig gilt für alle Regionen, entwickelte wie unterentwickelte, daß die Verfügungsgewalt des amerikanischen Kapitals über seine Tochtergesellschaften in der verarbeitenden Industrie am niedrigsten gehalten wird, weil diese Anlagesphäre mit Recht als Schlüsselbereich der nationalen Wirtschaft angesehen wird.

Um die Bedeutung dieser Daten über die Besitzverhältnisse in amerikanischen Tochtergesellschaften einzuschätzen, wären ebenso exakte Vergleichsdaten für die Direktinvestitionen anderer Industrienationen erforderlich. Da derartige Materialien zur Zeit nicht vorliegen, müssen wir uns mit einigen von Brooke und Remmers zusammengestellten Daten über die Besitzverhältnisse bei Direktinvestitionen begnügen.[53] Danach erreichten die britischen multinationalen Konzerne in der Sterling-Zone eine totale Besitzkontrolle an 54%, in den Nicht-Sterling-Ländern an 57% der Tochtergesellschaften, Raten also, die erheblich unter der amerikanischen Durchschnittsrate von 71% liegen. Die relative Überlegenheit des US-Kapitals wird auch aus den Besitzverhältnissen in den in Frankreich und in der BRD angesiedelten Auslandsunternehmen deutlich: 61% *aller* ausländischen Tochtergesellschaften in der BRD befinden sich im Totalbesitz der ausländischen Investoren. Demgegenüber beträgt allein die Rate der amerikanischen 95-100%igen Töchter in der BRD 66%. In Frankreich liegt die Totalbesitzrate – basierend auf den Daten von über 7000 ausländischer Tochtergesellschaften – amerikanischer Direktinvestitionen bei 57%, die der nicht-amerikanischen Tochtergesellschaften in Frankreich dagegen bei 33%.

2.3.4.3 Kapitalexporte zur Sicherung der internationalen Wettbewerbsfähigkeit

Der Vergleich des Kräfteverhältnisses der Spitzenunternehmen in wichtigen amerikanischen und westeuropäischen Branchen hatte ergeben, daß der Vorsprung der USA sich auf die Auto-, Flugzeug-, Erdöl-, Maschinenbau-, Elektrotechnik- und Gummiindustrie konzentrierte, während in der chemischen Industrie, der NE-Metall- und der Nahrungsmittelindustrie die westeuropäischen Spitzenunternehmen dieselbe Umsatzstärke wie die führenden US-Unternehmen erzielen konnten. Um festzustellen, welche Direktinvestitionen in Westeuropa zur Aufrechterhaltung der Wettbewerbsfähigkeit der durch die arbeitsteilige Wirkung der Gesetze des interna-

53 Brooke and Remmers, a.a.O., S. 261.

tionalen Handels bedrohten US-Kapitale ausgeführt wurden, ist es dienlich, eine branchenmäßige Aufschlüsselung der amerikanischen Auslandsanlagen vorzunehmen. Es ist berechtigt anzunehmen, daß die Direktinvestitionen der Chemie, der NE-Metall- und der Nahrungsmittelindustrie in Westeuropa primär defensiven Charakter tragen, denn die den amerikanischen Unternehmen ungefähr ebenbürtigen westeuropäischen Kapitale aus diesen drei genannten Branchen werden im Konkurrenzkampf mit dem US-Kapital durch den Wechselkursmechanismus begünstigt. Da die chemische Industrie, die Nahrungsmittel- und die NE-Metallindustrie in den USA zu den, an internationalen Verhältnissen gemessen, unterdurchschnittlichen Anlagesphären des Kapitals und in Westeuropa umgekehrt zu den überdurchschnittlichen Branchen zählen, benachteiligt der den mittleren Rangpunkt der jeweiligen Nation in der Stufenleiter der universellen Arbeit widerspiegelnde Wechselkurs die internationale Wettbewerbsfähigkeit der US-Kapitale und bevorzugt deutlich die europäischen Kapitale aus diesen Branchen. Um ihre Wettbewerbsfähigkeit auf dem Weltmarkt zu stabilisieren, werden die US-Kapitale deshalb den Wechselkursmechanismus durch Direktinvestitionen im weniger entwickelten Ausland unterlaufen. Welche Bedeutung diese Form des Kapitalexportes bei den US-Anlagen in Westeuropa hat, indizieren die Tabellen 16 und 17.
1964 erreichten die amerikanischen Direktinvestitionen in der verarbeitenden Industrie Westeuropas einen Umfang von 6,5 Mrd. Dollar. Davon entfielen auf die Branchen Fahrzeugbau, Elektrotechnik und Maschinenbau, bei denen wir aufgrund der US-amerikanischen Konkurrenzvorsprünge das Motiv der Absicherung der Surplusprofite als dominant annehmen können, 54%. Die Branchen Chemie, NE-Metalle, Metallverarbeitung und Nahrungsmittel erzielten einen Anteil von 31% an den gesamten Direktinvestitionen in der verarbeitenden Industrie Westeuropas. Bis Ende der 60er Jahre sind diese Relationen konstant geblieben, denn aus Tabelle 17 geht hervor, daß die amerikanischen Investitionen in den Branchen Maschinenbau, Elektrotechnik und Fahrzeugbau 1970 einen Anteil von 50,5% an den Direktinvestitionen in der verarbeitenden Industrie Großbritanniens, Bel-

Tabelle 16

Nettobestände (Buchwerte) der US-Direktinvestitionen in ausgewählten Branchen der verarbeitenden Industrie in Westeuropa 1950-1964 (in Mio. Dollar)

Jahr	verarbeitende Industrie insgesamt	Nahrungs-mittel	Papier	Chemie	Gummi-industrie	Metall-industrie	Masch.-bau	Elektro-technik	Fahrzeug-bau	Sonstige
1950	932	64	5	74	31	111	175	153	192	128
1957	2 195	149	42	319	59	178	488	214	475	272
1960	3 797	224	63	537	90	324	782	288	1 074	415
1961	4 255	259	70	614	110	375	885	336	1 144	462
1962	4 883	297	72	711	147	416	975	392	1 338	535
1963	5 634	326	81	855	158	488	1 060	442	1 565	659
1964	6 547	389	102	1 073	168	544	1 186	506	1 783	796

Quelle: Dietmar Haubold, a.a.O., S. 76.

Tabelle 17
Nettobestände amerikanischer Direktinvestitionen in ausgewählten Branchen der verarbeitenden Industrie Großbritanniens, Belgiens/Luxemburgs, Frankreichs und der BRD 1970 (in Mio. Dollar)

Land	verarbeitende Industrie Insges.	Nahrungsmittel	Papier	Chemie	Gummiind.	Metallind.	Masch.-bau	Elektrotechnik	Fahrzeugbau	Sonstige
Großbritannien	4145	252	78	639	139	279	692	445	1090	531
Belgien/Luxemburg	1142	86	77	293	53	153	174	104	75	127
Frankreich	1788	151	27	382	75	50	554	93	250	206
BRD	3443	101	64	587	52	441	654	137	1050	357
Summe	10518	590	246	1901	319	1023	2074	779	2465	1221
in Prozent	100%	5,6%	2,3%	18,1%	3,0%	9,7%	19,7%	7,4%	23,4%	11,6%

Quelle: Committee on Finance, United States Senate, *Implications of Multinational Firms for World Trade and Investment and for U.S. Trade and Labor,* Washington D.C. 1973, Table 7, S. 406, und eigene Berechnungen.

giens/Luxemburgs, Frankreichs und der BRD verzeichneten und die Branchen Chemie, Nahrungsmittel und NE-Metalle sowie Metallverarbeitung 33,4% der Gesamtinvestitionen auf sich vereinigten.
Rund ein Drittel der amerikanischen Investitionen in der verarbeitenden Industrie Westeuropas tragen damit den in der bürgerlichen Literatur so oft beschworenen defensiven Charakter. Dieser Defensiv-Charakter der Investitionen der Branchen Chemie, Nahrungsmittel und Metall ist für die 60er Jahre aber nicht so zu interpretieren, daß der Wechselkursmechanismus diese Branchen bei Strafe des Unterganges zur Auslagerung ihrer Produktionsstätten ins weniger entwickelte Ausland gezwungen hätte. Die amerikanischen Tochtergesellschaften im Ausland würden in diesem Falle nicht nur als Standort zur Belieferung der ehemaligen Exportmärkte der Muttergesellschaft dienen, sondern auch als Basis für Reexporte in die USA selber benutzt werden. Derartige Marktstrukturen lassen sich aus den zur Verfügung stehenden Materialien nicht ablesen. Nach Ermittlungen des amerikanischen Handelsministeriums[54] setzten die amerikanischen Auslandsunternehmen in Europa 1962 78%, 1964 77% und 1968 ebenfalls 77% ihrer Produktion lokal, d. h. im Anlageland selber ab; 1962 wurden 21%, 1964 22% und 1968 ebenfalls 22% der Produktion in Drittländer exportiert, während der Anteil der Reexporte in die USA in allen drei Berichtsjahren auf konstant 1% beschränkt blieb. Die sektorale Aufschlüsselung dieser Daten ist nur für 1964 möglich, sie kann aber dennoch als Beleg unserer These angesehen werden, da die ausländischen Tochtergesellschaften der amerikanischen Chemiekonzerne nur 3,5% ihrer Produktion in die USA reexportierten, die Auslandstöchter der Nahrungsmittelunternehmen nur 4,4% und die der Metallindustrie nur 7,8% ihrer Umsätze in den USA realisierten.[55]
Die defensive Orientierung der Kapitalexporte dieser Branchen des US-Kapitals galt angesichts dieser Daten in den 60er Jahren primär den Exportmärkten in Westeuropa; die Relativierung der amerikanischen Vormachtstellung scheint in die-

54 Vgl. Vernon, *Sovereignty*..., a.a.O., S. 103; auch: Volker Bornschier, a.a.O., S. 2,27.
55 Volker Bornschier, a.a.O., S. 2,29.

sem Zeitraum noch nicht so weit vorangeschritten zu sein, daß der amerikanische Binnenmarkt dieser US-Branchen in hohem Maße gefährdet gewesen wäre.

2.3.4.4 Vernons Product-Cycle-Theorie und die Empirie der amerikanischen Kapitalexporte

Die in den letzten Kapiteln zusammengestellten Daten über die Profitraten der amerikanischen Direktinvestitionen in Europa, die Expansionsformen der multinationalen Konzerne der USA und die branchenspezifische Struktur der US-Kapitalanlagen in der verarbeitenden Industrie Westeuropas machen deutlich, daß die von uns behaupteten Zusammenhänge zwischen der Internationalisierung der Mehrwertrealisierung und der Internationalisierung der Mehrwertproduktion eine sinnvolle Interpretation der Empirie der Kapitalbeziehungen zwischen den USA und Westeuropa ermöglichen. Diese Materialien zeigen zugleich, daß die in der bürgerlichen Theorie der Direktinvestitionen, insbesondere bei Vernon, behauptete defensive Orientierung der Kapitalexporte mit der empirischen Struktur der amerikanischen Direktinvestitionen in Westeuropa kollidiert. Von einer defensiven Orientierung der Direktinvestitionen kann nur dann gesprochen werden, wenn beim gegebenen Stand der Entwicklung der Produktivkräfte in den einzelnen Nationen und der vorgegebenen Wechselkursstruktur bloß die Aufnahme der Auslandsproduktion die internationale Konkurrenzfähigkeit der direktinvestierenden Kapitale aufrechterhält. Stabilisieren und entwickeln die Kapitalanlagen im Ausland hingegen in erster Linie die Surplusprofite der Weltmarktbranchen eines nationalen Kapitals oder leiten sie internationale Zentralisierungsprozesse ein, so liegt nicht eine defensive, sondern eher eine offensive Orientierung der Direktinvestitionen vor. Nur bei einem Teil der amerikanischen Kapitalexporte nach Westeuropa ist eine primär defensive Orientierung gegeben, nämlich nur bei den Anlagen der Branchen Chemie, NE-Metalle und Nahrungsmittel. Die Product-Cycle-Theorie Raymond Vernons hat demnach für die amerikanischen Direktinvestitionen in Westeuropa keinen hohen Erklärungswert. Die geringe empirische Relevanz der Vernonschen Theorie bestä-

Suhrkamp Wissenschaft

Zweites Halbjahr 1974

Theodor W. Adorno, Enid Balint, Walter Benjamin, Ernst Bloch, Noam Chomsky, Jacques Derrida, Georges Devereux, Hans Peter Duerr, Bela Grunberger, Ch. L. Hart Nibbrig, Lawrence Kohlberg, Ernst Krenek, Antonio Labriola, Claude Lévi-Strauss, Rudolf zur Lippe, Alfred Lorenzer, Karl Menninger, Gunnar Myrdal, C. K. Ogden, Carl Pietzcker, Leo Rangell, I. A. Richards, Manfred Riedel, Paul Roazen, Gershom Scholem, M. G. Singer u. a.

Theodor W. Adorno: Gesammelte Schriften
Band 9: Soziologische Schriften 2

Herausgegeben von Rolf Tiedemann
Etwa 600 Seiten. Leinen. ca. DM 48,–. Kart. ca. DM 36,–

Der erste Band der *Soziologischen Schriften* Adornos enthielt die theoretischen Arbeiten, im zweiten folgen nun die mehr empirisch orientierten:
»Der gesellschaftlichen Forschung obliegt das Studium der dialektischen Wechselwirkung von rationalen und irrationalen Momenten... Der Chemismus von Massenbewegungen wäre an ihnen wie im Reagenzglas, in kleinem Maßstab und zu einem Zeitpunkt zu analysieren, da sie noch nicht ihre drohende Gewalt angenommen haben; solange Zeit bliebe, das Erkannte auf die Praxis anzuwenden« (Adorno).

Theodor W. Adorno: Gesammelte Schriften
Band 11: Noten zur Literatur

Herausgegeben von Rolf Tiedemann
Etwa 700 Seiten. Leinen. ca. DM 38,–. Kart. ca. DM 24,–

Adornos *Noten zur Literatur,* deren drei erste Teile in den 50er und 60er Jahren erschienen, liegen nunmehr, um einen vierten Teil erweitert, in einem Band vor. Sie enthalten – im emphatischen Sinn – Essays. Sie setzten zu einer Zeit, da es um die literarische Kritik in der Bundesrepublik nicht zum besten stand, neue Standards der literarischen Kritik und Deutung. Die *Noten zur Literatur* geben – etwa mit den Arbeiten über Hölderlin, Eichendorff, Heine, Balzac, Proust, Valéry – Modelle für ein reflektiertes Verhältnis zur geistigen Tradition und liefern überdies Modelle für ein produktives Verhältnis zum Ästhetischen, das immer auch ein gesellschaftlich Vermitteltes ist.

Theodor W. Adorno und Ernst Krenek: Briefwechsel

Herausgegeben von Wolfgang Rogge. Vorwort von Ernst Krenek
Etwa 300 Seiten. Leinen. ca. DM 38,–

Krenek, »neben Hindemith der markanteste Exponent der zweiten radikalen Komponisten-Generation, die auf Schönberg, seine nächste Schule, und auf Strawinsky und Bartók folgte«, und der Philosoph Adorno, der wohl bedeutendste Theoretiker der neuen Musik, Schüler Alban Bergs und selber Komponist, begegneten einander vorab in der fachtechnischen Diskussion des kompositorischen Metiers. Wahrscheinlich war Krenek der einzige Komponist, der dem Anspruch der philosophischen und soziologischen Analysen Adornos auch theoretisch gewachsen war. Der hier erstmals edierte Briefwechsel ist ein Dokument des Kampfes um die Durchsetzung der neuen Musik.

Carl Pietzcker: Die Lyrik des jungen Brecht

Vom anarchischen Nihilismus zum Marxismus
Etwa 320 Seiten. Kart. ca. DM 24,–

Obwohl der Lyriker Brecht Gegenstand einer Reihe von literaturwissenschaftlichen Untersuchungen geworden ist, fehlte es bislang an einer fundierten Analyse der lyrischen Produktion des jungen Brecht, die die Entwicklung des Dichters von einer individualistisch-anarchischen Position zum reifen marxistischen Kritiker der bürgerlichen Gesellschaft nicht als unvermittelten Bruch, sondern als Kontinuität und Konsequenz begreift. Pietzckers Arbeit will diese Lücke der Brecht-Forschung schließen. Sie geht von exemplarischen Einzelinterpretationen aus und sucht, immer wieder neu ansetzend, größere Komplexe und Entwicklungsstränge herauszuarbeiten und so zu einem einheitlichen Bild zu gelangen.

Studientexte

Christiaan L. Hart Nibbrig
Ja und Nein

Studien zur Konstitution von Wertgefügen in Texten
Etwa 200 Seiten. Kart. ca. DM 18,–

Daß es in der Literaturtheorie darum geht, einen werttheoretischen Ansatz mit dem kommunikationstheoretischen zu vermitteln, hat Hart Nibbrig von J. A. Richards gelernt. Seine Arbeit macht aus der Anschauung konkreter Beispiele heraus deutlich, daß beide Ansätze in der Wurzel zusammenhängen. Die gewählten »konkreten Beispiele« decken ein Spektrum ab von Heintje-Liedern und Werbetexten über Gottfried Keller, Conrad Ferdinand Meyer und Adalbert Stifter bis Goethe, Nietzsche und Benjamin.

Hans Peter Duerr
Ni Dieu — ni mètre

Anarchische Bemerkungen zur Bewußtseins- und Erkenntnistheorie
Etwa 200 Seiten. Kart. ca. DM 20,–

In einer Absage an die Dialektik in ihren hegelianischen und marxistischen Spielarten einerseits, den Szientismus des »Kritischen Rationalismus« andererseits, aber auch an die Metaphysik des späten Wittgenstein entwickelt H. P. Duerr Gedanken zur Begründung der Erkenntnis, zu den angeblichen logischen Paradoxien, zur Skepsis, zur Struktur des Selbstbewußtseins, zum Leib-Seele-Problem, zu den verschiedenen materialistischen Bewußtseinstheorien sowie zum Problem der sog. gesellschaftlichen Totalität.

Antonio Labriola: Über den historischen Materialismus

Hrsg. von Anneheide Ascheri – Osterlow und Claudio Pozzoli
Einleitung von Claudio Pozzoli. 432 Seiten. Kart. DM 26,–

Für Labriola (1843–1904) ist »der historische Materialismus in gewissem Sinne der ganze Marxismus«, und die marxistische Philosophie konzipiert er wesentlich als »Philosophie der Praxis«. Von dieser Position aus kritisiert er entschieden die damals grassierende Faktorentheorie: die Gesellschaft ist für ihn ein komplexes Ganzes, das nur in seinen historischen Veränderungen verstanden, nicht jedoch deterministisch erklärt werden kann.

Ludwig Feuerbach: Werke in sechs Bänden

Herausgegeben von Erich Thies
Je Band 350 bis 450 Seiten. Balacron. Je ca. DM 14,–. Subskriptionspreis ca. DM 12,–. Band 1 und 2 erscheinen im Herbst 1974

Plan der Ausgabe:
Band 1 Frühe Schriften (1828–1830)
Band 2 Kritiken und Abhandlungen I (1832–1839)
Band 3 Kritiken und Abhandlungen II (1839–1843)
Band 4 Kritiken und Abhandlungen III (1844–1866)
Band 5 Das Wesen des Christentums (1841)
Band 6 Manuskripte aus dem Nachlaß, Briefe und Dokumente. Bibliographie und Personenregister

Gunnar Myrdal: Anstelle von Memoiren

Etwa 350 Seiten. Leinen. ca. DM 36,–

In *Anstelle von Memoiren* will Gunnar Myrdal ein Fazit ziehen aus dem, was ihn als Wissenschaftler »ein Leben lang« beschäftigt hat – Myrdal: »Dieses Buch ersetzt die Memoiren, die ich niemals schreiben werde.«
Liegt nun nach den großen weltweiten Erfolgen von *Asiatisches Drama* und *Politisches Manifest über die Armut in der Welt* die Erwartung nahe, Myrdal bliebe bei seinem Gegenstand, die Probleme der Dritten Welt, so ist es beinahe überraschend, beim Rückgriff auf seine früheren Arbeiten zu sehen, daß Myrdal als Sozialwissenschaftler doch vor allem anderen Ökonom ist und war: Den in diesem Buch vorgestellten kritischen Studien zur ökonomischen Theorie liegen Aufsätze zugrunde, die zurückreichen bis in die Anfänge seiner wissenschaftlichen Arbeit.
Das große Ansehen, das Gunnar Myrdal als Sozialwissenschaftler allgemein genießt, hat er sich nicht dadurch erkauft, daß er – sei es in seinen politisch relevanten Arbeiten oder in seinen mehr theoretischen – mit dem Strom wohlmeinender Opportunität schwamm – und so tragen seine »Memoiren« in Amerika und England sehr treffend den Titel *Against the Stream*.

Literatur der Psychoanalyse

Herausgegeben von Alexander Mitscherlich

Bela Grunberger: Vom Narzißmus zum Objekt

Aus dem Französischen von Peter Canzler
Etwa 280 Seiten. Kart. ca. DM 24,–

Diese Aufsatzsammlung will erstens die Aufmerksamkeit auf das Spezifische des narzißtischen Syndroms lenken. Weiter will sie seinen Stellenwert innerhalb der Freudschen Triebtheorie bezeichnen. Drittens will sie die Bedeutung des Narzißmuß für das Verständnis bestimmter Aspekte der Humanpsychologie aufzeigen.

Leo Rangell
Gelassenheit und andere menschliche Möglichkeiten

Aus dem Amerikanischen von Annemarie Droß
Etwa 320 Seiten. Leinen. ca. DM 36,–

Die hier zusammengefaßten Arbeiten zeichnen sich durch große klinische und theoretische Sachkenntnis aus. Sie gehören zu den bedeutenden Beiträgen der Psychoanalyse der letzten Jahre. Dem Leser wird der Stoff leichter erschlossen, weil der Autor die Vielseitigkeit seiner Interessen klar mitzuteilen versteht.

Fünf Minuten pro Patient

Psychotherapeutische Möglichkeiten des praktischen Arztes
Balints »flash«-Therapie. Hrsg. von Enid Balint und J. S. Norell.
Aus dem Engl. von Käthe Hügel. Etwa 220 Seiten. Kart. ca. DM 20,–

Das Forschungsprojekt dieses letzten Balint-Seminars hat sich die Frage gestellt, ob der psychologisch interessierte Arzt lernen kann, innerhalb seiner Routinepraxis eine Methode zu handhaben, die es ihm erlaubt, seine Patienten zu verstehen. Diese Methode ist der »flash«, das blitzlichthafte Aufleuchten eines gegenseitigen Verständnisses zwischen Patient und Arzt.

Karl Menninger: Selbstzerstörung

Psychoanalyse des Selbstmords. Aus dem Amerikanischen von Hilde Weller. Etwa 520 Seiten. Leinen. ca. DM 58,–

Das vorliegende Buch ist die erste und bisher in dieser Ausführlichkeit wohl einzige umfassende Darstellung der Problematik des Selbstmords in seinen verschiedensten Erscheinungsformen. Die dabei von .Menninger zugrunde gelegten psychoanalytischen Gesichtspunkte haben trotz der Umwälzungen, die die letzten Jahrzehnte mit sich brachten, nichts von ihrer Gültigkeit verloren.

Alfred Lorenzer
Die Wahrheit der psychoanalytischen Erkenntnis

Ein historisch-materialistischer Entwurf
Etwa 320 Seiten. Leinen. ca. DM 24,–

Radikaler als Apel und Habermas – radikaler, weil er seine Metatheorie explizit in der Perspektive des historischen Materialismus entfaltet – begründet Lorenzer, im Gegensatz zu der bislang dominanten Lehre von der Psychoanalyse als einer »Naturwissenschaft des Seelischen«, das psychoanalytische Verfahren als kritisch-hermeneutische Operation. Der durch Marx gesetzte gesellschaftstheoretische Rahmen erlaubt es dem Autor, die traditionelle psychoanalytische Theorie so zu befragen, daß deren ideologische Befangenheit durchschaut werden kann. Es geht, mit einem Wort, darum, ob Psychoanalyse als Anpassungstechnik oder als emanzipativer Prozeß anzusehen ist.

Rudolf zur Lippe: Naturbeherrschung am Menschen

Band 1: Körpererfahrung als Entfaltung von Sinnen und Beziehungen in der Ära des italienischen Kaufmannskapitals
Band 2: Die Geometrisierung des Menschen und die Repräsentation des Privaten im französischen Absolutismus
2 Bde. Etwa 832 Seiten. Zusammen. Leinen ca. DM 78,–. Kart. ca. DM 54,–

Was zur Lippe in seiner Studie strategisch ins Auge faßt, wird in der Einleitung klar formuliert: »Gerade um der notwendigen Fortschritte auf dem Weg zu einer menschlicheren Geschichte willen können wir es uns nicht länger leisten, die innere Natur von Menschen als bloße Zugabe zu behandeln« – nicht zuletzt der ästhetische Einstieg in die geschichtsphilosophische Frage nach der Veränderbarkeit der Resultate der Klassengeschichte ermöglicht es, die Dialektik von Naturbeherrschung und innerer Verelendung epochenspezifisch zu rekonstruieren.

Jacques Derrida: Grammatologie

Aus dem Franz. von Hans-Jörg Rheinberger und Hanns Zischler
Etwa 500 Seiten. Leinen. ca. DM 58,–

Mit Derridas Büchern *Die Schrift und die Differenz* und *Grammatologie* ist der französische Strukturalismus in das Stadium seiner Selbstreflexion und seiner Selbstüberwindung eingetreten.
Im ersten Teil des Buches, »Die Schrift vor dem Buchstaben«, werden eine theoretische Grundlage entworfen, historische Wegmarken gewiesen und eine Reihe von kritischen Begriffen vorgeschlagen. Der zweite Teil, »Natur, Kultur, Schrift«, überprüft diese Begriffe an einem Beispiel, das ein Schlüsseltext des europäischen Logozentrismus ist: Rousseaus *Essai sur l'origine des langues.*

Walter Höllerer
Zwischen Klassik und Moderne
stw 82 (IV)

Materialien zu Kants ›Kritik der reinen Vernunft‹
stw 58 (IV)

Materialien zu Kants ›Kritik der praktischen Vernunft‹
stw 59 (III)

Friedrich Albert Lange
Geschichte des Materialismus
2 Bd. stw 70 (III)

Paul Lorenzen
Konstruktive Wissenschaftstheorie
stw 93 (IV)

Wolfgang Mommsen
Max Weber
stw 53 (III)

James O'Connor
Die Finanzkrise des Staates
stw 83 (III)

Alfred Schütz
Der sinnhafte Aufbau der sozialen Welt
stw 92 (IV)

Seminar: Abweichendes Verhalten
4 Bände
Bd. 1: Die selektiven Normen der Gesellschaft
stw 84 (IV)
Bd. 2: Die gesellschaftliche Reaktion auf Kriminalität
stw 85 (IV)

Seminar: Ethik und Sprache. Zur Entwicklung der Metaethik
stw 91 (IV)

Seminar: Ethnomethodologie. Beiträge zu einer phänomenologischen Soziologie des Alltagslebens
stw 71 (III)

Seminar: Medizin, Gesellschaft, Geschichte
stw 67 (III)

Seminar: Primatenkommunikation
stw 63 (IV)

Seminar: Der Regelbegriff in der praktischen Semantik
stw 94 (IV)

Helmut Spinner
Pluralismus als Erkenntnismodell
stw 32 (III)

Peter Szondi
Das lyrische Drama des Fin de Siècle
stw 90 (IV)

Peter Szondi
Poetik und Geschichtsphilosophie II
stw 72 (III)

Ian Watt
Der Aufstieg des Romans
stw 78 (IV)

Bitte fordern Sie den ausführlichen Prospekt *suhrkamp taschenbücher wissenschaft an.*

Suhrkamp Verlag, 6 Frankfurt 1, Lindenstr. 29–35, Postfach 4229
Redaktionsschluß: 20. 6. 1974, Titelnummer 99130
Angaben ohne Gewähr.

Ernst Bloch: Das Experiment Welt
Gesammelte Schriften, Band 15

Zentren der Kategorienlehre
Etwa 260 Seiten. Leinen. ca. DM 32,–. Kart. ca. DM 22,–

Mit seinem neuen *magnum opus* legt Ernst Bloch etwas vor, was dem Kenner seines Werks als paradox erscheinen mag: den Grundriß eines philosophischen Systems, einer systematischen Kategorienlehre. Paradox muß das deshalb erscheinen, weil die Blochsche Philosophie in hohem Maße offen, antisystematisch, eine Philosophie des Prozesses und des Werdens, des Noch-Nicht ist. Der Widerspruch, daß eine Philosophie systematisch-geschlossen und zugleich unsystematisch-offen ist, löst sich dann auf, wenn man mit Bloch den Systemgedanken selber neu faßt: System heißt bei ihm nicht, daß etwas ein für alle Male statisch und fix ist, sondern daß im Invarianten die Momente und Potenzen seiner Veränderung angelegt sind. Indem Bloch den Systemgedanken derart dialektisch ausbaut, kann er Geschichte als zusammenhängenden Prozeß, als historisch-materialistische Kontinuität konstruieren, d. h. er kann sie als Einheit fassen, ohne doch über ihrer Einheit ihre grundsätzliche Wandelbarkeit aus den Augen zu verlieren.

Manfred Riedel: Metaphysik und Metapolitik

Studien zu Aristoteles und zur politischen Sprache der neuzeitlichen Philosophie
Etwa 300 Seiten. Linson. ca. DM 36,–

Manfred Riedels Untersuchungen, Prolegomena zu einer »Kritik der politischen Vernunft«, knüpfen einmal im Ausgang von der begriffsgeschichtlichen Methode der philosophischen Hermeneutik Gadamers und der Heidelberger Historikerschule um W. Conze und R. Koselleck an J. Ritters Fragestellung nach dem systematischen Zusammenhang von Metaphysik und Politik in der Philosophie zwischen Aristoteles und Hegel an. Zum anderen beziehen sie sich, rezipierend und kritisch zugleich, auf die der angelsächsischen Kultur des Philosophierens – im Unterschied zur kontinentalen philosophischen Tradition – selbstverständliche Disziplin der »political philosophy«, wie sie z. B. seit langem Leo Strauss und seine Schule vertreten. Das Schwergewicht des I. und II. Teils liegt auf eindringlichen Analysen zu Sprache und Bauform der Aristotelischen Politik sowie zu Spuren ihrer unmittelbaren Rezeptions- und Wirkungsgeschichte. Schwerpunkt des III. Teils ist der ebenso vielschichtige wie schwer überschaubare Argumentationsprozeß, den die politische Philosophie der Neuzeit (exemplarisch bei Hobbes und Kant) auf der Grundlage eines seit Galilei veränderten Verständnisses von Metaphysik und Metapolitik gegen Aristoteles führt.

Claude Lévi-Strauss: Mythologica IV
Der nackte Mensch

Aus dem Französischen von Eva Moldenhauer
Etwa 900 Seiten. Leinen. 2 Teilbände à ca. DM 48,–. Kassette ca. DM 86,–

Im Mittelpunkt dieses vierten Bandes steht der in vielen Varianten anzutreffende Mythos vom nackten Menschen: der Held, Herr der Jagd und der reichsten Kleidung, wird von seinem Vater, den Begierde nach den Frauen seines Sohnes übermannt, gezwungen, sich auszuziehen und nackt auf einen Baum zu klettern, um dort Vögel aus dem Nest zu holen. Er erreicht den Himmel, in den er lange Zeit verbannt bleibt ... Das ist eines jener mythischen Grundmuster, »auf welche die Menschen seit hunderttausenden von Jahren immer wieder zurückkommen, um ihre theoretischen Probleme zu lösen«. Lévi-Strauss verfolgt solche Muster durch ihre zahlreichen Modifikationen, Verwandlungen, Umkehrungen, in denen sich jeweils veränderte Umwelt- und soziale Bedingungen ausdrücken. In einem Interview sagte er nach Abschluß seiner *Mythologica*: »Ich versuche zu tun, was Marx als notwendig angesehen hat, wozu er aber nicht die Zeit hatte oder was er jedenfalls nicht selbst tun wollte: das heißt, den Überbau in seinem Zusammenhang mit dem Unterbau zu prüfen; ich halte mich dabei an ganz elementare Dinge ...«

Marcus George Singer
Verallgemeinerung in der Ethik

Zur Logik moralischen Argumentierens. Aus dem Amerikanischen von Claudia Langer und Brigitte Wimmer
Etwa 400 Seiten. Leinen. ca. DM 38,–. Kart. ca. DM 28,–

Das Buch behandelt die Frage, wie man zwischen richtigem und nicht richtigem Handeln unterscheiden kann. Fundamental für diese Unterscheidung ist nach Singer das Verfahren der Generalisierung, das in der Form der Frage: »Was würde passieren, wenn das jeder täte?« allen vertraut ist. Daß die Konsequenzen verheerend wären, gilt allgemein als guter Grund für die Folgerung, man solle die Handlung unterlassen. Solche Überlegungen gehören einem Argumentationstyp an, den Singer als »*Argument* der Generalisierung« so formuliert: »Wenn jeder das täte, wären die Folgen nicht wünschenswert; daher sollte niemand das tun.« Vorausgesetzt ist in diesem Argument das *Prinzip* der Generalisierung, das in der Tradition auch als Prinzip der Gerechtigkeit, Fairneß oder Unparteilichkeit bekannt ist: »Was für eine Person richtig (oder nicht richtig) ist, muß auch für jede andere Person mit ähnlichen individuellen Voraussetzungen und unter ähnlichen Umständen richtig sein.«

Wissenschaftliche Sonderausgaben

Noam Chomsky: Amerika und die neuen Mandarine

Aus dem Amerikanischen von Anna Kamp
372 Seiten. Kart. ca. DM 14,–

»Chomskys Analysen sind brillant und bestechend. Er zerreißt die amerikanischen liberalen Intellektuellen geradezu in der Luft. Er wirft den ›neuen Mandarinen‹ vor, nur pragmatisch an die politischen Probleme ... heranzugehen, ohne jede moralische Prüfung.« *Frankfurter Rundschau*

Objekte des Fetischismus

Herausgegeben von J.-B. Pontalis. Aus dem Französischen von Eva Moldenhauer. 379 Seiten. Kart. ca. DM 10,–

Der Begriff Fetischismus wurde 1760 von Charles de Brosses geprägt. Seither hat er manche Bedeutungen angenommen, in ganz verschiedenen Kontexten Geschichte gemacht, nicht zuletzt dank Marx und Freud. Gibt es noch eine Verbindung im Gebrauch des Fetischbegriffs in der Ethnologie, der Warenanalyse, der Psychoanalyse, der Umgangssprache?

Paul Roazen: Politik und Gesellschaft bei Sigmund Freud

Aus dem Englischen von Hilde Weller.
341 Seiten. Kart. ca. DM 10,–

Die professionellen Psychoanalytiker verloren die gesellschaftliche Bedingtheit der Theorie Freuds aus den Augen und neigten dazu, seine um den sozialen Aspekt beschnittene Metapsychologie zu dogmatisieren. Die psychoanalytisch interessierten Soziologen und Politologen dagegen ignorierten die »klinische« Bedingtheit von Freuds sozialem und politischem Denken. Roazen versucht, dieser für beide Seiten unglücklichen Entwicklung entgegenzutreten.

suhrkamp taschenbücher wissenschaft

(Die römischen Ziffern in Klammern geben das voraussichtliche Erscheinungsquartal an.)

W. Ross Ashby
Einführung in die Kybernetik
stw 34 (III)

Hans Blumenberg
Säkularisierung und Selbstbehauptung stw 79 (III)

Materialien zu Jürgen Habermas' ›Erkenntnis und Interesse‹
stw 49 (III)

Materialien zu Hegels Rechtsphilosophie
2 Bde. stw 88/89 (IV)

Theorie

Hrsg. von Jürgen Habermas, Dieter Henrich und Jacob Taubes

Lawrence Kohlberg
Zur kognitiven Entwicklung des Kindes

Drei Aufsätze. Aus dem Englischen von Nils Thomas Lindquist
Etwa 450 Seiten. ca. DM 28,–

In den drei Beiträgen dieses Bandes wird eine Fülle von empirischem Material kritisch auf- und theoretisch durchgearbeitet. Der große Aufsatz »Stufe und Sequenz« entfaltet die Kohlbergsche Position und Methode. Die Arbeit über »Privatsprache« entscheidet den Disput zwischen Piaget und Wygotski über egozentrisches Sprechen eher zugunsten des letzteren. Die »Analyse der Geschlechtsrollen-Konzepte und -Attitüden« bringt neue Orientierungen in einem heute überaus aktuellen Forschungsbereich.

Georges Devereux: Das Normale und das Abnorme

Aufsätze zur allgemeinen Ethnopsychiatrie. Vorwort von Erich Wulff. Aus dem Französischen von Nils Thomas Lindquist
Etwa 280 Seiten. ca. DM 18,–

Die Methode von G. Devereux ist die des *Komplementarismus.* Das impliziert die gegenseitige Ergänzung und Korrektur verschiedener Forschungsansätze. So kann die Ethnologie einen ethnozentrischen Imperialismus der Psychoanalyse bewußt machen und damit korrigieren, die Psychoanalyse umgekehrt universelle psychische Mechanismen herausarbeiten, die dem kulturalistischen Relativismus mancher ethnologischer Forscher verborgen bleiben.

C. K. Ogden / I. A. Richards
Die Bedeutung der Bedeutung

(The Meaning of Meaning)
Eine Untersuchung des Einflusses der Sprache auf das Denken und der Wissenschaft des Symbolismus
Supplement: Bronislaw Malinowski, Das Problem der Bedeutung in primitiven Sprachen
Aus dem Englischen von Gert H. Müller
Etwa 400 Seiten. ca. DM 28,–

Die Autoren führen die Begriffe der Zeichen- und der Symbol-Situation und des Situationskontextes ein, die dem, was heute in den linguistischen und semiotischen Theorien als »Pragmatik« neu entdeckt wird, schon recht nahe kommen: Sprechen und Verstehen vollzieht sich stets in konkreten Situationen und gesellschaftlich vermittelten Kontexten, und nur in ihnen kann »Bedeutung« überhaupt Bedeutung haben.

Theorie-Diskussion: Praktische Philosophie und konstruktive Wissenschaftstheorie

Hrsg. von Friedrich Kambartel. Etwa 250 Seiten. ca. DM 16,–

In den letzten Jahren hat die konstruktive Wissenschaftstheorie vieldiskutierte Vorschläge zum Verständnis der Rechtfertigung von Zwecken und Handlungsweisen vorgelegt. Es ist unübersehbar, daß diese Vorschläge vieles mit den von Habermas gegebenen Analysen des praktischen Diskurses gemeinsam haben; jedoch sind von seiten der kritischen Theorie inzwischen distanzierend Einwände formuliert worden. Der Band enthält daher neben Beiträgen, die den konstruktivistischen Ansatz vorstellen, eine von einer Frankfurter Arbeitsgruppe vorgetragene Kritik, zusammen mit einer Erwiderung von Schwemmer.

Theorie-Diskussion: Theorien der Wissenschaftsgeschichte

Beiträge zur diachronischen Wissenschaftstheorie
Hrsg. von Werner Diederich. 312 Seiten. Kart. ca. DM 14,–

Die Wissenschaftstheorie wird gegenwärtig stark von der Auseinandersetzung mit der Wissenschaftsgeschichte bestimmt, herausgefordert durch Thomas S. Kuhns Buch *Die Struktur wissenschaftlicher Revolutionen.* Die Aufsätze dieses Bandes stehen in dem Kontext dieser international geführten Diskussion.

Theorie-Diskussion: Supplement 2
Theorie der Gesellschaft oder Sozialtechnologie

Neue Beiträge zur Habermas-Luhmann-Diskussion
Hrsg. von Franz Maciejewski. 240 Seiten. Kart. ca. DM 16,–

Kaum ein anderes Buch dürfte in den letzten Jahren eine solche Resonanz quer durch die Sozialwissenschaften gefunden haben wie der Diskussionsband, in dem J. Habermas und N. Luhmann über die Frage »Theorie der Gesellschaft oder Sozialtechnologie« stritten. Der vorliegende Band setzt die Diskussion fort und führt sie zurück zu ihrem soziologischen und politologischen Kerngehalt.

Abraham Cohen Herrera: Die Pforte der Himmel

Aus dem Lateinischen von Friedrich Häußermann. Mit einer Einleitung von Gershom Scholem. Etwa 300 Seiten. ca. DM 28,–

Herreras *Himmelspforte* ist ein Werk aus der jüdischen Kabbala und hat für deren Geschichte große Bedeutung: sie ist der erste Text dieser Tradition, der in einer lateinischen Übertragung zum Druck kam und so den philosophisch und theologische Interessierten auch der christlichen Welt des 17. Jahrhunderts erreicht.
Gershom Scholems Einleitung stellt die *Himmelspforte* in ihren geistesgeschichtlichen Zusammenhang.

tigt auch eine Rangkorrelations-Analyse zwischen der Forschungsintensität wichtiger Anlagesphären des US-Kapitals und dem Umfang ihrer Direktinvestitionen (vgl. Tabelle 18).

Tabelle 18
Comparison of R & D intensity in U.S. industries with domestic and foreign investment variables, value in millions of dollars

	R & D Intensity +		Domestic Capital ++		Foreign Capital +++	
	Value	Rank	Value	Rank	Value	Rank
Electrical machinery and apparatus, incl. household appliance	8.29	1	5,174	18	1,363	8
Drugs	6.28	2	2,693	22	681	17
Industrial chemicals	5.61	3	18,620	5	1,929	5
Instruments	4.21	4	4,084	20	1,345	9
Transportation equiment	3.54	5	20,418	3	5,131	1
Radio, TV, Electronic components	3.26	6	8,356	15	606	20
Farm machinery and equipment	2.75	7	1,388	25	204	25
Electronic computing equipment and misc. non-electrical machinery	1.97	8	9,746	10	2,247	2
Office machines	1.81	9	832	26	416	23
Soaps and cosmetics	1.08	10	1,748	24	478	22
Rubber products	1.06	11	7,977	16	974	13
Industrial machinery and equipment	0.95	12	8,401	14	931	14
Misc. chemicals	0.94	13	4,417	19	1,576	6
Stone, clay, and glass products	0.70	14	13,237	8	1,046	11
Primary and fabricated aluminum, plus misc. metal products	0.48	15	8,525	13	907	15

Fabricated metals (excl. aluminum, copper, and brass)	0.45	16	14,998	6	1,030	12
Misc. electrical machinery	0.44	17	2,577	23	644	18
Grain mill products	0.44	18	3,098	21	289	24
Plastics	0.42	19	8,559	11	2,204	4
Primary metals (excl. aluminum)	0.34	20	33,860	1	682	16
Paper and allied produkts	0.31	21	19,357	4	2,007	3
Misc. manufacturing (incl. ordnance, tobacco, leather)	0.25	22	6,979	17	602	21
Lumber, wood, and furniture	0.14	23	8,554	12	1,296	10
Misc. food products	0 13	24	22,453	2	1,564	7
Printing and publishing	0.08	25	10,105	9	138	26
Textiles and apparel	0.07	26	13,945	7	625	19
Correlation with R & D Intensity Series:						
Rank (Spearman)				**–0.387		0.176
Rank (Kendall)				**–0.277		0.126
Linear				0.188		0.210

** = Statistically significant at .05 level
\+ = R & D spending by the MNCs in the United States as a percentage of shipments (sales) of all firms in the respective industries, 1966
\+ + = Cumulative value of fixed capital stocks of all firms, 1970
\+ + + = Net fixed assets of foreign affiliates, 1970

Quelle: Committee on Finance, United States Senate, *Implications* . . ., *a.a.O.*, S. 563.

Nach Vernons Product-Cycle-Theorie müßten hohe Rangkorrelationswerte zu erwarten sein, denn gerade die forschungsintensiven Branchen des US-Kapitals, die in der ersten Phase des Produktzyklus über einen internationalen Innovationsvorsprung verfügen, sollen in späteren Produktstadien zu defensiven Direktinvestitionen gezwungen sein, um ihre internationale Wettbewerbsfähigkeit zu behaupten. Nun ergibt aber die Spearman-Rangkorrelation zwischen der Forschungsintensität einer Branche und dem Umfang ihrer Direktinvestitionen nur einen Wert von + 0,176, einen Wert, der der Theorie Vernons widerspricht. So liegt z. B. die pharmazeutische Industrie an zweiter Stelle in der Forschungsintensität-Rangfolge der US-Branchen, aber nur an 17. Stelle in der Direktinvestitionsrangfolge, die Produkte der Unterhaltungselektronik stehen am 6. Stelle der Forschungsintensitäts-, aber nur an 20. Stelle der Direktinvestitionstabelle. Ähnliches gilt für die Branchen Büromaschinen, landwirtschaftliche Maschinen und Ausrüstungsgüter. Umgekehrt liegen die Branchen Verschiedene Nahrungsmittel, Papier und Kunststoffe im unteren Bereich der Forschungsintensitäts-Rangfolge, aber in der Spitzengruppe der Auslandsinvestitionstabelle.

Die Kollision zwischen diesen empirischen Daten und der Theorie Vernons resultiert aus seiner Vernachlässigung der Gesetzmäßigkeiten des internationalen Handels für die Erklärung der Direktinvestitionen. Entscheidend für die Auslandsinvestitionen einer Branche ist nämlich nicht ihre Forschungsintensität, sondern ihre Konkurrenzposition auf dem Weltmarkt, die sich aus dem Entwicklungsstand der Produktivkräfte und der Wechselkursstruktur ergibt. So gesehen haben sowohl Branchen einen Anlaß zu Auslandsinvestitionen, die international über Innovationsvorsprünge verfügen, als auch Branchen, deren Forschungsintensität international unterdurchschnittlich ist; die ersteren erzielen durch Direktinvestitionen Surplusprofite, die zweiten können nur durch Direktinvestitionen ihre internationale Wettbewerbsfähigkeit absichern. Eine hohe Rangkorrelation zwischen der Forschungsintensität einer Branche und dem Umfang ihrer Auslandsdirektinvestitionen kann nach der von uns dargestellten Beziehung zwischen der Internationalisierung der Mehrwertrealisierung und der Internationalisierung der Mehrwertproduktion nur ausnahmsweise bestehen.

Die Vernonsche Theorie der Direktinvestitionen widerspricht damit nicht nur unseren theoretischen Überlegungen (vgl. Kapitel 2.2), sondern auch der empirischen Struktur der amerikanischen Kapitalexporte.

2.3.5 *Voraussetzungen und Möglichkeiten der Relativierung der Vormachtstellung des US-Kapitals auf dem Weltmarkt und die Perspektiven der Kapitalbewegungen zwischen Westeuropa und den USA*

Nachdem in den vorhergehenden Kapiteln die gegenwärtige Struktur der Kapitalbewegungen zwischen den USA und Westeuropa analysiert wurde, sollen in diesem Abschnitt die Perspektiven der Direktinvestitionen innerhalb des Blockes der hochentwickelten Länder untersucht werden. Mit diesem Untersuchungsziel ist zugleich die Zukunft der innerimperialistischen Beziehungen angedeutet, denn die Perspektiven der Kapitalbeziehungen zwischen den USA und Westeuropa können nur aus einer Einschätzung der Entwicklung des ökonomischen Kräfteverhältnisses zwischen beiden Regionen abgeleitet werden. In diesem Abschnitt werden deshalb zunächst die Ursachen des Produktivitätsvorsprunges der USA beleuchtet, also insbesondere das Problem des »technological gap« diskutiert. Der US-amerikanische Vorsprung an Konzentration und Zentralisation des Kapitals ist nach dieser Analyse als wesentliche Ursache der Produktivitätslücke zwischen den USA und Westeuropa zu betrachten. Deshalb werden in einem zweiten Schritt die bisherigen Resultate und die Perspektiven des Konzentrations- und Zentralisationsprozesses in Westeuropa untersucht, wobei vor allem der innereuropäische Integrationsprozeß (EWG, westeuropäische Freihandelszone, Wirtschafts- und Währungsunion im Rahmen der erweiterten EWG) als Hauptmotor des westeuropäischen Konzentrations- und Zentralisationsprozesses des Kapitals berücksichtigt wird. In einem dritten Teil wird der reale Prozeß der ungleichmäßigen Entwicklung der Produktivkraft zwischen den USA und Westeuropa in den 60er Jahren dargestellt und schließlich auf Basis der Positionsverschiebungen in der Stufenleiter der universellen Arbeit und der allgemeinen Analyse der ökonomischen Vormachtstellung der USA die Zukunft der Kapitalbeziehungen zwischen den USA und Westeuropa in den 70er Jahren erörtert.

2.3.5.1 Die Ursachen der Produktivitätslücke zwischen den USA und Westeuropa

Der US-amerikanische Produktivitätsvorsprung gegenüber Westeuropa, wie er in Kapitel 2.3.2 dargestellt wurde, kann auf drei Faktoren basieren:

1. Die amerikanischen Arbeitskräfte verfügen über ein höheres Qualifikationsniveau als die westeuropäischen Arbeitskräfte,
2. das amerikanische Kapital produziert auf einem höheren technologischen Niveau als das Kapital Westeuropas,
3. der höhere Grad an Konzentration und Zentralisation der Produktion in den USA läßt das amerikanische Kapital die »economies of scale« bei gleichem Technologiestand in größerem Maße nutzen, als es dem westeuropäischen Kapital möglich ist.

Diese drei potentiellen Momente der Produktivitätslücke zwischen den USA und Westeuropa werden im folgenden näher analysiert und dann in ihrer Bedeutung für den US-amerikanischen Produktivitätsvorsprung gewichtet.

2.3.5.1.1 Zum Qualifikationsniveau der Arbeitskräfte in den USA und Westeuropa

Die amerikanischen Lohnarbeiter werden formal länger ausgebildet als die westeuropäischen Arbeitskräfte; das gilt sowohl für einfache als auch für hochqualifizierte Arbeitskräfte (vgl. Tabelle 19). Während die amerikanischen Lohnabhängigen im Durchschnitt eine abgeschlossene Schulbildung von 10,5 Jahren aufweisen, liegen die Ausbildungszeiten der europäischen Arbeitskräfte nur zwischen 9,3 Jahren (Großbritannien) und 4,8 Jahren (Italien). Bei den hochqualifizierten Arbeitskräften ist die Situation ähnlich: Die US-amerikanische Ausbildungszeit in der HLM- und STP-Kategorie[56] liegt um 3-4 Jahre über der westeuropäischen. Die US-amerikanischen Ausbildungszeitvorsprünge sind bei Technikern und Facharbeitern (Kategorie 0) größer als beim Managementpersonal (Kategorie 1). Eine Ausnahme bildet nur die Gruppe der Architekten, Ingenieure und Landvermes-

56 HLM = High-Level-Manpower; STP = Scientific and Technical Personnel.

Tabelle 19
Average number of years of formal schooling completed[1]

	Total	HLM			STP		
	Labour Force	0 + 1	0	1	00,01 02,0x	00	Ox
USA	10.5	13.9	15.0	12.0	14.1	14.7	12.4
Belgium	7.8	—	—	—	—	—	—
France	8.4	10.5	10.5	10.4	10.1	13.3	8.5
Italy	4.8	—	—	—	—	—	—
Netherlands	7.3	10.8	11.1	9.4	11.2	16.0	10.3
United Kingdom	9.3	11.8	12.2	10.5	11.4	11.8	10.7
Sweden	8.4	10.2	10.3	9.9	9.5	—	—
Canada	9.5	12.7	13.6	11.1	13.7	15.1	11.9
Japan	6.6	11.7	12.4	10.4	13.1	—	—

HLM = High Level Manpower; STP = Scientific and Technical Personnel
0 = Professional, technical and related workers, 1 = Managerial workers,
00 = Architects, Engineers and Surveyors, 01 = Chemists, Physicists and other Physical Scientists
02 = Biologists, Veterinarians, Agronomists, Ox = Draughtsmen and Science and Engineering Technicians

1 OECD, *Gaps in Technology, Analytical Report*, Paris 1970, Tabelle 2, S. 20; vergleiche auch: Pierre Uri, a.a.O., S. 1.I/57, Tabelle 55.

ser (Kategorie 00), die in den Niederlanden länger ausgebildet werden als in den USA.
Auch wenn es problematisch ist, von der Ausbildungsqualität, also der Qualität der Ausbildungsstätten, der Ausbilder und der Curricula, zu abstrahieren, muß aus diesen quantitativen Daten gefolgert werden, daß die amerikanischen Arbeitskräfte höher qualifiziert sind als die westeuropäischen Lohnarbeiter. Das Bild von dem höheren Qualifikationsniveau der amerikanischen Arbeiterklasse verdichtet sich bei einem Vergleich der Zusammensetzung des Gesamtarbeiters in den USA und Westeuropa nach Qualifikationsmerkmalen (vgl. Tabelle 20).
Die USA verfügen im Vergleich zu Westeuropa über einen beträchtlich höheren Anteil hochqualifizierter Arbeitskräfte am Gesamtarbeiter: 16,7% gegenüber 10,0% in der EWG und 11,1% in Großbritannien. Ebenso liegt der Prozentsatz der Arbeitskräfte, die eine universitäre Ausbildung absolviert haben, in den USA mit 7,6% über dem der westeuropäischen Länder. Auch unter Einschluß der Absolventen der deutschen Ingenieurschulen und der niederländischen HTS erreicht die EWG mit 3,1% nicht einmal die Hälfte des für die USA angegebenen Prozentsatzes. Eine Aufgliederung der Gruppe der hochqualifizierten Arbeitskräfte in einzelne Berufskategorien führt allerdings zu einer differenzierten Einschätzung des Qualifikationsvorsprunges des US-amerikanischen Gesamtarbeiters. Schon die Aufschlüsselung der HLM- Gruppe in die Kategorie »Facharbeiter und Techniker« und »Managementpersonal« offenbart, daß die USA in erster Linie über einen höheren Prozentsatz an kaufmännischem Leitungspersonal am Gesamtarbeiter verfügen als die westeuroäpischen Länder, während ihr Vorsprung im Bereich der Facharbeiter und Techniker bedeutend geringer ist, vor allem gegenüber den Niederlanden und Frankreich. Der Anteil des wissenschaftlich-technischen Personals (STP) an den Arbeitskräften insgesamt liegt in der EWG mit 2,7% und Großbritannien mit 2,8% sogar höher als in den USA (2,5%). Auch der höhere amerikanische Prozentsatz an Universitätsabsolventen schrumpft erheblich zusammen, wenn nur die Gruppe der Naturwissenschaftler und Ingenieure betrachtet wird. Der Anteil dieser Lohnabhängigen beträgt in den USA 1,8% und

Tabelle 20
Highly qualified manpower and educational attainment characteristics of the labour force

	HLM as % of Labour Force			STP as % of Labour Force			University Graduates as % of Total Labour Force	Science and Engineering Graduates as % of Total Labour Force
	0+1	0	1	00,01 02,0x	00	0x		
USA	16.7	10.4	6.3	2.5	1.4	0.8	7.6	1.8
EEC	10.0	–	–	2.7	–	–	2.8 (3.1)[a]	0.65 (1.0)[a]
Netherlands	12.2	9.1	3.1	2.7	0.2	2.3	1.4 (2.4)[b]	0.4 (1.4)[b]
Belgium	11.0	8.3	2.7	1.9	0.7	1.1	2.3	0.6
France	11.8	9.8	2.0	2.8	0.9	1.8	2.7	0.7
Germany	10.8	7.7	3.2	3.2	2.4	0.7	3.1 (3.9)[c]	0.65 (1.45)[c]
Italy	6.5	–	–	1.8	–	–	2.2	0.65
United Kingdom	11.1	8.5	2.6	2.8	1.2	1.4	2.8[d]	0.7[e] (1.04)[f]
Sweden[g]	11.3	9.2	2.1	2.9	2.7	–	2.1	0.7
Canada	15.0	9.7	5.3	2.0	0.8	0.9	4.3	1.3
Japan	7.1	4.8	2.3	0.8[h]	–	–	1.5 (4.7)	0.3 (0.8)

a Including 220.000 graduates of the Ingenieurschulen (Germany) and 42.900 graduates of the HTS (Netherlands)
b Including 42.900 graduates of the HTS (Netherlands)
c Including 220.000 graduates of the Ingenieurschulen, d 75% of persons who completed their full-time education aged 20 and over, e All persons in the occupational group with a university degree in science or technology, f All high-level qualifications – university plus university equivalent in science and technology, g The figures exclude »foremen« from the Major Group 0, h Excludes physicists and chemists.

Quelle: OECD, *Gaps ...*, *Analytical Report*, S. 18, Table 1.

in der EWG insgesamt unter Einschluß der deutschen HTL- und niederländischen HTS-Graduierten 1,0%, in den Niederlanden erreicht dieser Anteil 1,4% und in der BRD 1,45%.[57] Ein weiteres Moment, das den insgesamt höheren US-amerikanischen Prozentsatz an hochqualifizierten Arbeitskräften im Vergleich zu den westeuropäischen Ländern relativiert, ist in der Beschäftigungssituation der Universitätsabsolventen zu sehen. Während nur 73,2% der amerikanischen Universitätsabsolventen in HLM-Berufen beschäftigt sind, liegt dieser Prozentsatz in Frankreich bei 81,3%, in den Niederlanden bei 92,0% und in Großbritannien bei 79,2%. Ebenso sind in den USA nur 11,2% der Graduierten in STP-Berufen tätig, gegenüber 20,2% in Frankreich und 20,3% in den Niederlanden.[58] Insgesamt ergibt sich aus dem Vergleich der Qualifikationsstruktur des Gesamtarbeiters in den USA und Westeuropa folgendes Bild:

i) Die amerikanischen einfachen und hochqualifizierten Arbeitskräfte werden im Durchschnitt drei bis vier Jahre länger ausgebildet als die Lohnarbeiter Westeuropas.

ii) Der Anteil hochqualifizierter Arbeitskräfte am Gesamtarbeiter liegt in den USA um fast 7% über dem entsprechenden Prozentsatz in Westeuropa.

iii) Nicht wesentlich höher als in Westeuropa ist der Anteil der Facharbeiter und Techniker am Gesamtarbeiter in den USA; der Anteil des naturwissenschaftlich-technischen Personals liegt in Westeuropa sogar höher als in den USA.

Der amerikanische Gesamtarbeiter ist damit insgesamt höher qualifiziert als der westeuropäische. Die globalen Daten über die Expansion der Erziehungsausgaben als Prozentsatz des Bruttosozialproduktes zeigen aber, daß einige westeuropäische Länder (Niederlande, Großbritannien, Italien) im Begriff sind, den Vorsprung der USA einzuholen (vgl. Tabelle 21).

57 Das Bild vom US-amerikanischen Vorsprung im Bereich der HLM-Kategorie 1 (Management), dem geringen Vorsprung im Bereich HLM 0 (Facharbeiter und Techniker) und dem europäischen Vorsprung an naturwissenschaftlich-technischem Personal spiegelt sich bei einer branchenspezifischen Aufschlüsselung der Globaldaten in allen Bereichen (verarbeitende Industrie, Metallindustrie, Chemie, Dienstleistungen) wider; Vgl. OECD, *Gaps ...*, *Analytical Report*, S. 22, Tabelle 3.

58 OECD, *Gaps ...*, Analytical Report, S. 27, Tabelle 6.

Tabelle 21
Total Expenditure on Education as a Proportion of GNP*
1955-1964

	1955	1960	1964	$\frac{1964}{1955}$ x 100
USA	4.1	5.3	6.2	151
Belgium[a]	3.0	4.5	4.3	143
France	2.9	3.4	4.3	148
Germany	2.8	3.0	3.4	118
Italy	3.3	4.5	5.4[b]	164
Netherlands[a]	3.6	4.7	5.7	158
United Kingdom	3.2	4.1	4.9	153
Sweden[a]	4.4	5.0	5.7[c]	130
Canada	3.0	4.5	5.8	193
Japan[a]	4.4	4.1	5.3[d]	120

a Public expenditure only * = Bruttosozialprodukt
b Private expenditure estimated from 1960 figure at 0.5 % of GNP
c 1962
d 1963

Quelle: OECD, *Gaps ...*, *Analytical Report*, a.a.O., S. 32, Table 9.

Die Wachstumsraten des Anteils der Erziehungsausgaben am Bruttosozialprodukt liegen in den Niederlanden, Italien und Großbritannien über der entsprechenden Rate in den USA. Frankreich konnte seine Position im Vergleich zu den USA in etwa behaupten, während die BRD das Schlußlicht der europäischen Entwicklung bildet. Nach den Angaben des URI-Berichtes haben Belgien, die Niederlande und Italien die USA im Anteil der öffentlichen Erziehungsausgaben am Volkseinkommen 1965 bereits überrundet: Während dieser Prozentsatz in den USA den Wert von 6,48 erreichte, lag Großbritannien mit 6,30% etwas darunter, Italien erzielte wie die USA 6,48%, die Niederlande aber 7,66% und Belgien 7,01%.[59] Sollten sich diese Tendenzen fortsetzen, sind einige westeuropäische Länder auf dem Wege, den Qualifikationsvorsprung des amerikanischen Gesamtarbeiters sukzessive zu relativieren.

59 Pierre Uri, a.a.O., S. 1.I./40, Tabelle 46.

2.3.5.1.2 Die »technologische Lücke« zwischen den USA und Westeuropa

Um ein genaues Bild von dem »technological gap» zwischen den USA und Westeuropa zu erhalten, müßten vergleichende Analysen über die technische Qualität der Produktionsmittel in den relevanten Branchen der USA und Westeuropas durchgeführt werden. Derartige Untersuchungen liegen allerdings bis heute nicht vor, weil das Kapital solche technischen Angaben als sogenanntes »Unternehmensgeheimnis« behandelt. Die OECD hat in ihren vergleichenden Studien auf indirektem Wege versucht, das Technologie-Gefälle zwischen den USA und Westeuropa zu ermitteln. Als Indikatoren des »technological gap« dienten ihr in erster Linie:

a) die Forschungs- und Entwicklungsausgaben in den USA und Westeuropa,

b) die Erfindung und Entwicklung neuer Produkte und Produktionsverfahren (Originärinnovation) in den USA und Westeuropa,

c) die Verbreitung dieser neuen Produkte und Produktionsverfahren im Produktions- und Reproduktionsprozeß in den USA und Westeuropa (Innovationsdiffusion).

Die Ergebnisse dieser Indikatoren-Analyse werden hier in aller Kürze wiedergegeben.

2.3.5.1.2.1 Forschungs- und Entwicklungsausgaben in den USA und Westeuropa

Von 1957 bis 1966 haben die USA 157,7 Mrd. Dollar an Forschungs- und Entwicklungsausgaben getätigt, während die industrialisierten westeuropäischen Länder im selben Zeitraum schätzungsweise 50 Mrd. Dollar für Forschungs- und Entwicklungsprojekte aufwendeten.[60] Für das Jahr 1964 sind in Tabelle 22 die absoluten und relativen Forschungs- und Entwicklungsausgaben (F + E-Ausgaben) der USA und einiger westeuropäischer Länder zusammengestellt. Der Anteil

60 OECD, *Gaps, ... Analytical Report,* a.a.O., S. 115; Zur Analyse der Forschungs- und Entwicklungspolitik in den USA vergleiche auch: IFO-Institut für Wirtschaftsforschung, *Technischer Fortschritt in den USA, Auswertung der amerikanischen Untersuchung ›Technology and the American Economy‹*, Berlin und München 1971, S. 75 ff.; sowie Ulrich Rödel, *Forschungsprioritäten und technologische Entwicklung*, Frankfurt/Main 1972, S. 49 ff.

der amerikanischen F + E-Ausgaben am Bruttosozialprodukt liegt mit 3,4% weit über den entsprechenden Prozentsätzen der westeuropäischen Länder, an deren Spitze Großbritannien mit 2,3% steht.

Tabelle 22
Ausgaben für Forschung und Entwicklung in Mio. Dollar und in % des Bruttosozialproduktes:[1]

		Ausgaben für F+E in Mio Dollar	Ausgaben für F+E in % des Bruttosozialproduktes
USA	1963/64	21,075	3,4
Frankreich	1969	1,650	1,9
BRD	1969	1,436	1,4
Italien	1963	291	0,6
Belgien	1963	137	1,0
Niederlande	1964	330	1,9
Großbritannien	1964/65	2,160	2,3
Japan	1964	1,060	1,4

1 OECD, *Gaps ...*, *Analytical Report*, a.a.O., S. 120, Tabelle 1 und Pierre Uri, a.a.O., S. 1.IV./9, Tabelle 117.

Die Relationen werden für die westeuropäischen Länder weitaus günstiger, wenn man berücksichtigt, daß in den USA fast 60% der F + E-Ausgaben auf die Bereiche Verteidigung, Raumfahrt und Kernforschung entfallen, während dieser Prozentsatz in Frankreich und Großbritannien unter 50% liegt, in der BRD und Italien etwa 20% ausmacht und in Belgien und den Niederlanden nur ca. 5% erreicht.[61] Da die fall-out- oder spin-off-Effekte der F + E-Aufwendungen im Rüstungs-, Raumfahrt- und Kernforschungssektor sehr gering sind[62], ist der amerikanische Vorsprung bei den industriell nutzbaren F + E-Ausgaben bedeutend geringer, als die Relationen in Tabelle 22 zum Ausdruck bringen.

61 Pierre Uri, a.a.O., S. 1.IV./10.

62 Die OECD nimmt an, daß bei ca. 20% der F + E – Ausgaben im Bereich Rüstung/Raumfahrt/Kernforschung fall-out- und spin-off-Effekte möglich sind; OECD, *Gaps ...*, *Analytical Report*, a.a.O., S. 175.

Die OECD schätzt, daß die ausschließlich ökonomischen Zielen dienende F + E-Ausgaben in den verschiedenen Ländern folgende Anteilssätze am Bruttosozialprodukt erreichen (1963-1964): Niederlande 1,3 %, Großbritannien 1,2 %, USA 1,1 %, Japan 1,0 %, BRD 0,9 %, Frankreich 0,7 %, Belgien 0,65 % und Italien 0,4 %.[63] Nach dieser Rechnung gaben die Niederlande und Großbritannien relativ mehr Mittel für industriellen Zwecken dienende Forschungs- und Entwicklungsprojekte aus als die USA, deren Vorsprung auch gegenüber der BRD und Frankreich im Vergleich zu den in Tabelle 22 enthaltenen Angaben erheblich geschrumpft ist. Die Forschungs- und Entwicklungsprojekte werden in den USA und Westeuropa zu etwa demselben Prozentsatz in Privatunternehmen betrieben. In den USA, Belgien, Großbritannien, Italien und der BRD lag der Anteil des privaten Sektors an der Durchführung der F + E-Projekte 1963/64 zwischen 60 und 70 %; nur die Niederlande (55,5 %) und Frankreich (49,5 %) weisen hier unterdurchschnittliche Anteilssätze auf.[64] In der Finanzierung der F + E-Projekte bestehen auf den ersten Blick zwischen den USA und den meisten westeuropäischen Ländern große Unterschiede: 1963/64 wurden in den USA 63,5 % der F + E-Projekte aus staatlichen Mitteln finanziert, während der staatliche Finanzierungsanteil in der BRD (41,0 %), den Niederlanden (39,9 %), Italien (33,1 %) und Belgien (27,8 %) erheblich niedriger lag. Da aber Frankreich mit 63 % und Großbritannien mit 54,6 % ähnlich hohe staatliche Beteiligungen an der F + E-Projektfinanzierung wie die USA aufwiesen, muß die unterschiedliche Finanzierungsstruktur in erster Linie auf die Differenzen in den Ausgaben für Rüstung, Raumfahrt und Kernforschung in den USA, Frankreich und Großbritannien einerseits und in den übrigen westeuropäischen Ländern andererseits zurückgeführt werden.[65] Eliminiert man die Bereiche Rüstung, Raumfahrt und Kernforschung aus den F + E-Projekten, ergibt sich

63 OECD, *Gaps ..., Analytical Report,* a.a.O., S. 121, Graphik; Neben den Raumfahrt-, Rüstungs- und Kernforschungsausgaben sind bei dieser Rechnung auch die F + E – Ausgaben, die sozialen und ähnlichen Zwecken dienen, abgezogen worden.

64 OECD, *Gaps ..., Analytical Report,* a.a.O., S. 123 ff.

65 OECD, *Gaps ..., Analytical Report,* a.a.O., S. 123 ff.

sogar eine Umkehrung der Finanzierungsstruktur: In den USA und Italien werden unter diesen Bedingungen nur 15-20% der Mittel für F + E-Projekte staatlich finanziert, während der Staat in Großbritannien, der BRD und Belgien 20-30% und in Frankreich und den Niederlanden 30-40% der Aufwendungen für F + E-Projekte übernimmt.[66]
Eine Aufgliederung der F + E-Ausgaben nach Branchen offenbart, daß der Vorsprung der USA vor Westeuropa und der EWG in den forschungsintensiven Bereichen am größten

Tabelle 23
Total R and D Expenditure in Western Europe and the Common Market Compared with the United States (US = 100%)

	Western Europe[1]	Common Market[1]
Basic Metals[5]	65,2	38,2
Allied Products[2]	56,0	26,8
Misc. Manufacturing	45,2	18,9
Chemicals[3]	42,2	29,6
Electrical[4]	27,0	15,7
Machinery	25,6	12,6
Other Transport Equipment	16,3	6,7
Aircraft	11,6	3,3

1 Excluding the Netherlands
2 Rubber, Textiles, Food and Drink
3 Including Petroleum and Drugs
4 Including Instruments, Electronics, Electrical Machinery
5 Including Fabricated Metal Products
Quelle: OECD, *Gaps ..., Analytical Report,* a.a.O., Tabelle 10, S. 137.

ist (vergleiche Tabelle 23). Zu den forschungsintensiven Industriezweigen – gemessen am Umsatzanteil der F + E-Ausgaben – zählen die Bereiche Aircraft, Electrical, Chemicals; in eine mittlere forschungsintensive Industriegruppe werden die Zweige Machinery, Basic Metals und Other Transport Equipment eingeordnet, während Allied Products und Misc. Manufacturing zu den non-science-based industries

66 OECD, *Gaps ..., Analytical Report,* a.a.O., S. 128.

gerechnet werden. Auf der Basis dieser Klassifizierung ist der F + E-Rückstand Westeuropas und der EWG in den forschungsintensiven Industrien größer als in den weniger forschungsabhängigen Industriegruppen. Während Westeuropa und die EWG in den Industriezweigen Electrical, Machinery, Other Transport Equipment und Aircraft nicht einmal 30% (die EWG keine 20%) der F + E-Ausgaben der USA erreichen, kommt Westeuropa in den übrigen Bereichen auf 40-60% und die EWG auf 20-40% der amerikanischen F + E-Ausgaben. In Tabelle 24 sind die branchenspezifischen Differenzen in den F + E-Ausgaben zwischen den USA einerseits, Westeuropa und der EWG andererseits in absoluten Werten zusammengestellt:

Tabelle 24
Differences in R + D activity between Western Europe and Common Market (in Mio. Dollar)

	Western Europe[1]	Common Market[1]
Aircraft	4,470	4,890
Electrical	2,390	2,760
Chemicals	990	1,200
Other Transport Equipment	990	1,100
Machinery	780	920
Allied Products	150	250
Basic Metals	120	210
Misc. Manufacturing	140	200
Total[2]	10,010	11,530

1 Excluding the Netherlands
2 Detail may not add to total owing to rounding
Quelle: OECD, *Gaps ..., Analytical Report,* a.a.O., S. 139, Tabelle 11.

Die absolut größten Differenzen in den F + E-Ausgaben zwischen den USA und Westeuropa/EWG bestehen in den Bereichen Aircraft und Electrical (2-4 Mrd. Dollar), in den Industriezweigen Chemicals, Other Transport Equipment und Machinery beträgt die Differenz zu den USA jeweils ca. 1

Mrd. Dollar, in den übrigen Bereichen (Allied Products, Basic Metals und Misc. Manufacturings) liegt der Abstand bei 100-250 Mio. Dollar. Berücksichtigt man auch hier nur die für industrielle Zwecke relevanten staatlichen F + E-Mittel, schrumpft der absolute Vorsprung der USA in den Industriezweigen Aircraft und Electrical auf ca. 1 Mrd. Dollar zusammen. In der Aircraftindustrie beläuft sich die industriell irrelevante Summe staatlicher F + E-Mittel auf 3,9 Mrd. Dollar und in der Electrical-Industrie auf 1,6 Mrd. Dollar.[67] In den übrigen Bereichen ist der Anteil dieser Mittel weitaus geringer (z. B. 133 Mio. Dollar in der Chemie, das sind ca. 8% der gesamten F + E-Ausgaben der chemischen Industrie) und wird mit entsprechenden staatlichen Ausgaben in Westeuropa und der EWG vergleichbar sein.[68] Der US-Vorsprung an solchen F + E-Ausgaben, die industriellen Zwecken direkt nutzbar gemacht werden können, umfaßt nach diesen Überlegungen 1963/64 in den forschungsrelevanten Industrien Aircraft, Electrical, Chemicals, Other Transport Equipment und Machinery jeweils ca. 1 Mrd. Dollar; weniger bedeutsam ist der westeuropäische Rückstand in den übrigen Industriebereichen.

Aussagekräftig sind diese absoluten Daten erst, wenn sie mit Angaben über die Konzentration sowohl der F + E-Mittel als auch der die F + E-Projekte durchführenden Unternehmen in den USA und Westeuropa gekoppelt werden. In den USA vereinigen 3% aller F + E-Projekte verfolgenden Unternehmen 87% der gesamten Mittel auf sich, wobei diese Unternehmen alle mehr als 5000 Arbeitskräfte beschäftigen. Dieser Konzentrationsgrad der F + E-Mittel wird in keinem westeuropäischen Land, für das Daten zur Verfügung stehen, aber auch nicht von Japan erreicht. In Japan sind es 4% aller F + E-Projekte durchführenden Unternehmen (alle in der Größenklasse über 5000 Beschäftigte), die etwa 65% der F + E-Mittel ausgeben.[69] In Frankreich verfügen 12% der Unternehmen, welche F + E-Projekte unterhalten, über 65% der Gesamtmittel; auch diese Unternehmen beschäftigen alle mehr als 5000 Arbeitskräfte. Bei den übrigen westeuropä-

67 OECD, *Gaps . . ., Analytical Report*, a.a.O., S. 142.
68 OECD, *Gaps . . ., Analytical Report*, a.a.O., S. 142.
69 OECD, *Gaps . . ., Analytical Report*, a.a.O., S. 148.

ischen Ländern, Schweden, Belgien, Norwegen und Österreich, sind die Konzentrationsraten geringer: In Schweden geben 0,2% der Unternehmen 46% der Mittel aus, in Belgien 4% der Unternehmen 36% der Mittel, in Norwegen 1% der Unternehmen 30% der Mittel und in Österreich 4% der Unternehmen 26% der Mittel, wobei alle Unternehmen mehr als 5000 Beschäftigte zählen.[70] In keinem anderen Land verfügen also die Großunternehmen über einen so hohen Anteil an den F + E-Mitteln wie in den USA. Diese Tendenz wird durch die Angaben der Tabelle 25 bekräftigt: Während in Frankreich, Schweden und Belgien 1963/64 kein F + E-Projekt von der Größenordnung 100 Mio. Dollar und mehr durchgeführt wurde, verfügten in den USA 28 Unternehmen über Projekte dieses finanziellen Umfanges. Die 28 Unternehmen vereinigten dabei 62,7% aller F + E-Mittel der amerikanischen Industrie auf sich. In den USA haben die Großunternehmen mit über 5000 Beschäftigten also nicht nur einen höheren Anteil an den F + E-Mitteln ihres Landes als die westeuropäischen Großunternehmen, die amerikanischen Unternehmen dieser Größenklasse führen darüber hinaus auch F + E-Projekte eines Volumens durch, das von ihren westeuropäischen Konkurrenten in keinem Falle erreicht worden ist.

Der absolute amerikanische Vorsprung in den Forschungs- und Entwicklungsausgaben in den Bereichen Aircraft, Electrical, Chemicals, Other Transport Equipment und Machinery kann somit nicht darauf zurückgeführt werden, daß die USA über eine größere Anzahl von Unternehmen verfügen und daher die F + E-Summen notwendigerweise größer sein müssen als in den westeuropäischen Ländern. Die Konzentrationsdaten zeigen vielmehr, daß die F + E-Ausgaben in den USA zu 87% von Großunternehmen getätigt werden und zu 62,7% eine für westeuropäische Verhältnisse unbekannte finanzielle Größenordnung (über 100 Mio. $) erreichen. Der Vergleich der Aufwendungen für Forschungs- und Entwick-

70 OECD, *Gaps . . ., Analytical Report*, a.a.O., Tabelle 8, S. 148; Zur Analyse der Konzentration der F + E – Mittel der USA in Großunternehmen vgl. auch: Ulrich Rödel, *Forschungsprioritäten und technologische Entwicklung*, Ffm. 1972, S. 199 ff. und: Edwin Borschberg, *Die Diversifikation als Wachstumsform der industriellen Unternehmung*, Bern u. Stuttgart 1969, S. 87 ff.

Tabelle 25
Concentration of R and D Expenditure in the Business Enterprise Sector by Size of R and D Programmes

	Size of R and D Programme in U. S. $				
	100,000 to 999,999	1,000,000 to 9,999,999	10,000,000 to 99,999,999	100,000,000 and over	Total
United States (1964)					
No. of firms	1,500	500	102	28	2,130
% of all industrial R and D done in the group	3,7	11,7	20,8	62,7	98,9*
France (1963)					
No. of firms	327	97	16	–	440
% of all industrial R and D done in the group	15,7	34,9	43,4	–	98,5*
Sweden (1964)					
No. of firms	113	26		–	139
% of all industrial R and D done in the group	28,9	63,6		–	92,5*
Belgium (1963)					
No. of firms	48	12	–	–	60
% of all industrial R and D done in the group	21,8	66,4	–	–	82,8*

* The balance is made up by firms with R and D programmes of less than $ 100,000.

Quelle: OECD, *Gaps* . . ., *Analytical Report,* a.a.O., Tabelle 22, S. 152.

lungsprojekte in den USA und Westeuropa führt insgesamt zu folgenden Ergebnissen:

i) Der in der Literatur stets hervorgehobene Vorsprung der USA im Forschungs- und Entwicklungsbereich kann nur bei einem Vergleich der gesamten Aufwendungen für Forschung und Entwicklung bekräftigt werden, also unter Einschluß der industriell irrelevanten Projekte für Rüstung, Raumfahrt und Kernforschung. Die nur industriellen Zwecken dienenden F + E-Mittel sind dagegen in den Niederlanden und Großbritannien in Relation zum Bruttosozialprodukt größer als in den USA; Japan und die BRD liegen nur knapp hinter den USA.

ii) Der hohe staatliche Finanzierungsanteil an den F + E-Projekten in den USA, der in früheren Studien ebenfalls als Konkurrenzvorteil des US-Kapitals betrachtet wurde, ist ein Resultat der überwiegend staatlichen Finanzierung der Rüstungs-, Raumfahrt- und Kernforschungsprojekte. Im Bereich der industriell relevanten F + E-Projekte erzielten die USA, zusammen mit Italien, weitaus geringere staatliche Finanzierungsanteile als Großbritannien, die BRD, Belgien, die Niederlande und Frankreich.

iii) Die branchenspezifische Aufschlüsselung der F + E-Aufwendungen verdeutlicht, daß die USA vor allem in den forschungsintensiven Bereichen absolut mehr industriell relevante F + E-Mittel aufbringen als Westeuropa. Der absolute Vorsprung des US-Kapitals beträgt in den Industriegruppen Aircraft, Other Transport Equipment, Chemicals, Electrical und Machinery jeweils etwa 1 Mrd. Dollar jährlich.

iv) Dieser absolute US-Vorsprung wird erst aussagekräftig, wenn nachgewiesen werden kann, daß er nicht auf die größere Zahl US-amerikanischer Unternehmen und die dementsprechend größere Zahl an F + E-Projekten gegenüber Westeuropa zurückgeführt werden kann, also in relativen Größen unbedeutend ist. Tatsächlich ergeben die Konzentrationsdaten folgendes Bild: Die Großunternehmen in den USA vereinigen einen höheren Anteil der F + E-Mittel auf sich als die Großunternehmen in Westeuropa. In den USA fallen 87% der F + E-Mittel auf Unternehmen mit über 5000 Beschäftigten, in Frankreich 65%, während in allen anderen westeuropäischen Ländern dieser Prozentsatz teilweise weit unter

50% liegt. 28 amerikanische Unternehmen führten Projekte in der Größenordnung von 100 Mio. Dollar durch und erreichten damit einen Anteil von 62,7% an den gesamten F + E-Aufwendungen, während in Westeuropa 1963/64 nicht ein Projekt mit vergleichbaren finanziellen Mitteln ausgestattet war. In diesem Konzentrationsvorsprung ist der eigentliche Vorteil der USA im Bereich der Forschungs- und Entwicklungsaufwendungen gegenüber Westeuropa zu sehen.

2.3.5.1.2.2 Erfindung und Entwicklung neuer Produkte und Produktionsverfahren (Originärinnovation) in den USA und Westeuropa

Den Umfang der Originärinnovationen in den USA und Westeuropa analysiert die OECD mit Hilfe dreier Indikatoren:

1. Der Herkunft von 110 bedeutenden Innovationen verschiedener Industriezweige seit dem Zweiten Weltkrieg.
2. Der technologischen Zahlungsbilanz der USA und Westeuropas.
3. Der Bedeutung der einzelnen Länder im Welthandel forschungsintensiver Waren.

Da die internationale Wettbewerbsfähigkeit der forschungsintensiven Branchen eines Landes nur teilweise Ausdruck ihrer Innovationsleistungen ist, vielmehr entscheidender durch das Produktivitätsniveau und die allgemeine Position des Landes in der Stufenleiter der universellen Arbeit bestimmt wird, soll hier auf die Darstellung dieses Aspektes der OECD-Studie verzichtet werden. Wir beschränken uns auf die Wiedergabe der ersten und der zweiten Indikatorenanalyse.

2.3.5.1.2.2.1 Die Herkunft von 110 bedeutenden technologischen Innovationen seit 1945

Die regionale Verteilung der 110 bedeutenden technologischen Innovationen ist Tabelle 26 zu entnehmen. 60% der in dieser Tabelle zusammengetragenen Innovationen wurden zuerst in den USA durchgeführt,[71] 14% in Großbritannien

71 Zur Analyse technologischer Veränderungen in den USA vergleiche auch: IFO-Institut für Wirtschaftsforschung, *Technischer Fortschritt* ..., a.a.O., S. 95 ff.

Tabelle 26 Location of first commercial Exploitation of 110 significant Innovations since 1945

	Country Distribution of Original Innovations													
	Number of Innovations Considered[2]	Austria	Belgium	France	Germany	Italy	Netherlands	Sweden	Switzerland	U.K.	Total OECD Europe	Japan	USA	U.s.s.R.
1. *Basic Metals*		2	1	1	4	1		1	1	6	16		10	n.a.
1.1 Metal Working Processes	12	1	1	1	3			1	1	4	12		4	4
1.2 Non-ferrous Metals	9				1	1				2	4		5	n.a.
2. *Electricals, Communications and Scientific Instruments*				1	4			2	2	2	15	3	38	n.a.
2.1 Electrical Power	7							2	2	1	5		2	n.a.
2.2 Computers	14			1	1					2	4		10	n.a.
2.3 Scientific Instruments	16				3					2	5	1	10	n.a.
2.4 Semi-Conductors	17									1	1		16	n.a.
2.5 Electronic Consumer Goods	2											2		n.a.
3. Plastics	17				3	2			1	1	7		15	n.a.
4. Other[1]	16				3			1		5	9	1	11	n.a.
Total[2]	110	1	1	2	14	3		4	4	18	47	4	74	6

1 Including: detergents, machinery, xerography, tinplating, printing, paper, glassmaking, railroads, lasers, mining, telecommunications

2 The number of innovations in all the countries considered do not sum up necessarily to the first column, due to the fact that nnovations sometimes originate in two or more countries as the same time

Quelle: OECD, *Gaps . . ., Analytical Report*, a.a.O., S. 198, Tabelle 8.

und 11% in der BRD, in den europäischen OECD-Ländern insgesamt 38%. Eine branchenspezifische Aufgliederung der Originärinnovationen zeigt, daß die Vormachtstellung der USA nicht in allen Bereichen so stark ist wie auf dieser globalen Ebene. In der metallverarbeitenden Industrie, in der NE-Metallproduktion, in der elektrischen Energieerzeugung, im Bereich der Papierverarbeitung und im Bereich der Druckindustrie entwickelten die europäischen Länder bedeutendere Technologien als die USA. In der pharmazeutischen Produktion und in der Produktion von Massenkunststoffen (Polyäthylene, Polypropylene etc.) war Westeuropa den USA in Originärinnovationen ebenbürtig. Eine klare technologische Dominanzposition der USA liegt nur in der Computerproduktion, bei Spezialkunststoffen, in der Herstellung wissenschaftlicher Instrumente und im Bereich der Halbleiterproduktion vor. Der Innovationsvorsprung der USA gegenüber Westeuropa beruht nicht auf einem Vorsprung an Erfindungen, sondern hauptsächlich auf der Fähigkeit, Ergebnisse der Grundlagenforschung schneller industriell umsetzen zu können. So ist auffällig, daß die generelle Computertheorie nicht in den USA, sondern in Frankreich, Großbritannien und Deutschland entwickelt wurde, die ersten kommerziellen elektronischen Computer aber in den USA produziert wurden. Die Grundlagenforschung für die Produktion von Titanium wurde bereits 1936 von Kroll in Luxemburg abgeschlossen, die Technologie aber in den USA entwickelt. Die Kunststoffmaterialien Penton und Polybuten wurden in Großbritannien bzw. in Italien/BRD entwickelt, kommerzialisiert jedoch durch Hercules Powder (USA) und Petrotex (USA). Im Bereich der Kunststoffproduktion ist generell auffällig, daß Westeuropa vor dem Zweiten Weltkrieg den USA überlegen war, ja, bis 1945 noch ebensoviel Technologien wie die USA entwickelte, dann aber die USA eine führende Position errangen. Auch die Produktion wissenschaftlicher Instrumente in den USA geht oft auf Grundlagenforschung in Europa zurück, so etwa beim Infrarotspektrographen und Chromatographen.

Diese Tendenz muß mit den Ergebnissen des Abschnittes über die Forschungs- und Entwicklungsausgaben in Westeuropa und den USA in Beziehung gesetzt werden. Da die amerikanischen Großunternehmen mehr F + E-Mittel einsetzen als ihre westeuropäischen Konkurrenten, verfügen sie über die Forschungslaboratorien, die notwendig sind, um Ergebnisse der Grundlagenforschung in Technologien ummünzen. Gleichzeitig haben die US-Kapitale gegenüber den westeuropäischen Kapitalen den Vorteil, für einen Markt produzieren zu können, der die Produktion sehr schnell in den Bereich der economies of scale vorstoßen läßt. Nur dieser doppelte Vorteil der amerikanischen Kapitale, einerseits die F + E-Mittel konzentrierter einzusetzen, andererseits für einen größeren Markt zu produzieren, erklärt, daß die USA bei der Verwandlung von Erfindungen in Innovationen im kommerziellen Sinne (Produkte, Produktionsverfahren) den westeuropäischen Ländern überlegen sind.

2.3.5.1.2.2.2 Die technologische Zahlungsbilanz der USA und Westeuropas

Auch die Unterschiede in der technologischen Zahlungsbilanz zwischen den USA und Westeuropa verstärken den Eindruck, daß die USA eine größere Anzahl neuer Produkte und Produktionsverfahren entwickeln als die westeuropäischen Länder. In Tabelle 27 sind die technologischen Zahlungsbilanzen einzelner Länder in Form einer Matrix zusammengestellt.

Während die USA 1963/64 von Großbritannien, der BRD, Frankreich, Italien und Japan 348,7 Mill. US-Dollar aus dem Verkauf von Patenten, der Vergabe von Lizenzen und dem Entgelt für sonstiges »know how« einnahmen, das sind 47,6% aller technologischen Einnahmen der in der Tabelle 27 aufgeführten 12 Länder, empfingen die Schweiz, Großbritannien, die BRD und Frankreich als nach den USA führende Technologie-Exporteure zusammen nur 38,4% der Einnahmen. Umgekehrt zahlten die USA an die 12 Länder für Technologie-Importe nur 12% der Gesamtsumme, während Großbritannien, die BRD, Frankreich, Italien und Japan jeweils größere Summen an die 12 Länder zu entrichten hatten, an ihrer Spitze die BRD, die 20% der Gesamtsumme aufbrachte.

Auch hier vermittelt allerdings eine branchenspezifische Aufschlüsselung der Daten ein differenzierteres Bild. Die in

Tabelle 27

Payments for Patents, Licences and Technological Know-How for selected Countries (in Mio of US-Dollars)

Payments by \ Payments to		USA	U.K.	Germany	France	Italy	Japan	Switzerland	Canada	Netherlands	Belgium	Sweden	Denmark	Total payments to 12 Countries	% of Total
USA	1964		21.0	10.8[2]	11.7[2]	2.3[2]	5.0	n. a.	37.0[4]	n. a.	n. a.	n. a.	n. a.	87.8	12.0
U. K.	1964	81.8		3,4	11.7	2.2[3]	0.3[2]	8.4	n. a.	—	n. a.	0.8	—	108.6	14.8
Germany	1964	65.3	17.2		5.3	1.7	0.2	42.8	2.0	11.2	1.3[1]	2.4	1.5	150.9	20.6
France	1963	59.7	11.9	7.5		2.0	—	27.0	0.7	4.6	3.8	1.2	1.0	119.4	16.3
Italy	1963	57.2	15.0	15.2	14.6		0.4	22.3	0.7	5.6	2.1	2.0	0.4	135.5	18.5
Japan	1963	84.7	11.0	12.5	3.0	1.7		9.5	0.8	4.6	0.7	0.7	1.0	130.2	17.8
Total receipts from the above 6 countries		348.7	76.1	49.4	46.3	9.9	5.9	110	41.2[4]	26.0	7.9	7.1	3.9	732.4	
%		47.6	10.4	6.7	6.3	1.4	0.8	15	5.6	3.5	1.1	1.0	0.5	100.0	100.0
Total receipts from all countries		550.0[5]	121.5	61.6	47.2	32.5	5.9	—	—	—	—	—	—	—	—
As % total receipts of 6 countries		67.2	14.8	7.5	5.8	4.0	0.7	—	—	—	—	—	—	—	—

1 = Including Luxembourg; 2 = Declared Receipts; 3 = Non-affiliated firms only; 4 = Of these, 35 mill. U.S. $ are payments from U.S. firms to affiliated firms in Canada; 5 = Excluding management fees and service charges.

Quelle: OECD, *Gaps* … *Analytical Report*, 2.2 O., S. 201.

Tabelle 28

Ratio of Receipts to Payments on Patents and Licences, by Industry, for selected Countries

	ISIC Titles	United States 1956	France 1960	France 1963	Germany 1964	Italy 1963	United Kingdom 1964
Non-Electrical Machinery	36 }	12.4	0.2 }	0.2 }	0.4	0.3	0.2
Transport Equipment	38 }			0.6 }			1.0
Other Transport (aircraft)	386	6.1	0.3	0.9 }			n. a.
Basic Metals and Metal Products	34.35	5.1	0.8	0.3 }			n. a.
Electrical Machinery	37	30.0	0.1	0.1	0.4	0.2	1.2
Chemicals and Allied	13.30, 31.37	3.3	0.8	0.8	0.6	0.3	1.7
Food, Drink and Tobacco	20.21, 22.00	6.0	0.1	0.1	a	0.3	3.7
Others		4.0	0.4	0.4	0.3	0.2	1.0[b]
Total ratio		5.9	0.4	0.4	0.4	0.2	1.1

a = Less than 0,05.
b = The ratio for »textiles, clothing and footwear«, is 4.1.

Quelle: OECD, *Gaps ...*, *Analytical Report*, a.a.O., Table 10, S. 203.

Tabelle 28 zusammengestellten Daten zeigen, daß die technologische Zahlungsbilanz für die USA insbesondere in den Bereichen nicht-elektrische Maschinen, Transportausrüstungen, Flugzeugbau und elektrische Maschinen vorteilhaft ist. In den Bereichen NE-Metalle, Metallproduktion, in der Chemie und in der Nahrungsmittelproduktion ist die technologische Zahlungsbilanz der westeuropäischen Länder mit der der USA vergleichbar oder relativ günstiger als in den übrigen Branchen. Auch diese branchenspezifische Differenzierung ist wiederum vor dem Hintergrund des Zusammenhanges von Unternehmensgröße und F + E-Ausgaben zu betrachten. Es ist kein Zufall, daß die westeuropäischen Länder gerade in der NE-Metallproduktion, der Metallverarbeitung, der Chemie und der Nahrungsmittelproduktion eine relativ günstige technologische Zahlungsbilanz aufweisen, denn genau für diese Branchen hatte unser Vergleich der Spitzenunternehmen zwischen den USA und Westeuropa ergeben, daß die westeuropäischen Länder über ebenso starke Unternehmen wie die USA verfügen.

2.3.5.1.2.3 *Die Verbreitung technologischer Innovationen in den USA und Westeuropa (Innovationsdiffusion)*

Zur Messung des Verbreitungsgrades technologischer Innovationen in den USA und Westeuropa hat die OECD zwischen zwei Innovationsgruppen unterschieden:

1. jüngeren Innovationen, als deren Beispiel Computer und Nuklearenergie angeführt werden,
2. ältere Innovationen, worunter Kunststoffe (Plastics) und synthetische Fasern gefaßt werden.

Die Untersuchung des Verbreitungsgrades und der Wachstumsraten der Verbreitung dieser Innovationen in den USA und Westeuropa ergab folgende Situation:[72] Bei den neueren Technologien (Nuklearenergie und Computer) weisen die USA gegenüber Westeuropa sowohl ein höheres Verbreitungsniveau als auch höhere Wachstumsraten auf (vergleiche die Tabellen XI, XII und XIII im Anhang dieser Arbeit), während sich die Vereinigten Staaten bei den relativ älteren Innovationen (Kunststoffe, synthetische Fasern) zwar immer

72 Vgl. OECD, *Gaps ...*, *Analytical Report*, a.a.O., S. 213 ff.

noch auf einem höheren Verbreitungsniveau bewegen, die Wachstumsraten aber in Westeuropa generell höher sind (vergleiche die Tabellen XIV, XV im Anhang).
Die OECD folgert aus diesen Tendenzen, daß in den USA technologische Innovationen jüngeren Datums in stärkerem Maße in den Produktions- und Reproduktionsprozeß des Kapitals einfließen als in Westeuropa, daß sich aber nach einer Übergangszeit, wenn die Produkte oder Verfahren nach der Product-Cycle-Theorie das Stadium der Reife erreicht haben, der US-amerikanische Vorsprung schmilzt und einige westeuropäische Länder die USA überholen können.

2.3.5.1.3 Unternehmensgröße und »economies of scale« in den USA und Westeuropa

Inwieweit die Produktivitätslücke zwischen den USA und Westeuropa auf amerikanische economy-of-scale-Vorteile zurückzuführen ist, die durch den amerikanischen Vorsprung an Konzentration und Zentralisation des Kapitals erzeugt werden, ist äußerst schwer zu ermitteln. Da in einzelnen Unternehmen vielfach mehrere Betriebe mit demselben Produktionsprogramm inkorporiert sind, ist es durchaus möglich, daß die westeuropäischen Kapitale trotz ihres geringeren Grades an Konzentration und Zentralisation bereits über die sogenannte optimale Betriebsgröße verfügen und insofern trotz unterschiedlicher Unternehmensgröße die Arbeitsproduktivität in den USA und Westeuropa bei derselben technologischen Ausstattung gleich sein müßte.[73] Empirisch läßt sich diese Frage zur Zeit nicht entscheiden, denn einerseits fehlen genauere vergleichbare Angaben über das Verhältnis von Unternehmens- und Betriebsgröße in den USA und Westeuropa, andererseits liegen nicht einmal genaue Materialien über das technologische Niveau in vergleichbaren Sektoren beider Blöcke vor, so daß eine Gewichtung des Faktors »Technologie und Betriebsgröße« in bezug auf die Arbeitsproduktivität nicht möglich ist.

73 Vgl. dazu: BMW, *Unternehmensgröße und Wettbewerb,* Bonn 1970, S. 7 ff.

2.3.5.1.4 Die Ursachen des US-amerikanischen Produktivitätsvorsprunges (Fazit)

Versuchen wir die drei untersuchten Momente, die potentiell für den amerikanischen Produktivitätsvorsprung gegenüber Westeuropa verantwortlich sind – also den höheren Qualifikationsgrad des Gesamtarbeiters in den USA, die technologische Lücke und den höheren Grad an Konzentration und Zentralisation des Kapitals in den USA – zu gewichten, dann könnte zunächst die Position vertreten werden, diese drei Faktoren seien interdependent. Der höhere Grad an Konzentration und Zentralisation des Kapitals ermöglicht demnach den Einsatz hochwertigerer Technologien, diese wiederum erheischen einen höheren Qualifikationsgrad der Ware Arbeitskraft. So stringent diese Argumentationskette auch scheint, so müssen doch an ihrer letzten Schlußfolgerung Zweifel erhoben werden.

Obwohl in einigen Teilen der Literatur, z. B. von Peter Drukker, Neuloh/Wiedemann und auch Franz Janossy, die These vertreten wird, daß die Tendenz zur Mechanisierung und Automatisierung der Produktion eine generelle Höherqualifizierung der Ware Arbeitskraft erfordert[74], falsifizieren empirische Untersuchungen in den USA und der BRD diese Auffassung. So kommen die amerikanische National Commission on Technology[75], J. R. Bright[76], das Ifo-Institut für Wirtschaftsforschung[77] sowie Horst Kern und Michael Schumann[78] in ihren Studien zu dem Ergebnis, daß der technische Fortschritt, insbesondere die Automatisierungstendenz, keine generelle Höherqualifizierung des Gesamtarbeiters

74 Friedrich Pollock, *Automation*, Frankfurt/Main 1964, S. 249 ff.; O. Neuloh / H. Wiedemann, *Arbeiter und technischer Fortschritt*, Köln u. Opladen 1960; Franz Janossy, *Das Ende der Wirtschaftswunder*, Frankfurt/Main 1969.

75 Ifo-Institut für Wirtschaftsforschung, *Technischer Fortschritt ...*, a.a.O., S. 32 ff.

76 J. R. Bright, *Lohnfindung an modernen Arbeitsplätzen in den USA*. In: G. Friedrichs (Hrsg.), *Automation und technischer Fortschritt in Deutschland und in USA*, Frankfurt/Main 1963.

77 Ifo-Institut für Wirtschaftsforschung, *Soziale Auswirkungen des technischen Fortschrittes*, Berlin u. München 1963.

78 Horst Kern / Michael Schumann, *Der soziale Prozeß bei technischen Umstellungen*, 9. Band des RKW-Projektes: *Wirtschaftliche und soziale Aspekte des technischen Wandels in der BRD*, Frankfurt/Main 1972.

erfordert. Vor dem Hintergrund dieser empirischen Forschungen kann dem größeren Qualifikationsgrad der US-amerikanischen Arbeitskräfte gegenüber den westeuropäischen Arbeitskräften kein bestimmender Einfluß auf die Produktivitätslücke zwischen beiden Blöcken zugesprochen werden. Mit dieser These wäre es auch nicht vereinbar, daß die BRD, deren Ausbildungssektor zu den schlechtesten unter den westeuropäischen Industrieländern zählt, pro Kopf die höchste Produktivitätsziffer in Westeuropa erreicht, und umgekehrt Großbritannien, dessen Ausbildungssektor zu den besten Westeuropas zählt, in der Produktivitätsrangfolge (pro Kopf) 1969 hinter den 6 alten EWG-Ländern einzustufen ist.

Eliminiert man den Qualifikationsfaktor, dann muß in erster Linie die trotz aller Relativierung existente technologische Lücke für die Produktivitätsdifferenzen zwischen Westeuropa und den USA verantwortlich gemacht werden. Der Innovationsvorsprung der USA in für die Produktionsmittelqualität so relevanten Branchen wie Computer, Spezialkunststoffe, Halbleiter und wissenschaftliche Meßgeräte und der größere Verbreitungsgrad bedeutender neuerer Technologien gegenüber Westeuropa berechtigen trotz aller Differenzierungen, weiterhin von einer technologischen Lücke zu sprechen. Als wesentliche Ursache der technologischen Lücke ist der höhere Grad an Konzentration und Zentralisation des Kapitals in den USA anzusehen, der wiederum auf die relative Arbeitskräfteknappheit im 19. und zu Beginn des 20. Jahrhunderts[79] und auf den bedeutend größeren Binnenmarkt der USA im Vergleich zu den engen nationalen Märkten Westeuropas zurückgeführt werden kann. Die besondere Bedeutung des hohen Grades an Konzentration und Zentralisation des Kapitals für die technologische Entwicklung kann aus einer Reihe von Momenten abgeleitet werden:

1. Großunternehmen ermöglichen den konzentrierten Einsatz von Forschungs- und Entwicklungsmitteln und damit die Umsetzung von Ergebnissen der Grundlagenforschung in Innovationen im eigentlichen Sinne. So konnten die USA vielfach in Europa produzierte Forschungsergebnisse in neue

79 Vgl. Ernest Mandel, *Die EWG und die Konkurrenz Europa – Amerika*, Frankfurt/Main 1968, S. 6.

Produkte und neue Verfahrenstechniken umsetzen; dies gilt für IBM, Remington Rand, Bell Telephon, General Electric und Honeywell in der Computerindustrie[80] und für Du Pont und Union Carbide in der chemischen Industrie[81]. Umgekehrt verweist auch die besonders günstige Position Westeuropas in der Technologiebilanz der Branchen NE-Metalle, Chemie, Nahrungsmittel und Metallverarbeitung auf die besondere Rolle der hochkonzentrierten und -zentralisierten Kapitale für den technologischen Fortschritt.

2. Großunternehmen verfügen nicht nur über die notwendigen Mittel für Forschung und Entwicklung, sondern auch für den Einsatz besonders kapitalintensiver Technologien. Dies gilt etwa für die Hochöfen in der Stahlindustrie[82], für die Crackanlagen in der Petrochemie[83] und die Computergroßanlagen in der elektrotechnischen Industrie.

3. Großunternehmen tragen zur Verbreitung technologischer Entwicklungen auch aufgrund ihrer besonderen Marktposition bei, die oft erst die Ausnutzung der economies of scale ermöglicht und damit die Verbreitung neuerer Technologien beschleunigt. Die OECD-Spezialstudie über *Gaps in Technology* im Bereich der Scientific Instruments führt sowohl den höheren Produktivitätsgrad der amerikanischen Meßgeräteproduzenten gegenüber ihren westeuropäischen Konkurrenten als auch den größeren Verbreitungsgrad der wissenschaftlichen Instrumente in den USA auf den amerikanischen Vorsprung in den economies of scale zurück.[84]

Ist die Produktivitätslücke zwischen den USA und Westeuropa vor allem auf den unterschiedlichen Grad an Konzentration und Zentralisation des Kapitals in beiden Blöcken zurückzuführen, dann hat eine Analyse der Voraussetzungen und Möglichkeiten der Relativierung der Vormachtstellung der USA auf dem Weltmarkt besonderes Gewicht auf die Entwicklung des Konzentrations- und Zentralisationsprozes-

80 Vgl. OECD, *Gaps . . ., Analytical Report*, a.a.O., S. 190.
81 Vgl. OECD, *Gaps . . ., Analytical Report*, a.a.O., S. 192.
82 Vgl. Bundesministerium für Wirtschaft, *Unternehmensgröße . . .*, a.a.O., S. 251 f.
83 Vgl. BMW, a.a.O., S. 256.
84 OECD, *Gaps in Technology, Scientific Instruments*, Paris 1968, S. 24 ff. und 59 ff.

ses des Kapitals in Westeuropa zu legen. Eine Schlüsselfunktion für den Konzentrations- und Zentralisationsprozeß des Kapitals nimmt in Westeuropa der ökonomische und politische Integrationsprozeß in Gestalt der europäischen Zollunion, der westeuropäischen Freihandelszone und der Wirtschafts- und Währungsunion im Rahmen der erweiterten EWG ein. Im folgenden Kapitel werden deshalb die bisherigen Ergebnisse und die Perspektiven des westeuropäischen Integrationsprozesses thematisiert.

2.3.5.2 Die EWG und die Konzentration und Zentralisation des westeuropäischen Kapitals

Der westeuropäische Integrationsprozeß ist im Kontext der Vormachtstellung des amerikanischen Kapitals auf dem Weltmarkt zu betrachten. Um die Konkurrenzvorteile des US-Kapitals in Form des größeren Binnenmarktes, des damit verbundenen höheren Grades an Konzentration und Zentralisation des Kapitals und des wiederum hieraus entspringenden technologischen Vorsprunges zu relativieren, haben sich die westeuropäischen Nationen einem sukzessiven Integrationsprozeß ihrer Wirtschaftsräume unterworfen. Erklärtes Ziel der Europäischen Wirtschaftsgemeinschaft ist nach den Römischen Verträgen von 1958 die Bildung einer Wirtschaftsgemeinschaft mit einem freien Waren- und Kapitalverkehr, der Freizügigkeit der Arbeitskräfte, der Niederlassungsfreiheit nach innen und einer gemeinsamen Handelspolitik nach außen.[85] Während in der ersten Phase des westeuropäischen Integrationsprozesses das Schwergewicht auf der Schaffung des gemeinsamen Marktes lag, also auf der Verwirklichung der Zollunion mit allen daraus folgenden Konsequenzen für die Verkehrs-, Steuer- und Wettbewerbspolitik, haben sich die EWG-Länder seit der Haager Gipfelkonferenz im Dezember 1969 das Ziel gesetzt, die Zollunion zur Wirtschafts- und Währungsunion auszubauen. Die Wirtschafts- und Währungspolitik der Mitgliedsstaaten soll schrittweise koordiniert werden und dieser Prozeß mit der Institutionali-

85 Vgl. Hans R. Krämer, *EWG und EFTA, Entwicklung, Aufbau und Tätigkeit,* Stuttgart 1968.

sierung einer gemeinsamen Währung und eines gemeinsamen Zentralbanksystems enden.[86] Hinter diesen Konstruktionen verbirgt sich das Interesse des westeuropäischen Großkapitals, durch die Verzahnung der bisher nationalen Binnenmärkte zu einem gemeinsamen westeuropäischen Markt und der damit einhergehenden Verschärfung des innereuropäischen Konkurrenzkampfes den Konzentrations- und Zentralisationsprozeß des Kapitals unter ihrer Regie zu beschleunigen und so europäische Kapitale von US-amerikanischer Größenordnung entstehen zu lassen.

Im folgenden werden zunächst die Ergebnisse des Konzentrations- und Zentralisationsprozesses des Kapitals in der ersten Etappe des westeuropäischen Integrationsprozesses dargestellt und dann die Perspektiven des Konzentrations- und Verflechtungsprozesses vor dem Hintergrund der Erweiterung der EWG von 6 auf 9 europäische Länder, der Bildung der westeuropäischen Freihandelszone und der Tendenzen zur Wirtschafts- und Währungsunion im Rahmen der Europäischen Gemeinschaft erörtert.

2.3.5.2.1 Die Ergebnisse der ersten Etappe des westeuropäischen Integrationsprozesses (EWG – Zollunion)

Die schrittweise Beseitigung der Zölle und der quantitativen Handelshemmnisse zwischen den EWG-Ländern in den 60er Jahren hat zur Intensivierung der Handelsbeziehungen und damit des Wettbewerbes im EWG-Raum geführt. Die Handelsausweitung zwischen den Ländern der Zollunion ist zum einen durch die regionale Umgruppierung der Abnehmer- und Zulieferermärkte verursacht worden, die sich aus dem Zurückdrängen weniger produktiver Kapitale in den einzelnen Mitgliedsländern auf Grund des schärferen Konkurrenzkampfes ergab, zum anderen auf die Akkumulationsimpulse der Liberalisierung der Handelsbeziehungen im EWG-Binnenmarkt zurückzuführen. Als Akkumulationsimpulse des erweiterten Binnenmarktes sind in erster Linie die Möglichkeiten zur Massenproduktion durch vergrößerte Unterneh-

86 Vgl. dazu: Rainer Hellmann, *Europäische Wirtschafts- und Währungsunion, Eine Dokumentation*, Baden-Baden 1972; Herbert Giersch (Hrsg.), *Integration durch Währungsunion?*, Tübingen 1971; Hans Willgerodt u. a., *Wege und Irrwege zur Europäischen Währungsunion*, Freiburg/i. B. 1972.

mens- bzw. Betriebseinheiten und die Kostenvorteile anzusehen, die sich aus Standortverlagerungen der Produktionsstätten ergeben. Teilweise resultiert die Handelsausweitung innerhalb der Zollunion auch aus der Verlagerung eines Teiles des bisherigen Handelsverkehrs zwischen den EWG-Ländern und den übrigen Weltmarktländern in die EWG: Einerseits können einige Importwaren aus den Mitgliedsländern der Zollunion billiger bezogen werden als aus Drittländern, andererseits stoßen Exporte in EWG-Länder auf geringere Handelsschranken als in Drittländern. Der Einfluß der Handelsausweitungs- und der Handelsverlagerungseffekte auf den Außenhandel der EWG-Länder kann aus Tabelle 29 abgelesen werden:

Tabelle 29
Außenhandelsintensitäten der EWG-Länder 1959 und 1968 in Prozent

Land	EWG-Handel		Drittlandhandel		Gesamter Außenhandel	
	1959	1968	1959	1968	1959	1968
Belgien/Luxemburg	14,0	22,7	16,6	15,4	30,7	38,1
BRD	4,1	6,7	10,2	10,3	14,3	17,0
Frankreich	2,7	4,8	7,2	5,8	9,8	10,6
Italien	2,7	5,2	7,3	8,4	10,0	13,6
Niederlande	16,4	19,7	20,6	15,3	37,0	34,9
EWG	5,0	7,6	10,3	9,1	15,4	16,7

$$a = \frac{(\text{Importe} + \text{Exporte}) \times 100}{\text{BSP} \times 2}$$

Quelle: Hans Willgerodt u. a., *Wege und Irrwege . . .*, a.a.O., S. 30.

Die Außenhandelsintensität der EWG-Länder untereinander hat sich zwischen 1959 und 1968 erheblich gesteigert; dies gilt vor allem für den EWG-Handel Frankreichs und Italiens, aber auch für Belgien/Luxemburg, die Niederlande und die BRD, deren Außenhandelsverflechtung mit der EWG bereits

1959 relativ groß war. Die Handelsausweitung innerhalb der EWG geht zum Teil auf Kosten des Drittländerhandels der EWG-Mitgliedsländer, hat also eine Handelsverlagerung zur Grundlage. Von den 6 EWG-Ländern haben nur Italien und die BRD ihre Außenhandelsintensität, bezogen auf Drittländer, gesteigert, den stärksten relativen Drittländerhandels-Rückgang hatten die Niederlande zu verzeichnen. Die Handelsausweitungseffekte der Europäischen Wirtschaftsgemeinschaft können auch aus Tabelle 30 entnommen werden.

Tabelle 30
Anteile des Exportes der EWG-Länder in die Partnerländer am Gesamtexport 1959 und 1968 – in Prozent

Exportland		Bestimmungsland					
		Belg./ Luxemburg	BRD	Frankreich	Niederlande	Italien	EWG
Belgien/ Luxemburg	1959	–	13,3	9,1	21,3	3,6	46,2
	1968	–	20,9	18,6	21,1	3,7	64,3
BRD	1959	6,1	–	8,0	8,4	5,4	27,9
	1968	7,5	–	12,3	10,2	7,6	37,6
Frankreich	1959	6,7	13,1	–	2,6	4,8	27,2
	1968	10,1	18,6	–	5,1	9,2	43,0
Niederlande	1959	14,7	21,6	5,4	–	2,7	44,3
	1968	14,3	27,8	10,5	–	4,8	57,4
Italien	1959	2,5	16,2	6,0	2,6	–	27,4
	1968	4,2	18,7	12,6	4,6	–	40,0
EWG	1959	6,2	9,6	5,8	6,9	3,9	32,4
	1968	7,4	12,9	10,5	8,4	5,9	45,0

Quelle: Hans Willgerodt u. a., a.a.O., S. 29.

Der Anteil der Intra-EWG-Exporte an den gesamten Exporten der EWG-Länder stieg nach diesen Angaben von 1959 32,4% auf 1968 45% an. Überdurchschnittlich hohe prozentuale Zuwachsraten erzielten die EWG-Exporte am Gesamtexport in den Ländern Belgien/Luxemburg, Frankreich und den Niederlanden, unterdurchschnittliche Prozentzuwachsraten hatte die BRD zu verzeichnen, während Italien genau die Durchschnittsrate erreichte. Der EWG-Exportanteil ist bei allen Mitgliedsländern der EWG außerordentlich hoch, er lag 1968 zwischen 37,6% (BRD) und 64,3% (Belgien/Luxemburg).

2.3.5.2.1.1 *Der nationale Konzentrations- und Zentralisationsprozeß in den EWG-Ländern*

Die Intensivierung des Konkurrenzkampfes der EWG-Kapitale untereinander, der in den angeführten Daten über die zunehmende Handelsverflechtung zwischen den einzelnen Mitgliedsländern zum Ausdruck kommt, hat den Konzentrations- und Zentralisationsprozeß des Kapitals im EWG-Raum erheblich beschleunigt. Zentrum dieser Bewegung waren in dieser ersten Etappe des westeuropäischen Integrationsprozesses vor allem die nationalen Märkte, während innereuropäische Verflechtungsprozesse noch im Hintergrund standen.
In *Frankreich*, dessen Industrie vor der EWG-Gründung durch hohe Zölle und zahlreiche Einfuhrkontingentierungen vor der Auslandskonkurrenz geschützt wurde, unterstützt der Staatsapparat den horizontalen Zentralisationsprozeß des Kapitals, um international wettbewerbsfähige Unternehmensgruppen zu schaffen. Der 5. Französische Wirtschaftsplan (1966-1970) bezeichnete die Förderung des Konzentrations- und Zentralisationsprozesses des Kapitals als eines der Hauptziele der französischen Wirtschaftspolitik. Während die Zahl der Fusionen in Frankreich 1958 noch auf 893 beschränkt blieb, nahm die Zentralisationsbewegung unter dem Einfluß des Gemeinsamen Marktes rasch zu: 1960 fusionierten 1088 französische Unternehmen, von 1962-1965 verzeichnete das französische Finanzministerium 4337 Verschmelzungsvorgänge und im Zeichen des 5. Wirtschaftsplanes stieg die Zahl der Fusionen 1966 mit 1959 und 1967 mit 1752 erneut erheblich an.[87] Zusammengeschlossen wurden in

87 IMSF, *Internationale Konzerne ...*, a.a.O., S. 236; Knauss/Vogel/Hermanns, *Unternehmenskonzentration in der westlichen Welt*, Köln 1967, S. 59.

Frankreich zu dieser Zeit u. a. die Automobilunternehmen Renault und Peugeot, deren Fusion als Gründung der General Motors Frankreichs gefeiert wurde; in der Stahlindustrie wurden verschmolzen: Usinor mit Lorraine-Escaut und Denan-Nord-Est mit der Société des Aciéries de Longwy; im Chemie-Bereich schlossen sich Ugine und Kuhlmann zusammen, das zweit- und viertgrößte Chemieunternehmen Frankreichs. Ihre chemische Produktion legten auch Péchiney und Saint-Gobain zu einer gemeinsamen Tochtergesellschaft zusammen. Der französische Staat gründete auf der Basis des Bureau de Recherches du Pétrole und der Régie Autonome du Pétrole die E.R.A.P. (Entreprise de Recherches et d'Activités Pétrolières), die wiederum eng mit der Cie. Francaise du Pétrole und der Société Nationale des Pétroles d'Acquitaine kooperiert. In der Elektroindustrie kam es zur Fusion von Thomson-Houston und Hotchkiss-Brandt, die damit zur stärksten Gruppe im Sektor der Küchenherde und Kühlschränke wurden. Aus anderen Bereichen ist vor allem noch die neue Unternehmenseinheit aus der Filatures Prouvost et Cie. – La Lanière de Roubaix und der S. A. Francais Masurel et Frères zu nennen, die einen der größten Textilkonzerne Europas bildet.[88]

Auch in *Italien* ist der Staatsapparat Promoter einer Konzentrations- und Zentralisationsbewegung des Kapitals: »Ohne Rationalisierungsbemühungen, auch im Wege von Konzentrationen, könnte sich der Abstand von Produktivität und Leistung unseres Produktionsapparates gegenüber den westlichen Ländern in den nächsten Jahren uneinbringlich vergrößern«, heißt es im italienischen Fünf-Jahres-Plan am Ende der 60er Jahre.[89] Als Hebel der Zentralisierungsbewegung dienen dem italienischen Staatsapparat die Staatsholdings I.R.I. und E.N.I., die große Teile der Rohstoffproduktion (Steinkohle, Eisen, Mangan, Erdgas, Erdöl, Quecksilber) und des Transportwesens (Schiffahrt, Luftverkehr) Italiens kontrollieren. Die I.R.I.-Gruppe schloß z. B. die drei Werften Ansaldo, Cantieri Riuniti dell' Adriatico und Navalmeccania zur Italcan-

88 Vgl. die Angaben in: Otto Vogel, *Konzentrationsbewegungen im Ausland*, In: Knauss/Vogel/Hermanns, a.a.O., S. 58 ff.
89 Otto Vogel, a.a.O., S. 62.

tieri zusammen. Von 1961 bis 1967 fanden in Italien 176 Fusionen von Großbetrieben statt, 1964 soll es nach Regierungsangaben 92 und 1965 60 Fusionen gegeben haben, die übrigens durch Steuerpräferenzen gefördert werden.[90]
Spektakulärste Fusionen waren in dieser Zeit auf nationaler Ebene die Verbindung von Edison und Montecatini im Chemiebereich, mit der einer der größten Chemiekonzerne der Welt, Montedison, geschaffen wurde, auf innereuropäischer Ebene die Verbindung von Pirelli und Dunlop, den beiden umsatzstärksten Reifenproduzenten Europas.
Ebenso wie in Frankreich und in Italien forcierte sich auch in der *BRD* in den 60er Jahren der nationale Konzentrations- und Zentralisationsprozeß des Kapitals. Fanden 1958 nur 15 Fusionen statt, bei denen Marktanteile von mehr als 20% tangiert wurden, also Großfusionen, so stieg diese Zahl in den 60er Jahren kontinuierlich an: 1960: 22, 1963: 29, 1965: 50, 1967: 65 und 1969: 168.[91] Wichtige Fusionen oder Teilfusionen waren in der Automobilindustrie die Verbindung von VW mit NSU und der Autounion und der Erwerb der Glas-Werke durch BMW, in der Chemie die Verschmelzung der BASF mit den Phrix-Werken, der Wintershall AG und den Guano-Werken, der Farbwerke Hoechst mit der Reichhold-Chemie AG, der Süddeutschen Chemiefaser AG und Bayer mit den Faserwerken Hüls. In der Elektroindustrie sind unter den nationalen Verbindungen zu erwähnen: die Voll- oder Teilfusionen von AEG/Telefunken mit der Linde-Hausgeräte GmbH, der Hartmann und Braun AG, den Neff-Werken und den Kabelwerken Rheydt, von Siemens mit der Zuse AG und der Blohm & Voss AG, von der Robert Bosch GmbH mit der Akkord Radio GmbH und der Hesser Maschinenfabrik AG. Wichtige Teilfusionen waren außerdem die Gründung der Bosch-Siemens-Hausgeräte GmbH durch Siemens und Bosch, die Hanomag-Henschel-Fahrzeugwerke GmbH durch Daimler-Benz und Rheinstahl, die Mannesmann-Röhren GmbH durch Mannesmann und Thyssen, sowie die Kraftwerks-Union GmbH durch AEG/Telefunken und Siemens, die ebenfalls

90 IMSF, a.a.O., S. 236; O. Vogel, a.a.O., S. 62 f.
91 IMSF, a.a.O., S. 236; Jörg Huffschmid, *Die Politik des Kapitals, Konzentration und Wirtschaftspolitik in der BRD*, Frankfurt/M. 1970, S. 55.

gemeinsam die Transformatoren-Generatoren-Union GmbH schufen.[92]

Bereits diese »nur« nationale Konzentrations- und Zentralisationsbewegung des Kapitals, die durch die Bildung des Gemeinsamen Marktes teilweise mit staatlicher Unterstützung – wie in Frankreich und Italien – forciert wurde, kann für die Konkurrenzposition der europäischen Kapitale auf dem Weltmarkt von erheblicher Bedeutung sein. Das gilt z. B. für den Zusammenschluß von Edison und Montecatini, die 1968 den zweitgrößten und 1970 den viertgrößten Chemiekonzern Europas bildeten und auch in der Weltrangliste 1968 auf Platz 5 und 1970 auf Platz 7 lagen. Das trifft ebenso für die Verbindung von Ugine und Kuhlmann in Frankreich zu, die 1970 zum viertgrößten NE-Metall-Produzenten der kapitalistischen Welt avancierten. Eine vergleichbare internationale Bedeutung hatten auch die »nur« nationalen Verbindungen der holländischen Chemieunternehmen AKU und KZO zum AKZO-Konzern (1970 sechster Chemiekonzern Europas und neunter der Welt), sowie die Verbindung von Thyssen und Mannesmann im Röhrengeschäft, die jetzt noch durch die Fusion Thyssens mit Rheinstahl ergänzt wird und somit den zweitgrößten Stahlkonzern der kapitalistischen Welt bildet.

2.3.5.2.1.2 Die Konzentration und Zentralisation des Kapitals auf westeuropäischer Ebene

Wichtiger als die nationalen Verflechtungsprozesse sind für die Unterminierung der amerikanischen Vormachtstellung auf dem kapitalistischen Weltmarkt die innereuropäischen Konzentrations- und Zentralisationsprozesse des Kapitals, denn die Umsatzdifferenzen zwischen den Spitzenunternehmen wichtiger Branchen (Erdöl, Elektroindustrie, Maschinenbau, Fahrzeugbau, Flugzeugbau) in den USA und denen einzelner westeuropäischer Länder sind so erheblich, daß sie nur durch Zentralisationsprozesse auf europäischer Ebene überbrückt werden können. In Tabelle 31 sind einige hypothetische Fusionen zwischen Spitzenunternehmen in Westeuropa dem momentanen Konzentrations- und Zentralisationsgrad des Kapitals in den USA gegenübergestellt worden.

92 Vgl. Jörg Huffschmid, a.a.O., S. 50 ff.

Tabelle 31
Hypothetische Fusionen westeuropäischer Spitzenunternehmen im Vergleich mit den umsatzstärksten US-Unternehmen ausgewählter Branchen

	Umsätze 1969 (Mio Dollar)	Beschäftigte 1969 (in Tausend)
Elektroindustrie		
Philips (Niederlande)	3598	339
Siemens (BRD)	2421	272
AEG-Telefunken (BRD)	1787	164
Gesamt:	7806	775
Vgl. mit		
General Electric (US)	8448	400
IBM (USA)	7198	259
Automobilindustrie		
Volkswagen (BRD)	3537	168
British-Leyland (GB)	2328	196
Renault (Frankreich)	2173	140
Gesamt:	8038	504
Vgl. mit		
Daimler-Benz (BRD)	2307	136
Fiat (Italien)	2280	171
Citroen (Frankreich)	1390	83
Gesamt:	5977	390
Vgl. mit		
General Motors (USA)	24295	794
Ford (USA)	14756	436
Chrysler (USA)	7052	235
Luftfahrtindustrie		
Hawker-Siddeley Group (GB)	965	94
British Aircraft (GB)	441	37
Aerospatiale (Frankreich)	545	42
Gesamt:	1951	173

Fortsetzung Tabelle 31

	Umsätze 1969 (Mio Dollar)	Beschäftigte 1969 (in Tausend)
Vgl. mit		
Boeing (USA)	2835	121
Lockheed (USA)	2075	98
Gummiindustrie		
Dunlop (GB)	1188	108
Pirelli (Italien)	1067	75
Michelin (Frankreich)	1062	75
Gesamt:	3317	258
Vgl. mit		
Goodyear (USA)	3215	134
Firestone (USA)	2279	109
Chemische Industrie		
I.C.I. (GB)	3252	192
Hoechst (BRD)	2266	98
A.K.Z.O. (Niederlande)	1759	100
Gesamt:	7277	390
BASF (BRD)	2257	95
Bayer (BRD)	2139	95
Montedison (Italien)	2483	145
Rhône Poulenc (Frankreich)	1968	119
Gesamt:	8847	454
Vgl. mit		
Do Pont (USA)	3635	118
Union Carbide (USA)	2933	104
Erdölindustrie		
Burmah (GB)	434	26
B.P. (GB)	3424	68
Cie. Francais des Petroles (Frankreich)	1625	23
Petrofina (Belgien)	1054	20
E.N.I. (Italien)	1617	63
Gesamt:	8154	200

	Umsätze 1969 (Mio Dollar)	Beschäftigte 1969 (in Tausend)
Vgl. mit		
Royal Dutch/Shell (GB/Niederlande)	9738	173
Standard Oil NJ (USA)	14930	145
Mobil Oil (USA)	6621	76
Texaco (USA)	5868	73
Gulf (USA)	4953	60
*NE-Metallindustrie**		
Péchiney (Frankreich)	1564	62
Metallgesellschaft (BRD)	1385	35
Rio Tinto Zinc (GB	1054	55
Gesamt:	4003	152
Vgl. mit		
Aluminium Co. (USA)	1522	48
Kennecott Copper (USA)	1133	30
*Nahrungsmittel**		
Nestlé (Schweiz)	2333	91
British American Tobacco (GB)	1911	120
Unigate (GB)	744	35
Gesamt:	4988	246
Vgl. mit		
Swift (USA)	3076	38
Kraftco (USA)	2751	48
Unilever (GB/NL)	6833	333
*Stahlindustrie**		
British Steel (GB)	3496	255
Krupp (BRD)	1645	80
ARBED (Luxemburg)	1334	36
Gesamt:	6485	371

* = Daten des Jahres 1970

Fortsetzung Tabelle 31

	Umsätze 1969 (Mio Dollar)	Beschäftigte 1969 (in Tausend)
Vgl. mit		
U. S. Steel (USA)	4814	200
Bethlehem Steel (USA)	2935	130
Thyssen-Rheinstahl	4258	168

Quelle: IMSF, a.a.O., S. 33/34 und eigene Berechnungen.

In der Elektro-, Luftfahrt-, Gummi- und Erdölindustrie könnten nach diesen Angaben durch innereuropäische Fusionen Spitzenunternehmen geschaffen werden, die mit den jetzt führenden Unternehmen der USA in diesen Branchen an Umsatzstärke vergleichbar wären. In der Chemie-, Stahl-, NE-Metall- und Nahrungsmittelindustrie würden die europäischen Kapitale die US-Unternehmen, mit denen sie bereits heute ebenbürtig konkurrieren, überflügeln, während in der Automobilindustrie die Dominanz des US-Kapitals weiterhin ungebrochen bliebe.

Innereuropäische Verflechtungsbewegungen von dieser Größenordnung sind allerdings in den 60er Jahren generell ausgeblieben. Zu erwähnen sind hier nur die Verbindung von Pirelli und Dunlop in der Gummiindustrie, die Teilverbindung von Hoogoven und Hoesch in der Stahlindustrie und die Fusion von AGFA und Geveart-Photoproducten in der Fotoindustrie. Daneben haben sich allerdings wichtige Kooperationsansätze zwischen europäischen Unternehmen im Forschungs- und Vertriebsbereich und bei Teilprodukten einzelner Branchen entwickelt, so etwa zwischen den Farbwerken Hoechst und der Gruppe Péchiney – Saint Gobain, zwischen Bayer Leverkusen und dem französischen Chemiekonzern Rhône – Poulenc und zwischen der BASF und Shell-Frankreich im Bereich der Petrochemie. Erwähnenswert ist in diesem Zusammenhang auch die Zusammenlegung der Computerinteressen der drei europäischen Konzerne Siemens, Philips und CII zur Unidata, die einen europäischen Ansatzpunkt zur

Relativierung der Dominanz des US-Kapitals auf dem internationalen Computermarkt bilden kann.[93]

Über die allgemeine innereuropäische Konzentrations- und Zentralisationsbewegung gibt es noch immer kein ausreichendes statistisches Material. Die von der Europäischen Kommission auf der Basis von Pressemeldungen zusammengestellten Unterlagen für die Zeit seit 1966 bieten eine erste Orientierungshilfe.[94] In den Tabellen 32 und 33 sind einige Daten über internationale Operationen in der EWG seit 1966 zusammengestellt und regional aufgeschlüsselt worden. Die internationalen Operationen in der EWG, zu denen auch Operationen aus Drittländern zählen, sind von 1966 bis 1971 nach den Ermittlungen der Europäischen Kommission kontinuierlich angewachsen, wobei das Wachstumstempo sich seit 1968 erheblich beschleunigt. Unter den Operationsformen dominiert generell die Errichtung einfacher Tochtergesellschaften – mit einem Anteil von 65% an den gesamten Operationen im Jahre 1971 –, während Beteiligungen (17%) und die Gründung gemeinsamer Tochtergesellschaften (18%), also internationale Zentralisationsbewegungen, geringer vertreten sind.

Regional wurden 1966 nur 35%, 1967 38% und 1971 41% der gesamten Jahresoperationen ausschließlich zwischen den EWG-Mitgliedsländern getätigt. Dieser Prozentsatz innereuropäischer Konzentrations- und Zentralisationsprozesse ist vor allem deshalb so gering, weil in Tabelle 33 alle Operationen, an denen ein Unternehmen aus Drittländern teilnahm, als Drittlandoperation verbucht wurden. Betrachtet man nicht die Zahl der Operationen, sondern die Zahl der Teilnahmen an Operationen, so schneiden die rein innereuropäischen Kapitalbewegungen besser ab: Sie erreichten 1966 einen Anteil von 58%, 1970 56% und 1971 55%. Die

93 Vgl. *Süddeutsche Zeitung, Unidata – dreistimmiger Chor im Computergeschäft,* Nr. 160, 14./15. 7. 73, S. 25.

94 EWG-Kommission, *Erster Bericht über die Entwicklung der Wettbewerbspolitik – Anlage zum 5. Gesamtbericht über die Tätigkeit der Gemeinschaften,* Brüssel/Luxemburg 1972; ders., *Zweiter Bericht über die Wettbewerbspolitik – Anlage zum 6. Gesamtbericht über die Tätigkeit der Gemeinschaften,* Brüssel/Luxemburg 1973; Vgl. auch: Berliner Bank, *Zunehmende unternehmerische Verflechtung zwischen den EWG-Ländern.* In: *Mitteilungen für den Außenhandel,* Nr. 7, 1972, S. 3 ff.

Tabelle 32
Internationale Operationen in der EWG 1966-1971

Jahr	Operationen und Operationsformen						Operationen insgesamt		Operationen nach der Zahl der Teilnahmen		
	Beteiligung		Gemeinsame Töchter		Einfache Töchter						
	Zahl der Operat.	Zahl der Teiln.	Zahl der Operat.	Zahl der Teiln.	Zahl der Operat.	Zahl der Teiln.	Zahl der Operat.	Zahl der Teiln.	Unilateral	Bilateral	Multilateral
1966	254	535	315	959	781	781	1350	2275	781	461	108
1968	241	485	292	888	890	890	1423	2263	890	435	98
1970	327	642	345	977	1199	1199	1871	2818	1199	576	96
1971	368	741	382	954	1408	1408	2158	3103	1408	628	122

Quelle: EWG-Kommission, *Erster Bericht über die Entwicklung der Wettbewerbspolitik – Anlage zum 5. Gesamtbericht über die Tätigkeit der Gemeinschaften*, Brüssel/Luxemburg 1972, S. 188; EWG-Kommission, *Zweiter Bericht über die Entwicklung der Wettbewerbspolitik – Anlage zum 6. Gesamtbericht über die Tätigkeit der Gemeinschaften*, Brüssel/Luxemburg 1973. S. 162.

Tabelle 33
Regionale Aufspaltung der internationalen Operationen in EWG- und Drittländer, in Prozent der jeweiligen Operationsform

	Zahl der Operationen								Zahl der Teilnahmen an Operationen							
	Beteiligungen		Gemeinsame Töchter		Einfache Töchter		Insgesamt		Beteiligungen		Gemeinsame Töchter		Einfache Töchter		Insgesamt	
	EWG	DL	EWG	DL	EWG	DL	EWG	DL	EWG	DL	EWG	DL	EWG	DL	EWG	DL
1966	33	67	34	66	35	65	35	65	67	33	72	28	35	65	58	42
1970	35	65	34	66	39	61	38	62	67	33	69	31	39	61	56	44
1971	39	61	35	65	42	58	41	59	70	30	62	38	42	58	55	45

EWG = Operationen *nur* zwischen Unternehmen der Mitgliedsländer.
DL = Operationen, an denen Unternehmen aus Drittländern teilnahmen.

Quelle: EWG-Kommission, *Zweiter Bericht über die Entwicklung der Wettbewerbspolitik – Anlage zum 6. Gesamtbericht über die Tätigkeit der Gemeinschaften*, Brüssel/Luxemburg 1973, S. 164.

günstigste Relation ergibt sich für die EWG-internen Operationen bei den einfachen Tochtergesellschaften, hier stieg der EWG-Anteil von 1966 35% über 1970 39% auf 1971 42% an.
Die EWG-Anteile steigen erheblich an, wenn man Großbritannien, das Mitglied der erweiterten EWG ist, bei den rein innereuropäischen Operationen berücksichtigt (vgl. Tabelle 34).

Tabelle 34
Anteil einzelner Drittländer an der Anzahl der Teilnahmen bei internationalen Operationen in der EWG:

Jahr	EWG	USA	GB	CH	AL[1]	SL[2]	J	Total
1966	58	21	9	5	4	3	–	100
1970	56	18	10	7	5	3	1	100
1971	55	17	10	7	5	4	2	100

1 AL = Andere Drittländer
= Skandinavische Länder

Quelle: EWG-Kommission, *Zweiter Bericht . . .*, a.a.O., S. 166.

Unter Einschluß Großbritanniens erhöht sich der EWG-Anteil an der Anzahl der Teilnahmen an Operationen in der EWG um 10% auf 1971 65%. Auffällig ist an Tabelle 34 auch, daß der Anteil der USA an den internationalen Operationen nach dem Teilnahmekriterium von 1966 21% auf 1971 17% gesunken ist. Allerdings darf nicht unerwähnt bleiben, daß das bisherige statistische Material keine qualitative Gewichtung der jeweiligen Operationen nach ihrem Umfang und ihrer Bedeutung in der jeweiligen Branche und dem jeweiligen Land gestattet. Insofern kann aus dem Rückgang des Anteiles der USA an den Teilnahmen an internationalen Operationen in der EWG von 1966 bis 1971 noch keine qualitative Aussage abgeleitet werden. Es besteht kein Zweifel, daß die USA weiterhin den Löwenanteil der Auslandsdirektinvestitionen in den EWG-Ländern auf sich vereinigen, welche Operationsform auch immer man betrachtet. Der US-Anteil am Auslandskapital betrug in einzelnen EWG-Ländern: BRD (Ende 1968) 43,6%, Frankreich (1962-1968) 25,8%, Italien (Ende 1965) 45,9%, Niederlande (Ende 1969) 45,4% und Belgien (1959-1969) 55,7%.[95] Da die US-Unternehmen gerade bei ihren Direktinvestitionen in der verarbeitenden Industrie Westeuropas überwiegend in der Form des Aufkaufes und der Beteiligung expandierten (zu 57%), sind in den 60er Jahren die bedeutenden Zentralisationsprozesse des Kapitals im EWG-Raum vom amerikanischen Kapital ausgegangen.

Fassen wir unsere bisherige Darstellung zusammen, so ergibt sich, daß die EWG-Gründung den Konzentrations- und Zentralisationsprozeß des Kapitals in den einzelnen Mitgliedstaaten erheblich forciert, im europäischen Rahmen hingegen erst schwache, wenn auch gegen Ende der 60er Jahre wachsende Zentralisationsansätze hervorgebracht hat, die Unternehmenseinheiten von amerikanischer Größenordnung produzieren könnten. Der Löwenanteil der bisherigen internationalen Zentralisationsbewegungen im EWG-Raum ging auf das Konto des US-Kapitals selber. Diese Entwicklung des Konzentrations- und Zentralisationsprozesses des Kapitals in den 60er Jahren muß meines Erachtens wie folgt interpretiert werden: Das US-Kapital wurde in den 60er Jahren durch verschiedene Faktoren zum Kapitalexport nach Westeuropa gezwungen; zum einen produzierte die Wirkungsweise des Wertgesetzes auf dem Weltmarkt ohnehin eine doppelte Tendenz zur Auslandsproduktion, zum anderen verstärkten die Überbewertung des Dollar und die EWG-Zollmauern die amerikanischen Direktinvestitionen in Westeuropa. Da nun das US-Kapital im hohen Maße in Form des Aufkaufes und der Beteiligung expandierte, ging von ihm in den 60er Jahren eine starke Zentralisationstendenz in Europa aus. Demgegenüber versuchte das westeuropäische Kapital die doppelte Verschärfung des Konkurrenzkampfes in der EWG, nämlich einerseits den durch die Bildung des zollfreien europäischen Binnenmarktes forcierten Wettbewerb und andererseits den Konkurrenzdruck, den die Anwesenheit der produktiveren US-Kapitale in der EWG selber ausübte, zunächst durch

95 Vgl. Hellmann, *Weltunternehmen* . . ., a.a.O., Tabelle 8, S. 283/284.

nationale Konzentrations- und Zentralisationsbewegungen aufzufangen. Dabei wurden in einigen Branchen Unternehmenseinheiten geschaffen, die an Umsatzstärke zur europäischen und Weltspitze vorstoßen konnten. Da die US-Investitionen in den einzelnen EWG-Ländern durch überdurchschnittliche Expansionsraten im Verlaufe der 60er Jahre ein immer stärkeres Gewicht bekamen und sich der Spielraum für nationale Zentralisationsprozesse in der EWG zunehmend verengte, scheinen seit Ende der 60er Jahre – wie auch die EWG-Statistiken andeuten – die innereuropäischen Verflechtungsprozesse an Bedeutung zu gewinnen. Wichtige zusätzliche Impulse könnten die innereuropäischen Konzentrations- und Zentralisationsbewegungen durch die Erweiterung der EWG, die Gründung der westeuropäischen Freihandelszone und die Verwirklichung der Westeuropäischen Wirtschafts- und Währungsunion erhalten. Diese für die Perspektiven des Konkurrenzkampfs wichtigen Momente sollen im folgenden näher analysiert werden.

2.3.5.2.2 Die Perspektiven des westeuropäischen Integrationsprozesses in den 70er Jahren

Die am 1. Jan. 1973 in Kraft getretenen Verträge über den Beitritt Großbritanniens, Irlands und Dänemarks zur Europäischen Wirtschaftsgemeinschaft sehen einen gegenseitigen Zollabbau zwischen den Beitrittsländern und der Kern-EWG bis 1977 vor. In 5 Stufen zu je 20% sollen die Zölle auf gewerbliche Waren abgebaut werden, mengenmäßige Einfuhrbeschränkungen werden bereits zu Beginn des Jahres 1973 vollständig aufgehoben. Ebenfalls bis 1977 passen Großbritannien, Dänemark und Irland ihre Außenzölle den EWG-Außenzöllen an.

Die Rest-EFTA-Länder Österreich, Schweiz, Schweden, Finnland, Island und Portugal haben mit der EWG ein Abkommen über die Bildung einer Westeuropäischen Freihandelszone geschlossen.[96] Ebenso wie der Vertrag über die EWG-Erweiterung sieht dieses Abkommen den Abbau fast aller Zölle auf gewerbliche Waren in 5 Etappen bis 1977

96 Bis auf Spanien gehören alle westeuropäischen Länder der Freihandelszone an; Norwegen hat nach seiner Ablehnung des EWG-Beitritts ebenfalls mit der EWG ein Freihandelsabkommen geschlossen.

vor.[97] Welche Handelseffekte von der EWG-Erweiterung und der Westeuropäischen Freihandelszone ausgehen werden, läßt sich aus den Tabellen 35, 36, 37 und 38 ablesen.

Tabelle 35
Geltende Zollsätze für wichtige Importgüter: EWG – Außenzölle und Einfuhrzölle der EWG – Beitrittsländer Großbritannien, Dänemark und Irland

Warengruppe	EWG-Außenzoll	Großbritannien	Dänemark	Irland
Kraftfahrzeuge	10–22	7,5–22	6–12	75
Maschinen	5–11	7,5–17	4–12	0–40
Chemiewaren	0–20	5–23	0–10[a]	0–40
Eisen und Stahl	5–8	0–17	0–12	0–60
Elektroerzeugnisse	6–11	7,5–15	4–12	0–54
Metallwaren	7–9	7,5–18	2,5–20	20–80
Feinmechanik und Optik	8–10	10–25	0–10	0–40
Textilien	0–20	7,5–17,5	0–20	12–60
Bekleidung	10–20	20	15–20	30–60

a = meist Gewichtszölle

Quellen: Deutscher Gebrauchs-Zolltarif, nationale Zolltarife der Beitrittsländer, zitiert nach: Berliner Bank, *Zur Erweiterung der EWG.* In: *Mitteilungen für den Außenhandel,* Nr. 2, 1972, S. 3.

Die Tabellen 35 und 36 zeigen zunächst einmal, daß die Zollsätze bei wichtigen Industriewaren zwischen der Kern-EWG und den Beitrittsländern bzw. den Rest-EFTA-Ländern trotz der Kennedy-Runde im Rahmen des GATT immer noch erheblich waren. Besonders hohe Zollmauern haben im Vergleich zur EWG Großbritannien, Irland, Norwegen, Finnland, Island und, soweit erkennbar, auch Portugal, niedrigere Zollsätze haben im allgemeinen Österreich, Dänemark, Schweden und die Schweiz. Bei Wertzollsätzen, die etwa im

97 Bei einigen NE-Metallen wird der Zollabbau langsamer vollzogen, erst 1980 sollen hier Nulltarife erreicht werden.

Tabelle 36
Geltende Zollsätze für wichtige Importgüter: EWG-Außenzölle und Einfuhrzölle ehemaliger EFTA-Länder

	EWG-Außenzoll	Österreich	Schweiz[a]	Schweden	Finnland	Island	Portugal[b]	Norwegen[c]
Kraftfahrzeuge	10–22	0	91–170	5–10	8–14	40–90	–	8–30
Maschinen	5–11	0–10	20–50	5–8	6–12	7–25	6–24	5–10
Chemiewaren	0–20	0–12	2–50	0–9	0–20	18–30	6–12	0–24
Eisen und Stahl	5–8	0–9	0,05–16	0–6	3–8	2–25	–	0–10
Elektroerzeugnisse	6–11	0–10	17–50	5	6,5–15	10–80	6–25	5–16
Metallwaren	7–9	0–24	6–12	0–6	7,5–15	35–50	–	5–10
Feinmechanik und Optik	8–10	0–10	100–160	2,5–5	3–5	35–50	18–30	2,5–5
Textilien	0–20	0–10	100–200	6–12	12–24	0–30	–	4–18
Bekleidung	10–20	0	400–600	15	20–35	65	–	20–30

a Mengenzölle, sfrs. je 100 kg brutto
b Zölle müssen z. T. nach komplizierten Formeln errechnet werden, sind also nicht für alle Waren in repräsentativen Größen anzugeben
c Finanzierungsabgaben (= Zölle und Fiskalzölle), vielfach Gewichtszölle

Quellen: Deutscher Gebrauchs-Tarifzoll, nationale Zolltarife der Freihandelspartnerländer, zitiert nach: Berliner Bank, *Grünes Licht für westeuropäische Freihandelszone.* In: *Mitteilungen für den Außenhandel,* Nr. 7, 1972, S. 3.

Tabelle 37
Importe der Beitrittsländer nach Herkunftsgebieten[1]

	Veränderungen in % 1970 gegenüber 1965		Anteile am Gesamtimport der Beitrittsländer in % 1970		1965	
	Importe aus der EFTA	EWG	EFTA	EWG	EFTA	EWG
Großbritannien	+80,6	+56,9	15,5	20,1	11,6	17,3
Dänemark	+90,5	+45,7	41,2	33,2	33,8	35,6
Irland	+65,1	+62,8	59,4	16,5	54,3	15,3

1 Zitiert nach: Berliner Bank, *Zur Erweiterung der EWG.* In: *Mitteilungen für den Außenhandel*, Nr. 2, 1972, S. 6.

Tabelle 38

Importe der Beitrittsländer zur Westeuropäischen Freihandelszone nach Herkunftsgebieten[a1]

	Veränderungen in % 1971 gegenüber 1966		Anteile am Gesamtimport der Beitrittsländer in Prozent 1971		1966	
	Importe aus der EFTA	EWG	EFTA	EWG	EFTA	EWG
Östereich	+124,1	+69,5	19,6	55,5	15,7	59,2
Schweiz	+129,1	+79,6	19,1	59,0	14,6	57,8
Schweden	+ 93,4	+40,6	39,1	32,9	31,2	36,1
Finnland	+ 76,1	+ 6,7	46,1	22,3	35,7	28,5
Island[b]	+ 29,1	+60,0	40,6	27,4	41,4	22,3
Portugal	+ 85,8	+65,8	24,8	32,8	23,4	34,6
Zusammen	+ 98,2	+60,5	28,8	44,2	23,8	45,1
Norwegen[c]	+ 81,1	+42,8	44,5	24,9	42,2	29,2

a Berechnet auf der Basis von US-Dollar-Werten
b Island gehört der EFTA erst seit 1969 an und sollte nicht vor 1980 voll in die EFTA integriert sein
c Die Daten beziehen sich auf die Jahre 1965 bzw. 1970

1 Zitiert nach: Berliner Bank, *Grünes Licht für Westeuropäische Freihandelszone.* In: *Mitteilungen für den Außenhandel,* Nr. 7, 1972, S. 6 und: Derselbe, *Zur Erweiterung der EWG.* In: *Mitteilungen* . . ., Nr. 2, 1972, S. 6.

Handel der EWG mit Großbritannien auf beiden Seiten bei so wichtigen Austauschwaren wie Fahrzeuge, Maschinen, chemische Waren und Elektroerzeugnisse bis zu 22, 11-17, 20-23 und 11-15% erreichen, wird von einem generellen Zollabbau eine erhebliche handelsfördernde Wirkung ausgehen. Dies wird besonders aus den Tabellen 37 und 38 deutlich, die die Entwicklung des EFTA-Handels und des EWG-Handels der Beitritts- und der Rest-EFTA-Länder am Ende der 60er Jahre ausweisen. Die Steigerungsrate des EFTA-Importes der ehemaligen EFTA-Länder war von 1965 bis 1970 bzw. von 1966 bis 1971 in nicht wenigen Fällen doppelt so groß wie die der Importe aus den Kern-EWG-Ländern, dies gilt z. B. für Dänemark, Norwegen, Österreich, Schweden und Finnland. Doch auch bei Großbritannien, der Schweiz und Portugal lagen die Importwachstumsraten aus den EFTA-Ländern erheblich über den Importwachstumsraten aus der EWG. Dementsprechend gingen die EWG-Anteile am Import der ehemaligen EFTA-Länder von 1965 bis 1970 bzw. 1966 bis 1971, mit Ausnahme von Island, das der EFTA erst 1969 beitrat, Großbritanniens und Irlands zurück. In allen EFTA-Ländern – Island ausgenommen – stieg der Anteil der EFTA-Länder am gesamten Import erheblich an.

Da auch die EWG-Gründung eine Ausweitung des Intra-EWG-Handels zur Folge hatte, kann aus der Entwicklung des EWG- und des EFTA-Handels am Ende der 60er Jahre geschlossen werden, daß die Beseitigung der Zölle im Rahmen der Westeuropäischen Freihandelszone und der EWG-Zollunion zu einer Ausweitung und Umverteilung des Handels führen, wobei die handelsschöpfenden Effekte überwiegen werden. Zieht man die Parallele zur bisherigen EWG-Entwicklung, dann wird die Erweiterung der EWG und die Verwirklichung der Westeuropäischen Freihandelszone abermals einen forcierten Konzentrations- und Zentralisationsprozeß des Kapitals in Westeuropa, vor allem aber in der erweiterten EWG in Gang setzen. Berücksichtigt man ferner, daß Großbritannien 1968 ca. 35% der US-Investitionen in Europa auf sich vereinigte, dann kann von dem EWG-Anschluß Großbritanniens ein verstärkter Konkurrenzdruck des US-Kapitals auf die westeuropäischen Unternehmen ausgehen und sich daher die Tendenz zu einer innereuropä-

ischen Konzentrations- und Zentralisationsbewegung beschleunigen.
Eine noch größere Bedeutung für den Konzentrations- und Zentralisationsprozeß des Kapitals im europäischen Rahmen hat die seit der Haager Gipfelkonferenz vom Dezember 1969 von den EWG-Staaten angestrebte Wirtschafts- und Währungsunion. Im Unterschied zur Zollunion, die für die einzelnen nationalen Kapitale nur die Schutzfunktion der Importzölle beseitigt, würde die Wirtschafts- und Währungsunion auch den Wechselkursmechanismus aufheben, weil an ihrem Ende starre Paritäten zwischen den europäischen Währungen und die Einführung einer Euro-Währung stehen, die in festen, unabänderlichen Relationen zu den Einzelwährungen gesetzt wird. Die Wechselkurse würden unter diesen Bedingungen keine Anpassungsbewegungen an Strukturveränderungen in der Stufenleiter der universellen Arbeit vollziehen können und insofern ihre Schutzfunktion für sich schwächer entwikkelnde nationale Kapitale partiell verlieren. Da unter diesen Umständen die Konkurrenzkraft produktiverer nationaler Kapitale auf die weniger entwickelten Nationen stärker durchschlagen könnte, würde sich der Zentralisationsprozeß des Kapitals sowohl im nationalen wie im innereuropäischen Rahmen forcieren.
Um die endgültige Konzeption zur Verwirklichung der Wirtschafts- und Währungsunion hat es unter den europäischen Regierungen lange Auseinandersetzungen gegeben.[98] Während die sogenannten Monetaristen, an ihrer Spitze Frankreich, das Schwergewicht im Stufenplan zur Verwirklichung der Wirtschafts- und Währungsunion von Anbeginn auf die Währungskooperation zwischen den Mitgliedsländern legten und das Endziel, vor allem das Ausmaß der Übertragung wirtschaftspolitischer Kompetenzen auf die EWG-Behörden, offen halten wollten, betonten die sogenannten Ökonomisten, an ihrer Spitze die BRD, daß zuerst die Wirtschaftspolitik der Mitgliedsländer koordiniert werden müsse, ehe an eine Realisierung der Währungsunion gedacht werden könne. Der westdeutsche Stufenplan sah am Ende auch eine Übertragung entscheidender wirtschaftspolitischer

98 Vgl. dazu vor allem: Rainer Hellmann, *Europäische* . . ., a.a.O., passim.

Kompetenzen auf die Gemeinschaftsorgane vor. Italien forderte in klarer Erkenntnis der Auswirkungen der Wirtschafts- und Währungsunion auf die Wanderung der Kapitale und der Arbeitskräfte im EWG-Raum von Anbeginn die Erörterung regionaler Strukturprobleme und die Schaffung eines Fonds für Regionalentwicklung. Nach mehreren Zwischenschritten in Gestalt eines Stufenplanes der Europäischen Kommission, eines eigenen Entwurfes der sogenannten Werner-Gruppe und der Abstimmung der europäischen Währungsinteressen gegenüber dem amerikanischen Dollar im Krisenjahr 1971 einigten sich die europäischen Länder im März 1972 auf einen Stufenplan, dessen Ausgangspunkt rückwirkend auf den 1. 1. 1971 festgelegt wurde. Die Endstufe, die nach einem Jahrzehnt erreicht werden soll, bestimmen die EWG-Länder wie folgt:

»1. Verwirklichung der vier Freiheiten für den Verkehr von Personen, Gütern, Dienstleistungen und Kapitalien, ohne Wettbewerbsverzerrungen und ohne strukturelle und regionale Ungleichgewichte zu verursachen.

2. Schaffung eines eigenständigen Währungsraumes im Rahmen des internationalen Systems. Für diesen Währungsraum wird die volle und irreversible Konvertibilität der Währungen, die Beseitigung der Bandbreiten und die unwiderrufliche Festsetzung der Wechselkursparitäten, sowie ein einheitliches Zentralbanksystem gefordert.

3. Sicherstellung der Führung der Union, die die erforderlichen wirtschaftspolitischen Beschlüsse auf Gemeinschaftsebene faßt und deren Organen die notwendigen Befugnisse zuweist.«[99]

Die Kompetenzübertragungen auf wirtschaftspolitischem Gebiet (Konjunktur-, Haushalt-, Finanzpolitik) werden in der Entschließung bewußt offen gehalten, die währungspolitischen Maßnahmen dagegen genauer bestimmt. In den einzelnen Stufen zur Realisierung des Endzustandes wird ein Parallelismus zwischen der Vereinheitlichung der Wirtschaftspolitik und der Koordinierung der Währungspolitik angestrebt. Kernstück der ersten Stufe, die bis Ende 1973 laufen soll, bildet der Versuch, die Bandbreiten zwischen den einzelnen

99 Hellmann, *Europäische* ..., a.a.O., S. 38 f. und S. 210.

europäischen Währungen auf 2,25 % einzugrenzen (international war die Bandbreite zu diesem Zeitpunkt auf 4,5 % festgesetzt worden), die Wirtschaftspolitik durch Ratstagungen im Turnus von 3 Monaten und die Währungspolitik durch die Zusammenarbeit der Zentralbanken und Absprachen im EG-Währungsausschuß zu koordinieren. Gleichzeitig sind in der ersten Etappe die Aufgaben des Europäischen Währungsfonds festzulegen. Auf den Fonds sollen Gemeinschaftswährungen übertragen werden, mit deren Hilfe auf dem Devisenmarkt für die Einhaltung der Bandbreiten zwischen den europäischen Währungen interveniert werden kann. Nach Ablauf der ersten Stufe zur Wirtschafts- und Währungsunion, die gegebenenfalls um 2 Jahre verlängert werden kann, hat der Europäische Ministerrat die Maßnahmen für den Übergang zur zweiten Etappe zu beschließen.
Kernstück der zweiten Stufe sollen die Ausweitung des bereits seit dem 9. 2. 1970 in Kraft befindlichen finanziellen Beistandssystems, das einzelnen Mitgliedern im Falle von Zahlungsbilanzschwierigkeiten die währungspolitische Hilfe der übrigen Mitglieder der Gemeinschaft sichert, und die Abstimmung eines mittelfristigen Wirtschaftsprogrammes sein, das die Ziele der Wirtschaftspolitik der Mitgliedsländer (Wachstum, Beschäftigung, Preisentwicklung, Zahlungsbilanzentwicklung) gleichrichtet. Auf Druck der BRD hin wurde im Abkommen über die Wirtschafts- und Währungsunion eine Vorsichtsklausel eingebaut, nach der alle währungspolitischen Bestimmungen nur 5 Jahre gelten, wenn aufgrund eines mangelnden Parallelismus in der Koordinierung der Währungs- und der Wirtschaftspolitik die zweite Etappe nicht beschlossen werden kann.
Die weiteren Stufen zur Wirtschafts- und Währungsunion sollen nach dem Abkommen durch Beschlüsse des Ministerrates eingeleitet werden.
Die Schwierigkeiten dieser Stufenkonzeption sind bereits in der ersten Etappe ihrer Verwirklichung deutlich geworden: Die permanente Währungskrise der letzten Jahre hat mit der abermals notwendigen Aufwertung der DM, der Abwertung des Franc, dem Floaten der Lira und des Pfund Sterling alle Pläne über die Einengung der Bandbreiten zunichte gemacht. Das Abkommen über die schrittweise Errichtung der Wirt-

schafts- und Währungsunion verfällt der Illusion, daß die ungleichmäßige Entwicklung der nationalen Kapitale innerhalb der EWG durch eine Koordinierung der Wirtschaftspolitik aufgehoben werden könne und auf diese Weise eine Basis geschaffen werde, schrittweise die Paritäten zwischen den nationalen Währungen zu befestigen, um sie schließlich unwiderruflich zu fixieren.[100] Da sich jedoch die den Akkumulationszyklus bestimmenden Faktoren wie Klassenkampfentwicklung, Arbeitslöhne, Mehrwertrate, organische Zusammensetzung des Kapitals, Weltmarktverflechtung etc., letzten Endes also die Profitraten, ungleichmäßig entwickeln und nicht programmieren lassen, wird die reale Bewegung des Kapitals die bisherige Stufenkonzeption einer Wirtschafts- und Währungsunion in Europa permanent unterminieren. Auch der Stufenplan der BRD, der zunächst die Wirtschaftspolitik und in deren Gefolge die Währungspolitik zu koordinieren beabsichtigt, erliegt der Staatsillusion eines programmierbaren Akkumulationszyklus im Kapitalismus.
Eine weitere Schwierigkeit für die Verwirklichung der Wirtschafts- und Währungsunion ergibt sich aus den ökonomischen und politischen Konsequenzen ihrer Endetappe. Die unwiderrufliche Fixierung der Paritäten würde – wie von der italienischen Regierung richtig erkannt – erhebliche regionale und strukturelle Ungleichgewichte im EWG-Raum hervorrufen. Nicht nur einzelne Regionen Europas würden veröden, sondern Branchenkapitale einzelner Länder im Konkurrenzkampf unterliegen und weniger produktive Einzelkapitale generell in einem beschleunigten Zentralisationsprozeß des Kapitals geschluckt werden. Nicht nur von seiten der Arbeiterklasse, sondern auch von Kapitalfraktionen einzelner Länder wird der vor allem den Interessen des westeuropäischen Großkapitals dienenden Wirtschafts- und Währungsunion deshalb erheblicher politischer Widerstand entgegengesetzt werden. Ob es dem westeuropäischen Kapital angesichts dieser Schwierigkeiten dennoch gelingen wird, sich dieselben Akkumulationsbedingungen, wie sie das US-Kapital zu verzeichnen hat, zu verschaffen, also einen europäischen Binnenmarkt ohne Zollschranken und letzten Endes auch ohne Wechselkursschran-

100 Vgl. Alfred Kruse, *Außenwirtschaft*, a.a.O., S. 651 ff.

ken zu verwirklichen, wird sich im Verlaufe der nächsten Jahre entscheiden. Für die Zukunft des innerimperialistischen Kräfteverhältnisses wird diese Entwicklung von großer Bedeutung sein, denn die Vormachtstellung des US-Kapitals auf dem Weltmarkt kann nur gebrochen werden, wenn es dem europäischen Kapital gelingt, die Wirtschafts- und Währungsunion und damit schließlich auch die politische Union durchzusetzen.

2.3.5.3 Die ungleichmäßige Entwicklung zwischen den USA und Westeuropa in den 60er Jahren und die Perspektiven der innerimperialistischen Kapitalbeziehungen

Im ersten Teil dieses Abschnittes haben wir die Ursachen der Produktivitätslücke zwischen den USA und Westeuropa analysiert und dabei festgestellt, daß der im Vergleich zu den engen nationalen Märkten Westeuropas umfangreiche amerikanische Binnenmarkt dem US-Kapital einen höheren Stand der Konzentration und Zentralisation und damit ein höheres technologisches Niveau gegenüber dem westeuropäischen Kapital ermöglicht. Daraufhin haben wir im zweiten Teil die Bedingungen geprüft, unter denen das Kapital Westeuropas im Rahmen seiner Integrationsbewegung (EWG, Westeuropäische Freihandelszone, Wirtschafts- und Währungsunion im Rahmen der erweiterten EWG) einen dem US-Kapital vergleichbaren Konzentrations- und Zentralisationsprozeß in Gang setzen könnte, um eine Angleichungsbewegung in der Stufenleiter der universellen Arbeit und also auch eine Angleichungsbewegung in der Direktinvestitionsbilanz zwischen beiden Blöcken hervorzurufen. Im jetzt folgenden, letzten Teil dieses Abschnittes sollen der reale Prozeß der Entwicklung der Produktivkraft der Arbeit in den 60er Jahren dargestellt und vor diesem Hintergrund die Perspektiven der Kapitalbeziehungen zwischen den USA und Westeuropa diskutiert werden.

In Tabelle 39 ist die Entwicklung der Arbeitsproduktivität in den EWG-Ländern und in den USA im Verlaufe der 60er Jahre zusammengestellt.

Während das Brutto-Inlandsprodukt zu Marktpreisen je Erwerbstätigen in den USA von 1960 bis 1969 um etwa 23%

Tabelle 39
Volumenindex des Brutto-Inlandproduktes zu Marktpreisen je Erwerbstätigem von 1960-1969 (1963 = 100)

Jahr	Japan	EWG	BRD	Frankr.	Ital.	USA	GB
1960	68,2	81,1	84,5	79,8	75,6	91,4	94,0
1961	86,8	91,0	94,0	89,8	87,0	93,2	96,0
1962	91,2	95,7	97,1	95,7	93,4	97,5	96,3
1963	100,0	100,0	100,0	100,0	100,0	100,0	100,0
1964	112,0	105,5	106,3	105,3	103,2	103,1	104,4
1965	115,0	110,7	111,5	109,9	108,9	106,9	105,9
1966	123,9	115,7	115,0	115,2	117,0	110,7	107,5
1967	137,5	120,4	118,2	120,3	123,7	111,2	111,5
1968	154,6	127,4	126,2	126,5	131,1	114,0	116,1
1969	172,5	135,3	133,7	135,0	138,7	114,5	117,3

Quelle: Statistisches Amt der Europäischen Gemeinschaften, *Volkswirtschaftliche Gesamtrechnungen*, Brüssel 1970, S. 6.

anstieg, wuchs dieser Produktivitätsindikator im gleichen Zeitraum in der EWG um ca. 54%. Wenn der Preisfaktor eliminiert wird, verändern sich die Größenverhältnisse leicht zugunsten der USA: In Frankreich stieg die Inflation von 1959 bis 1968 um 3,9%, in der BRD von 1958 bis 1968 um 2,8%, in Italien und den Niederlanden im selben Zeitraum um 3,7%, aber in den USA nur um 2,1%.[101] Dennoch bleibt das Gesamtbild eindeutig erhalten: Die Produktivkraft der Arbeit stieg in den EWG-Ländern in den 60er Jahren bedeutend schneller als in den Vereinigten Staaten. Die Relativierung der Rangposition der USA in der Stufenleiter der universellen Arbeit, die diese Daten indizieren, spiegelt sich auch auf der Ebene des Einzelkapitals wider (vgl. Tabelle 40).
Die jeweils drei größten Nicht-US-Unternehmen konnten von 1957 bis 1967 ihren Umsatzrückstand in allen in der Tabelle aufgeführten Branchen mit Ausnahme der Erdöl- und der Flugzeugbaubranche verringern. Die bedeutendsten Fort-

101 Vgl. OECD, *Inflation – The Present Problem*, Paris 1970, S. 60.

Tabelle 40
Changes in the Relative Size of U.S. and Non-U.S. Firms by Industry Relative Size Ratio of Three Largest Corporations in Each Industry*

	1957	1962	1967
Auto	11.6	6.2	6.4
Electrical Mach.	4.2	2.5	2.7
Oil	1.3	1.9	1.9
Chemical	0.8	0.8	0,8
Food	2.5	2.1	2.1
Iron and Steel	4.7	2.3	1.8
Nonferrous	1.8	1.5	1.3
Mach. and Eng.	1.7	1.6	1.5
Rubber	3.3	2.2	2.2
Paper	n. a.	2.3	1.9
Textiles	n. a.	2.4	2.1
Aircraft	n. a.	3.4	4.1

* Ratio of total sales of the three largest U.S. to total sales of the three largest non-U.S. firms

Quelle: C. P. Kindleberger (Hrsg.), *The International Corporation*, Cambridge/Mass. and London 1970, S. 66.

schritte erzielten die nicht-amerikanischen Unternehmen in den Bereichen Automobilbau, Elektromaschinen und Eisen und Stahl; in der chemischen Industrie konnten die drei größten Nicht-US-Unternehmen ihren Vorsprung vor den US-Unternehmen behaupten.[102]

Obwohl die USA ein absolut höheres Produktivitätsniveau realisieren als Westeuropa und obwohl sie durch den hohen Grad an Konzentration und Zentralisation des Kapitals über

102 Bei den Daten für die Umsatzentwicklung der jeweils drei größten US- und Nicht-US-Unternehmen handelt es sich zwar nicht um Produktivitätsdaten, da aber das Wachstum in den 60er Jahren primär als intensives und nicht als extensives zu verstehen ist, steht das rasche Umsatzwachstum der Nicht-US-Unternehmen mit den größeren Produktivitätsfortschritten in Westeuropa und Japan in engem Zusammenhang.

günstige Bedingungen für die Entwicklung der Produktivkraft verfügen, erzielten die westeuropäischen Länder höhere Produktivitätszuwachsraten. Fragen wir nach den Ursachen dieser Entwicklung, dann sind in erster Linie vier Faktoren anzuführen: Erstens die höheren Profitraten in Westeuropa, zweitens die umfangreicheren vorkapitalistischen Räume in den westeuropäischen Ländern, drittens der westeuropäische Integrationsprozeß und viertens die Auswirkungen der amerikanischen Direktinvestitionen auf die Produktivkraftentwicklung in beiden Blöcken.

Ad 1. Das niedrigere Niveau der organischen Zusammensetzung des Kapitals und der niedrige Stand der Arbeitslöhne in Westeuropa führten hier insbesondere in den 50er, aber auch noch in den 60er Jahren zu günstigeren Verwertungsbedingungen des Kapitals als in den USA.[103] Die höheren Profitraten in Westeuropa schlugen sich in höheren Akkumulationsraten nieder, als deren wesentlicher Anreiz sie zu betrachten

103 Ausführliche komparative Daten über die Profitratenentwicklung in den USA und Westeuropa liegen leider nicht vor. Angus Maddison führt in seiner Arbeit: *Economic Growth in the West, Comparative Experience in Europe and North America*, New York and London 1964, S. 53, folgende Tabelle an: Comparative Movement of Gross Profits before Tax in German, American and British Manufacturing

Jahr	Ratio of Gross Profits to Gross Value Added in Manufacturing			Ratio of Gross Profits to Net Value of Fixed Capital Stock and Inventories		
1950	BRD	UK	USA	BRD	UK	USA
1950	37.1	35.1	32.4	25.2	22.7	26.2
1952	42.2	31.8	23.2	28.9	18.0	18.4
1954	41.0	33.5	20.6	28.9	20.4	16.1
1956	38.9	31.4	22.8	26.7	18.3	17.8
1958	39.0	30.1	17.6	26.1	16.8	12.3
1960	40.4	30.1		27.4	17.4	14.0
1961		26.8				
Average						
1950–60	40.1	31.9[a]	23.5[b]	27.5	19.2	18.1

a 1950–61; b 1950–1959

sind. In Tabelle 41 ist der prozentuale Anteil der Bruttoinvestitionen und der Ausrüstungsinvestitionen am Bruttosozialprodukt der USA und einiger westeuropäischer Länder dargestellt.

Tabelle 41
Anteil der Bruttoinvestitionen und der Ausrüstungsinvestitionen am Bruttosozialprodukt zu Marktpreisen in ausgewählten Ländern 1955-1962

	USA	Belg.	FRA	BRD	NL	GB	Ital.
Bruttoinvestitionen	18,5	19,6	19,7	27,2	27,3	16,9	23,4
Ausrüstungs-investitionen	6,2	7,8	8,5	12,0	12,1	8,0	9,1

Quelle: Edward F. Denison, *Why Growth Rates Differ – Postwar Experience in Nine Western Countries*, Washington 1967, S. 118.

Sowohl der Anteil der Bruttoinvestitionen am Bruttosozialprodukt als auch der der Ausrüstungsinvestitionen war von 1955 bis 1962 in allen angeführten westeuropäischen Ländern mit Ausnahme Großbritanniens größer als in den USA.[104] Die Akkumulationsrate stand demnach am Ende der 50er und am Anfang der 60er Jahre in Westeuropa beträchtlich höher als in den USA. Da nun die Akkumulation des Kapitals primär intensiven Charakter trug,[105] mußten die über die höheren Profitraten induzierten höheren Akkumulationsraten in Westeuropa auch zu größeren Zuwachsraten der Produktivkraft der Arbeit führen.

Ad 2. In Westeuropa war der Anteil der in der Landwirtschaft, im Handwerk und im Handel selbständig Beschäftigten in den 50er Jahren und in den 60er Jahren sehr viel größer als in den USA. Da in der Landwirtschaft, im Handwerk und im Handel, insbesondere in Westeuropa, vorkapitalistische

104 Vgl. auch Kirsanow, a.a.O., S. 94 f.

105 Denison führt bereits für den Zeitraum von 1950 bis 1962 62% des Wachstums in der BRD und 74% des Wachstums in Frankreich auf intensive (Produktivitätssteigerungen) gegenüber extensiven (Mengeneinsatzexpansion) Faktoren zurück; Denison, a.a.O., S. 296-319.

Produktionsverhältnisse – einfache Warenproduktionsverhältnisse – dominierten, verfügte das westeuropäische Kapital über eine relativ größere Produktivitätsreserve. Die Zerschlagung der vorkapitalistischen Produktionsverhältnisse durch die Akkumulation des Kapitals verwandelte die ehemals einfachen Warenproduzenten in Lohnarbeiter, die unter industriellen Bedingungen weitaus produktiver arbeiteten als in der Landwirtschaft oder im Handwerk. Das unterschiedliche Ausmaß vorkapitalistischer Produktionsverhältnisse in den USA und Westeuropa verdeutlichen die Tabellen 42 und 43.

Tabelle 42
Anteil der landwirtschaftlich Beschäftigten an der erwerbstätigen Bevölkerung

	1950	1955	1960	1962	1964	Abnahme 1950–62
USA	12,2	10,2	8,4	7,5	6,7	4,7
Belgien	10,9	8,9	7,4	6,7	5,9	4,2
Dänemark	27,6	24,6	21,2	19,2	17,6	8,4
Frankreich	29,3	25,9	21,5	19,9	18,4	9,3
BRD	24,8	18,6	13,8	12,6	11,4	11,6
Niederlande	14,1	12,2	10,4	9,3	8,3	4,8
Norwegen	24,0	19,9	17,6	16,5	15,6	7,4
GB	5,4	4,7	4,3	3,9	3,7	1,5
Italien	42,8	38,3	32,2	28,8	25,1	14,0

Quelle: E. F. Denison, a.a.O., Tabelle 16-4, S. 206.

In den USA war 1950 und 1960 sowohl der Anteil der landwirtschaftlich Beschäftigten als auch der Anteil der Selbstbeschäftigten und Familienbeschäftigten an der gesamten erwerbstätigen Bevölkerung im Vergleich zu Westeuropa mit Ausnahme Großbritanniens sehr gering. In der EWG lag der Anteil der landwirtschaftlich Beschäftigten 1950 und 1960 in Italien (42,8 %, 32,2 %), Frankreich (29,3 %, 21,5 %), aber auch in der BRD (24,8 %, 13,8 %) besonders hoch. Die Möglichkeit der Zerschlagung der einfachen Warenproduk-

Tabelle 43
Anteil der Selbstbeschäftigten und Familienbeschäftigten an der nicht-landwirtschaftlichen erwerbstätigen Bevölkerung

	1950	1955	1962	1964
USA	12,3	11,5	11,3	10,7
Belgien	20,9	19,2	17,4	16,5
Dänemark	19,2	17,3	14,4	13,6
Frankreich	21,4	18,8	15,7	14,4
BRD	15,7	13,4	12,2	11,7
Niederlande	19,1	16,5	13,1	12,3
Norwegen	21,3	18,8	15,8	15,6
GB	7,7	7,3	6,8	6,7
Italien	31,3	29,0	24,6	24,5

Quelle: Denison, a.a.O., Tabelle 16-5, S. 208.

tion in der Landwirtschaft bot deshalb diesen nationalen Kapitalen besondere Akkumulationsimpulse. Die relativ hohe Abnahmerate der in der Landwirtschaft Beschäftigten in Italien, der BRD und Frankreich führte zu großen Produktivitätsfortschritten, denn in der Industrie konnten diese Arbeitskräfte produktiver als in der Landwirtschaft eingesetzt werden. Dasselbe gilt für den Rückgang der Selbstbeschäftigten und Familienbeschäftigten außerhalb der Landwirtschaft, also primär im Handwerk und im Handel. Hohe Rückgangsraten konnten hier in der EWG Italien, die Niederlande und Frankreich verzeichnen. In den USA, wo diese Erwerbstätigen bereits 1950 nur 12% aller Beschäftigten ausmachten, war die Rückgangsrate bis 1964 sehr gering.
Ein Teil des rascheren Produktivitätswachstums in Europa im Vergleich zu den USA muß deshalb auf die regionalen Differenzen im Strukturwandel von der Landwirtschaft zur Industrie bzw. aus der einfachen Warenproduktion in kapitalistische Produktionsverhältnisse zurückgeführt werden, der in den USA am Ende des Zweiten Weltkrieges bereits weiter fortgeschritten war als in Westeuropa.[106]

106 Vgl. auch Maddison, a.a.O., S. 57 ff.

Ad 3. Der europäische Integrationsprozeß muß ebenfalls als ein Faktor betrachtet werden, der das unterschiedliche Produktivitätswachstum in den USA und Westeuropa ermöglicht hat. Die Zollunion im Rahmen der EWG führte einmal über die Ausdehnung der Märkte zu größeren economies of scale und intensivierte zum anderen den innereuropäischen Konkurrenzkampf des Kapitals. Die Produktivitätseffekte der westeuropäischen Integration haben wir in Kapitel 2.3.5.2 diskutiert, es erübrigt sich eine Wiederholung der Ergebnisse an dieser Stelle.[107]

Ad 4. Die US-amerikanischen Direktinvestitionen in Westeuropa, seien es Direktinvestitionen zur Stabilisierung von Surplusprofiten des US-Kapitals, seien es Anlagen zur Absicherung der Wettbewerbsfähigkeit unterdurchschnittlich produktiver US-amerikanischer Branchen, oder Kapitalexporte, die die vom US-Kapital ausgehenden internationalen Zentralisationsprozesse begleiten, initiieren Angleichungsprozesse in der Produktivkraftentwicklung zwischen den USA und Westeuropa.

Da der Wechselkursmechanismus in seiner reinen Wirkung die Verwertungsbedingungen des produktiveren nationalen Kapitals auf dem Weltmarkt verschlechtert – die Surplusprofite werden über eine Verteuerung der Exportwaren abgebaut –, verschärft er an sich für dieses Land den Zwang zur Entfaltung der Produktivkraft und mildert andererseits den Druck der Konkurrenz auf die weniger entwickelten nationalen Kapitale. Weichen aber die Weltmarktbranchen des hochentwickelten Landes dieser Notwendigkeit aus, indem sie einen Teil ihrer Produktionsstätten in weniger entwickelte Länder verlagern, kehren sich die Konkurrenzeffekte um: Während die schwächer entwickelten Nationen wegen des unmittelbaren Konkurrenzkampfes mit den produktiveren nationalen Kapitalen bei Strafe des Unterganges zur Entfaltung der Produktivkraft gezwungen werden, unterläuft die führende Weltmarktnation die konkurrenzverschärfende Wirkung der Gesetzmäßigkeiten des internationalen Handels. Kapitalexporte zur Stabilisierung von Surplusprofiten produzieren damit tendenziell Angleichungsbedingungen in der Stufenlei-

107 Vergleiche zu diesem Aspekt: Maddison, a.a.O., S. 66 ff.

ter der universellen Arbeit: die Produktivkraft der Arbeit wird im weniger entwickelten Land durch die Aufnahme ausländischen Kapitals forciert entfaltet, während sich die hochentwickelte Nation von dieser Notwendigkeit eben durch Auslandsdirektinvestitionen teilweise befreit.

In derselben Weise wirken die Kapitalexporte zur Absicherung der Wettbewerbsfähigkeit: Auch die unterdurchschnittlich produktiven Kapitale der hochentwickelten Länder weichen dem Druck der internationalen Konkurrenz durch Produktionsverlagerungen ins Ausland teilweise aus und können ihrerseits die weniger entwickelten Länder, in denen sie Kapital anlegen, zur Produktivkraftentfaltung zwingen, denn oft sind die unterdurchschnittlichen Branchen des ranghöchsten Landes auf dem Weltmarkt immer noch produktiver als die entsprechenden Branchen der rangniedrigeren Nationen.

Kapitalexporte, die internationale Zentralisationsprozesse begleiten, unterstreichen – wenn auch in anderer Weise als die eben diskutierten Formen von Direktinvestitionen – die Angleichungsbewegungen in der Stufenleiter der universellen Arbeit, die von der Internationalisierung der Mehrwertproduktion ausgehen. Internationale Zentralisationsprozesse des Kapitals finden in letzter Zeit immer häufiger statt, weil das Kapital weniger entwickelter Länder nur noch unter Inkaufnahme ausländischer Kapitalbeteiligung hochwertige Technologien aus weiter entwickelten Ländern importieren kann. Steigert bereits der Technologie-Import die Produktivkraft der Arbeit im weniger entwickelten Land, so potenziert sich der Produktivitätseffekt dadurch, daß jetzt die übrigen Kapitale derselben Anlagesphäre einem schärferen Konkurrenzdruck unterliegen.

Alle Formen von amerikanischen Direktinvestitionen werden damit in den 60er Jahren zum höheren Produktivitätswachstum Westeuropas gegenüber den USA beigetragen haben. Welche quantitative Bedeutung die amerikanischen Direktinvestitionen für die Entwicklung der Produktivkraft sowohl in Westeuropa wie in den USA haben, indizieren die Tabellen 44 und 45.

Von 1966 bis 1970 wuchs der Anteil der Ausrüstungsinvestitionen amerikanischer Tochtergesellschaften an den Bruttoinvestitionen der verarbeitenden Industrie Großbritanniens von

Tabelle 44
Summary of shares of plant and equipment spending by U.S.-owned MNCs in gross fixed capital formation in the manufacturing industries of four key countries, 1966 and 1970

Industrie description	Plant and equipment spending by MNCs as percent of gross fixed capital formation			
	UK	France	BRD	Belgium-Luxembourg
1966				
All manufacturing	16.3	4.3	9.2	17.0
Food	4.6	1.9	1.4	n. a.
Chemicals	15.8	1.9	5.1	23.3
Primary and fab. metals	11.3	1.7	1.8	
Machinery	21.5	15.4	19.4	19.3
Transport. equipment	47.6	8.8	37.8	
1970				
All manufacturing	20.9	5.8	12.3	14.1
Food	4.4	0.9	2.0	n. a.
Chemicals	17.9	2.1	10.4	24.9
Primary and fab. metals	21.1	1.0	8.4	
Machinery	29.0	23.3	27.8	12.0
Transport. equipment	45.5	9.8	27.8	

Quelle: Committee on Finance, U.S. Senate, *Implications* ..., a.a.O., S. 411, Table 9.

16,3 % auf 20,9 %, Frankreichs von 4,3 % auf 5,8 %, der BRD von 9,2 % auf 12,3 %, nur in Belgien/Luxemburg sank dieser Anteil von 17 % auf 14,1 %. In der chemischen Industrie, in der NE-Metall- und Metallverarbeitungsindustrie, im Maschinenbau und im Fahrzeugbau erreichte dieser Anteil meist überdurchschnittliche Sätze.[108] Der Konkurrenzdruck, den die amerikanischen Tochtergesellschaften auf das westeuropäische Kapital ausüben, kann nach diesen Daten nicht als marginal bezeichnet werden.
Ebenso haben natürlich die Ausrüstungsinvestitionen der

108 Vgl. Hellmann, *Weltunternehmen* ..., a.a.O., S. 282.

Tabelle 45
Annual Investment Expenditures at Home and Abroad by Main Branches of U.S.-Industry, 1963 and 1966, Mill. of US-Dollar

	1963 Plant and Equipment Expenditure			1966 Plant and Equipment Expenditure Estimate		
	Total 1	Foreign 2	$\frac{2}{1}$ %	Total 3	Foreign 4	$\frac{4}{3}$ %
Manufacturing	10 188	2 028	19.9	19 637	4 435	22.6
Food	1 102	132	12.0	1 645	205	12.5
Paper	854	134	15.7	1 731	271	15.7
Chemicals	2 040	436	21.3	4 119	1 159	28.1
Rubber	338	98	29.0	618	188	30.4
Primary and fab. Metals	1 304	204	15.6	2 265	463	20.4
Non-electrical Machinery	1 570	330	21.0	3 755	765	20.4
Electrical Mach.	854	164	19.2	1 395	265	19.0
Transport Equipment	2 120	530	25.0	4 109	1 119	27.2
Mining and Petrol.	6 247	2 287	36.6	9 463	3 553	37.5

Quelle: OECD, *Gaps . . ., Analytical Report*, a.a.O., S. 284.

amerikanischen Konzerne im Ausland wachsende Bedeutung für die Gesamtentwicklung amerikanischer Ausrüstungsinvestitionen im In- und Ausland. Bereits 1963 erreichten die im Ausland getätigten Ausrüstungsinvestitionen 19,9% der Gesamtinvestitionen, dieser Anteil stieg bis 1966 auf 22,6%. Im selben Zeitraum wuchs dieser Anteil in der chemischen Industrie von 21,3 auf 28,1%, im Fahrzeugbau von 25 auf 27,2%. Auch für die Entwicklung der Produktivkraft in den USA ist damit die Summe der Ausrüstungsinvestitionen amerikanischer Töchter im Ausland keine quantité négligeable mehr.[109]

109 Vgl. auch die Ausführungen in: OECD, *Gaps . . ., Analytical Report*, S. 265 ff.

Folge der hauptsächlich auf die angeführten vier Faktoren zurückzuführenden ungleichmäßigen Entwicklung der Produktivkraft zwischen den USA und Westeuropa war eine Verschiebung der Rangpositionen der nationalen Kapitale in der Stufenleiter der universellen Arbeit. Die geringe Entwicklung der Produktivkraft in den USA erodierte seit Mitte der 60er Jahre deren Konkurrenzposition auf dem Weltmarkt, führte zu einem Sinken des amerikanischen Anteiles an den Weltexporten (vgl. Tabelle 46) und endete schließlich gegen Ende

Tabelle 46
Anteile am Weltexport in Prozent[1]

Jahr	USA	EWG	Frankr.	BRD	Ital.	Japan	GB
1958	16,4	21,6	4,9	8,5	2,4	2,6	8,4
1960	15,9	23,2	5,3	8,9	2,8	3,1	7,9
1962	15,3	24,2	5,2	9,4	3,3	3,4	7,9
1963	14,9	24,4	5,2	9,5	3,3	3,5	7,9
1964	15,2	24,7	5,2	9,4	3,4	3,8	7,2
1965	14,6	25,7	5,4	9,6	3,9	4,5	7,1
1966	14,7	25,8	5,3	9,8	3,9	4,7	6,9
1967	14,5	26,3	5,3	10,0	4,0	4,8	6,4
1968	14,2	26,9	5,3	10,0	4,2	5,4	6,2
1969	13,5	27,6	5,5	10,4	4,5	5,8	6,1

1 Berechnet nach dem *Statistical Yearbook of the United Nations*, 1969, Tabellen *World Trade by regions and countries*, S. 370 ff. und dem *Statistischen Jahrbuch der Bundesrepublik Deutschland* 1970, S. 75.

der 60er Jahre in einer akuten Zahlungsbilanzkrise der Vereinigten Staaten. Gleichzeitig stieg der Anteil der EWG-Länder am Weltexport kontinuierlich[110], insbesondere verbesserte sich die Handelsbilanz der BRD, deren Wettbewerbsposition in den 60er Jahren nicht nur durch die rasche Entfaltung der

110 Die Verbesserung des Anteiles der EWG an den Weltexporten ist nicht ausschließlich auf die raschere Entwicklung der Produktivkraft der Arbeit in ihren Mitgliedländern zurückzuführen, zum Teil schlug sich in diesen Daten auch die handelsschöpfende Wirkung der Zollunion innerhalb der EWG nieder.

Produktivkraft der Arbeit, sondern auch durch die im Vergleich zu den übrigen EWG-Ländern niedrigeren Preissteigerungsraten gestärkt wurde. Die Notwendigkeit einer Umstrukturierung des Wechselkursgefüges, das die Rangpositionen der verschiedenen nationalen Kapitale in der Stufenleiter der universellen Arbeit nicht mehr korrekt widerspiegelte, wurde damit auch an der Oberfläche des kapitalistischen Weltmarktes offenkundig. In den Währungskrisen Ende der 60er Jahre und Anfang der 70er Jahre manifestierte sich der Anpassungsprozeß der Wechselkurse an die veränderte Rangordnung der nationalen Arbeitsproduktivitäten und -intensitäten: Der amerikanische Dollar wurde zweimal abgewertet, die DM fünfmal aufgewertet, und im momentanen Blockfloaten der europäischen Währungen gegenüber dem amerikanischen Dollar findet die Korrekturbewegung ihre Fortsetzung.[111]

Konsequenz dieses Wechselkurs-Realignments müßte aufgrund unserer Analyse der Ursachen der Internationalisierung der Mehrwertproduktion eine partielle Umschichtung der Direktinvestitionsbilanz zwischen den USA und Westeuropa sein. Die Wachstumsraten amerikanischer Kapitalexporte nach Westeuropa dürften sich in den nächsten Jahren abschwächen, denn nach der zweimaligen Abwertung der amerikanischen Währung ist der durch die Gesetzmäßigkeiten des internationalen Handels entstandene Druck auf die Verwertungsbedingungen der überdurchschnittlichen Anlagesphären des US-Kapitals und auch auf die Wettbewerbsposition seiner unterdurchschnittlichen Branchen abgemildert worden. Dagegen ist zu erwarten, daß die westeuropäischen Kapitale ihre Direktinvestitionen in den USA verstärken werden, um die Verschlechterung ihrer Realisierungsbedingungen auf dem Weltmarkt durch die Dollarabwertungen

111 Vgl. Busch/Schoeller/Seelow, a.a.O., S. 78 ff. Der Dollar wurde im Dezember 1971 um 7,89% und im Februar 1973 um 10% abgewertet. Die Deutsche Mark wertete um folgende Prozentsätze auf: Im Oktober 1969 um 9,3%, im Dezember 1971 um 13,6%, im Februar 1973 um 11,1%. Seit dem März 1973 floatet die DM im Block mit den europäischen Währungen gegenüber dem US-Dollar. Mit Beginn des Blockfloatens änderte sie ihre SZR-Parität um + 3% und im darauffolgenden Juni noch einmal um + 5,5%. Vgl. Berliner Bank, *Wie wirksam sind Wechselkursänderungen?* In: *Mitteilungen* . . ., Nr. 5, 1973, S. 4.

und gegebenenfalls die Aufwertungen der eigenen Währung (z. B. Deutsche Mark, Franc) sowie die amerikanischen Importzölle und die Transportkosten zwischen Amerika und Europa zu unterlaufen. Dies gilt insbesondere für die Branchen Chemie, NE-Metalle und Nahrungsmittel, deren Spitzenunternehmen bereits Mitte der 60er Jahre mit den US-Unternehmen im Grad an Konzentration und Zentralisation vergleichbar waren, aber auch für die Spitzenunternehmen aus den übrigen Exportbranchen Westeuropas: Fahrzeugbau, Elektrotechnik und Maschinenbau.

In den letzten Monaten verstärken sich die Anzeichen für umfangreichere Direktinvestitionen des westeuropäischen Kapitals in den USA, insbesondere des BRD-Kapitals, dessen Währungsparität sich gegenüber dem Dollar seit Mitte 1969 um immerhin 55-70% – je nach dem oberen oder dem unteren Interventionspunkt – geändert hat.[112] Das VW-Werk, das durch die Veränderung des Währungsgefüges wegen seines hohen Exportanteiles in die USA besonders schwer getroffen wurde, erwägt zum ersten Male seit dem Zweiten Weltkrieg den Aufbau einer Montagefabrik in den USA oder eine Beteiligung am viertgrößten amerikanischen Automobilproduzenten, American Motors.[113] Siemens erwarb Mitte des laufenden Jahres das amerikanische Unternehmen Computest Corporation in Cherry Hill / N. J.[114] Bosch will ab 1974 in den USA eine eigene Fertigungsanlage zur Herstellung von Einspritzausrüstungen für Dieselmotoren in Betrieb nehmen.[115]

Auch von den französischen Unternehmen Michelin, Saint Gobain, Rhône Progil und L'oréal sind 1973 Pläne bezüglich einer Investition in den USA bekannt geworden.[116]

112 Vergleiche *Süddeutsche Zeitung*, Nr. 158, 12. 7. 1973, S. 17 und *Süddeutsche Zeitung*, Nr. 163, 18. 7. 1973, S. 20, wo es heißt: »Wer heute im Markt bleiben will, muß das Währungsrisiko ausschalten und Produzent werden.« Friedhelm Jost, EURO PARTNERS SECURITIES CO., NEW YORK.

113 Vgl. *Süddeutsche Zeitung*, Nr. 155, 9. 7. 1973, S. 16 und *Süddeutsche Zeitung*, Nr. 151, 4. 7. 1973, S. 23.

114 Vgl. *Süddeutsche Zeitung*, Nr. 159, 13. 7. 1973, S. 24.

115 Vgl. *Süddeutsche Zeitung*, Nr. 163, 18. 7. 1973, S. 20.

116 Vgl. *Süddeutsche Zeitung*, Nr. 163, 18. 7. 1973, S. 20; Verstärkt wird das Interesse an Direktinvestitionen in den USA, insbesondere der Aufkauf amerikanischer Unternehmen, zur Zeit dadurch, daß die Aktienwerte in den USA momentan äußerst niedrig stehen und der Dollar-Kurs einen Tiefpunkt erreicht hat, zum Beispiel im Juli 1973: 1 Dollar = 2,20 DM.

Die Berliner Bank schreibt in ihren *Mitteilungen für den Außenhandel* unter dem Titel *In den USA investieren?:* »Es hat den Anschein, als sei in den USA nunmehr der Punkt erreicht, an dem sich dem europäischen oder japanischen Investor eine wesentlich breitere Skala lohnender Investitionschancen eröffnet als dies bisher der Fall war. Die veränderte Situation wird nicht zuletzt daran deutlich, wenn man sich vor Augen hält, daß der US-Dollar beispielsweise gegenüber der DM seit 1969 um mehr als 40% verloren hat.«[117] Ob diese Tendenz zu verstärkten Investitionen in den USA anhält, kann im Moment nicht genau prognostiziert werden, denn aufgrund der Währungssituation Mitte 1973 läßt sich nicht bestimmen, welches der dem Rangpunkt des US-Kapitals in der Stufenleiter der universellen Arbeit adäquate Dollarkurs ist. Da die Leistungsbilanzsalden der einzig reale Prüfstein für die Beurteilung des Wechselkursgefüges sind, die rasche Abfolge der Währungskrisen seit 1971 diesen Maßstab jedoch nicht wirksam werden ließ – die Anpassung des internationalen Handels an neue Wechselkurse nimmt mindestens ein Jahr in Anspruch[118] –, ist es durchaus denkbar, daß der Dollar bereits Mitte 1973 unterbewertet und die Deutsche Mark überbewertet war. Die Tendenzen in den Kapitalbewegungen zwischen den USA und Westeuropa lassen sich deshalb erst genauer bestimmen, wenn die Anpassungsbewegungen der Wechselkurse an die neuen Strukturen in der Stufenleiter der universellen Arbeit sich endgültig vollzogen haben.

Wichtiger als das Auspendeln des momentanen Währungs-Realignments wird es langfristig für die Kapitalbeziehungen zwischen den USA und Westeuropa allerdings sein, ob die ungleichmäßige Entwicklung der Produktivkraft auch in den 70er Jahren in dem Maße zugunsten Westeuropas verläuft, wie in den 60er Jahren. Die absolute Produktivitätslücke zwischen den USA und Westeuropa ist nämlich trotz der ungleichmäßigen Entwicklung in den 50er und 60er Jahren zu Beginn der 70er Jahre noch immer nicht geschlossen worden. Die Möglichkeiten eines weiteren Einebnens des Entwick-

117 Berliner Bank, *In den USA investieren?* In: *Mitteilungen für den Außenhandel*, Nr. 4, 1973, S. 7.

118 Berliner Bank, *Wie wirksam sind Wechselkursänderungen?* In: *Mitteilungen für den Außenhandel*, Nr. 5, 1973, S. 3 ff.

lungsgefälles zwischen den beiden Blöcken hängen meines Erachtens von der Entwicklung der vier Akkumulationsfaktoren ab, die in den 50er und 60er Jahren für das raschere Produktivitätswachstum in Westeuropa verantwortlich waren. Betrachtet man diese Faktoren, dann kann angenommen werden, daß sowohl die Profitratenschere zwischen den USA und Westeuropa als auch die größeren europäischen Produktivitätsreserven in Gestalt der umfangreicheren vorkapitalistischen Räume durch die Entwicklung der 50er und 60er Jahre allmählich abgebaut wurden. In diese Richtung deuten zum einen die höheren Lohnsteigerungsraten in Westeuropa und zum anderen die Angleichung des Prozentsatzes der unter vorkapitalistischen Bedingungen Beschäftigten in den USA und Westeuropa. Der Stand der Profitrate und die vorkapitalistischen Produktionsräume werden in den 70er Jahren damit in geringerem Maße zu ungleichen Akkumulationsraten in den USA und Westeuropa beitragen als in den ersten beiden Jahrzehnten nach dem Zweiten Weltkrieg. Sollten sich auch die Zuwachsraten der amerikanischen Direktinvestitionen in Westeuropa aufgrund des momentanen Währungs-Realignments abschwächen, wird die weitere Entwicklung des westeuropäischen Integrationsprozesses eine noch größere Bedeutung für die Zukunft des innerimperialistischen Kräfteverhältnisses erlangen als bisher. Letzten Endes wird es dem westeuropäischen Kapital nur dann gelingen, das Entwicklungsgefälle gegenüber den USA aufzuheben, wenn es sich hinsichtlich der Größe des Binnenmarktes – ohne Zoll- und Wechselkursschranken – dieselben Akkumulationsbedingungen verschafft, über die das US-Kapital seit Mitte des letzten Jahrhunderts verfügt. Die Perspektiven des innerimperialistischen Kräfteverhältnisses und damit auch die Perspektiven der innerimperialistischen Kapitalbeziehungen werden sich Ende der 70er Jahre endgültig entscheiden – dann nämlich, wenn der Kampf um die politische Union Westeuropas und die Wirtschafts- und Währungsunion in seine letzte Phase gelangt.

2.4 Die Kapitalexporte der kapitalistischen Industrieländer in die ökonomisch schwach entwickelten Länder

Die Kapitalanlagen in den unterentwickelten Ländern hatten 1966 einen Anteil von 33% an den gesamten Auslandsdirektinvestitionen der im Development Assistance Committee zusammengeschlossenen OECD-Länder, also der wesentlichen kapitalistischen Industrieländer (vgl. Tabelle 47).

Tabelle 47
Estimated Accumulated Overseas Direct Investments of DAC Countries, End 1966 (millions of dollars)

	World Total	Less-Developed Countries Total	Less-Developed Countries Percentage of Total
Petroleum	25,942	11,892	46
Mining and Smelting	5,923	2,801	47
Manufacturing	36,246	8,047	22
Other	21,472	7,230	33
Total	89,583	29,970	33

Note: Development Assistance Committee (DAC) countries include: Belgium, Canada, France, Germany, Italy, Japan, Netherlands, Sweden, Switzerland, United States, and United Kingdom

Quelle: S. E. Rolfe / W. Damm, *The Multinational* . . ., a.a.O., S. 7.

Die Bedeutung der unterentwickelten Länder für die Kapitalexporte der hochentwickelten Industrieländer ist seit dem Zweiten Weltkrieg schrittweise zurückgegangen. 1950 entfielen noch ca. 45% der amerikanischen Direktinvestitionen auf die unterentwickelten Länder Lateinamerikas, Afrikas und Asiens, 1959 waren es 38,3% und 1969 nur noch 28,5%.[119]
In Entwicklungsländern legte das BRD-Kapital 1955 36,5% seiner Auslandsdirektinvestitionen an, bis 1959 stieg dieser

119 Franz Heidhues, *Zur Theorie* . . ., a.a.O., Tabelle 2-XI, S. 114; Dietmar Haubold, *Entwicklung und Förderung der amerikanischen Direktinvestitionen.* In: Scharrer (Hrsg.), *Förderung* . . ., a.a.O., Tabelle II-4, S. 98.

Anteil sogar auf 39,1%, um dann aber bis 1969 auf 29,4% zu sinken.[120]

Denselben regionalen Strukturwandel wie die amerikanischen und die bundesrepublikanischen Direktinvestitionen haben die Auslandsinvestitionen Großbritanniens und Frankreichs zu verzeichnen. Die Ursache der regionalen Verschiebung der Kapitalexporte seit dem Jahr 1945 ist einerseits in der wachsenden Bedeutung Kanadas und Europas für die Auslandsinvestitionen der extraktiven Industrien, andererseits in der engen Verzahnung von internationalen Warenkapital- und internationalen Geldkapitalbeziehungen zu sehen. Während noch 1950 von den rd. 4,3 Mrd. US-Auslandsinvestitionen im Öl- und Bergbausektor ca. 2,9 Mrd. Dollar (67%) in die Entwicklungsländer flossen, entfielen 1967 von den rd. 20,9 Mrd. Dollar Auslandsinvestitionen der extraktiven Industrie noch 9,1 Mrd. Dollar auf die unterentwickelten Länder in Asien, Afrika und Lateinamerika, also weniger als 50%. Die relative Verlagerung der Auslandsinvestitionen der extraktiven Industrie auf die kapitalistischen Länder ist in erster Linie auf die Verzehnfachung der amerikanischen Ölinvestitionen in Europa im Zeitraum von 1950 bis 1967 und die Verneunfachung der amerikanischen extraktiven Investitionen in Kanada im gleichen Zeitraum zurückzuführen.[121]

Neben dem relativen Rückgang der Investitionen der extraktiven Industrie in den unterentwickelten Ländern sind die Veränderungen in den Welthandelsbeziehungen für den regionalen Strukturwandel in den internationalen Kapitalbeziehungen verantwortlich. Da sich die Handelsbeziehungen in der Aufschwungsphase des kapitalistischen Weltmarktes seit dem Zweiten Weltkrieg insbesondere zwischen den kapitalistischen Industrieländern intensivierten, der Anteil der unterentwickelten Länder an den Exporten der kapitalisti-

120 Heidhues, a.a.O., Tabelle 2-XIX, S. 132; Harry Krägenau, *Entwicklung und Förderung der deutschen Direktinvestitionen.* In: Scharrer (Hrsg.), a.a.O., Tabelle VI-4, S. 481.

121 Vgl. Raymond F. Mikesell, *U.S. Private Investment in the Extractive Industries of the Developing Countries: Changing Patterns and Attitudes.* In: I. A. Litvak and Ch. J. Maule (Hrsg.), *Foreign Investment: The Experience of Host Countries,* New York/Washington/London 1970, Tabelle 73, S. 358.

schen Industrieländer sank von 1948 31% auf 1965 21%[122], die Internationalisierung der Mehrwertproduktion aber aus den Gesetzmäßigkeiten entspringt, die die internationalen Warenkapitalbeziehungen regieren, mußten notwendigerweise mit den Warenkapital- auch die Geldkapitalbeziehungen zwischen den kapitalistischen Industrieländern ein stärkeres relatives Gewicht bekommen. Letzten Endes ist damit der Perpetuierung der Unterentwicklung der Produktivkräfte in den Ländern Afrikas, Asiens und Lateinamerikas der regionale Strukturwandel in den internationalen Kapitalbeziehungen geschuldet.

Wie die Tabellen 47 und 48 zeigen, überwiegen bei den Auslandsinvestitionen in den unterentwickelten Ländern sektoral immer noch die Anlagen der extraktiven Industrien mit einem Anteil von knapp 50% 1966. Dies gilt in besonderem Maße für die Kapitalexporte der Vereinigten Staaten, die zu über 50% in den extraktiven Bereich flossen. Bei Frankreich und der BRD überwogen hingegen die Investitionen der verarbeitenden Industrie: 55% der französischen und ca. 75% der bundesrepublikanischen Investitionen in den Entwicklungsländern gingen von diesen Industriezweigen aus. Auch bei den US-amerikanischen Direktinvestitionen in Afrika, Asien und Lateinamerika zeigt sich seit Anfang der 60er Jahre ein sektoraler Strukturwandel zugunsten der verarbeitenden Industrie (vgl. Tabelle 49).

Der Anteil der verarbeitenden Industrie an den amerikanischen Direktinvestitionen in Lateinamerika blieb in den 50er Jahren mit 19%, bzw. 20% relativ konstant, stieg dann aber 1963 auf 29% und 1967 auf 32% an. Die relative Zunahme der Investitionen der verarbeitenden Industrie ging vor allem auf Kosten des relativen Anteiles der extraktiven Industrien, der von 1957 53% auf 1967 41% fiel.

Die Ursachen der Kapitalexporte in die unterentwickelten Länder sind nicht mit den Triebkräften der Kapitalbeziehungen innerhalb des Blockes der entwickelten Länder zu vergleichen. Dies hängt zum einen mit der besonderen Bedeutung der extraktiven Anlagen bei den Kapitalexporten in die Län-

122 Pierre Jalée, *Die Dritte Welt in der Weltwirtschaft*, Frankfurt/Main 1968, Tabelle V-1, S. 96.

Tabelle 48

Direct Foreign Investment, Accumulated Assets, by Major Countries, End 1966 (book value, in millions of dollars)

	World	U.S.	U.K.	France	Germany	Sweden	Canada	Japan
Petroleum	25,942	16,264	4,200	d	200	a	a	a
(LDC)	(11,892)	(6,975)	(2,167)	(670)	(65)	a	a	(222)
Mining and Smelting	5,923	4,135	759	a	100	a	250[b]	a
(LDC)	(2,801)	(1,827)	(298)	(200)[b]	(38)	(65)	(202)	(71)
Manufacturing	36,246	22,050	6,028	a	1,800	a	2,988[b]	a
(LDC)	(8,047)	(4,124)	(1,471)	(1,230)[b]	(645)	(69)	(332)	(270)
Other	21,472	12,113	5,015[c]	a	400	a	a	a
(LDC)	(7,230)	(3,915)	(2,255)	a	(97)	a	a	(33)
Total	89,583	54,462	16,002	4,000[b]	2,500	793	3,238	1,000
(LDC)	(29,970)	(16,841)	(6,184)	(2,100)	(845)	(161)	(534)	(605)

Note: Italy, Holland, Switzerland, and Belgium data not available; Australia total investment is $ 300 million.
a Not available
b Estimate
c Including agriculture of 1,022 (864 in the less-developed countries, or LDC's)
d Total French oil production estimated at 57.2 million tons in 1966

Quelle: S. E. Rolfe / W. Damm, *The Multinational* . . ., a.a.O., S. 8.

Tabelle 49
Buchwert amerikanischer Direktinvestitionen in Lateinamerika in Prozent[1]

	1950	1957	1963	1967
Verarbeitende Industrie	19	20	29	32
Petroleum	32	37	32	29
Bergbau/Verhüttung	17	16	12	12
Öffentliche Dienste	17	11	6	6
Handel	6	9	11	12
Übrige Industrie	10	7	9	9

1 Volker Bornschier, a.a.O., S. 2,20; vgl. auch C. F. D. Alejandro, *Direct Foreign Investment in Latin America.* In: Kindleberger (Hrsg.), a.a.O., S. 319 ff.

der Asiens, Afrikas und Lateinamerikas zusammen und ergibt sich zum anderen aus der Struktur der Unterentwicklung dieser Länder selber, die eine Schutzpolitik gegenüber dem kapitalistischen Weltmarkt erfordert und dadurch den Kapitalexporten der verarbeitenden Industrie der kapitalistischen Industrieländer einen spezifischen Charakter verleiht. Im folgenden sollen die Faktoren, die die extraktive Industrie und die verarbeitende Industrie der hochentwickelten Länder zu Kapitalexporten in die ökonomisch schwach entwickelten Länder veranlassen, näher analysiert werden.

2.4.1 *Kapitalexporte der verarbeitenden Industrie*

2.4.1.1 Importsubstitutionsindustrialisierung und Kapitalexport

Im ersten Hauptabschnitt dieser Arbeit haben wir dargelegt, daß in den Warenkapitalbeziehungen zwischen den kapitalistischen Industrieländern und den unterentwickelten Ländern zwar ungleiche Tauschbeziehungen verankert sind, nicht aber die relativen Vor- und Nachteile, die die Handelsbeziehungen zwischen unterschiedlich entwickelten nationalen Kapitalen in der Regel ebenso charakterisieren wie der ungleiche Tausch.

Die von der Komparativen Kostentheorie postulierten positiven Akkumulationseffekte für die am Welthandel arbeitsteilig partizipierenden Nationen kommen in den Handelsbeziehungen zwischen den kapitalistischen Industrieländern und den unterentwickelten Ländern nicht zum Zuge. Für die Dritte Welt ergibt sich aus dieser Weltmarktsituation der Zwang, durch eine forcierte Industrialisierungspolitik die momentane, auf dem Tausch von Rohstoffen gegen Fertigwaren basierende Weltarbeitsteilung zu sprengen.

Eines der wesentlichsten Mittel, das die unterentwickelten Länder im Zuge der Industrialisierungsversuche bisher anwedeten, war die Importsubstitutionspolitik. Hohe Importschutzzölle auf verschiedene Warengruppen sollen den Aufbau von Industriezweigen ermöglichen, deren Produkte bisher aus den Industrieländern importiert wurden.[123] Die Importsubstitutionspolitik war in der Zeit nach dem Zweiten Weltkrieg vor allem auf die Substitution von Konsumgüter- und Halbfabrikatimporten gerichtet, weitete sich aber bald auf Warengruppen aller Industriezweige aus. In dem Moment, in dem Unternehmen in Entwicklungsländern nachweisen können, eine Ware in bestimmter Qualität und Quantität herzustellen, errichten die Regierungen hohe Einfuhrzölle oder setzen diese Waren auf eine Importverbotsliste. Importlizenzen werden dann nur noch erteilt, wenn die Inlanderzeugung den inländischen Markt nicht sättigt.[124]

Die Weltmarktbranchen der kapitalistischen Industrieländer können durch die Importsubstitutionspolitik ihre traditionellen Absatzmärkte in den unterentwickelten Ländern verlieren, wenn sie nicht durch den Aufbau von Produktionsstätten in den Entwicklungsländern selber deren hohe Zollmauern oder Importverbotslisten unterlaufen. Diese sich aus der Importsubstitutionspolitik ergebenden Zwänge sind es in

123 Zur Charakterisierung der Importsubstitutionspolitik vgl. Peter Müller, *Die Bedeutung der Industrialisierung unterentwickelter Länder für den deutschen Industrieexport*, Hamburg 1968, S. 14 ff.

124 Argentinien z. B. wurde durch die Importsubstitutionspolitik bei Werkzeugmaschinen (Drehbänke, Bohr-, Fräs- und Schleifmaschinen usw.) bereits 1963 Selbstversorger und erhob auf Importe dieser Waren nicht nur einen hohen Zoll, sondern auch noch Aufschläge von 150-200%. Vgl. Ingo v. Jacobi, *Direktinvestitionen und Export*, Hamburg 1972, S. 53.

erster Linie, die die Kapitalexporte in die unterentwickelten Länder bestimmen. Der für die Kapitalexporte zwischen den kapitalistischen Industrieländern so wichtige Faktor des Unterlaufens des Wechselkursmechanismus spielt in den Beziehungen zwischen den kapitalistischen Industrieländern und den unterentwickelten Ländern keine Rolle. Die Wechselkursstruktur zwischen beiden Regionen spiegelt vor allem die komparativen Produktivitätsverhältnisse in der extraktiven Industrie, einigen Zweigen der Konsumgüterindustrie und der Landwirtschaft wider; sie reicht nicht aus, die Produktivitätslücke z. B. in den Investitionsgüterindustrien so weit zu schließen, daß derartige Industrien in den Entwicklungsländern ohne Zollmauern aufgebaut werden könnten. Die Realisierungsbedingungen der kapitalistischen Industrieländer verschlechtern sich damit bei diesen Waren auch nach Aufwertungen ihrer Währungen oder Abwertungen in den unterentwickelten Ländern nicht und zwingen sie deshalb nicht, in den unterentwickelten Ländern direkt zu investieren. Allenfalls das Wechselkursgefüge zwischen den kapitalistischen Industrieländern selber könnte die hochentwickelten Länder zur Verbesserung ihrer Wettbewerbsbedingungen zu Kapitalanlagen in den unterentwickelten Ländern veranlassen. Da aber die Exporte in die unterentwickelten Länder meist keinen dominierenden Anteil an den Weltexporten der kapitalistischen Industrieländer haben, tangieren die möglichen Absatzeinbußen in den unterentwickelten Ländern die Verwertungsraten der Weltmarktbranchen der Aufwertungsländer so marginal, daß Direktinvestitionen als nicht profitabel erscheinen. Ohne die Importsubstitutionspolitik wäre deshalb der Zwang zu Kapitalexporten in die unterentwickelten Länder sehr gering. Die besondere Bedeutung, die die Zollpolitik der unterentwickelten Länder im Rahmen ihrer Industrialisierungspolitik für die Kapitalexporte der kapitalistischen Industrieländer annimmt, wird in den Geschäftsberichten verschiedener Großunternehmen und auch in Sekundäranalysen immer wieder betont.[125]

125 Vgl. Pedro Hastedt, *Deutsche Direktinvestitionen in Lateinamerika*, Göttingen 1970; Matthias Schmitt, *Entwicklungshilfe als unternehmerische Aufgabe. Die Schlüsselfunktion der privaten Direktinvestitionen*, Frankfurt/Main

Drei Untersuchungen, in denen Unternehmen nach ihren Motiven für Direktinvestitionen in den unterentwickelten Ländern befragt wurden, heben die Dominanz des Marktsicherungsfaktors hervor. In der jüngsten dieser Motivationsstudien, die vom Hamburger Weltwirtschaftsarchiv durchgeführt wurde, gaben 82% der Projektträger »Sicherung der Marktstellung« als Motiv an, 62% nannten »Erschließung neuer Märkte« und nur 18% »niedrigere Arbeitslöhne« (vgl. Tabelle 50).

Tabelle 50
Motivstruktur westdeutscher Investitionen in Entwicklungsländern[1]

Motive	in % der Projekte*
1. Sicherung der Marktstellung	82
2. Erschließung neuer Märkte	62
3. Steuerliche und finanzielle Vergünstigung	25
4. Good-Will-Motive	22
5. Niedrige Löhne	18
6. Sicherung der Rohstofflieferung	12
7. Schaffung von zusätzlichem Absatz für andere Unternehmensprodukte	10
8. Private Motive	10
9. Mangel an Arbeitskräften i. d. BRD	5
10. Niedrige Preise für Roh- und Werkstoffe	4

* Die Summe der Prozente ergibt nicht 100, da mehrere Antworten gleichzeitig angegeben worden sind.

1 Awni Al-Ani, *Deutsche Direktinvestitionen in Entwicklungsländern.* In: *Wirtschaftsdienst,* IV, 1969, S. 203-206. Dieselbe Reihenfolge der Motive ergaben die Befragungen, die die Arbeitsgemeinschaft Entwicklungsländer bei 86 Investitionsprojekten in unterentwickelten Ländern und Pedro Hastedt bei 21 Firmen, die in Argentinien, und 43 Firmen, die in Mexiko direkt investierten, durchführten (vgl. Pedro Hastedt, a.a.O., S. 19 ff.).

1965; Helmut Giesecke, *Industrieinvestitionen in Entwicklungsländern, Risiko und Chancen,* Hamburg 1963; Ingo v. Jacobi, *Direktinvestitionen und Export,* Hamburg 1972.

Auch Ingo v. Jacobi nennt in seiner Arbeit *Direktinvestitionen und Export* das Marktsicherungsmotiv als wichtigsten Bestimmungsgrund für die Kapitalanlagen in Entwicklungsländern: »Ein erster wichtiger Beweggrund für Direktinvestitionen ist daher, diese Importrestriktionen zu unterlaufen. So wurden die Fabrikationsanlagen von Daimler-Benz in Argentinien und Brasilien, der Volkswagen de Mexico S.A. und der Demag aus solchen Motiven vorgenommen. Ähnliches ließe sich für eine Reihe anderer Direktinvestitionen feststellen. Der Markt kann in allen diesen Fällen nur noch gehalten werden, wenn die Fertigung [...] in den Absatzmarkt hinein verlegt wird, obwohl in der Mehrzahl der Fälle (insbesondere in der chemischen Industrie, im Fahrzeugbau und in der Elektrotechnik) viel lieber im Inland produziert und sodann exportiert würde. Dies kam auch in den geführten Interviews zum Ausdruck. Für ein Unternehmen mit weltweiten Absatzinteressen liegt die fertigungstechnische und wirtschaftliche Optimal-Lösung, die die höchste Rentabilität gewährleisten würde, vielmehr oft in wenigen ›large-scale enterprises‹ auf wenige Länder konzentriert und in Verbindung mit einem internationalen, engmaschigen Vertriebsnetz.«[126]

Es sind sowohl in den USA wie auch in Westdeutschland vor allem die den Außenhandel bestimmenden Sektoren Chemie, Fahrzeugbau, Elektrotechnik und Maschinenbau, die durch die Importsubstitutionspolitik der unterentwickelten Länder zu Direktinvestitionen veranlaßt werden. An den bundesrepublikanischen Kapitalanlagen in Indien hatten diese Branchen 1964 einen Anteil von 80%, in Mexiko von 79%, in

126 Ingo v. Jacobi, a.a.O., S. 53; vgl. auch Helmut Giesecke, a.a.O., S. 66 ff. M. Schmitt zitiert aus einigen Geschäftsberichten westdeutscher Unternehmen wie folgt: »Als Folge der Industrialisierungsmaßnahmen in einer Reihe von Ländern sind Direktinvestitionen oft das einzige Mittel, die Verbindung zu diesen Märkten durch eine Produktion im Lande selbst zu halten.« Daimler-Benz, Geschäftsbericht 1962, zitiert nach: M. Schmitt, a.a.O., S. 29; »Wir haben aus diesem Grunde in den vergangenen Jahren (in Lateinamerika) bedeutende Mittel aufgewendet und die Vertriebsorganisation stark ausgebaut. Außerdem wurden von uns im Zuge der Industrialisierungsbestrebungen dieser Länder wegen der zunehmenden Importschwierigkeiten Produktionsstätten errichtet. Wir haben uns damit der in den Entwicklungsländern bestehenden wirtschaftspolitischen Tendenz angepaßt und Voraussetzungen geschaffen, unsere Marktposition zu halten.« Farbwerke Hoechst AG, *Geschäftsbericht 1963*, zitiert nach: M. Schmitt, a.a.O., S. 32.

Brasilien von 78% und in Argentinien von 70%.[127] Die chemische Industrie, der Fahrzeugbau, der Maschinenbau und die Elektrotechnische Industrie beherrschten auch die Umsätze amerikanischer Tochtergesellschaften in Lateinamerika, in Afrika, Asien und Ozeanien: Nach Angaben des *Survey of Current Business* entfielen 1968 in Lateinamerika 54% der Umsätze der US-Töchter auf diese vier Sektoren, in Afrika, Asien und Ozeanien waren es 67%.[128]

2.4.1.2 Koloniale Extraprofite und Kapitalexporte

Die in Teilen der Literatur immer wieder zu findende These, das Hauptmotiv der Kapitalexporte in die unterentwickelten Länder seien die dort erzielbaren kolonialen Extraprofite, ist meines Erachtens nicht zu begründen.[129] Im Kern basiert diese Theorie auf zwei Prämissen:

a) der Annahme, daß die organische Zusammensetzung des Kapitals in den unterentwickelten Ländern geringer sei als in den kapitalistischen Industrieländern und daher die Durchschnittsprofitrate höher stehe,

b) der Annahme, daß das niedrigere Arbeitslohn-Niveau in den unterentwickelten Ländern in einer höheren Mehrwertrate und schließlich einer höheren Profitrate resultiere.

An diesen Annahmen ist zu kritisieren:

zu a) Zwar ist es richtig, daß in den unterentwickelten Ländern das Kapital im Durchschnitt mit einer niedrigeren organischen Zusammensetzung produziert als in den kapitalistischen Industrieländern; dies gilt aber nicht für Direktinvestitionen aus den hochentwickelten Ländern. Die innerimpe-

127 Deutsche Bundesbank, *Die deutschen Direktinvestitionen im Ausland.* In: *Monatsberichte der Deutschen Bundesbank,* 17. Jg., Nr. 12, Dez. 1965.

128 *Survey of Current Business,* Okt. 1970, zusammengestellt von Raymond Vernon, *Restrictive Business Practices,* New York 1972, S. 3.

129 Vgl. Paul A. Baran, *Politische Ökonomie des wirtschaftlichen Wachstums,* Neuwied 1966; Pierre Jalée, *Die Dritte Welt in der Weltwirtschaft,* Frankfurt/M. 1968; Kurt Steinhaus, *Zur Theorie des internationalen Klassenkampfes,* Ffm. 1967; Konrad Schuhler, *Zur politischen Ökonomie der armen Welt,* München 1969; Ernest Mandel, *Marxistische Wirtschaftstheorie,* Ffm. 1968; Ernest Mandel, *Der Spätkapitalismus,* Ffm. 1972; Christian Palloix, *L'économie mondial capitaliste,* 2 Bände, Paris 1971; A. Emmanuel, *L'échange inégal,* Paris 1972.

rialistische Konkurrenz zwingt die Kapitale der entwickelten Länder auch bei Direktinvestitionen in den unterentwickelten Ländern zur Akkumulation auf höchster technologischer Stufenleiter. Konkurrieren etwa in einem Entwicklungsland ICI, Farbwerke Hoechst, Union Carbide, Montedison und Rhône Poulenc auf dem Chemiesektor oder General Motors, Ford, Fiat, Renault und VW auf dem Automobilmarkt, dann ist jedes dieser Unternehmen wegen des innerimperialistischen Konkurrenzkampfes zur Anwendung der Spitzentechnologie gezwungen.[130] Die organische Zusammensetzung des Kapitals wird bei Auslandsdirektinvestitionen in den unterentwickelten Ländern eher höher liegen als bei vergleichbaren Anlagen in den kapitalistischen Industrieländern, denn dieselbe Technologie wird mit billigeren Arbeitskräften, also mit einem geringeren variablen Kapital, gekoppelt. Für die Begründung der Extraprofitthese bietet die organische Zusammensetzung des Kapitals deshalb keinen Ansatzpunkt.

Zu b) Es ist problematisch, von dem niedrigeren Lohnniveau in den unterentwickelten Ländern auf ein dort erzielbares höheres Niveau der Mehrwertabpressung zu schließen. Diese Argumentation übersieht, daß das niedrigere Lohnniveau meist mit einem niedrigeren Grad an Qualifikation der Ware Arbeitskraft gepaart ist, so daß auch bei gleichwertigen technischen Anlagen die Produktivität und Intensität der Arbeit in den unterentwickelten Ländern niedriger ist als bei vergleichbaren Produktionsstätten in den kapitalistischen Industrieländern. Marx hat diese Zusammenhänge im 20. Kapitel des 1. Bandes des *Kapital* dargestellt: »Aber auch abgesehen von dieser relativen Verschiedenheit des Geldwertes in verschiedenen Ländern, wird man häufig finden, daß der Tages-, Wochen-, etc. -Lohn bei der ersteren Nation höher ist als bei der zweiten (weniger entwickelten Nation, K.B.), während der relative Arbeitspreis, das heißt der Arbeitspreis im Verhältnis sowohl zum Mehrwert wie zum Wert des Produktes, bei der zweiten Nation höher steht als bei der ersteren.«[131] Marx illustriert diese These mit Berichten englischer Fabrikinspektoren, die angeben, daß »in England die Löhne der

130 Vgl. dazu auch Ingo v. Jacobi, a.a.O., S. 60.
131 Karl Marx, *Das Kapital* Bd. 1, *MEW* Bd. 23, Berlin 1971, S. 584.

Sache nach niedriger für die Fabrikanten sind als auf dem Kontinent, obwohl sie für den Arbeiter höher sein mögen«, und er fügt hinzu: »Man weiß, daß in Osteuropa sowohl wie in Asien englische Kompanien Eisenbahnen im Bau übernommen haben und dabei neben einheimischen auch eine gewisse Zahl englischer Arbeiter verwenden. Durch praktische Notwendigkeit gezwungen, so den nationalen Unterschieden in der Intensität der Arbeit Rechnung zu tragen, hat ihnen das keinen Schaden gebracht. Ihre Erfahrung lehrt, daß, wenn auch die Höhe des Lohnes mehr oder weniger der mittleren Arbeitsintensität entspricht, der mittlere Arbeitspreis (im Verhältnis zum Produkt) sich im allgemeinen im entgegengesetzten Sinn bewegt.«[132]

Diese Ausführungen von Marx werden durch heutige Berichte über Auslandsdirektinvestitionen in der Dritten Welt bestätigt. So stellte die Arbeitsgemeinschaft Entwicklungsländer bei ihrer Untersuchung des »Investitionsklimas« in Indien fest: »Von den Entwicklungsländern, und gerade von Indien, wird als Vorteil für ausländische Privatinvestitionen immer wieder der niedrige Arbeitslohn ins Feld geführt, der die Produktion in diesem Lande bei entsprechend arbeitsintensiver Auslegung besonders reizvoll mache. Die Delegation hat im Verlaufe ihrer Besprechungen den Eindruck gewonnen, daß gegenüber derartig generalisierenden Feststellungen erhebliche Skepsis angebracht ist. Es führt zu Mißverständnissen, wenn die absolute Lohnhöhe nicht zugleich im Zusammenhang mit der Produktivität sowie mit den sonstigen Arbeits- und Sozialkosten gesehen wird.

Im großen und ganzen kann man bei der Kalkulation davon ausgehen, daß zur Zeit die Nominallöhne in Indien für einfache Kräfte ungefähr $1/5$ der in der BRD zu zahlenden Summen ausmachen. Unter Berücksichtigung der Produktivität und anderer Kostenfaktoren kann man – als ungefähren Ansatzpunkt für den großen Durchschnitt – das Verhältnis der Arbeitskosten in Indien zu den in der Bundesrepublik mit etwa 0,7 bis 0,8 annehmen.«[133]

132 Karl Marx, *Das Kapital* Bd. 1, a.a.O., S. 585 und 586 f.

133 Arbeitsgemeinschaft Entwicklungsländer, *Investieren in Indien – eine Untersuchung über das Investitionsklima,* o. O., 1965, S. 30 f.

Zu einem ähnlichen Ergebnis gelangt Ingo von Jacobi: »Außerdem sind die Löhne in Entwicklungsländern keineswegs so niedrig, berücksichtigt man die geringere Arbeitsproduktivität und die in einzelnen Ländern sehr hohen sozialen Lasten pro Beschäftigtem. In anderen Branchen kann auch bei Produktionen mit höherer lokaler Wertschöpfung eher auf arbeitsintensivere Prozesse ausgewichen werden. Allerdings darf auch hier der Lohnkostenfaktor keineswegs überschätzt werden. Für die Elektroindustrie gibt Diepgen an, daß ein geringer Mechanisierungsgrad der Fertigungstechnik aufgrund der niedrigeren Arbeitsproduktivität wiederum einen so hohen Lohnanteil an den Produktionskosten bewirkt, daß der Vorteil der niedrigen Löhne überkompensiert wird.«[134]
Die These von den kolonialen Extraprofiten läßt sich damit weder vom Stand der organischen Zusammensetzung des Kapitals noch von dem niedrigen Nominallohnniveau in den unterentwickelten Ländern ableiten. Die besonderen politisch-ökonomischen Verhältnisse in den Entwicklungsländern erfordern es allerdings, die Untersuchung der die Profitrate konstituierenden Faktoren nicht nur auf die organische Zusammensetzung des Kapitals und den Stand der Arbeitslöhne zu beschränken. Angesichts der begrenzten Innenmärkte hat die konkrete Form der Importsubstitutionspolitik und der staatlichen Förderungspolitik gegenüber dem Auslandskapital eine nicht zu unterschätzende Bedeutung für die Verwertungsbedingungen des ausländischen Kapitals.
Die Importsubstitutionspolitik der Entwicklungsländer zwingt tendenziell alle exportintensiven Branchen der imperialistischen Länder, ihre Produktionsstätten in die Länder Afrikas, Asiens und Lateinamerikas zu verlagern. Zielt die Politik eines unterentwickelten Landes darauf ab, mehrere ausländische Kapitale einer Anlagesphäre miteinander konkurrieren zu lassen, so werden die Produktionskapazitäten des Auslandskapitals die Aufnahmefähigkeit des Binnenmarktes sehr schnell übersteigen. Dies ist z. B. auf dem brasilianischen und argentinischen Automobilmarkt der Fall, wo General Motors, Chrysler, Ford, Daimler-Benz und VW, bzw. General Motors, Ford, Chrysler, Fiat und Renault in allen PKW- und

134 Ingo v. Jacobi, a.a.O., S. 61.

einigen LKW-Klassen miteinander konkurrieren. Die Folge sind Kapazitätsauslastungsgrade zwischen 20 und 60% in Flautezeiten und zwischen 70 und 80% in Boomzeiten sowie Automobilpreise, die zwei- bis dreimal höher als in den USA oder Westeuropa liegen.[135]

Um solche Marktkonstellationen zu vermeiden, räumen andere Entwicklungsländer im Rahmen ihrer Importsubstitutionspolitik dem Auslandskapital Monopolstellungen ein. So heißt es in der Studie über das »Investitionsklima« in Indien: »Sind dem ausländischen Investor seine Investitionspläne genehmigt worden, dann bedeutet dies naturgemäß auch, daß er in gewissem Umfange gegen die Einrichtung konkurrierender Kapazitäten und gegen Importe geschützt ist.«[136]

Ebenso wie diese beiden Formen der Importsubstitutionspolitik die Verwertungsbedingungen des Auslandskapitals unterschiedlich tangieren, werden Art und Umfang der Förderungspolitik gegenüber ausländischen Investitionen (Steuerpräferenzen, Devisenzuteilung, Zollsätze, Infrastrukturmaßnahmen, etc.) die Profitrate bei Direktinvestitionen in den unterentwickelten Ländern variieren lassen. Die empirischen Materialien über die Profitraten bei Auslandsdirektinvestitionen in unterentwickelten Ländern zeigen insgesamt, daß die These von den kolonialen Extraprofiten nicht belegt werden kann (vgl. Tabelle 51).

Von 1951 bis 1970 lagen die Profitraten amerikanischer Investitionen in der verarbeitenden Industrie der unterentwickelten Länder im Jahresdurchschnitt bei 11,2%, in Industrieländern hingegen bei 11,7%. Die übrigen Wirtschaftszweige ohne die extraktive Industrie erzielten im selben Zeitraum in den unterentwickelten Ländern eine Jahresprofitrate von 10,2%, in den Industrieländern 11,6%.

Die britischen Kapitale erreichten bei Auslandsdirektinvestitionen in den unterentwickelten Ländern von 1961 bis 1969 in

135 J. Wilner Sundelson, *U.S. Automotive Investments Abroad.* In: Kindleberger (Hrsg.), a.a.O., S. 246 f.; Ingo v. Jacobi, a.a.O., S. 63; Jack N. Behrman, *The Role of International Companies in Latin American Integration,* Toronto–London 1972, S. 35 ff. und S. 123 ff.

136 Arbeitsgemeinschaft Entwicklungsländer, a.a.O., S. 15; vgl. auch I. v. Jacobi, a.a.O., S. 55.

Tabelle 51
Renditen direkt investierten Kapitals in Entwicklungs- und Industrieländern (Jährliche Durchschnittswerte)

	EWL	IL
	in Prozent	
US-Unternehmen		
verarbeitende Industrie		
1951–70	11,2	11,7
1951–60	11,6	13,9
1961–70	11,0	11,0
Sonstige Wirtschaftszweige		
1951–70	10,2	11,6
1951–60	11,1	11,8
1961–70	9,6	11,5
Britische Unternehmen		
Alle Wirtschaftszweige		
ohne Ölwirtschaft		
1961–69	10,4	10,0
Deutsche Unternehmen		
Alle Wirtschaftszweige		
1965–67	6,3	–

Quelle: Deutsches Institut für Wirtschaftsforschung, *Wochenbericht* 22/72 Berlin 1972, S. 199-202.

allen Wirtschaftszweigen ohne die Ölindustrie, aber einschließlich des Bergbaues, 10,4%, in den Industrieländern 10,0%.

Tabelle 52 illustriert die große Variationsbreite der Profitraten in den unterentwickelten Ländern.

Das Ausmaß der innerimperialistischen Konkurrenz im unterentwickelten Land, die Höhe der Arbeitslöhne in Verbindung mit dem Qualifikationsniveau der Ware Arbeitskraft, der Umfang der Überkapazitäten und Art und Umfang der staatlichen Präferenzen sind von Entwicklungsland zu Entwicklungsland unterschiedlich und erzeugen deshalb ein breites regionales Spektrum an Profitraten. Insgesamt liegen aber die Profitraten bei Auslandsdirektinvestitionen in den

Tabelle 52
Profitraten amerikanischer und britischer Unternehmen in ausgewählten Entwicklungsländern 1960-1965 (ohne Ölindustrie)

	Großbritannien 1960–1965 im Durchschnitt	USA 1960–1965 im Durchschnitt
Argentinien	7,7	10,5
Brasilien	11,1	7,5
Andere Länder Lateinamerikas	7,6	10,9
Indien	7,7	10,2
Malaysia	15,9	–
Rhodesien und Nyassaland	12,4	16,7

Quelle: Dunning, *Comparative Profitability of UK and US Enterprise Abroad.* In: Derselbe, *Studies ...*, a.a.O., S. 258 f.

unterentwickelten Ländern nicht höher als bei Auslandsdirektinvestitionen in den Industrieländern. Angesichts der Nominallohndifferenzen zwischen den unterentwickelten Ländern und den Industrieländern kann diese Tendenz nur aus der geringen Arbeitsproduktivität und -intensität sowie aus den Überkapazitäten bei Anlagen in den unterentwickelten Ländern erklärt werden.

2.4.1.3 Kapitalexporte unterdurchschnittlich produktiver Branchen der kapitalistischen Industrieländer

Neben den durch die Exportsubstitutionspolitik verursachten Direktinvestitionen der Investitionsgüterindustrien haben die Kapitalanlagen der sogenannten arbeitsintensiven Fertigungen im Rahmen der Kapitalexporte der verarbeitenden Industrie in die unterentwickelten Länder eine gewisse Bedeutung. Die Direktinvestitionen dieser Branchen, z. B. der Textilindustrie, der optischen Industrie und der Schuhindustrie, werden damit begründet, daß die unterentwickelten Länder wegen des niedrigen Lohnniveaus über Kostenvorteile verfügten, die sich auch die Unternehmen der kapitalistischen Industrielän-

der aneignen müßten, um weiterhin im internationalen Konkurrenzkampf bestehen zu können.[137]
Meines Erachtens erklärt diese Argumentation die Kapitalexporte der unterdurchschnittlich produktiven Branchen der kapitalistischen Industrieländer nicht vollständig. In Industriezweigen, die traditionell in den unterentwickelten Ländern angesiedelt sind, wie z. B. der Textilindustrie, ist es zwar durchaus denkbar, daß das niedrige Lohnniveau mit einem den Industrieländern vergleichbaren Qualifikationsniveau der Ware Arbeitskraft verbunden ist und deshalb nicht nur die absoluten Lohnkosten, sondern auch die Stücklohnkosten niedriger liegen als in den Industrieländern; ebenso kann das Niveau der Stücklohnkosten bei sehr einfachen arbeitsintensiven Fertigungen der optischen und der elektrotechnischen Industrie in den unterentwickelten Ländern niedriger sein als in den hochentwickelten Ländern; dennoch müssen auch zur Erklärung der Direktinvestitionen dieser Branchen die Gesetzmäßigkeiten des internationalen Handels herangezogen werden. Da die Industriezweige mit niedriger organischer Zusammensetzung des Kapitals unterdurchschnittlich produktiv fertigen, die Wechselkursstrukturen aber das durchschnittliche Produktivitätsniveau widerspiegeln, zählen diese Anlagen des Kapitals in den Industrieländern in der Regel zu den Opfern der arbeitsteiligen Gesetze des internationalen Handels. Die Kapitale dieser Branchen können dem verschärften internationalen Konkurrenzkampf in dreierlei Weise begegnen:

a) Sie setzen hohe Importzölle auf die Waren ihrer Branchen durch,

b) sie forcieren die Produktivkraftentwicklung und spezialisieren sich auf neue Produkte und Produktionsverfahren,

c) sie verlagern ihre Produktionsstätten in die weniger entwickelten Länder, weichen so dem Wechselkursmechanismus aus und kommen außerdem noch in den Vorteil niedriger Stücklohnkosten.

Tatsächlich sind alle drei Formen des Abwehrkampfes gegen die verschärfte internationale Konkurrenz anzutreffen. Das Zollsystem der kapitalistischen Industrieländer hat bis zur Einführung des Präferenzsystems für die Industriewarenex-

137 Vgl. auch M. Schmitt, a.a.O., S. 36.

porte der unterentwickelten Länder die Importe leichtindustrieller Waren (Textilien, Schuhe, Spielwaren, Plastikwaren, Lederprodukte) überdurchschnittlich belastet,[138] und im übrigen gerade wegen seiner Struktur als Wertzollsystem die unterentwickelten Länder extrem benachteiligt.[139] Nachdem dieser Schutzschirm mit Beginn der 70er Jahre durch die Einführung des Präferenzzollsystems für unterentwickelte Länder nach und nach abgebaut wurde, sind die arbeitsintensiven Industriezweige in verstärktem Maße auf die Verwirklichung der beiden anderen Verteidigungsstrategien angewiesen. So hat sich z. B. die westdeutsche Textilindustrie zunehmend auf die Produktion von synthetischen Fasern, hochwertigen Mischgeweben (z. B. Zellwolle/Trevira, Baumwolle/Diolen) und Fertigwarenspezialitäten konzentriert und konnte damit den Konkurrenzdruck aus weniger entwickelten Ländern teilweise auffangen.[140]

Einige Unternehmen der Textilindustrie und der optischen Industrie haben in den letzten Jahren, insbesondere seit den mehrmaligen Aufwertungen der DM, auch mit der Verlagerung von Produktionsstätten ins weniger entwickelte Ausland begonnen. So sind etwa die Seidensticker Herrenwäschefabriken, Triumph International, Carl Freudenberg, F. K. Schulte, Frauenlob & Wippermann – alle aus der Textilbranche – in den südeuropäischen Entwicklungsländern, aber auch in Afrika, Asien und Lateinamerika vertreten. Besonders bekannt geworden ist aus dem Bereich der optischen Industrie die Verlagerung eines Teiles der Rollei-Werke nach Singapur. Doch auch eine Tochtergesellschaft des Bosch-Konzerns, Bauer & Sun Optical, produziert Schmalfilmkameras in Taiwan, und Agfa-Gevaert läßt Filmkameras von der japanischen Minolta-Camera Co. produzieren.[141]

138 Vgl. dazu Dieter Jaeger, *Handelspolitik als Entwicklungspolitik*, Bielefeld 1968, 6. Kapitel.

139 Vgl. Hans Bachmann, *Zollpolitik und Entwicklungsländer*, Tübingen 1965 und derselbe, *The External Relations of Less-Developed Countries*, New York 1968.

140 Vgl. Peter Müller, a.a.O., S. 79 ff. und Wilfried Wunden, *Die Textilindustrie der Bundesrepublik Deutschland im Strukturwandel*, Tübingen 1969.

141 Vgl. Commerzbank, *Auslandsfertigung*, Frankfurt/M. 1971, S. 92 ff. und Charles Levinson, *Inflation – Das weltweite Phänomen*, Hamburg 1972, S. 125 ff.

Charles Levinson bestätigt in seiner Analyse der Teilverlagerung der Rollei-Werke nach Singapur die hier vertretene These, daß nicht nur die niedrigeren Arbeitslöhne, sondern auch die Wechselkursstrukturen für die Kapitalexporte dieser leichtindustriellen Branchen in die unterentwickelten Länder verantwortlich sind. Levinson weist darauf hin, daß die Nominallohndifferenzen zwischen Singapur und der BRD 80-90% betragen, unter Berücksichtigung der niedrigeren Arbeitsproduktivität die Lohnkosten in Singapur jedoch nur noch um 50% niedriger seien als in der BRD und schreibt dann: »Die Gesellschaft exportiert rund siebzig Prozent ihrer Produktion. Vom gesamten Ausfuhranteil des Unternehmens entfallen 25 Prozent auf andere EWG-Länder und 21% auf die Vereinigten Staaten. Die Wechselkursänderungen der letzten Zeit in Westeuropa haben die Preise für Rollei-Kameras auf so wichtigen Märkten wie in England und Frankreich um 35 bis 40 Prozent gesteigert.«[142] Durch die Bedienung seiner internationalen Märkte von Singapur aus senkt Rollei also nicht nur seine Lohnkosten, sondern weicht auch dem Druck der hohen DM-Parität aus und setzt sich in den Vorteil der niedrigen Währungsparität Singapurs.
Im Vergleich zu den Direktinvestitionen der Investitionsgüterindustrien in den unterentwickelten Ländern nehmen sich die Anlagen der arbeitsintensiven Branchen bescheiden aus. Bei den bundesrepublikanischen Kapitalanlagen in den Ländern Afrikas, Asiens und Lateinamerikas überwiegen die Investitionen der Chemie, des Fahrzeugbaues, des Maschinenbaues und der Elektroindustrie mit einem Anteil von 70-80 Prozent an den Gesamtinvestitionen, so daß der Anteil der Textilbranche, der Schuhindustrie und der optischen Industrie nur sehr gering sein kann. Allerdings muß auch ein Teil der Investitionen der elektrotechnischen Industrie zu den arbeitsintensiven Fertigungen gerechnet werden, so daß sich insgesamt deren Anteil um einen nicht genau zu ermittelnden Prozentsatz erhöht.[143] Auch an den Gesamtinvestitionen der USA in der Dritten Welt sind die unterdurchschnittlich produktiven Branchen nur gering beteiligt. Da

142 Charles Levinson, a.a.O., S. 127.
143 Deutsche Bank, a.a.O., S. 24 f.

diese Kapitale ihre Anlagen in den unterentwickelten Ländern in erster Linie als Reexportbasis für ihre traditionellen Märkte benutzen, kann aus der Marktorientierung der amerikanischen Investitionen in der dritten Welt auf die quantitative Bedeutung dieses Investitionstypus geschlossen werden. Nach Angaben von Vernon wurden 1957 92% aller Waren von US-Unternehmen in Lateinamerikas verarbeitender Industrie lokal vertrieben, 4% wurden in die USA und weitere 4% in andere Außenmärkte exportiert. 1968 sank der lokale Anteil auf 89%, die Reexporte in die USA blieben bei 4% konstant, der Anteil der Exporte in andere ausländische Märkte stieg auf 7%.[144] Die relative Bedeutung der Kapitalexporte der arbeitsintensiven Branchen in die unterentwickelten Länder ist damit in den USA ebenso wie in der BRD sehr gering.

2.4.2 *Kapitalexporte der extraktiven Industrie*

Im Unterschied zu den Kapitalexporten der verarbeitenden Industrie, die sich aus den Gesetzen und den Restriktionen des internationalen Handelsverkehrs ergeben, leitet sich die Internationalisierung der extraktiven Industrie aus dem spezifischen Gegenstand ihres Produktionsprozesses selber ab.
Die Produktivkraft der Arbeit der Unternehmen in der extraktiven Industrie – und damit ihre Wettbewerbsfähigkeit – wird in hohem Maße durch die natürliche Produktivität ihrer Rohstoffbasen bestimmt. Die Lage, die Qualität und der Umfang der Rohstoffquellen entscheiden bei gleicher Produktionstechnologie über die Produktivitäts- und damit die Verwertungsbedingungen der Unternehmen dieser Branche. Da die Rohstofflager räumlich begrenzt und in der bürgerlichen Produktionsweise Grund und Boden in der Form des Privateigentums erwerbbar sind, ist die natürliche Produktivität von Rohstoffstätten und damit die Basis für mögliche Surplusprofite prinzipiell monopolisierbar. Genau dieser besondere Charakter der extraktiven Produktionsbedingungen ist es, der dem Kapital in dieser Anlagesphäre weltweite Aktivitäten aufzwingt. Das extraktive Kapital befindet sich permanent

144 Vernon, *Sovereignty* . . ., a.a.O., S. 103.

auf der Jagd nach neuen Rohstoffquellen, denn allen Kapitalien, die im internationalen Konkurrenzkampf um die qualitativ besten Rohstoffgebiete nicht mithalten, droht eine Verschlechterung ihrer Verwertungsbedingungen.[150]

Die weltweiten Explorations- und Exploitationsaktivitäten gehen einerseits von den rein extraktiven Kapitalen aus, die wie die Aluminium Co., Anaconda, Reynolds Metals, Péchiney und Ugine-Kuhlmann die Rohmaterialien zu Kupfer, Aluminium, Zinn, Zink, etc. weiterverarbeiten, andererseits beuten aber auch Industriezweige in internationalem Maßstab Rohstofflager aus, die – wie vor allem die Stahlindustrie und die chemische Industrie – auf die permanente Zufuhr von Mineralien bestimmter Qualität zu günstigen Preisen angewiesen sind.[151]

Die Kapitalexporte beider Formen extraktiver Unternehmungen in die unterentwickelten Länder, der Erdöl- und Metallindustrie zum einen und der rohstoffabhängigen Industrien Stahl und Chemie zum anderen, können also nicht auf besondere politisch-ökonomische Verhältnisse zurückgeführt werden, sondern sind Ausdruck der geographischen Konzentration umfangreicher und hochwertiger Rohstofflager in Asien, Afrika und Lateinamerika.

Auch die hohen Profitraten, die die extraktiven Industrien in den unterentwickelten Ländern erzielen (vgl. Tabelle 53), sind nicht in erster Linie das Resultat besonderer Ausbeutungsverhältnisse in den unterentwickelten Ländern, sondern den günstigen natürlichen Produktionsbedingungen

150 Dies gilt insbesondere für die Kapitale, die Rohstoffe mit einem hohen Anteil der Exploitationskosten an den Gesamtkosten (Explorations-, Exploitation- und Raffinierungskosten) verarbeiten, z. B. Erdöl und Kupfer. Vgl. Vernon, *Sovereignty* . . ., a.a.O., S. 44.

151 In der Stahlindustrie setzen sich dabei immer mehr nationale oder internationale Konsortien als Organisationsformen durch, weil die Einzelkapitale die Gesamtkosten internationaler Rohstoffprojekte nicht tragen können. Beispiele für solche Konsortien sind die Fabrica Patriotica bei Congonhas do Campo in Brasilien, einer Eisenerzmine, die von der August-Thyssen-Hütte, Hoesch, den Friedrich Krupp Hüttenwerken und den Rheinischen Stahlwerken gemeinsam ausgebeutet wird, ferner die Eisenerzbergwerke in Mauretanien, Gabun und Liberia, die von der Vereinigung der Unternehmen August-Thyssen-Hütte, Dortmund-Hörder-Hüttenunion, Bochumer Verein, Phönix-Rheinrohr, der Niederrheinischen Hütte und Rheinstahl geführt werden.
Vgl. Commerzbank, *Auslandsfertigung*, Frankfurt/Main 1971, S. 86 ff.

(z. B. beim Nahost-Erdöl) und besonderen Kartellpraktiken geschuldet, die die Weltrohstoffpreisbildung zeitweise bestimmen.

Von 1951 bis 1970 übertrafen die Profitraten amerikanischer Ölunternehmen in der Dritten Welt die Profitraten bei Ölinvestitionen in den kapitalistischen Industrieländern um das 7-fache, im Bergbau und im Hüttenwesen waren die Profitraten in der Dritten Welt eineinhalbmal größer als in den kapitalistischen Industrieländern.[152]

Tabelle 53
Renditen direkt investierten Kapitals in Entwicklungs- und Industrieländern (Jährliche Durchschnittswerte)

	EWL	IL
	in Prozent	
US-Unternehmen		
Bergbau und Hüttenwesen		
1951–70	16,8	11,2
1951–60	13,5	11,1
1961–70	18,9	11,2
Ölwirtschaft		
1951–70	27,7	3,8
1951–60	29,3	6,5
1961–70	26,9	2,8

Quelle: Deutsches Institut für Wirtschaftsforschung, a.a.O., S. 199-202.

152 Inwieweit verzerrte Transferpreise für Warentransaktionen, Dienstleistungen, Patent- und Lizenzgeschäfte innerhalb der multinationalen Gesellschaften die Daten über die Profitraten beeinflußen, ist nicht auszumachen. Auffällig ist z. B., daß die Profitraten der amerikanischen Ölgesellschaften in den Entwicklungsländern weit über den Profitraten der übrigen amerikanischen Anlagen in der Dritten Welt liegen und umgekehrt die Profitraten amerikanischer Ölkonzerne in den kapitalistischen Industrieländern weit unter den Durchschnittswerten der Profitraten in den sonstigen Anlagesphären stehen. Die Auswirkungen der Transferpreise auf die Profitraten in den unterentwickelten Ländern sind besonders schwer zu ermitteln, weil die regionale Ausrichtung der Preisverzerrungen nicht einheitlich sein dürfte: Aufgrund der Steuerpräferenzen in den Entwicklungsländern können die Transferpreise einerseits zu überhöhten Profiten in der Dritten Welt führen, wegen der Profittransferre-

Die Zukunft der imperialistischen Idylle in der extraktiven Industrie unterentwickelter Länder ist allerdings angesichts des wachsenden politischen und ökonomischen Bewußtseins der herrschenden und der unterdrückten Klassen in diesen Ländern ungewiß. Die Zeiten, in denen die Erdölkonzerne z. B. in Saudi Arabien oder Venezuela keine Einkommenssteuern oder Exportabgaben zu entrichten hatten, sind seit Ende des Zweiten Weltkrieges endgültig vorbei. Die Regierungen der unterentwickelten Länder handeln den ausländischen Rohstoffproduzenten legitimerweise immer höhere Steuersätze ab. So stieg z. B. der Anteil der Steuern an den Profiten der Ölgesellschaften in Venezuela von 1948 55% auf 1965 66%[153], in Persien wuchs der Anteil der Regierungseinnahmen an den Exporten des Erdölkonsortiums (NIOC) von 1961 43,8% auf 1967 49,3%[154], und in Chile flossen 1930 nur 16%, 1964 aber 69% der Bruttoprofite der Kupferkonzerne als Steuern in die Staatskasse.[155]

Auch die Nationalisierung ausländischer Gesellschaften in der extraktiven Industrie nimmt seit Mitte der 60er Jahre in den unterentwickelten Ländern zu: In Chile wurde die Kupfermine der Kennecott Co., El Teniente, verstaatlicht, in Peru nationalisierte die Militärregierung eine Tochter der Esso, die International Petroleum Company of New Jersey, im Kongo wurde die Union Minière du Haut Katanga verstaatlicht und in Sambia beteiligte sich der Staat zu 51% an den amerikanischen Tochtergesellschaften Roan Selection Ltd. und Anglo-American Corporation of South Africa.[156]

Wegen der immer noch großen Bedeutung der Rohstoffex-

striktionen und eventueller politischer Belastungen (Steuererhöhungen, Nationalisierung etc.) ist es andererseits möglich, daß über die Preise Gewinne in die kapitalistischen Industrieländer verschoben werden.

153 Gertrud G. Edwards, *Foreign Petroleum Companies and the State in Venezuela.* In: Raymond F. Mikesell, *Foreign Investment in the Petroleum and Mineral Industries, Case Studies of Investor-Host Country Relations,* Baltimore and London 1971, S. 114.

154 William H. Bartsch, *The Impact of the Oil Industry on the Economy of Iran.* In: R. F. Mikesell, a.a.O., S. 247.

155 Markos Mamalakis, *Contribution of Copper to Chilean Economic Development, 1920-67: Profile of a Foreign-Owned Export Sector.* In: R. F. Mikesell, a.a.O., S. 416 f.; vgl. auch Mikesell, *U.S. Private Investment . . .,* a.a.O., S. 359 ff.

156 Vgl. R. F. Mikesell, *Foreign Investment . . .,* a.a.O., Addendum, S. 441 ff.

porte nicht nur für den Außenhandelssektor, sondern für den gesamten nationalen Akkumulationsprozeß in vielen unterentwickelten Ländern ist zu erwarten, daß sich die Tendenzen zur Nationalisierung bzw. zur staatlichen Beteiligung im extraktiven Sektor der Länder Afrikas, Asiens und Lateinamerikas in den nächsten Jahren deutlich verstärken und auf diese Weise die Verwertungsbedingungen der Rohstoffgesellschaften der imperialistischen Länder immer mehr eingeengt werden.

2.5 Zur Kritik der Ableitung des Kapitalexportes in den klassischen Imperialismustheorien (Hilferding, Bucharin, Lenin)

In den Imperialismustheorien Hilferdings, Bucharins und Lenins wird die Tendenz zum Kapitalexport im wesentlichen aus zwei Begründungszusammenhängen entwickelt: Einerseits führt der Akkumulationszyklus des Kapitals periodisch zu einer Überakkumulation von Kapital, zu brachliegendem Kapital in der Form von produktivem und Geldkapital, das im Ausland angelegt wird, wenn es dort bessere Verwertungsbedingungen vorfindet; andererseits ist mit der zunehmenden Konzentration und Zentralisation des Kapitals eine Tendenz zur Monopolisierung und Kartellisierung der Produktion verbunden, die das Anlagefeld für die akkumulationsfähige Mehrwertmasse einschränkt, also überschüssiges Kapital produziert, das ebenfalls nur noch im Ausland verwertet werden kann.

Rudolf Hilferding begründet die Tendenz zum Kapitalexport vor allem mit der Vertrustung und Kartellisierung der Produktion, die mit der Herausbildung des Finanzkapitals verbunden sei. Da Hilferding den kapitalistischen Krisenzyklus letzten Endes aus der Disproportionalität der Produktionszweige erklärt, geht er auf den Zusammenhang von Akkumulationszyklus und Kapitalexport nicht ein. »Die Kartellisierung bedeutet außergewöhnliche Extraprofite, und wir haben gesehen, wie diese Extraprofite kapitalisiert und als konzentrierte Kapitalmassen den Banken zufließen. Gleichzeitig aber bedeuten die Kartelle eine Verlangsamung der Kapitalanlagen. In den kartellisierten Industrien, weil die erste Maßregel des Kartells die Einschränkung der Produktion ist, in den nicht kartellisierten, weil die Senkung der Profitrate zunächst von weiteren Kapitalanlagen zurückschreckt. So wächst einerseits rapid die Masse des zur Akkumulation bestimmten Kapitals, während sich andererseits seine Anlagemöglichkeit kontrahiert. Dieser Widerspruch verlangt seine Lösung und findet sie im Kapitalexport. Der Kapitalexport selbst ist nicht eine Folge der Kartellisierung. Er ist eine Erscheinung, die von der kapitalistischen Entwicklung unzertrennlich ist. Aber die Kartellisierung steigert plötzlich den Widerspruch und schafft den akuten Charakter des Kapitalexportes.«[157]

Verengt die Kartellisierung der Produktion das Feld für anlagesuchendes Kapital ohnehin, so verschärft die Zollpolitik des Finanzkapitals den Druck zum Kapitalexport um so mehr. Um sich auf dem Binnenmarkt Extraprofite auf Kosten der nichtkartellisierten Branchen und der »gesamten Konsumentenklasse«[158] anzueignen, setzen die Kartelle und Trusts eine Schutzzollpolitik durch, die es ihnen ermöglicht, das inländische Preisniveau über das Weltmarktpreisniveau zu schrauben. Da diese Politik zur Einschränkung des inneren Marktes führt, drängen die Kartelle und Trusts mit ihrer Produktion auf den Weltmarkt, wo sie sich mit Dumping-Methoden gegenüber ihren Konkurrenten durchzusetzen versuchen. »Das Kartell ist aber in der Lage, auch unter seinem Produktionspreis zu verkaufen. Denn auf dem inländischen Markt hat es ja auf die hier abgesetzte Produktion einen durch die Zollhöhe bestimmten Extraprofit erzielt. Es ist deshalb in der Lage, einen Teil dieses Extraprofites zu verwenden, um sein Absatzgebiet im Ausland durch Unterbietung seiner Konkurrenten auszudehnen. Gelingt dies, so kann es eventuell seine Produktion steigern, die Produktionskosten verbilligen und damit, da der inländische Preis derselbe bleibt, neuen Extraprofit erzielen. Dieselbe Wirkung erzielt das Kartell, wenn es seinen inländischen Abnehmern aus seinem Extraprofit Exportprämien zahlt, wenn diese ihre Produkte ausfüh-

157 Rudolf Hilferding, *Das Finanzkapital – Eine Studie über die jüngste Entwicklung des Kapitalismus,* Frankfurt und Wien 1968, S. 320 f.
158 R. Hilferding, a.a.O., S. 418.

ren.«[159] »Mit der Entwicklung des Prämiensystems hat aber der Schutzzoll seine Funktion völlig gewandelt, ja in sein Gegenteil verkehrt. Aus einem Mittel der Abwehr gegen die Eroberung des einheimischen Marktes durch fremde Industrien ist ein Mittel der Eroberung der fremden Märkte durch die einheimische Industrie geworden, aus der Verteidigungswaffe des Schwachen die Angriffswaffe des Starken.«[160]

Da auf diese Weise alle Industrienationen durch Schutzzollpolitik ihre Absatzmöglichkeiten auf dem Weltmarkt einschränken, ist das Kapital gezwungen, »statt der Waren die Produktion der Waren selbst in das fremde Land zu bringen«[161], also durch Kapitalexporte die Handelsschranken zu unterlaufen.

»Die durch den Schutzzoll der fremden Länder bedrohte Industriesphäre nutzt jetzt selbst diesen Schutzzoll aus, indem sie einen Teil der Produktion in das Ausland verlegt [...]. So wird der Kapitalexport, der in anderer Form durch den Schutzzoll des eigenen Landes mächtig angeregt wird, durch den des fremden Landes gleichfalls gefördert und trägt zugleich zur Durchkapitalisierung der Welt und zur Internationalisierung des Kapitals bei.«[162]

Hilferding entwickelt sodann die Formen des Kapitalexportes, stellt den Zusammenhang von Leihkapitalexporten und Warenexporten sowie die Sicherung der Rohstoffgebiete durch Kapitalexporte dar und zeigt schließlich auf, daß das Finanzkapital notwendigerweise eine imperialistische Politik (Kolonialpolitik, Kampf um die Wirtschaftsgebiete, Marinismus) betreibt. Diese Aspekte der Kapitalexportproblematik werden hier nicht weiterverfolgt, weil es an dieser Stelle um die allgemeine Ableitung des Kapitalexportes geht, den Hilferding in erster Linie als Produkt der Kartellisierung und Vertrustung der Produktion und der dadurch erzeugten Schutzzollpolitik begreift.

Bucharin bezieht sich in *Imperialismus und Weltwirtschaft* bei der Darstellung der internationalen Kapitalbewegungen explizit auf den III. Abschnitt des 3. Bandes des *Kapital*, also

159 Hilferding, a.a.O., S. 419.
160 Hilferding, a.a.O., S. 419.
161 Hilferding, a.a.O., S. 420.
162 Hilferding, a.a.O., S. 424 f.

auf die Überakkumulation des Kapitals: »Der Export von Kapital aus einem bestimmten Lande setzt eine Überproduktion von Kapital in diesem Lande voraus, d. h. seine Überakkumulation. Diese Überproduktion wäre in dem Falle absolut, wenn das zusätzliche Kapital vom kapitalistischen Standpunkt keinen Ertrag brächte, d. h., wenn das Kapital C, das bis zu C + Δ C angewachsen ist, ebensoviel Profit produzierte wie vor seiner Vermehrung durch Δ C. Aber es ist für den Kapitalexport keineswegs erforderlich, daß die Überproduktion diese Schranke erreicht hat.«[163] Bucharin zitiert an dieser Stelle den Hinweis von Marx: »Wird Kapital ins Ausland geschickt, so geschieht es nicht, weil es absolut nicht im Inland beschäftigt werden könnte. Es geschieht, weil es zu höherer Profitrate im Ausland beschäftigt werden kann.«[164]

Betrachtet Bucharin in Anlehnung an Marx die Suche nach Surplusprofiten als die allgemeine Ursache des Kapitalexportes, so sieht er wie Hilferding vor allem in zwei Faktoren das Anwachsen des Kapitalexportes in der Epoche des klassischen Imperialismus begründet:

1. begrenzen die Kartelle und Trusts das Anlagefeld des Kapitals und zwingen es, ins Ausland zu gehen: »Aber andererseits hat die moderne Organisation des Kapitals, haben die Kartelle und Trusts die Tendenz, der Anlage von Kapital gewisse Schranken zu setzen, indem sie einen bestimmten Umfang der Produktion festsetzen.« »Der ganze Prozeß treibt somit das Kapital aus dem Lande«.[165]

2. verursacht die Schutzzollpolitik eine Zunahme der internationalen Kapitalbeziehungen, weil die Grenzen des Warenexportes nur noch mit Hilfe des Kapitalexportes unterlaufen werden können: »Während aber die Zollschranken dem Warenexport große Hindernisse entgegensetzen, so stören sie den Kapitalexport keineswegs. Es ist klar, daß die Kapitalflucht aus dem Lande unter sonst gleichen Bedingungen um so größer sein muß, je höher die Zölle steigen.«[166]

Bucharin stützt sich also in seiner Analyse des Kapitalexportes

163 Nikolai Bucharin, *Imperialismus und Weltwirtschaft, Archiv sozialistischer Literatur 13*, Frankfurt 1969, S. 104.

164 Karl Marx, *Das Kapital* Bd. 3, *MEW* Bd. 25, a.a.O., S. 266.

165 Bucharin, a.a.O., S. 105.

166 Bucharin, a.a.O., S. 106.

sehr stark auf Hilferdings *Finanzkapital*, ergänzt dessen Arbeit aber insofern, als er neben der Tendenz zur Monopolisierung die Suche nach höherer Verwertung, insbesondere in Zeiten der Überakkumulation von Kapital, als wesentliche Triebkräfte des Kapitalexportes darstellt.

Auf der Basis des 1912 in Rußland erschienen Werkes von Hilferding und der ihm bereits 1915 bekannten Arbeit von Bucharin verfaßte Lenin 1916 seine Schrift *Der Imperialismus als höchstes Stadium des Kapitalismus*. Lenins Imperialismusanalyse verläuft in diesem Werk in folgenden Schritten:

1. Die Konzentration und Zentralisation des Kapitals führt zur Monopolisierung der Produktion: »Die Konkurrenz wandelt sich zum Monopol. Die Folge ist ein gigantischer Fortschritt in der Vergesellschaftung der Produktion.«[167]

2. Bankkapital und industrielles Kapital verschmelzen zum Finanzkapital. »Der alte Kapitalismus, der Kapitalismus der freien Konkurrenz mit der Börse als unerläßlichem Regulator schwindet dahin. Er wird von einem neuen Kapitalismus abgelöst, dem deutliche Züge einer Übergangserscheinung, einer Mischform von freier Konkurrenz und Monopol anhaften.«[168] »Das 20. Jahrhundert ist also der Wendepunkt vom alten zum neuen Kapitalismus, von der Herrschaft des Kapitals schlechthin zu der Herrschaft des Finanzkapitals.«[169]

3. Die Beschränkung der Konkurrenz durch das Finanzkapital führt zur Begrenzung des Anlagefeldes des Kapitals; der Kapitalüberschuß wird durch den Kapitalexport, der nach Lenin Charakteristikum des neuen Kapitalismus ist, absorbiert. »Für den alten Kapitalismus, mit der vollen Herrschaft der Konkurrenz, war der Export von Waren kennzeichnend. Für den neuesten Kapitalismus, mit der Herrschaft der Monopole, ist der Export von Kapital kennzeichnend geworden.«[170]

»An der Schwelle des 20. Jahrhunderts sehen wir die Bildung von Monopolen anderer Art: erstens Monopolverbände der Kapitalisten in allen Ländern des entwickelten Kapitalismus;

167 W. I. Lenin, *Der Imperialismus als höchstes Stadium des Kapitalismus*, Berlin 1970, S. 27.
168 W. I. Lenin, a.a.O., S. 43.
169 W. I. Lenin, a.a.O., S. 50.
170 W. I. Lenin, a.a.O., S. 66.

zweitens Monopolstellung der wenigen überaus reichen Länder, in denen die Akkumulation des Kapitals gewaltige Ausmaße erreicht hat. Es entsteht ein ungeheurer »Kapitalüberschuß« in den fortgeschrittenen Ländern.«[171]

4. Das Finanzkapital teilt die Welt unter sich auf: Die Konzentration und Zentralisation des Kapitals sowie die damit einhergehende Monopolisierung überschreiten unter der Herrschaft des Finanzkapitals die nationalen Grenzen, es bilden sich internationale Kartelle, die internationale Abmachungen treffen (Übermonopol).

5. Die neue Etappe des Kapitalismus verschärft den Kampf um die Kolonien und Halbkolonien, deren das Finanzkapital als Absatzmärkte, Kapitalabzugskanäle und Rohstofflieferanten bedarf.

Zusammenfassend gibt Lenin folgende »Definition« des Imperialismus: »Der Imperialismus ist der Kapitalismus auf jener Entwicklungsstufe, wo die Herrschaft der Monopole und des Finanzkapitals sich herausbildet, der Kapitalexport hervorragende Bedeutung gewonnen, die Aufteilung der Welt durch die internationalen Trusts begonnen hat und die Aufteilung des gesamten Territoriums der Erde durch die größten kapitalistischen Länder abgeschlossen ist.«[172]

Nicht in der Definition des Imperialismus enthalten sind zwei Aspekte der Leninschen Imperialismusanalyse, die sowohl für die politischen Implikationen seiner Theorie als auch für seine Abgrenzung vom Hilferdingschen *Finanzkapital* zentral sind. Lenin kritisiert an Hilferding, einerseits den parasitären Charakter des Imperialismus und andererseits den Zusammenhang von Imperialismus und Opportunismus in der Arbeiterbewegung im *Finanzkapital* vernachlässigt zu haben.[173]

Die sich an seine allgemeine Imperialismusanalyse anschließenden Kapitel in der Schrift *Imperialismus als höchstes Stadium des Kapitalismus* sind fast ausschließlich dem Parasitismus des Kapitalismus in seiner imperialistischen Etappe und dem Opportunismus in der Arbeiterbewegung gewidmet. Nach Lenin ist der Opportunismus in der Arbeiterbewegung

171 W. I. Lenin, a.a.O., S. 66.

172 W. I. Lenin, a.a.O., S. 95.

173 W. I. Lenin, *Hefte zum Imperialismus.* In: *Lenin-Werke* Bd. 39, Berlin (Ost) 1965, S. 186.

vor allem auf die Herausbildung einer Arbeiteraristokratie zurückzuführen, die das Kapital auf der Basis seiner imperialistischen Extraprofite heranzüchten kann. Schwächt der Imperialismus den Kampf der Arbeiterklasse durch deren Spaltung, so verbessert er dennoch gleichzeitig die objektiven Kampfbedingungen der Arbeiterklasse, denn er ist zugleich faulender, sterbender, parasitärer Kapitalismus, Kapitalismus im Niedergang. Da die Monopole den technischen Fortschritt hemmen, erzeugen sie die Tendenz zur Stagnation und Fäulnis des Kapitalismus; da die Kapitalexporte die fortgeschrittenen Länder zunehmend von den imperialistischen Tributen leben lassen, da sich die Bourgeoisie von einer Industriekapitalisten- und Handelskapitalistenklasse in eine Klasse der Rentner, der Couponschneider, verwandelt, wächst der Parasitismus des Kapitalismus, und Lenin folgert: »Aus allem, was über das ökonomische Wesen des Imperialismus gesagt wurde, geht hervor, daß er charakterisiert werden muß als Übergangskapitalismus oder richtiger als sterbender Kapitalismus.«[174]

Gehen wir jetzt dazu über, den in den Analysen Hilferdings, Bucharins und Lenins dargestellten Ansatz zur Erklärung des Kapitalexportes mit der in dieser Arbeit vertretenen Auffassung zu konfrontieren, dann muß zunächst zur Problematik dieser Vorgehensweise Stellung genommen werden. Insbesondere die letzten Ausführungen über die Leninsche Imperialismustheorie verdeutlichen, wie unzureichend es ist, die klassischen Imperialismustheorien, die vor allem politische Theorien sind, die die Arbeiterbewegung in einer bestimmten Epoche hervorgebracht hat, aus ihrem historischen Kontext zu isolieren, sie zu epochalen »Theorien« zu hypostasieren, um sie dann mit anderen »Theorien« über die Gesetzmäßigkeiten des kapitalistischen Weltmarktes zu vergleichen. Diese im Kern unmaterialistische, ja ideengeschichtliche Untersuchungsweise wird uns heute allerdings durch die Geschichte der Arbeiterbewegung selber aufgenötigt. Insbesondere die Leninsche Imperialismusanalyse wurde durch die Kommunistischen Parteien der III. Internationale seit dem Ersten Weltkrieg, vor allem aber durch die Sozialistischen Staaten zum Dogma herabgewürdigt, das allein Ausgangspunkt für die

174 W. I. Lenin, *Der Imperialismus als* . . ., a.a.O., S. 135.

Analyse der Weltmarktbewegung des Kapitals seit Beginn der Niedergangsepoche des Kapitalismus (1. Weltkrieg) sein kann und das zum Maßstab gemacht wird, eine Imperialismusanalyse als auf dem festen Boden des Marxismus/Leninismus befindlich oder als antikommunistisch zu charakterisieren. Wer heute auf der Basis der Marxschen *Kritik der Politischen Ökonomie* die Weltmarktbewegung des Kapitals analysiert, muß also notgedrungen zum »Lehrgebäude« der klassischen Imperialismustheorie Stellung beziehen.

Zunächst fällt an den Analysen Hilferdings, Bucharins und Lenins auf, daß sie das Finanzkapital als neue Qualität des Kapitalismus beschreiben, die in der zunehmenden Konzentration und Zentralisation des Kapitals wurzelt und notwendigerweise die Kartellisierung, Vertrustung, kurz Monopolisierung der Produktion beinhaltet, ohne diese »neue Qualität« des Kapitals mit seinen von Marx in der *Kritik der Politischen Ökonomie* analysierten allgemeinen Gesetzmäßigkeiten zu vermitteln. Bei Lenin basiert dieser Mangel – wie das Projekt Klassenanalyse mit Recht festgestellt hat – auf einer problematischen Rezeption des Systems der *Kritik der Politischen Ökonomie.*[175] Lenin begreift die Entwicklung der Kategorien im *Kapital* nicht als logische Darstellung der die kapitalistische Produktionsweise in all ihren Epochen beherrschenden allgemeinen Gesetzmäßigkeiten, sondern als Widerspiegelung der historischen Etappen des Kapitals, vom einfachen Tausch bis zur kapitalistischen Großproduktion. »Mit dieser Charakterisierung des Systems der *Kritik der Politischen Ökonomie* spricht Lenin hier implizit die Möglichkeit aus, daß über die Marxsche Darstellung im *Kapital* hinaus weitere Stadien der Entwicklung der kapitalistischen Gesellschaft erreicht werden können, d. h. Stadien, die von Marx in seiner Theorie noch nicht erfaßt werden konnten, weil zu Marx' Zeiten höchstens die Keime einer möglichen neuen Phase vorhanden gewesen sind.«[176]

175 Projekt Klassenanalyse, *Leninismus – neue Stufe des wissenschaftlichen Sozialismus? – Zum Verhältnis von Marxscher Theorie, Klassenanalyse und revolutionärer Taktik bei W. I. Lenin,* 2 Halbbände, Westberlin 1972; Zur methodischen Kritik an Lenins Imperialismustheorie vgl. auch Christel Neusüß, *Imperialismus und Weltmarktbewegung des Kapitals,* Erlangen 1972, S. 15 ff.

176 Projekt Klassenanalyse, a.a.O., 1. Halbband, S. 371.

Wir haben in der Darstellung der Leninschen Imperialismustheorie an mehreren Stellen aufzeigen können, daß Lenin als logische Konsequenz seines Verständnisses der Marxschen Methodik der *Kritik der Politischen Ökonomie* den Imperialismus als »neuen« Kapitalismus bezeichnet. Dem Kapitalismus der Monopole abgelöst worden sei; dabei bleibt allerdings Monopole gegenüber, ohne darzulegen, in welcher Weise die allgemeinen Bewegungsgesetze des Kapitals auch in dieser Phase des Kapitalismus zur Durchsetzung gelangen. Ebensowenig stellen Hilferding und Bucharin in ihren Arbeiten die Formen dar, in denen die Gesetzmäßigkeiten der kapitalistischen Produktionsweise in der von ihnen beschriebenen Phase des Kapitalismus exekutiert werden. Angelpunkt der Ableitung des Imperialismus und der Tendenz zum Kapitalexport ist bei Hilferding, Bucharin und Lenin die Behauptung, daß der Kapitalismus der freien Konkurrenz durch den Kapitalismus der Monopole abgelöst worden sei, dabei bleibt allerdings offen, wie in dem spezifischen Verhältnis von Konkurrenz und Monopol, das das Finanzkapital kennzeichnet, das Wertgesetz und die Herausbildung einer Durchschnittsprofitrate – also die das Kapital charakterisierenden allgemeinen Bewegungsgesetze – modifiziert werden.

Der Unterschied zwischen den klassischen Imperialismustheorien und dem in dieser Arbeit vertretenen Ansatz zur Analyse der Weltmarktbewegung des Kapitals ist aus diesem methodischen Problem zu entwickeln: Während in dieser Arbeit versucht wird, aus den allgemeinen Bewegungsgesetzen des Kapitals und deren modifizierter Wirkung auf dem Weltmarkt – wie sie von Marx im System der *Kritik der Politischen Ökonomie* erarbeitet wurden – die Gesetze abzuleiten, die die Internationalisierung der Mehrwertrealisierung und die Internationalisierung der Mehrwertproduktion bestimmen, entwickeln Hilferding, Bucharin und Lenin aus bestimmten Prämissen über die gewandelte Form des Kapitalismus die imperialistischen Tendenzen des Kapitals, ohne auf dessen allgemeine Bewegungsgesetze zu rekurrieren.

Beide Ansätze stehen in keinem Ausschließlichkeitsverhältnis zueinander, denn weder sollte man bei der Analyse spezifischer historischer Etappen der Weltmarktbewegung des Kapitals in der Darstellung der allgemeinen Gesetzmäßigkeiten noch bei der bloßen Charakterisierung neuer Formen der kapitalistischen Entwicklung stehen bleiben, notwendig ist es vielmehr aufzuzeigen, in welcher Weise die allgemeinen Bewegungsgesetze des Kapitals in den sich historisch wandelnden Formen exekutiert werden. Hilferding, Bucharin und Lenin ist in diesem Sinne vorzuwerfen, daß sie in ihren Theorien über die Weltmarktbewegung des Kapitals die Wirkungsweise des Wertgesetzes auf dem Weltmarkt in seiner erklärenden Bedeutung sowohl für die Internationalisierung des Warenkapitals wie für die Internationalisierung des Geldkapitals völlig übersehen bzw. nicht dargelegt haben, wie die besonderen Bedingungen der klassischen Imperialismus-Phase bis zum Ersten Weltkrieg die modifizierten Bewegungsgesetze des Kapitals auf dem Weltmarkt ihrerseits in modifizierter Form zur Geltung gebracht haben.

Wenn wir uns nun dem besonderen Problem des Kapitalexportes zuwenden, dann wird aus den bisherigen Ausführungen deutlich, daß die Erklärung der Internationalisierung des Kapitals aus der modifizierten Wirkungsweise des Wertgesetzes auf dem Weltmarkt und ihre Ableitung aus der Monopolisierungstendenz der Produktion unter bestimmten Voraussetzungen in einem Ergänzungsverhältnis stehen. In historischen Etappen, in denen die Monopolisierung der Produktion ein solches Ausmaß erreicht hat, daß überschüssiges Kapital nach Anlagefeldern sucht, wird die durch die Wirkungsweise des Wertgesetzes auf dem Weltmarkt ohnehin produzierte Tendenz zur Internationalisierung des Kapitals eine Verstärkung erfahren. Die Theorie Hilferdings, Bucharins und Lenins sowie der in dieser Arbeit vertretene Ansatz zur Analyse des Kapitalexportes würden einander demnach nicht ausschließen. Wichtig ist aber, daß der Monopolisierungsansatz ohne Berücksichtigung der allgemeinen Gesetze der Weltmarktbewegung des Kapitals die Internationalisierungstendenz nur äußerst unzureichend abzuleiten vermag. Offen bleibt nämlich in der Theorie Hilferdings, Bucharins und Lenins, aus welchen Gründen das überschüssige Kapital in der Form des Geldkapitals mit dem Ziele der Direktinvestition und nicht in der Form des Warenkapitals ins Ausland strömen muß. Da dieses überschüssige Kapital aus der Monopolisierungstendenz resultiert und nicht Ausdruck einer echten Überkumulation von Kapital (Fall der Profitrate) ist, könnte es ebensogut im Binnenmarkt angelegt und auf dem Weltmarkt realisiert werden, brauchte also nicht unbedingt in der Form des Geldkapitals ins Ausland zu fließen. Den Umschlag der Internationalisierung der Mehrwertrealisierung in die Internationalisierung der Mehrwertproduktion kann ausreichend nur der in dieser Arbeit vertretene Ansatz zur Ableitung des Kapitalexportes erklären.[177]

Genausowenig ist auf der Basis der klassischen Imperialismustheorie die Regional- und Branchenstruktur der Internationalisierung des Kapitals zu ermitteln. Mit Hilfe dieser Theorien kann zwar ausgesagt werden, daß ein Land mit hohem Monopolisierungsgrad der Produktion oder bestimmte hochmonopolisierte Branchen eines Landes »überreif« sind; aus welchen Gründen aber die Kapitalexporte dieses Landes je nach seiner Stellung in der Stufenleiter der universellen Arbeit etwa nach Land B, aber nicht nach Land A fließen, oder aus welchen Gründen die hochmonopolisierten Branchen Kapital im Ausland anlegen und nicht in anderen Branchen des Binnenmarktes, muß im Rahmen dieser Theorie ungeklärt bleiben, während diese Fragen vor dem Hintergrund der modifizierten Wirkungsweise des Wertgesetzes auf dem Weltmarkt beantwortet werden können.

Während also die Theorien Hilferdings, Bucharins und Lenins die Internationalisierung des Kapitals in Epochen mit starker Kartellisierung und Vertrustung der Produktion nur in Ver-

177 Nach Hilferding, Bucharin und Lenin ist die Zollpolitik für die Substitution der Warenexporte durch die Auslandsproduktion verantwortlich. Diese Erklärung ist allerdings im Rahmen ihrer Theorie nicht widerspruchsfrei. Wenn die Kartelle und Trusts so mächtig sind, eine Schutzzollpolitik durchzusetzen, ist nicht einzusehen, warum sie nicht auch Kapitalimporte durch staatliche Importrestriktionen abblocken können, zumal der kartellisierte Binnenmarkt durch Kapitalexporte noch stärker bedroht ist als durch Warenimporte. Tatsächlich hat sich historisch eine Liberalisierung des internationalen Handelsverkehrs immer vor einer Liberalisierung des internationalen Kapitalverkehrs durchgesetzt, weil die schwächer entwickelten Nationen bei Freihandel immer noch durch den Wechselkursmechanismus vor der überlegenen Konkurrenz der höher entwickelten Nationen geschützt werden, während sie sich bei freien internationalen Kapitalbeziehungen im direkten Konkurrenzkampf mit den produktiveren nationalen Kapitalen behaupten müssen. Die Ableitung des Umschlages der Warenexporte in die Kapitalexporte aus der Schutzzollpolitik kann daher nicht akzeptiert werden.

bindung mit den allgemeinen Gesetzen der Weltmarktbewegung des Kapitals zureichend bestimmen können, wird der in dieser Arbeit vertretene Ansatz durch die klassischen Imperialismustheorien lediglich unter quantitativen Aspekten ergänzt, denn aus der Monopolisierung der Produktion läßt sich zwar der quantitative Druck, der das Kapital auf den Weltmarkt treibt, teilweise erklären, nicht aber die Notwendigkeit des Umschlages der Waren- in Kapitalexporte und nicht die Regional- und Branchenstruktur der Direktinvestitionen.

Bisher wurde die Ableitung des Kapitalexportes unter der Voraussetzung diskutiert, daß die Monopolisierung der Produktion in einer spezifischen historischen Etappe der Weltmarktbewegung des Kapitals vorherrschende Tendenz ist. Wie aber begründen Hilferding, Bucharin und Lenin diese Prämisse?

Hilferding entwickelt die Tendenz zur Einschränkung der Konkurrenz aus drei wesentlichen Argumentationssträngen:

1. Die Konkurrenz der Kapitale in Anlagesphären mit hoher organischer Zusammensetzung des Kapitals führt zu unterdurchschnittlichen Profitraten, da sich wenige Großunternehmen, deren Produktionsvolumen die Nachfrage übersteigt, erbitterte Preiskämpfe liefern. Das Risiko der Entwertung großer Kapitalmassen schafft die Tendenz zur Einschränkung der Konkurrenz.

2. Auch die Konkurrenz der Kapitale in Anlagesphären mit niedriger organischer Zusammensetzung des Kapitals produziert unterdurchschnittliche Profitraten, weil sich in diesen Branchen die Kapitale zusammendrängen, die in den entwikkelten Sphären nicht mehr konkurrenzfähig sind. »So sehen wir, wie sich an den beiden Polen kapitalistischer Entwicklung aus ganz verschiedenen Ursachen eine Tendenz zur Senkung der Profitrate unter ihren Durchschnitt ergibt. Diese Tendenz löst nun ihrerseits dort, wo die Kapitalskraft hinreichend groß ist, die Gegentendenz zu ihrer Überwindung aus. Diese Gegentendenz führt schließlich zur Aufhebung der freien Konkurrenz und damit zur Tendenz, die Ungleichheit der Profitrate dauernd zu gestalten, bis schließlich diese Ungleichheit selbst beseitigt wird durch die Beseitigung der Trennung der Produktionssphären [Kombinationen, K. B.].«[178]

3. »Die Tendenz, die so innerhalb des industriellen Kapitals gerade in seinen entwickelten Sphären entsteht, wird gefördert durch die Interessen des Bankkapitals.«[179] Die Banken streben danach, die Konkurrenz zwischen den Unternehmen, an denen sie beteiligt sind, auszuschalten: »Daher das Streben der Banken nach Herstellung des Monopols.«[180]

Folge der Kartellisierung der Produktion ist einerseits die Aneignung von Extraprofiten in den kartellisierten Branchen auf Kosten der nichtkartellisierten Branchen, andererseits eine Einschränkung der Anlagemöglichkeiten für die von der kartellisierten Industrie angeeigneten Mehrwertmassen. Die Einschränkung der Anlagemöglichkeiten des Kapitals begründet Hilferding nicht mit der Unterbindung des technischen Fortschrittes durch die Monopole, er sieht im Gegenteil den Zwang der Kartelle zur Forcierung des technischen Fortschrittes, um sich vor outsidern zu schützen. Die Begrenzung der Kapitalabsorptionsmöglichkeiten ergibt sich aus der Tendenz der Kartelle, die Produktion einzuschränken. Wenn die verbesserte Technik zur Ausdehnung des Produktionsvolumens führt, legen die Trusts einige Betriebe still, um die Märkte weiterhin unter Kontrolle zu halten.[181]

Bucharin leitet die Tendenz zur Monopolisierung der Produktion in erster Linie aus der Tendenz des Kapitals zur Konzentration und Zentralisation ab. »Der Prozeß der Bildung kapitalistischer Monopole ist die logische und historische Fortsetzung der Konzentration und Zentralisation.«[182] Er betrachtet diesen Prozeß als eine fast lineare Entwicklung, die mit der Bildung sogenannter staatsmonopolistischer Trusts endet: »So treiben die einzelnen Sphären des Prozesses der Konzentration und Organisation einander vorwärts und erzeugen eine außerordentlich starke Tendenz zur Umwandlung der gesamten nationalen Wirtschaft in eine gewaltige kombinierte Unternehmung unter der Leitung der Finanzmagnaten und des kapitalistischen Staates, in eine Wirtschaft, die den nationalen Markt monopolisiert und eine Voraussetzung

178 Rudolf Hilferding, a.a.O., S. 256.
179 Rudolf Hilferding, a.a.O., S. 256.
180 Rudolf Hilferding, a.a.O., S. 257.
181 Rudolf Hilferding, a.a.O., S. 319 f.
182 N. Bucharin, a.a.O., S. 68.

der organisierten Produktion in ihrer höchsten nichtkapitalistischen Form darstellt.«[183]

Bucharin begreift die Tendenz zur Konzentration und Zentralisation als einen sukzessiven Prozeß der Vernichtung der Konkurrenz, der schließlich zur Aufhebung der nationalen Konkurrenz in den staatsmonopolistischen Trusts und zur Verschärfung des Konkurrenzkampfes auf dem Weltmarkt zwischen verschiedenen nationalen staatskapitalistischen Trusts führt. »Der Zentralisationsprozeß entwickelt sich Schritt für Schritt weiter. Gemischte Unternehmungen und Bankkonzerne fassen die gesamte nationale Produktion zusammen, die die Form eines Verbandes der Verbände annimmt und sich somit in einen staatskapitalistischen Trust verwandelt. Die Konkurrenz erreicht die höchste und letzte denkbare Entwicklungsstufe: Die Konkurrenz der staatskapitalistischen Trusts auf dem Weltmarkt. In den Grenzen der ›nationalen‹ Wirtschaften wird sie auf ein Minimum reduziert, aber nur, um in gewaltigem, in keiner der vorhergehenden Epochen möglichem Umfange aufs neue zu entbrennen.«[184]

Lenin entwickelt die Umwandlung des Kapitalismus der freien Konkurrenz in den »neuen« Kapitalismus der Monopole aus der Tendenz zur Konzentration und Zentralisation des Kapitals sowie der Entstehung des Finanzkapitals. Er faßt das Verhältnis von Monopol und Konkurrenz aber weitaus komplexer als Bucharin. Die Monopole können nach Lenin die freie Konkurrenz, aus der sie erwachsen, niemals beseitigen: »Der Imperialismus gestaltete in Wirklichkeit den Kapitalismus nicht von Grund aus um, und er kann es auch nicht. Der Imperialismus kompliziert und verschärft die Widersprüche des Kapitalismus, er verknotet die Monopole mit der freien Konkurrenz, aber den Austausch, den Markt, die Konkurrenz, Krisen usw. beseitigen kann der Imperialismus nicht [...]. Nicht reine Monopole, sondern Monopole neben dem Austausch, dem Markt, der Konkurrenz, der Krise – das ist überhaupt die wesentlichste Eigenart des Imperialismus.«[185]

183 N. Bucharin, a.a.O., S. 78.

184 N. Bucharin, a.a.O., S. 132 f.

185 W. I. Lenin, *Materialien zur Revision des Parteiprogrammes*, *Lenin-Werke* Bd. 24, Berlin (Ost) 1959, S. 465.

Dementsprechend sieht Lenin zwar in den Monopolen einen den technischen Fortschritt hemmenden Faktor, aber er bemerkt gleichzeitig, daß das Monopol die Konkurrenz auf dem Weltmarkt nicht restlos ausschalten kann und daß »die Tendenz zur Stagnation und Fäulnis, die dem Monopol eigen ist«[186], nur für gewisse Zeitspannen die Oberhand gewinnen kann.
Im letzten Kapitel seiner Schrift *Der Imperialismus als höchstes Stadium des Kapitalismus* betont Lenin einerseits wiederum die Stagnations- und Fäulnistendenz des Imperialismus, aber er sagt andererseits: »Es wäre ein Fehler, zu glauben, daß diese Fäulnistendenz ein rasches Wachstum des Kapitalismus ausschließt; durchaus nicht, einzelne Industriezweige, einzelne Schichten der Bourgeoisie und einzelne Länder offenbaren in der Epoche des Imperialismus mehr oder minder stark bald die eine, bald die andere der beiden Tendenzen. Im großen und ganzen wächst der Kapitalismus bedeutend schneller als früher, aber dieses Wachstum wird nicht nur im allgemeinen immer ungleichmäßiger, sondern die Ungleichmäßigkeit äußert sich im besonderen in der Fäulnis der kapitalkräftigsten Länder (England).«[187]
Auf die methodischen Mängel der Analysen Hilferdings, Bucharins und Lenins haben wir bereits im Rahmen dieses Kapitels hingewiesen. Die unzulängliche Vermittlung von allgemeinen ökonomischen Bewegungsgesetzen und spezifischen historischen Ausprägungsformen des Kapitals bei den drei Autoren muß auch dafür verantwortlich gemacht werden, daß sie das Verhältnis von Monopol und Konkurrenz ungenügend bestimmen. Insbesondere Bucharin, aber auch Hilferding und Lenin vernachlässigen, daß die monopolistischen Tendenzen wegen der allgemeinen Gesetzmäßigkeiten des Kapitals stets nur sporadischen Charakter haben können. Innerhalb einer Anlagesphäre wird der maßlose Verwertungstrieb des Kapitals Kartelle immer wieder sprengen, weil die technologische Entwicklung, zu der das Kapital auch bei relativer Monopolisierung allein aus Defensivgründen permanent gezwungen ist, ungleichmäßig verläuft. Einzelkapitale werden immer dann aus Absprachen auszubrechen versuchen, wenn sie sich auf-

186 W. I. Lenin, *Der Imperialismus als* . . ., a.a.O., S. 106.
187 W. I. Lenin, *Der Imperialismus als* . . ., a.a.O., S. 133.

grund technologischer Vorsprünge durch ein Ausscheren aus dem Kartell besondere Verwertungsbedingungen erhoffen. Zwischen den Branchen zwingt das Profitratengefälle die Kapitale immer wieder, in Bereiche mit höherer Verwertungsrate einzubrechen, unterminiert also die Profitratenkonkurrenz die Monopolisierungstendenz. Auf nationaler Ebene läßt der Krisenzyklus des Kapitals, die Tendenz zur Überakkumulation von Kapital also, die Kapitalisten periodisch immer wieder zu feindlichen Brüdern werden. Marktabsprachen zwischen Kapitalisten, die in Zeiten der Prosperität möglich sein mögen, platzen in der Krise, denn »die gemeinsame Seite interessiert jeden nur, solange er mehr mit ihr gewinnt als gegen sie. Und die Gemeinsamkeit hört auf, sobald die Seite als solche die schwächere wird, wo dann jeder einzelne auf eigene Hand sich möglichst gut herauszuwinden versucht.«[188]

Auf dem Weltmarkt schließlich stehen sich die verschiedenen nationalen Kapitale in scharfer Konkurrenz gegenüber; ist die Konzentration und Zentralisation und damit die Kartellisierungstendenz schwächer entwickelt als im nationalen Rahmen, läßt die ungleichmäßige Entwicklung der Produktivkräfte Ansätze zu Monopolen wieder erlöschen. Der maßlose Verwertungstrieb des Kapitals produziert immer wieder den Konkurrenzkampf der Kapitale, dieser wiederum herrscht dem Kapital seinen Akkumulationszwang äußerlich auf, so daß die Monopolisierungstendenz durch die Bewegungsgesetze des Kapitals selber stets aufs neue unterminiert und zerstört werden muß. Besonders Bucharin vernachlässigt in seiner Schrift *Imperialismus und Weltwirtschaft* diese allgemeinen Gesetzmäßigkeiten des Kapitals, wenn er davon ausgeht, daß die nationale Konkurrenz in der Bildung staatsmonopolistischer Trusts aufgehoben wird. Er beschreibt das Verhältnis von Monpol und Konkurrenz nicht einmal als widersprüchliches wie Lenin und Hilferding, sondern meint einen linearen Prozeß zur Monopolisierung der Produktion feststellen zu können.

Hilferding und Lenin überschätzen in der widersprüchlichen Beziehung von Monopol und Konkurrenz die Seite des Mono-

188 Karl Marx, *Das Kapital* Bd. 3, a.a.O., S. 204.

pols – statt darzulegen, daß die Konkurrenz des Kapitals zugleich permanentes Produkt und Exekutor seiner allgemeinen Bewegungsgesetze ist, während die Monopolisierung der Produktion notwendigerweise sporadischen und vergänglichen Charakter trägt. Zwar streichen sowohl Hilferding als auch Lenin heraus, daß die Monopole die Krise nicht beseitigen, die Konkurrenz nicht aufheben können – schon gar nicht die Weltmarktkonkurrenz – sie sind aber von dem zu ihrer Zeit massiv einsetzenden Prozeß der Konzentration und Zentralisation der Produktion so beeindruckt, daß sie im Finanzkapital eine neue Qualität des Kapitals erblicken und diese neue Erscheinungsform nicht mehr mit den von Marx im System der *Kritik der Politischen Ökonomie* entwickelten Bewegungsgesetzen methodisch einwandfrei vermitteln können. Die Eingleisigkeit ihrer Darstellung des Verhältnisses von Monopol und Konkurrenz wird in ihrer Ableitung der Beziehung zwischen Monopolisierungstendenz im nationalen Rahmen und Verschärfung der Weltmarktkonkurrenz besonders plastisch. So behaupten Hilferding und Lenin, daß die Kartellisierung der Produktion die Notwendigkeit des Kapitalexportes, des Exportprämiensystems (Dumping), der Schutzzollpolitik (und damit Forcierung des Kapitalexportes) erzeugt, ohne auch nur zu diskutieren, ob die verschärfte internationale Konkurrenz in Form der Warenkapital- und Geldkapitalbeziehungen nicht zur Unterminierung der Monopolisierung im nationalen Rahmen führt.

Wenn die Weltmarktkonkurrenz ruinöse Preiskämpfe erzeugt und die internationalen Kapitalbeziehungen intensiviert, ist nicht auszumachen, wie nationale Kartelle weiterhin existieren sollen, denn einerseits zwingt die internationale Preiskonkurrenz zur Aufgabe der Kartellpreispolitik, zur Entwicklung der Produktivkräfte und damit zur Ausdehnung der Produktion, andererseits bricht das internationale Kapital, wenn die Konkurrenz durch Zölle abgeschirmt wird, nach Lenin und Hilferding in Form von Kapitalexporten in den Operationsraum der nationalen Kartelle ein und bringt sie auf diese Weise ebenfalls in Bedrängnis. Daß Hilferding und Lenin die von ihnen selber beschriebene Tendenz zur Verschärfung des internationalen Konkurrenzkampfes nicht mit dem Ausgangspunkt ihrer Argumentation, nämlich der

Monopolisierung der Produktion, rückkoppeln, ist im Kern wiederum nur vor dem Hintergrund ihrer methodischen Fehler verständlich.

Für das Problem des Kapitalexportes folgt aus dieser Argumentation, daß der Erklärung der Internationalisierung der Mehrwertproduktion auf dem Hintergrund der Wirkungsweise des Wertgesetzes auf dem Weltmarkt vor ihrer Ableitung aus der Monopolisierung der Produktion Priorität gegeben werden muß. Die auf Basis der allgemeinen Bewegungsgesetze zu entfaltenden Gesetzmäßigkeiten des Kapitals auf dem Weltmarkt sind der Ausgangspunkt für die Erklärung aller Erscheinungen des kapitalistischen Weltmarktes, während besondere Bedingungen bestimmter historischer Etappen der Entwicklung der kapitalistischen Produktionsweise, etwa eine zeitweise Monopolisierungstendenz, nur als spezifische und historisch vergängliche Erscheinungsformen dieser allgemeinen Gesetze zu begreifen sind.

Haben wir uns bisher mit der Erklärung des Kapitalexportes aus der Monopolisierungstendenz des Kapitals auseinandergesetzt, so müssen wir zum Schluß noch auf eine andere Argumentationslinie eingehen, die insbesondere von Bucharin betont wird. Bucharin begründet die forcierte Tendenz zum Kapitalexport in der Zeit vor dem Ersten Weltkrieg vor allem mit der Produktion von überschüssigem Kapital durch die Monopole, die Notwendigkeit zum Kapitalexport überhaupt entwickelt er allerdings aus der Tendenz des Kapitals zur periodischen Überakkumulation im Zusammenhang mit dem tendenziellen Fall der Profitrate. Im Verlaufe des Akkumulationszyklus ist das Kapital zur Entfaltung der Produktivkräfte gezwungen, um im Konkurrenzkampf überleben zu können. Mit der Entwicklung der Produktivkräfte verbunden ist die Steigerung der organischen Zusammensetzung des Kapitals, die zur Senkung der allgemeinen Profitrate führt, ein Prozeß, der auch durch die Anhebung der Mehrwertrate nicht aufzuheben ist. Der Fall der Profitrate läßt den Stachel der Akkumulation erlöschen, produziert die Krise, die durch eine massive Entwertung von Kapital (Preisstürze, Stillegungen, Bankrotts) und die Senkung der Arbeitslöhne neue Verwertungsbedingungen schafft und damit aus sich heraus den Akkumulationsprozeß wieder in Gang setzt, die Bedingungen

für einen neuen Akkumulationszyklus produziert. Unter überakkumuliertem Kapital ist in diesem Sinne Kapital zu verstehen, das nach der erweiterten Reproduktion mit dem alten und dem Zusatzkapital zusammen denselben Profit produziert wie vor der erweiterten Reproduktion (absolute Überakkumulation) oder insgesamt eine geringere Profitrate erzielt als vor der Neuanlage, obwohl auch das Zusatzkapital Profit abwirft (relative Überakkumulation). Einige marxistische Autoren, z. B. Bucharin, meinen die Tendenz zum Kapitalexport aus diesem Krisenzyklus ableiten zu können, indem sie annehmen, daß immer dann, wenn im Verlauf des Akkumulationszyklus die Profitrate fällt, Kapital im Ausland angelegt wird, um sich dort höher zu verwerten als im Inland. Als Beleg dieser Auffassung wird Marx zitiert, der in der Tat im Rahmen der Entfaltung des kapitalistischen Krisenzyklus darauf hinweist, daß Kapital nicht exportiert wird, weil es im Inland absolut keine Beschäftigung findet, sondern daß es ins Ausland geht, um dort höhere Profitraten zu erzielen.[189]
So plausibel diese Ableitung auch erscheinen mag, so müssen doch folgende Einwände formuliert werden: Das Kapital wird nur dann im Ausland angelegt – und das genau drückt auch Marx aus –, wenn die Auslandsanlagen über längere Zeit eine höhere Profitrate abwerfen als die Anlagen im Inland, d. h. aber, daß sich der Kapitalexport nicht direkt aus dem Krisenzyklus ableiten läßt. Bei Annahme asynchron verlaufender nationaler Akkumulationszyklen müßte das produktive Kapital, um die Schwankungen der Profitrate im Verlaufe der verschiedenen nationalen Konjunkturzyklen ausnutzen zu können, so mobil wie Leihkapital sein, das sich den Tages-, Monats- und Saisonschwankungen der Zinssätze auch im internationalen Rahmen anpassen kann. Die langen Anlaufzeiten, die Produktionsstätten beim heutigen Grad an Kapitalfixierung bis zum Beginn der Fertigung und der Einpassung in die neuen Marktverhältnisse erfordern, machen aber eine Anpassung des Kapitalexportes mit dem Ziele der Auslandsproduktion an die relativ kurzfristigen zyklischen Schwankungen unterliegenden nationalen Profitraten unmöglich. Voraussetzung des Kapitalexportes sind mittelfristig höhere

189 Karl Marx, *Das Kapital* Bd. 3, a.a.O., S. 266.

Profitraten im Ausland, d. h. Kapitalexport findet statt, wenn – wie oben dargelegt – die überdurchschnittlich produktiven Branchen eines nationalen Kapitals durch Auslandsinvestitionen im weniger entwickelten Land ihre Surplusprofite ausbauen oder die unterdurchschnittlich produktiven Branchen dieses Landes auf diese Weise ihre durchschnittlichen Verwertungsbedingungen stabilisieren können. Haben sich internationale Konzerne herausgebildet, dann passen sich diese selbstverständlich dem asynchronen Verlauf der nationalen Akkumulationsyzklen an. Sie werfen ihre akkumulationsfähigen Mehrwertmassen schwerpunktmäßig in die Nationen, die sich gerade in Aufschwungsphasen befinden, und akkumulieren in geringerem Maße in Ländern mit konjunkturellen Abschwungstendenzen. Den Überakkumulationsansatz zur Ableitung des Kapitalexportes bestätigt dieses Akkumulationsverhalten der internationalen Konzerne aber nicht, denn es ist Produkt der Tendenz zur Internationalisierung der Mehrwertproduktion und nicht deren Ursache.

Interessant ist in diesem Zusammenhang, daß die Kapitalexporte der USA und der BRD sich den nationalen Akkumulationszyklen genau im umgekehrten Sinne anpassen wie die Theorie Bucharins und anderer es behauptet.[190] Die Kapitalexporte sind in Boomzeiten höher als in Rezessionszeiten, eine Erscheinung, die nur so verstanden werden kann, daß internationale Konzerne den Aufbau oder Ausbau von Tochtergesellschaften genau dann forcieren, wenn die ihnen zur Verfügung stehenden akkumulationsfähigen Mehrwertmassen den höchsten Stand erreichen, nämlich im Boom.

Eine Bedeutung hat die Überakkumulationstendenz für die Erklärung der Internationalisierung der Mehrwertproduktion nur dann, wenn eine Nation sich in einer mehrjährigen Stagnationsphase befindet. Verläuft die Akkumulation in den übrigen Weltmarktländern flott, so könnte der Kapitalexport des Stagnationslandes intensiviert werden. Doch auch unter diesen Bedingungen ersetzt der Überakkumulationsansatz nicht die Erklärung des Kapitalexportes aus der modifizierten Wirkungsweise des Wertgesetzes auf dem Weltmarkt. Er ergänzt diese Ableitung nur insofern, als er den besonderen

190 Vgl. Kapitel 3.2.1.

quantitativen Druck zum Kapitalexport in solchen Stagnationszeiten erklärt; die qualitative Struktur des Kapitalexportes, also seine regionalen und sektoralen Tendenzen, begründet dieser Ansatz nicht.
Die in den klassischen Imperialismustheorien entwickelten Ansätze zur Erklärung des Kapitalexportes aus der Monopolisierungs- und Überakkumulationstendenz des Kapitals – das kann zusammenfassend festgestellt werden – haben nur in besonderen historischen Etappen der kapitalistischen Produktionsweise und spezifischen Phasen der Kapitalentwicklung ein Gewicht für die Analyse des Kapitalexportes. Sie sind weder in der Lage, die allgemeine Tendenz des Kapitals zur Internationalisierung der Mehrwertproduktion methodisch überzeugend abzuleiten, noch erklären sie die regionale und sektorale Struktur der internationalen Kapitalbewegungen mit dem Ziele der Direktinvestition ausreichend.[191]

191 Die in diesem Kapitel formulierte Kritik an der Ableitung des Kapitalexportes bei Hilferding, Bucharin und Lenin gilt analog für die heutigen Imperialismusanalysen, die den Monopolisierungs- und Überakkumulationsansatz der klassischen Imperialismustheorien übernommen haben, so z. B. Paul Boccara, Ernest Mandel und Katja Nehls, aber auch S. L. Wygodski, der in seinem neuesten Werk *(Der gegenwärtige Kapitalismus)* bei der Analyse des Kapitalexportes ausschließlich auf die relevanten Leninpassagen rekurriert. Die Unfruchtbarkeit der bloßen Lenin-Exegese wird auch bei Katja Nehls deutlich, die in Anlehnung an Lenins Imperialismusanalyse die Tendenz zum Kapitalexport mit der Kategorie des »relativen Kapitalüberschusses« zu erklären versucht, diesen methodischen Ansatz aber nicht mit den empirischen Verhältnissen in den heutigen internationalen Kapitalbewegungen vermitteln kann. So stützt sich Nehls etwa bei der Analyse des amerikanischen Kapitelexportes nach Westeuropa nicht auf ihre zentrale Kategorie »relativer Kapitalüberschuß«, sondern führt summarisch die Faktoren EWG-Zölle, Steuervorteile, Arbeitslöhne, Überbewertung des Dollar etc. an. Vgl. Katja Nehls, *Kapitalexport ...*, a.a.O., S. 80 ff.

3 Die Internationalisierung der Mehrwertproduktion und die Organisation des bürgerlichen Staates als Nationalstaat

Im folgenden Abschnitt sollen die widersprüchlichen Prozesse thematisiert werden, die sich aus der nationalen Organisationsform des bürgerlichen Staates einerseits und der Internationalisierungstendenz des Kapitals andererseits ergeben. Dabei geht es weder um einen Beitrag zur generellen Ableitung des bürgerlichen Staates[1], noch um eine Theorie der spezifischen Form des bürgerlichen Staates als Nationalstaat.[2] Gegenstand der Analyse ist vielmehr die Frage, ob die Funktionen des bürgerlichen Staates in ihrer nationalen Organisationsform mit der Internationalisierung der Mehrwertproduktion in Widerspruch geraten, ob die Internationalisierung des Kapitals Supranationalisierungstendenzen freisetzt und auf welche Grenzen diese Tendenzen stoßen.

In einem ersten Schritt wird untersucht, unter welchen Bedingungen und auf welche Weise die Nationalstaaten die Internationalisierungstendenz des Kapitals unterstützen. Im übrigen ist darzulegen, daß die Internationalisierung der Mehrwertproduktion spezifische, national organisierte Funktionen des bürgerlichen Staates unterminiert, um dann zu zeigen, welche Hindernisse die Nationalstaaten der Internationalisierung der Mehrwertproduktion sowohl als Kapital importie-

1 Vgl. dazu: W. Müller / Ch. Neusüß, *Die Sozialstaatsillusion und der Widerspruch von Lohnarbeit und Kapital.* In: *Sozialistische Politik*, Nr. 6/7, 1970; Projekt Klassenanalyse, *Zur Kritik der Sozialstaatsillusion.* In: *Sozialistische Politik*, Nr. 14/15, 1971; Projekt Klassenanalyse, *Zur Taktik der proletarischen Partei, Marxsche Klassenanalyse Frankreichs von 1848-1871*, Westberlin 1972; Elmar Altvater, *Zu einigen Problemen des Staatsinterventionismus.* In: *Probleme des Klassenkampfes*, Nr. 3, 1972; S. v. Flatow / F. Huisken, *Zum Problem der Ableitung des bürgerlichen Staates.* In: *Probleme des Klassenkampfes*, Nr. 7, 1973; Dieter Läpple, *Staat und allgemeine Produktionsbedingungen, Grundlagen zur Kritik der Infrastrukturtheorien*, Westberlin 1973.

2 Vgl. dazu: Christel Neusüß, *Imperialismus und Weltmarktbewegung des Kapitals*, a.a.O., S. 125 ff. und Heide Gerstenberger, *Zur Theorie der historischen Konstitution des bürgerlichen Staates.* In: *Probleme des Klassenkampfes*, Nr. 8/9, 1973.

rende als auch als Kapital exportierende Nationen entgegensetzen. Vor dem Hintergrund dieser widersprüchlichen Beziehungen – nationalstaatliche Unterstützung, aber gleichzeitige Hemmung der Internationalisierungstendenz, andererseits Unterminierung der Funktionen des bürgerlichen Staates durch die Internationalisierung der Mehrwertproduktion – werden die Triebkräfte und die Barrieren der Überwindung der nationalen Organisationsform des bürgerlichen Staates analysiert.

3.1 Nationalstaat und die Weltmarkttendenz des Kapitals

Zwischen der Konkurrenz der Kapitale innerhalb des nationalen Rahmens und der Konkurrenz der nationalen Kapitale auf dem Weltmarkt besteht die spezifische Differenz, daß die Weltmarktbeziehungen des Kapitals über nationalstaatliche Grenzen und damit über jederzeit mögliche nationalstaatliche Interventionen vermittelt sind, während im nationalen Markt die Kapitale frei von staatlichen Friktionen aufeinanderstoßen.

Der bürgerliche Staat institutionalisiert als ideeller Gesamtkapitalist des nationalen Kapitals nach innen die kapitalistischen Verkehrsverhältnisse als Rechtsverhältnisse und garantiert die Freiheit des Konkurrenzkampfes (Abbau der feudalen Zunftschranken, um den freien Fluß der Kapitale und der Arbeitskräfte zu ermöglichen; Normierung des Gleichheitsgrundsatzes auch für juristische Personen, um ungleiche staatliche Interventionen in den Konkurrenzkampf, zum Beispiel durch Steuern und die Vergabe von Staatsaufträgen, zu verhindern), vertritt aber nach außen die Interessen des nationalen Kapitals im internationalen Konkurrenzkampf mit prinzipiell allen politischen und ökonomischen Mitteln und setzt daher die Möglichkeit der Beschränkung der Freiheit des Konkurrenzkampfes auf dem Weltmarkt (z. B. durch Zölle, Abschöpfungen, Währungsparitätsänderungen, Einfuhrverbote, letzten Endes auch durch Kriege).[3] Vor dem Hinter-

3 Vgl. dazu: Christel Neusüß, a.a.O., S. 125 ff.; Heide Gerstenberger, a.a.O., S. 209 ff.

grund des ungleichen Entwicklungsniveaus der verschiedenen nationalen Kapitale stellt sich damit die Frage, warum nationalstaatliche Friktionen im internationalen Konkurrenzkampf nicht die Regel sind, warum im Gegenteil in bestimmten Perioden der Entwicklung des Weltkapitals nationale Eingriffe in den internationalen Konkurrenzkampf durch internationale Abkommen tendenziell abgebaut werden.

Die Tendenz des Kapitals, den Zirkel der Zirkulation unentwegt über alle Schranken, also auch nationalstaatliche, auszuweiten, sein immanenter Trieb, den Weltmarkt herzustellen[4], beantwortet diese Frage nicht vollständig. Zwar erklärt der die nationalen Grenzen sprengende Akkumulationstrieb des Kapitals, daß der Staatsapparat des höchstentwickelten nationalen Kapitals für die Liberalisierung des Weltmarktes kämpft, nicht aber, aus welchen Gründen die weniger entwikkelten Nationen diese Politik unterstützen. Erst unter Rückgriff auf die Gesetzmäßigkeiten des kapitalistischen Weltmarktes läßt sich dieses Problem lösen. Da das Wertgesetz auf dem Weltmarkt nicht nur die schwächer entwickelten nationalen Kapitale schützt, sondern gleichzeitig die Institutionalisierung einer internationalen Arbeitsteilung impliziert, die auch für rangniedrigere Länder in der Stufenleiter der universellen Arbeit relative Vorteile erbringt, drängen auch die produktivsten Branchen der ärmeren Nationen ihren Nationalstaat zur Liberalisierung des Weltmarktes. Protektionistische nationalstaatliche Eingriffe in den internationalen Konkurrenzkampf fordern dieser Gesetzmäßigkeit entsprechend nur die weniger produktiven Kapitale bzw. Anlagesphären, und zwar auch im entwickelten Land, weil auch dessen unterdurchschnittliche Branchen in ihrer internationalen Wettbewerbsfähigkeit durch die arbeitsteiligen Gesetzmäßigkeiten des Welthandels beeinträchtigt werden. Die Nationalstaaten als fiktive nationale Gesamtkapitalisten setzen sich dementsprechend, trotz ihrer unbegrenzten Interventionsmöglichkeiten in den internationalen Konkurrenzkampf des Kapitals, für die Liberalisierung des Weltmarktes ein, weil

a) der Reproduktionsprozeß der nationalen Kapitale die Öffnung zum Weltmarkt erfordert und

4 Vgl. Karl Marx, *Grundrisse*, Berlin 1953, S. 311 ff.

b) die Gesetzmäßigkeiten der internationalen Handelsbeziehungen auch die schwächer entwickelten nationalen Kapitale Vorteile aus der internationalen Arbeitsteilung ziehen lassen.[5]

Wie im vorigen Kapitel gezeigt, lassen die Gesetze, die die Internationalisierung der Mehrwertrealisierung bestimmen, diese periodisch in eine Internationalisierung der Mehrwertproduktion umschlagen, so daß die Weltmarkttendenz des Kapitals nicht nur eine Liberalisierung der Welthandels-, sondern auch der Weltkapitalbeziehungen erfordert. Da aber die Schutzfunktion des internationalen Wertgesetzes bei den internationalen Kapitalbeziehungen nicht zum Zuge kommt – durch Auslandsdirektinvestitionen nimmt der internationale Konkurrenzkampf wieder unvermittelte und damit zerstörerische Formen an –, ist anzunehmen, daß die Beseitigung der den internationalen Kapitalfluß hemmenden Regulierungen der Nationalstaaten auf größeren Widerstand stößt als der Abbau der Handelsschranken.

Den beschriebenen Notwendigkeiten entsprechend hat sich nach dem Zweiten Weltkrieg durch internationale Abkommen im wesentlichen zwischen den entwickelten nationalen Kapitalen (USA und Westeuropa) eine zunehmende Liberalisierung des Weltmarktes durchgesetzt.[6] Die Neugründung des Weltwährungssystems im Bretton-Woods-Abkommen führte nach einer Übergangszeit zur vollen Konvertibilität der Währungen und verwirklichte zum ersten Male in der Währungsgeschichte des kapitalistischen Weltmarktes internationale Unterstützungsaktionen für die in Zahlungsbilanzkrisen geratenen Nationen.[7] Durch das Abkommen von Bretton Woods

5 Dies gilt natürlich nicht für die Länder der Dritten Welt, wie oben in verschiedenen Kapiteln begründet wurde.

6 Vgl. Bela Belassa, *Trade Liberalization among Industrial Countries, Objectives and Alternatives,* New York, Toronto, London, Sydney 1967; Rudolf Strauch, *Die atlantische Wirtschaftsgemeinschaft,* Zürich/St. Gallen 1970; Charles P. Kindleberger und Andrew Shonfield (Hrsg.), *North American and Western European Economic Policies,* London and Basingstoke 1971.

7 Vgl. Alfred Kruse, *Außenwirtschaft, Die internationalen Wirtschaftsbeziehungen,* Berlin 1965; Carl Hudeczek, *Das internationale Währungssystem – Mängel und Reformen,* Frankfurt/Main 1919; Hans Bachmann, *Die Konvention von Bretton Woods,* St. Gallen 1945; Helmut Lipfert, *Einführung in die Währungspolitik,* München 1964; Robert Triffin, *Die Währungsordnung des 20. Jahrhunderts,* Stuttgart 1963.

wurde eine internationale Zirkulationsmaschinerie aufgebaut, die sowohl den reibungslosen Ablauf der internationalen Handelsbeziehungen in krisenfreien Zeiten garantieren als auch einen protektionistischen Wettlauf dann verhindern sollte, wenn einzelne Nationen in Zahlungsbilanzschwierigkeiten gerieten. Letzteres sollte durch die internationalen Stützungsabkommen auf Basis des internationalen Währungsfonds (IWF) und durch die Abmachung sichergestellt werden, daß kein Land seine Währungsparität ohne Zustimmung des IWF um mehr als 10% ändern durfte.

War das Bretton-Woods-System *Voraussetzung* für die Liberalisierung der Weltmarktbeziehungen des Kapitals, so stellt das 1947 in Genf abgeschlossene allgemeine Zoll- und Handelsabkommen (GATT) den Versuch zur *Realisierung* des Freihandels dar.[8] Das Abkommen setzte sich die Beseitigung von Zöllen, nicht-tarifären Handelsbeschränkungen, Devisenbeschränkungen und die Verwirklichung des Meistbegünstigungsprinzips zum Ziel. Bis heute ist es den Nationalstaaten im Rahmen des GATT vor allem durch die Dillon- und die Kennedy-Runde gelungen, die Zollschranken zwischen den Staaten erheblich zu reduzieren (allein durch die Kennedy-Runde um im Durchschnitt 35%) und das Prinzip der Meistbegünstigung in den Handelsbeziehungen zwischen der Mehrzahl der Welthandelsnationen durchzusetzen. Bestehen geblieben ist allerdings eine Vielzahl nicht-tarifärer Handelsbeschränkungen, der Agrarprotektionismus der kapitalistischen Industrieländer und zahlreiche Präferenzzonen, wie z. B. die EWG, die Westeuropäische Freihandelszone, das Commonwealth und die Assoziierung der afrikanischen Staaten und Madagaskars an die EWG.

Neben diesen beiden Hauptstützen einer liberalen Weltmarktpolitik der Nationalstaaten haben sich seit dem Zweiten Weltkrieg eine Reihe weiterer internationaler Kooperationsformen entwickelt, so z. B. die Konsultationen im Rahmen der OECD, der Weltbank und des 20er-Währungsclubs. Nicht verwirklicht werden konnte die oft geforderte »Kennedy-Runde für Direktinvestitionen«[9], weil eine Liberalisierung

8 Vgl. Alfred Kruse, *Außenwirtschaft,* a.a.O., Dritter Teil, S. 325 ff.; Rudolf Strauch, a.a.O., S. 96 ff.

9 Rainer Hellmann, *Weltunternehmen* . . ., a.a.O., S. 258 ff.

des internationalen Kapitalverkehrs für die schwächer entwickelten nationalen Kapitale größere Risiken mit sich bringt als eine Liberalisierung der internationalen Handelsbeziehungen. Während der Freihandel auch weniger entwickelten Ländern Spezialisierungsvorteile bietet, produzieren die internationalen Kapitalbeziehungen keine Schutzmechanismen, sondern unterwerfen die weniger produktiven nationalen Kapitale der überlegenen Konkurrenzkraft hochentwikkelter Nationen unvermittelt. Selbst kapitalistische Industrienationen wie Frankreich und Japan setzen deshalb Liberalisierungsbestrebungen in den internationalen Kapitalbeziehungen Widerstand entgegen.
Sind bis jetzt die Gründe dargelegt worden, die die Nationalstaaten als ideelle Gesamtkapitalisten des nationalen Kapitals dazu zwingen, durch internationale Abkommen und Kooperationsformen die Weltmarktbeziehungen geringen staatlichen Sanktionen zu unterwerfen, so muß an dieser Stelle hervorgehoben werden, daß diese Tendenzen nur in Perioden Gültigkeit haben, in denen sich der Akkumulationsprozeß des Kapitals in den wichtigsten Industrieländern in einer Aufstiegsbewegung befindet, die auch die konjunkturellen Zyklen als Grundtendenz überlagert. In solchen expansiven Phasen des Weltkapitals setzen sich die hier beschriebenen Prozesse mit Notwendigkeit durch, weil die Akkumulationsgesetze des Kapitals den Nationalstaaten gegen alle inneren Widerstände das Niederreißen der äußeren Schranken der Produktion aufherrschen. Genau die gegenteilige Tendenz ist zu beobachten, wenn sich die Widersprüche der kapitalistischen Produktionsweise in Krisen manifestieren, die alle wesentlichen Weltmarktländer erfassen, in Weltmarktkrisen also. In solchen Zeiten kommt die beschriebene spezifische Differenz zwischen nationalem und internationalem Konkurrenzkampf voll zum Zuge. Die Nationalstaaten setzen ihr gesamtes Interventionsinstrumentarium ein, um die Krise zu externalisieren, um das nationale Kapital vor den Auswirkungen der Weltmarktkrise zu schützen. Der Wiederaufbau von Schutzzöllen, Abwertungswettläufe und die Einführung der Devisenbewirtschaftung sind die Folge solcher Weltmarktkrisen, nationalstaatliche Eingriffe also, die die Krise prozyklisch beeinflussen. Die Weltmarktkrise Ende der

20er bis Mitte der 30er Jahre hat diese Tendenzen dokumentiert. Anzeichen solcher nationalstaatlichen Sanktionen lassen sich allerdings auch bereits in Zeiten beobachten, in denen die ungleichmäßige Entwicklung auf dem Weltmarkt die Rangfolge der nationalen Kapitale umschichtet. Die sich seit Ende der 60er Jahre verschärfenden Konflikte zwischen den USA, der EWG und Japan verdeutlichen, wie schnell auf dem Weltmarkt Liberalisierungsbestrebungen in protektionistische Tendenzen, harte Währungs- und Zollverhandlungen und Restriktionen des internationalen Kapitalverkehrs umschlagen können.

3.2 Die Unterminierung der Nationalstaaten durch die Internationalisierung der Mehrwertproduktion

Konnten wir im vorigen Kapitel feststellen, daß die Nationalstaaten in Aufschwungsperioden des Weltkapitals die nationalen Schranken der freien internationalen Bewegung von Waren- und Geldkapital sukzessive abbauen, so soll im folgenden Kapitel gezeigt werden, wie die Internationalisierung der Mehrwertproduktion die ökonomische und die politische Autonomie der Nationalstaaten erodiert, und zwar durch

1. die am Weltmarkt orientierte Akkumulationsbewegung der multinationalen Konzerne, die der antizyklischen Konjunkturpolitik der Nationalstaaten entgegenwirkt,
2. das Verhalten multinationaler Konzerne in Währungskrisen, das die Außenwirtschaftspolitik der Nationalstaaten teilweise außer Funktion setzt,
3. die extraterritoriale Anwendung des nationalen Rechts der imperialistischen Führungsmacht auf Tochtergesellschaften ihrer multinationalen Konzerne im Ausland.

3.2.1 *Nationalstaat und die Akkumulationsbewegung multinationaler Konzerne*

Die Auswirkungen der Akkumulationsbewegung der multinationalen Konzerne auf die nationale Konjunkturentwicklung und damit auch auf die Möglichkeiten der Nationalstaaten, antizyklische Konjunkturpolitik zu betreiben, sind je nach konzerninterner Integrationsstruktur unterschiedlich. Zur Zeit überwiegen bei den multinationalen Konzernen in der verarbeitenden Industrie noch bei weitem die horizontalen Integrationsformen. Diese Konzernstruktur ergibt sich notwendigerweise aus den oben beschriebenen Gesetzmäßigkeiten, die zu einer Internationalisierung der Mehrwertproduktion treiben. Ob Auslandsinvestitionen zur Sicherung von Surplusprofiten oder zur Sicherung der Wettbewerbsfähigkeit getätigt werden, das Endergebnis ist der Aufbau einer ausländischen Tochtergesellschaft, die dieselben Waren produziert, die vorher vom Stammhaus auf den Weltmarkt exportiert oder für den heimischen Markt hergestellt wurden. Die oben angeführten Daten über die Orientierung der Tochtergesellschaften auf den Markt des Anlagelandes (etwa 80%) vermitteln einen Eindruck von der Dominanz der horizontalen Integrationsform in den multinationalen Konzernen. Erst nachdem sich die regionale Arbeitsteilung in internationalen Konzernen über längere Zeit stabilisiert und bewährt hat, ist anzunehmen, daß sich eine Transformation der horizontalen Integrationsform in eine vertikale Integrationsform entwikkelt, also die verschiedenen Gesellschaften des gleichen Konzerns nicht mehr nur eine regionale Arbeitsteilung praktizieren, sondern auf der Basis einer weltweiten Zergliederung des Arbeitsprozesses produzieren.[10]

10 In der Literatur wird das momentane Ausmaß dieser höheren Stufe der konzerninternen Arbeitsteilung, insbesondere in seiner Auswirkung auf den internationalen Handel, oft überschätzt. So deutet etwa die Tatsache, daß 1970 66% aller Exporte amerikanischer Tochtergesellschaften im Ausland an die Muttergesellschaften in den USA oder an andere amerikanische Töchter gerichtet waren, auf eine hohe Stufe konzerninterner Arbeitsteilung (vgl. Committee on Finance, United States Senate, *Implications* . . ., a.a.O., S. 367, Table A-14). Berücksichtigt man aber, daß nicht mehr als 20% aller Umsätze der Auslandstöchter überhaupt exportiert werden (Vgl. Kapitel 2.3.4.3), so wird die immer noch bestehende Vorherrschaft der horizontalen, regionalen Arbeitsteilung in den multinationalen Konzernen deutlich. Auch die Aussagerelevanz des hohen Anteils des konzerninternen Handels an den gesamten Exporten multinationaler Konzerne darf nicht überschätzt werden. Wenn 1970 49% aller Exporte der multinationalen Konzerne (Exporte der Mütter und der Töchter) in andere Gliederungen des Konzerns flossen (von der Mutter an die Auslandstochter, von der Auslandstochter an die Mutter oder an andere Töchter), dann wird leicht übersehen, daß es sich hierbei vielfach um Auftragsgeschäfte oder bloße Weiterverkaufsaufträge handelt. Dies ist z. B. der Fall, wenn der Stammkonzern für die Töchter Maschinen- und Ausrüstungsgüter im

Die Auswirkungen der beiden Formen konzerninterner Arbeitsteilung auf die nationalen Akkumulationszyklen sind nicht identisch. Der horizontale Integrationstyp wird den Konjunkturzyklus in den verschiedenen Anlageländern in der Regel prozyklisch beeinflussen, denn der Gesamtkonzern wirft die akkumulationsfähige Profitmasse bei asynchronem Verlauf der nationalen Konjunkturzyklen jeweils auf die Nationen, in denen die Konjunktur sich im Aufschwung befindet. Diese Form multinationaler Konzerne wird damit keinen Beitrag zur Synchronisierung der nationalen Konjunkturzyklen, also zur Produktion eines Weltmarktzyklus leisten. Anders verhält es sich mit dem vertikalen Integrationstyp. Da die Arbeitsprozesse der verschiedenen Teile des Gesamtkonzerns aufeinander abgestimmt sein müssen, wird die Akkumulationsrate in allen Zweigen des Konzerns dieselbe sein und bei asynchronem Verlauf der nationalen Zyklen diese entweder prozyklisch oder antizyklisch beeinflussen. Tendenziell können vertikal integrierte multinationale Konzerne zur Synchronisierung der nationalen Konjunkturverläufe beitragen, denn in dem Maße, in dem ihr Anteil an der weltweiten Akkumulationsmasse wächst, bestimmt ihr Akkumulationsrhythmus tendenziell auch den Rhythmus der Weltkonjunktur. Gegenwärtig dominiert allerdings noch die horizontale Arbeitsteilung in den multinationalen Konzernen, der asynchrone Verlauf der nationalen Konjunkturzyklen wird deshalb durch die Internationalisierung der Mehrwertproduktion immer noch eher verstärkt als gehemmt. Eine zeitweilige Annäherung der nationalen Konjunkturrhythmen, wie z. B. in den Krisenjahren 1958 und 1971/72, beruht damit immer noch auf Zufälligkeiten[11], denn die nationalen Zyklen werden durch eine Reihe international immer noch sehr differierender Momente bestimmt, wie z. B. Profitrate, Klassenkampf- und Lohnentwicklung, Grad der Konzentration und Zentralisation des Kapitals, Weltmarktverflechtung, Gewicht des Staates im Akkumulationszyklus, seine Sicherstellung der allgemeinen Produktionsbedingungen.

Ursprungsland einkauft oder die Muttergesellschaft die Töchter als Vertriebsbasen für den Export verschiedener Konzernprodukte benutzt.

11 Vgl. dazu: H.-J. Höhme, *Krisenzyklus unter dem Einfluß staatsmonopolistischer Kapitalverwertung.* In: *IPW-Berichte*, Nr. 6, 1972, S. 2 ff.

Ist die Wirkung der Internationalisierung der Mehrwertproduktion auf die Anlageländer (Kapitalimportländer) prozyklisch, so können wir für die Anlegerländer (Kapitalexportländer) umgekehrt eine antizyklische Tendenz feststellen. Gerade in Boomzeiten ist der Kapitalexport führender kapitalistischer Industrieländer am stärksten, während er in Krisenzeiten ebenfalls einen Tiefpunkt erreicht. Verständlich wird diese Struktur dadurch, daß im Boom die zur Verfügung stehenden Akkumulationsmassen am größten sind und damit zu diesem Zeitpunkt sowohl der Aufbau als auch der Aufkauf von Tochtergesellschaften am leichtesten zu finanzieren ist, als auch die Unterstützung bereits bestehender Tochtergesellschaften in Gestalt der Umlaufmittelfinanzierung am höchsten sein kann.[12]
Die für die Vereinigten Staaten zur Verfügung stehenden Daten zeigen dementsprechend, daß für den Zeitraum von 1950 bis 1961 in den drei Boomjahren 1953, 1957 und 1960 die Kapitalexporte stärker anstiegen als in anderen Jahren und in den drei Rezessionsjahren 1954, 1958 und 1961 die Zuwachsraten der Kapitalexporte stärker fielen, so daß sich insgesamt mit Ausnahme des Boomjahres 1955 die Kapitalabflüsse parallel zur Konjunktur entwickelten.[13] In den 60er Jahren ist die Parallelität von Nettokapitalabflüssen und Konjunkturentwicklung in den USA schwierig zu ermitteln, weil die US-Konjunktur von 1962 bis 1966 keine scharfen Wachstumseinbrüche verzeichnete und ab 1965 die Kapitalexportbeschränkungspolitik der US-Regierung einsetzte. Folgende Netto-Kapitalexportentwicklung läßt sich feststellen: Gegenüber dem Krisenjahr 1961 stieg die Kapitalausfuhr im Boomjahr 1962 stark an und nahm bis 1965 weiterhin mit hohen Raten zu, wobei die Zuwachsrate im Boomjahr 1965 besonders hoch lag. In der Zeit von 1966 führte die kombinierte Wirkung von Konjunkturrückgang und Kapitalexportrestriktionspolitik zu starken Rückgängen im Nettokapitalexport.[14]

12 Haubold, *Direktinvestitionen* ..., a.a.O., S. 91 ff.
13 Haubold, *Direktinvestitionen* ..., a.a.O., S. 90.
14 Vgl. Haubold, *Entwicklung und Förderung* ... In: Scharrer (Hrsg.), *Förderung* ..., a.a.O., S. 207, Tabelle A II-6; H.-J. Höhme, *Krisenzyklus unter dem Einfluß staatsmonopolistischer Kapitalverwertung.* In: *IPW-Berichte,* Heft 6, 1972, S. 2 ff.; Rainer Hellmann, *Weltunternehmen* ..., a.a.O., Tabelle 10, S. 287.

Insgesamt widerspricht damit die Entwicklung von Kapitalexport und Konjunkturentwicklung in den 60er Jahren nicht der aus dem Verlauf der 50er Jahre ableitbaren These, daß die Kapitalexporte der USA den Konjunkturzyklus antizyklisch beeinflußten und die antizyklische Politik der amerikanischen Regierung unterstützen.
Für die BRD läßt sich ebenfalls eine Parallelentwicklung von Konjunkturzyklus und Kapitalexport ermitteln. Von 1960 bis 1971 hatte die BRD-Konjunktur drei Krisenjahre, nämlich 1962/63, 1966/67 und 1971/72 zu verzeichnen. Die Kapitalexporte für Direktinvestitionen entsprachen dem Konjunkturverlauf: 1963 und 1967 waren die beiden einzigen Jahre, in denen die Direktinvestitionssumme absolut unter der des Vorjahres lag, 1971 war die Zuwachsrate gegenüber dem Vorjahr geringer als in allen anderen Jahren außer 1963 und 1967. Dagegen lagen die Zuwachsraten der Direktinvestitionen in den Boomjahren 1964/65, 1968/69 besonders hoch. Der Konjunkturzyklus in der BRD wurde durch die Kapitalexporte ebenso wie der Konjunkturverlauf in den USA antizyklisch beeinflußt.[15]
Insgesamt kann über die Auswirkungen der Internationalisierung der Mehrwertproduktion auf die nationalen Akkumulationszyklen gesagt werden, daß die Kapitalexporte in der Anlegernation eine antizyklische Wirkung haben, weil die hohen Kapitalexporte im Boom und die niedrigen Kapitalexporte in der Krise die Konjunkturtendenz glätten, während die Kapitalexporte im Anlageland die zyklische Tendenz verstärken, also im Boom die Anlagen zunehmen und in der Krise zurückgehen. Daraus wird deutlich, daß die Auswirkungen

15 Vgl. *Jahresgutachten 1972 des Sachverständigenrates zur Begutachtung der gesamtwirtschaftlichen Entwicklung, Bundesdrucksache 612/72,* Bonn 1972, Tabelle 85, S. 250 ff.
Auch am Beispiel Großbritanniens ist eine parallele Entwicklung von Konjunktur und Kapitalexport festzustellen: Im Zeitraum von 1961 bis 1970 gingen die Zuwachsraten der britischen Direktinvestitionen (ohne Erdöl) im Krisenjahr 1962 zurück, stiegen mit der Konjunkturentwicklung bis 1965 an, sanken abermals in den Krisenjahren 1966 und 1967, nahmen in dem Boomjahr 1968/69 sprunghaft zu, um dann mit dem Konjunkturrückgang 1970 wiederum abzusinken. Vgl. Klaus Boeck, *Entwicklung und Förderung der britischen Direktinvestitionen.* In: Scharrer (Hrsg.), a.a.O., Tabelle III-2, S. 236; und H.-J. Höhme, a.a.O., S. 6.

der Internationalisierung der Mehrwertproduktion auf den Konjunkturzyklus einer Nation von deren Integration in den Internationalisierungsprozeß des Kapitals abhängig sind. Bei einer ausgeglichenen auswärtigen Investitionsbilanz und international asynchron verlaufenden Konjunkturzyklen werden die einzelnen nationalen Zyklen durch die Kapitalexporte und die Kapitalimporte ausgewogen beeinflußt. Im Boom stehen hohen Exporten hohe Importe, in der Krise niedrigen Importen ebenfalls niedrige Exporte gegenüber. Die antizyklischen Steuerungsmechanismen der Nationalstaaten würden damit kaum beeinträchtigt werden.

Tatsächlich haben wir es aber mit asymmetrischen internationalen Kapitalbeziehungen zu tun, so daß einige Länder Nettokapitalexporteure (z. B. die USA), andere Nettokapitalimporteure (z. B. Frankreich, die BRD und Italien) sind. Die konjunkturpolitische Steuerungskapazität des Staatsapparates der Nettokapitalimportländer wird dementsprechend negativ berührt, während die des Staatsapparates des Nettokapitalexportlandes gestärkt wird. Die US-Investitionen in Westeuropa schwächen zum Beispiel die antizyklische Konjunkturpolitik der einzelnen Nationalstaaten, weil die multinationalen Konzerne der USA wegen ihrer weltweiten Akkumulationsmöglichkeiten im Boom mehr akkumulationsfähige Mehrwertmassen mobilisieren können als die nationalen Unternehmen und in Krisenzeiten entsprechend größere Profitmassen in die auswärtigen Nationen abziehen können, in denen zu jenem Zeitpunkt die Verwertungsbedingungen günstiger sind. Bei einem Anteil an den Investitionsausgaben der verarbeitenden Industrie in der BRD und Frankreich von 10%, in den Niederlanden von 17% und in Belgien/Luxemburg von 25% können die US-Unternehmen in Westeuropa das nationalstaatliche Instrumentarium zur Konjunktursteuerung in erheblichem Maße unterminieren.[16]

16 Vgl. Rainer Hellmann, *Weltunternehmen* ..., a.a.O., Tabelle 7, 2. Teil, S. 282; Verstärkt wird diese Erosionstendenz, wenn die Nettokapitalexportländer Kapitalexportrestriktionen zur Sanierung ihrer Zahlungsbilanz einführen, wie z. B. die USA am Ende der 60er Jahre (vgl. 3.3.2).

3.2.2 *Internationalisierung der Mehrwertproduktion und nationalstaatliche Währungspolitik*

Die Paritäten der gegeneinander konvertiblen nationalen Währungen sind Ausdruck der Rangpunkte der verschiedenen nationalen Kapitale in der Stufenleiter der universellen Arbeit. Da die ungleichmäßige Entwicklung der nationalen Kapitale periodisch zu Strukturveränderungen in der Rangfolge der nationalen Produktivität und Intensität der Arbeit führt, sind in einem System fester Wechselkurse – wie es das Bretton-Woods-System darstellte – Korrekturen der Währungsparitäten systemnotwendig. Die Entscheidung über die Wechselkursanpassungen liegt einerseits in der Gewalt der Nationalstaaten, andererseits bei Veränderungen über 10% auch in der Kompetenz des Internationalen Währungsfonds. Eindeutige Kriterien, wann Realignments unabdingbar sind, existieren allerdings nicht. Der wichtigste Indikator für die Wechselkursanpassungsbewegungen sind die Leistungsbilanzsalden der Nationalstaaten:[17] Liegen hier über einen Zeitraum von zwei, drei oder mehr Jahren Ungleichgewichte vor, bleibt also das Defizit oder der Überschuß in verschiedenen Phasen der Weltkonjunktur bestehen oder wachsen die Salden von Jahr zu Jahr, so ist eine Paritätsänderung der Währung des betreffenden Landes angezeigt. Die nationalen Staatsapparate verzögern aufgrund widersprüchlicher ökonomischer Interessenlagen die notwendigen Währungsentscheidungen oftmals. In Aufwertungssituationen üben die weltmarktorientierten Branchen Druck auf die Regierung aus, nicht oder nur in geringen Sätzen aufzuwerten, in Abwertungssituationen können ebenfalls die Weltmarktbranchen der Nationen Widerstand leisten, deren Internationalisierungsgrad bereits so groß ist, daß die Direktinvestitionen eine stärkere Bedeutung für die Expansion in die Auslandsmärkte haben als die Warenexporte. In dieser Situation würde eine Abwertung zwar die Weltmarktpreise der Exporte senken, aber gleichzeitig auch die Auslandsdirektinvestitionen verteuern. In solchen Übergangszeiten forciert die sogenannte internationale Spekulation den Anpassungsprozeß der Wech-

17 Vgl. Erich Schneider, *Zahlungsbilanz und Wechselkurs*, Tübingen 1968.

selkurse an die Strukturveränderungen in der Stufenleiter der universellen Arbeit. Alle weltmarktabhängigen Kapitale – seien es Importeure, Exporteure oder Auslandsinvestoren – haben durch die Währungsparitätsänderungen Gewinne und Verluste aus laufenden und zukünftigen Geschäftsaktivitäten zu erwarten und versuchen deshalb, durch die Flucht aus einer Währung oder in eine Währung zumindest das Risiko zu minimieren oder aber Spekulationsgewinne aus der Währungsparitätsänderung zu ziehen. Die durch die Spekulation ausgelösten Bewegungen am Devisenmarkt zwingen zunächst die Zentralbank des betroffenen Nationalstaates zur Intervention und enden schließlich mit einer Entscheidung des Staatsapparates in Verbindung mit dem Internationalen Währungsfonds, die Wechselkurse zu korrigieren.[18] Die Internationalisierung des Kapitals hat dazu geführt, daß die nationalen Zentralbanken und die nationalen Regierungen der durch Ungleichgewichte in der Zahlungsbilanz ausgelösten Spekulationsbewegung relativ hilflos gegenüberstehen. Mit zunehmender Weltmarktverflechtung in Gestalt von Warenexporten, vor allem aber in der Form von Direktinvestitionen, dehnt sich nämlich die kurzfristig mobilisierbare internationale Zirkulationsmasse immer mehr aus (vgl. Tabelle 54).
Die Tariff Commission des Finanzausschusses des US-Senates schätzt die kurzfristig in Währungskrisen mobilisierbare Masse an Geldkapital 1969 auf 162 Mrd. Dollar, 1970 auf 212 Mrd. Dollar und 1971 auf 268 Mrd. Dollar.[19] Von diesen 268 Mrd. Dollar waren 41% in Händen amerikanischer Tochtergesellschaften, 23% in der Verfügung amerikanischer Auslandsbanken, nichtamerikanische Banken hielten 20% dieser Summe, während die Regierungen, die Zentralbanken und internationalen Organisationen nur über 7% verfügten. Die Tariff Commission stellt fest: »This $ 268 billion, all managed by private persons in a private market which is virtually uncontrolled by any sort of official institution, amounts to more than twice the total of all international reserves held in central banks and international monetary institutions in the

18 Vgl. Erich Schneider, *Zahlungsbilanz* . . ., a.a.O. und Alfred Kruse, a.a.O., S. 174 ff.; Helmut Lipfert, *Devisenhandel*, Frankfurt/Main 1968.
19 Committee on Finance, a.a.O., S. 30.

Tabelle 54
Estimated short-term asset and liability positions of principal institutions in international money markets, 1971 (billions of U.S.-Dollars)

	Assets	Liabilities
U.S. banks	13.0	16.0
U.S. nonbanks	5.2	2.6
Foreign banks	52.7	46.5
Foreign governments, central banks, and international organizations	18.7	(a)
Foreign nonbanks	6.8	11.4
Foreign affiliates of U.S. corporations	110.0	63.0
Foreign branches of U.S. banks	61.4	61.5
Total	267.8	201.0

(a) not available

Quelle: Committee on Finance, U.S. Senate, *The Multinational Corporation and the World Economy*, Washington 1973, S. 30.

world at the same date. These are reserves with which central banks fight to defend their exchange rates. *The resources of the private sector outclass them.*«[20]

Die Internationalisierung des Kapitals unterläuft auch die Macht der Nationalstaaten, durch Restriktionen des kurzfristigen internationalen Kapitalverkehrs, wie z. B. die Zinsausgleichsteuer, die Couponsteuer und das Bardepotgesetz, dieser Bewegungen Herr zu werden. In Krisenzeiten verfügen die multinationalen Konzerne nämlich über ausreichende technische Mittel, solche gesetzlichen Bestimmungen zu umgehen. Die zahlungstechnische Abwicklung von konzerninternen Geschäftsvorgängen vor oder nach Termin, die Manipulierung der Transferpreise, die Steuerung von Patent-, Lizenz- und Managementgebühren sind nur einige der Instrumente, mit denen die multinationalen Konzerne auch kurzfristige Kapitalbewegungen zwischen verschiedenen

20 Committee on Finance, a.a.O., S. 33.

Währungsgebieten in Gang setzen können. Um das währungspolitische Potential der multinationalen Konzerne richtig zu gewichten, muß aber betont werden, daß die Internationalen Konzerne die Wechselkurse der verschiedenen nationalen Währungen nicht nach Gutdünken steuern können. Ihre ökonomische Potenz kommt erst dann zur Geltung, wenn in Zeiten von Zahlungsbilanzungleichgewichten eine Auf- oder Abwertung eindeutig indiziert ist, so daß die internationale Spekulation sozusagen an einem Strang zieht und sich nicht durch gegenläufige Geschäfte paralysiert. Prinzipiell ist damit die internationale Spekulationsbewegung nur Exekutor des Wertgesetzes auf dem Weltmarkt, Ausdruck also internationaler ökonomischer Gesetzmäßigkeiten.[21] Allerdings sollte man trotz dieser richtigen Gewichtung der Spekulationswellen als Vorboten notwendiger Wechselkurskorrekturen nicht übersehen, daß diesen Bewegungen ein gewisses Moment selbständigen Handlungsspielraumes anhaftet. Da es im System fester Wechselkurse keine genauen Entscheidungskriterien für Kurskorrekturen gibt, ferner die Höhe des Auf- und Abwertungssatzes nur durch ein trial-and-error-Verfahren ermittelt werden kann und schließlich die Anpassungsbewegungen in der Leistungsbilanz nach Wechselkurskorrekturen längere Zeit in Anspruch nehmen, weil etwa konjunkturelle Entwicklungen die Wirkungen der Paritätsänderungen kurzfristig überkompensieren[22], bleibt den Spekulationsbewegun-

21 Katja Nehls überschätzt deshalb die währungspolitische Bedeutung der multinationalen Konzerne, wenn sie schreibt: »Das wurde unter anderem an der Krise des imperialistischen Währungssystems besonders deutlich. Die internationalen Konzerne kontrollieren gewaltige Mengen internationalen Geld- und Leihkapitals und unterhalten bedeutende Währungskonten. Das gibt ihnen weitreichende Möglichkeiten, auf die Geld- und Kapitalmärkte der kapitalistischen Länder einzuwirken. Durch den Transfer von Geldkapital und Valuta aus einem Land in andere Länder können sie zumindest zeitweilig den internationalen Kurs der betreffenden nationalen Währung beeinflußen. Vermutungen, daß die Finanzmanager großer amerikanischer Konzerne auf der Suche nach profitableren Anlagemöglichkeiten für ihre ausländischen Depositen im Mai 1971 von ihren Konten in Westeuropa in die BRD transferierten und die dortige Regierung zwangen, die Deutsche Mark aufwärts ›floaten‹ zu lassen, sind daher keineswegs ohne reale Grundlage.« Katja Nehls, *Internationale Konzerne . . .*, a.a.O., S. 136 f.

22 Vgl. Berliner Bank, *Wie wirksam sind Wechselkursänderungen.* In: *Mitteilungen . . .*, Nr. 7, 1973, S. 3 ff.

gen ein gewisser Spielraum zur »selbständigen« Beeinflussung der Wechselkursänderungen.
Die Wucht, mit der sich das internationale Kapital – kaum daß ein Jahr nach dem Smithsonian-Agreement im Dezember 1971 vergangen war – erneut in die Spekulationsarena warf und damit abermals eine Abwertung des Dollar, eine Aufwertung der Deutschen Mark und des Franc sowie das Floaten des Yen erzwang, war eventuell ein solch »selbständiger« Akt, denn möglicherweise ist der Dollar durch die zweimalige Abwertung bereits unterbewertet und die DM durch die mehrmalige Aufwertung bereits überbewertet (vgl. dazu auch Kapitel 2.3.5.3).

3.2.3 *Internationalisierung des Kapitals und die extraterritoriale Anwendung nationalstaatlicher Gesetze*

Die Weltmarkttendenz des Kapitals führt nicht nur zu einer Erosion des ökonomischen Handlungsspielraumes der nationalen Staatsapparate, sie unterminiert auch die legislative Hoheit der Nationalstaaten. Die deutlichsten Beispiele dieser Tendenz sind die außerterritoriale Anwendung des US-amerikanischen Trading-with-the-Enemy-Gesetzes und der US-amerikanischen Anti-Trust-Gesetze. Die amerikanische Staatsgewalt zwingt die US-amerikanischen Tochtergesellschaften im Ausland und auch nicht-amerikanische Konzerne, die mit US-Unternehmen verflochten sind oder in den USA direkt investiert haben, den Bestimmungen der US-Gesetze Folge zu leisten, auch wenn diese im Widerspruch zu entsprechenden ausländischen Gesetzen stehen.

3.2.3.1 Trading-with-the-Enemy-Act und Export-Control-Act[23]

Der amerikanische Trading-with-the-Enemy-Act von 1917 und der Export-Control-Act von 1949 verbieten Personen,

23 Vgl. Jack N. Behrmann, *National interests and the multinational enterprise, tensions among the north atlantic countries,* Englewood Cliffs, N. J. 1970, S. 101 ff.; Rudolf Strauch, a.a.O., S. 314 ff.; Charles P. Kindleberger,

die amerikanischen Gesetzen unterworfen sind, den Handel mit sogenannten Feindländern (Cuba, Demokratische Republik Korea, Demokratische Republik Vietnam, Volksrepublik China) oder stellen den Handel mit Ländern unter Kontrolle, die besondere Bedeutung für die sogenannte nationale Sicherheit der Vereinigten Staaten haben (unter diese Klausel fällt in der Regel der Handel mit den übrigen sozialistischen Ländern). Unter Aufsicht bzw. Verbot stellen diese Gesetze nicht nur den direkten Export von Waren aus den Vereinigten Staaten, sondern auch den Handel von amerikanischen Tochtergesellschaften im Ausland und die Reexporte amerikanischer Waren aus Drittländern. Zur effektiveren Anwendung dieser Gesetze haben sich die Vereinigten Staaten mit 14 weiteren Ländern, die ähnliche gesetzliche Bestimmungen über den Handel mit Feindländern erlassen haben, in einem Koordinierungsausschuß (Cocom) zusammengeschlossen. Da die Vorstellungen über die strategische Bedeutung des Exportes verschiedener Warengruppen in die sozialistischen Länder innerhalb der Cocom-Gruppe stark variieren, blieben Konflikte nicht aus. Besondere Brisanz wurde diesen Auseinandersetzungen dadurch verliehen, daß die USA auf der extraterritorialen Anwendung ihrer Gesetze (also auch auf den Handel amerikanischer Tochtergesellschaften im Ausland) beharrten und damit US-Recht gegen den Willen der ausländischen Regierungen im Ausland exekutierten. Die US-Regierung drohte den Stamm-Konzernen in den USA mit Sanktionen, falls ihre Tochtergesellschaften im Ausland den amerikanischen Bestimmungen nicht Folge leisteten, und setzte dadurch in den meisten Konfliktfällen ihre Interessen durch. Einige Beispiele sollen das Problem verdeutlichen:

– 1968 weigerte sich das US-Schatzamt, einer amerikanischen Gesellschaft in Belgien die Erlaubnis für den Export von landwirtschaftlichen Ausrüstungen nach Cuba zu erteilen. Vergebliche Proteste der belgischen Regierung; immerhin handelte

American Business . . ., a.a.O., S. 38 ff.; R. Vernon, *Sovereignty* . . ., a.a.O., S. 232 ff. Seymour J. Rubin, *The international firms and the national jurisdiction.* In: C. P. Kindleberger (Hrsg.), a.a.O., S. 179 ff.; I. A. Litvak and C. J. Maule, *The Issues of direct foreign investment.* In: Dieselben, *Foreign Investment: The Experience of Host Countries,* New York, Washington, London 1970, S. 3 ff.

es sich um einen Auftrag im Werte von 1,2 Mio. US-Dollar.

– 1966 verbot die US-Regierung einer US-Tochter in Großbritannien Elektroröhren in die Volksrepublik China zu exportieren, die dort in Flugzeugen verwendet werden sollten, die britische Unternehmen produziert hatten. Obwohl der britische Flugzeugproduzent androhte, alle Lieferverträge mit dem US-Unternehmen zu stornieren, änderte das amerikanische Schatzamt seine Haltung nicht.

– Mehrere Fälle sind bekannt, in denen die US-Regierung die China-Exporte amerikanischer Töchter in Kanada unter Verbot stellte: 1958 wurde der Export von Lastwagen, Lokomotiven und Papier verboten, 1963 konnte eine amerikanische Tochter Getreideladegeräte nicht verkaufen, weil diese auf Weizentransportern installiert werden sollten, die im China-Handel eingesetzt wurden.

– 1964 untersagte die US-Regierung der französischen Tochter von IBM, an den französischen Staat Computer zu verkaufen, die im französischen Raumfahrt- oder Atomwaffenprogramm verwendet werden sollten. Der Konflikt zwischen der französischen und der amerikanischen Regierung dauerte 2 Jahre, er wurde erst beigelegt, als sich Frankreich bereit erklärte, die Computer nur für friedliche Zwecke zu verwenden.

– Auseinandersetzungen über den Export von Computern in sozialistische Länder waren im Cocom an der Tagesordnung, z. B. als 1964 die gerade von General Electric aufgekaufte französische Gesellschaft Machines Bull Computer in die Volksrepublik China liefern wollte und die britische Gesellschaft ICT zusammen mit Bull Computerlieferungen in die CSSR prüfte. Beide Geschäfte wurden wegen des Widerstandes der amerikanischen Regierung nicht durchgeführt.

Diese Fälle zeigen, daß die USA selbst in Konfliktfällen mit verbündeten Regierungen ihre Landesgesetze extraterritorial anwenden, wenn es ihren außenpolitischen Interessen dient. Weiterhin lehren diese Beispiele, daß die Internationalisierung der Mehrwertproduktion zur Unterminierung der staatlichen Gewalt der kapitalimportierenden Länder führt, weil in Konfliktfällen die Tochtergesellschaften im Ausland immer den Gesetzen des Ursprungslandes unterworfen werden. Diese Tendenz wird dadurch verstärkt, daß die entwickelten

Nationen immer auch die Hauptkapitalexporteure sind und von daher die weniger entwickelten kapitalimportierenden Länder nicht nur den ökonomischen Sanktionen der führenden imperialistischen Macht ausgesetzt sind, sondern auch deren politischer Gewalt.

3.2.3.2 Die extraterritoriale Anwendung der amerikanischen Antitrust-Gesetze[24]

Ebenso wie der Trading-with-the-Enemy-Act und der Export-Control-Act beansprucht auch das amerikanische Wettbewerbsrecht in Gestalt des Clayton- und des Sherman-Acts eine extraterritoriale Anwendung. Nach der bisherigen Rechtssprechungspraxis in den USA werden die Normen der Antitrust- und Kartellgesetze auch angewendet auf:
a) Unternehmenszusammenschlüsse und joint ventures zwischen amerikanischen und ausländischen Unternehmen in den USA und im Ausland,
b) Unternehmenszusammenschlüsse und joint ventures ausländischer Unternehmen in den USA,
c) Unternehmenszusammenschlüsse und joint ventures ausländischer Unternehmen im Ausland, wenn sie über Tochtergesellschaften in den USA verfügen.
Diese amerikanische Rechtsprechungspraxis beeinträchtigt die Interessen der westeuropäischen und japanischen Kapitale aus drei Gründen:
1. sind »joint ventures« oft die einzige Möglichkeit für die schwächer entwickelten Kapitale aus Westeuropa und Japan, durch Direktinvestitionen einen Einstieg in den amerikanischen Markt zu finden;
2. fördern die europäischen Regierungen den nationalen

24 Vgl. J. J. A. Ellis, *The legal Aspects of European Direct Investment in the United States.* In: Rolfe/Damm, a.a.O., S. 52 ff.; Richard W. McLaren, *U.S. Antitrust Policy and Direct Foreign Investment.* In: Rolfe/Damm, a.a.O., S. 72 ff.; Jack Behrman, *National Interest* . . ., a.a.O., S. 144 ff.; C. P. Kindleberger, *American Business* . . ., a.a.O., S. 62 ff. Raymond Vernon, *Sovereignty* . . ., a.a.O., S. 232 ff.; Rainer Hellmann, *Weltunternehmen* . . ., a.a.O., S. 156 f. und S. 197 ff.; Seymour J. Rubin, a.a.O., S. 179 ff.; Committee on Finance, *Implications* . . ., a.a.O., S. 818 ff.

Konzentrations- und Zentralisationsprozeß des Kapitals, um die internationale Wettbewerbsfähigkeit ihrer Unternehmen zu stärken, so z. B. in Frankreich und Italien. Verfügen diese Unternehmen über Tochtergesellschaften in den USA, so kann das amerikanische Wettbewerbsrecht solchen Zentralisationsprozessen im Wege stehen;

3. erschwert die extraterritoriale Anwendung der amerikanischen Antitrustgesetzgebung die Kontrolle der amerikanischen Tochtergesellschaften in Westeuropa und Japan mit Hilfe nationalen Beteiligungskapitals.

Joint ventures unterliegen besonders scharfen Kontrollen durch die amerikanischen Antitrust-Behörden, weil in diesen Fällen eine »Konspiration« zur Beeinträchtigung des Wettbewerbes in den USA vermutet wird. Bekannte Beispiele für joint ventures zwischen amerikanischen und europäischen Unternehmen, die von amerikanischen Gerichten aufgelöst wurden, sind der Du Pont–ICI- und der Bayer–Monsanto-Fall. Du Pont und ICI wurden wegen ihrer joint ventures in mehreren Ländern für schuldig befunden, sich die Weltmärkte und damit auch den amerikanischen Markt aufzuteilen. Das amerikanische Gericht forderte ICI auf, seine kanadische Gesellschaft (eine joint venture mit Du Pont) in Totalbesitz zu übernehmen. Gleichzeitig sollten beide Unternehmen ihre joint ventures in Brasilien und Argentinien auflösen, obwohl die brasilianische und die argentinische Regierung keine Einwände gegen die Zusammenarbeit von ICI und Du Pont erhoben.

Bayer und Monsanto mußten 1964 ihre 1954 gegründete Gemeinschafts-Gesellschaft Mobay-Chemical Co. auflösen, weil ein amerikanisches Gericht die Konspiration darin sah, daß nach Gründung der Mobay Bayer auf den Import von Waren und Monsanto auf die eigenständige Produktion einiger Waren verzichtet hätten. Bayer war gezwungen, Mobay in Totalbesitz zu übernehmen.

Von größerer Bedeutung sind allerdings die Fälle, in denen die amerikanische Rechtsprechung ökonomische Zielsetzungen anderer Nationalstaaten beeinträchtigt. So beschwert sich die kanadische Regierung darüber, daß die amerikanische Antitrust-Gesetzgebung den Konzentrations- und Zentralisationsprozeß von Kapital in Kanada stark behindert. Die ver-

arbeitende Industrie Kanadas wird zu großen Teilen von amerikanischem Kapital majorisiert, so daß Unternehmenszusammenschlüsse in Kanada sehr leicht gegen den Clayton-Act verstoßen. Als ein amerikanisches Gericht z. B. das Patent-Pool für Radioapparate zwischen General Electric, Westinghouse und Philips in Kanada aufbrach, protestierte die kanadische Regierung, weil sie einen bestimmten Zentralisationsgrad in der Radioindustrie anstrebte.
Die Schweizer Chemieunternehmen Ciba und Geigy mußten 1969 ihre Fusion verzögern, weil nicht geklärt war, welche Auswirkungen der Zusammenschluß auf die Tochtergesellschaften beider Unternehmen in den USA haben würde. Amerikanische Beamte erklärten in Kongreß-Ausschüssen, daß sie die Fusionen von General Electric und Machines Bull, von General Electric und Olivetti, Chrysler und Simca, Chrysler und Rootes sorgfältig in ihrer Rückwirkung auf den US-Markt geprüft hätten, und sie versicherten, daß »where there appears to be a substantial restriction of U.S. trade resulting form the merger, we will take appropriate action under antitrust laws.«[25] Die Bedeutung der durch die exterritoriale Exekution der Antitrust-Gesetzgebung der USA hervorgerufenen Konflikte wird daraus ersichtlich, daß neben Kanada, Japan und Indien bis Ende der 60er Jahre 12 westeuropäische Länder gegen die Unterminierung ihrer nationalen Souveränität bei der US-Regierung protestierten.

3.3 Hemmnisse der Internationalisierung der Mehrwertproduktion durch nationalstaatliche Interventionen

Konnten wir im ersten Teil dieses Abschnittes darstellen, daß die Nationalstaaten der entwickelten kapitalistischen Industrieländer im allgemeinen ihre Politik auf eine Liberalisierung der Weltmarktbeziehungen abstellen, genau diese Entwicklung allerdings – dies wurde im letzten Teil beschrieben – den ökonomischen und politischen Handlungsspielraum der nationalen Staatsapparate unterminiert, so soll jetzt die Analyse der widersprüchlichen Beziehungen zwischen der natio-

25 Jack N. Behrman, *National Interests ...*, a.a.O., S. 123.

nalen Organisationsform des bürgerlichen Staates und der Internationalisierungstendenz des Kapitals um einen weiteren Aspekt vervollständigt werden. Sowohl die Kapitalexportnationen als auch die Kapitalimportländer betreiben nämlich trotz der Weltmarktorientierung des Kapitals partiell eine restriktive Politik gegenüber den internationalen Kapitalbeziehungen.

3.3.1 *Restriktionen der Kapitalimportländer*

Kapitalimportkontrollen ökonomisch schwächer entwickelter nationaler Kapitale sind durch die Furcht vor dem sogenannten »nationalen Ausverkauf« motiviert. Der rationale Kern dieser Politik liegt in der Verschärfung des internationalen Konkurrenzkampfes begründet, die mit der Intensivierung der Kapitalexporte höher entwickelter Länder in rangniedere Länder verbunden ist und oft in internationalen Zentralisationsprozessen zugunsten des den Weltmarkt dominierenden nationalen Kapitals endet.
Die Tabellen 55 und 56 vermitteln einen Eindruck, in welchem Maße das US-Kapital schon in den 60er Jahren ausgewählte Branchen in der BRD, Frankreich, Italien, Großbritannien und Kanada kontrollierte.
1961 waren bereits 90% der Automobilindustrie, 45% der chemischen Industrie, 19% der Eisen- und Stahlverhüttung und 64% des Elektro-Apparatebaues in Kanada in amerikanischer Verfügungsgewalt. In Westeuropa hat sich das amerikanische Kapital in den 60er Jahren noch nicht so stark verankern können wie in der kanadischen Industrie, doch auch in der BRD, Frankreich, Italien und Großbritannien erreichten die amerikanischen Beteiligungsraten in so wichtigen Branchen wie z. B. der Erdölindustrie und der Automobilindustrie zwischen 20 und 35%. Verbindet man diese Angaben mit den in Tabelle 44 angeführten Daten über den Anteil der amerikanischen Konzerne an der Brutto-Kapitalbildung in ausgewählten westeuropäischen Ländern, so wird das wachsende Gewicht des amerikanischen Kapitals im Produktions- und Reproduktionsprozeß des westeuropäischen Kapitals deutlich.

Tabelle 55
Anteil der US-Unternehmen am Gesellschaftskapital von Industriezweigen europäischer Länder

	BRD Ende 1968	Frankr.[1] Ende 1963	Italien Ende 1965	Großbr.[2] Ende 1966
Erdöl	35	20	20	35
Automobilind.	24	13	.	30
Maschinenbau	11	25 (Haushalt) 35 (Landmasch.)	.	.
Elektroindustrie	20	.	.	8,4
Chemie	7,5	.	28 (Seife) 51 (Kosm.) 37 (Pharm.)	21,3
Kautschuk		30 (Reif.)	.	.
Kunststoffverarbeitung	17	90 (Synth. Kautsch.)	5 (Reif.)	.
Textil, Bekleidung, Leder	3,5	.	.	1,9
Papier		.	12	1,3
Nahrungs- und Genußmittel	13,5	.	11	2,7
Handel	6	.	.	6,6
Insgesamt	8	5	7	7,2

1 Umsatzanteile
2 Anteil an den Nettoanlagen

Quelle: Rainer Hellmann, *Weltunternehmen* ..., a.a.O., Tabelle 12 im Anhang, S. 289.

Während einige Länder der zunehmenden »Amerikanisierung« ihrer Wirtschaft mit nur verbaler Kritik begegneten, so Kanada, Australien und Großbritannien, führten andere Nationen, insbesondere Japan und Frankreich, Kapitalimportrestriktionen ein. Analog seiner generell protektionistischen Außenwirtschaftspolitik praktizierte Japan unter den kapitalistischen Industrieländern die umfangreich-

Tabelle 56
Percentage ownership and sales by U.S. Companies in manufacturing industries in Canada, 1961:

	Percent Ownership of Total Capital	Percent of Total Sales
Automobiles	90	–
Rubber	81	77
Electrical apparatus	64	45
Chemicals	45	43
Miscellaneous	44	34
Pulp and Paper	43	30
Agricultural machinery	44	42*
Transport aquipment	23	67
Beverages	23	20
Iron and steel mills	19	40
Textiles	15	18

* Including all machinery and some automotive sales

Quelle: Jack N. Behrman, *National Interests* . . ., a.a.O., S. 40.

ste Kontrollpolitik gegenüber Kapitalimporten.[26] Das 1950 erlassene japanische Auslandsinvestitions-Gesetz verhinderte bis 1959 relevante Direktinvestitionen in der Wirtschaft Japans.[27] Unter dem Druck der anderen kapitalistischen Industrieländer, insbesondere der USA, wurde das Auslandsinvestitions-Gesetz in den 60er Jahren liberalisiert. Seit 1965 nahm Japan Direktinvestitionen unter drei Bedingungen auf:
a) sollte sich der Druck des Auslandskapitals auf die japanische Kleinindustrie in Grenzen halten,

26 M. Y. Yoshino, *Japan as Host to the International Corporation.* In: Kindleberger (Hrsg.), a.a.O., S. 345 ff.; Novitake Kobayashi, *Foreign Investment in Japan.* In: Litvak/Maule (Hrsg.), a.a.O., S. 123 ff.; Jon Halliday / Gavan McCormack, *Japan and America: Antagonistic Alliance.* In: *New Left Review,* Nr. 77, 1973; Kyoichi Maekawa, *Die Abhängigkeit des japanischen Monopolkapitals vom US-Imperialismus und die neue Phase seiner militaristisch-imperialistischen Wiederbelebung.* In: *Sozialistische Politik,* Nr. 19, 1972; C. P. Kindleberger, *American Business* . . ., a.a.O., S. 74 ff.
27 N. Kobayaski, a.a.O., S. 131 ff.

b) durften die Direktinvestitionen die Industriestruktur nicht ernsthaft beeinträchtigen und

c) hatten Direktinvestitionen Rücksicht auf junge Industriezweige Japans zu nehmen (Infant industries).[28]

Infolge der Praxis der japanischen Regierungspolitik nach außen, nämlich vage Liberalisierungen verbal zuzugestehen, nicht aber ernsthaft die protektionistische Grundhaltung zu ändern, blieben auch die Zugeständnisse an das Auslandskapital nach 1965 ohne große Auswirkungen auf das Volumen der japanischen Kapitalimporte. Eine Ausnahme bildete nur der Erdölsektor, der vom amerikanischen Kapital dominiert wird.[29] Die Operationalisierung der angeführten drei Bedingungen in Höchstprozentsätzen für Auslandsbeteiligungen an japanischen Unternehmen (z. B. 35% im Automobilsektor) und die Beschränkungen des Profittransfers hielten das Auslandskapital fern. Erst die Verschärfung der innerimperialistischen Konflikte gegen Ende der 60er Jahre und zu Beginn der 70er Jahre zwangen Japan, seine strenge Kapitalimportrestriktions-Politik aufzugeben. Da Japan über hohe Handelsbilanzüberschüsse verfügt und seine Weltmärkte in Zukunft in zunehmendem Maße durch Kapitalexporte absichern will, kann es sich eine Aufrechterhaltung des Protektionismus nur noch unter dem Risiko leisten, selbst Opfer protektionistischer Maßnahmen anderer Nationalstaaten zu werden. Die protektionistischen Schritte der USA gegenüber der japanischen Textil- und Stahlindustrie im Dezember 1971 waren Vorboten einer solchen möglichen Wende in der Außenwirtschaftspolitik anderer kapitalistischer Industrieländer.[30] Japan paßte sich daraufhin den neuen Verhältnissen an:[31]

– Im Oktober 1971 wurde der amerikanischen Gesellschaft Superscope Inc. eine 50%ige Beteiligung an der japanischen Standard Radio Corporation erlaubt,

– General Electric versucht momentan, eine 10%ige Beteiligung bei Hitachi zu erwerben, es kontrolliert bereits 12,6% des japanischen Elektrokonzerns Tokyo Shibaura (Toshiba),

28 Kindleberger, *American Business* ..., a.a.O., S. 101.

29 Maekawa, a.a.O., S. 35.

30 Halliday/McCormack, a.a.O., S. 61 ff.

31 Vgl. Halliday/McCormack, a.a.O., S. 63 ff. und Kobayashi, a.a.O., S. 153 ff.

– im Bereich der Video-Kasettenrecorder steht die amerikanische 3-M-Corporation mit Sony in Verhandlungen.
Es ist anzunehmen, daß die US-amerikanischen Direktinvestitionen in Japan, die 1970 eine Summe von erst 1,491 Mill. Dollar erreichten, in den nächsten Jahren sprunghaft ansteigen werden.
Nach Japan unterwarf Frankreich ausländische Direktinvestitionen den schärfsten Kontrollen.[32] Seit 1962/63 begann die französische Regierung, amerikanische Direktinvestitionen in Frankreich einem Genehmigungsverfahren zu unterziehen. Anlaß waren die Übernahme Simcas durch Chrysler, die Investitionen der amerikanischen Libby-McNeill in Südfrankreich und die dadurch verursachte Änderung der Agrarstruktur in diesem Raum sowie die Entlassungen von Arbeitern in einer Kühlschrankfabrik General Motors' bei Paris und einer Schreibmaschinenfabrik Remington Rands bei Lyon. Die französische Presse warnte vor einer Kolonisierung Europas durch die USA, der konservative Politologe Maurice Duverger schrieb in *Le Monde:* »Die USA haben schon mitten unter uns zahlreiche trojanische Pferde, und sie schicken uns unentwegt neue, nämlich ihre Kapitalunternehmen. Diese Investitionen sind für Europa wahre trojanische Pferde, denn, wer sie in Empfang nimmt, ist frei von Mißtrauen, er nimmt sie mit offenen Armen, wie Wohltaten auf und ist sich der Gefahren, die sie bergen, nicht bewußt.«[33]
Erste Auswirkungen hatte der Umschwung der französischen Haltung gegenüber den amerikanischen Investitionen 1964, als das französische Finanzministerium die Übernahme von Machines Bull durch General Electric ablehnte. Erst als sich keine nationalen Käufer für Machines Bull fanden, konnte General Electric dieses Unternehmen schlucken. In der folgenden Zeit wurden zahlreiche Übernahmeanträge von amerikanischen Unternehmen abgelehnt. Rhône-Poulenc errichtete aufgrund der französischen Restriktionsverfahren mit der Phillips Petroleum in Antwerpen, statt wie geplant in Borde-

32 Gilles Y. Bertin, *Foreign Investment in France.* In: Litvak/Maule, a.a.O., S. 107 ff.; Charles P. Kindleberger, *American Business* . . ., a.a.O., S. 74 ff.; Hellmann, *Weltunternehmen* . . ., a.a.O., S. 114 ff.; J. N. Behrman, *National Interests* . . ., a.a.O., S. 133 ff.
33 Zitiert nach: R. Hellmann, *Weltunternehmen* . . ., a.a.O., S. 116.

aux, ein Gemeinschaftsunternehmen; Ford baute sein in Lothringen geplantes Automobilwerk im deutschen Saargebiet. Michel Debré formulierte 1966: »In einem Lande wie Frankreich mit seiner Konzeption der Unabhängigkeit muß es bestimmte Sektoren geben, in denen die nationale Industrie wenigstens eine vorherrschende Stellung hat. Wir können keine sogenannte wirtschaftliche Kolonisation akzeptieren, deren politische Auswirkungen sicher wären.«[34]

Aufgrund wachsender Kritik im Innern ging Frankreich 1967 zu einer weniger restriktiven Genehmigungspraxis für Direktinvestitionen über, zu Ablehnungen kam es aber weiterhin. Fiat wurde beispielsweise eine Beteiligung an Citroën verwehrt, drei US-Firmen erhielten keine Erlaubnis für Beteiligungen an französischen Datenverarbeitungsunternehmen. Mit dem Rücktritt de Gaulles und der Amtsübernahme Pompidous zeichnete sich eine weitere Liberalisierung der Kapitalimport-Kontrollen Frankreichs ab. Der neue Premier Chaban-Delmas ließ verlauten: »Wir wollen uns keine Gelegenheit entgehen lassen, industrielle Anlagen in unserem Lande zu entwickeln. Wir sind nicht gegen, sondern für ausländische Investitionen.«[35] Giscard d'Estaing kündigte an, Frankreich sei zwar weiterhin gegen den Aufkauf französischer Unternehmen, nicht aber für Auslandsinvestitionen, die zur Gründung neuer Unternehmen führten. Ford konnte nun in Marseille ein Automobilunternehmen errichten, während Westinghouse die Übernahme Jeumont-Schneiders verboten wurde. Zu dieser gewandelten Haltung Frankreichs mag beigetragen haben, daß es seine restriktive Politik gegenüber US-Unternehmen nicht auf EWG-Ebene durchsetzen konnte. Amerikanische Unternehmen unterliefen deshalb die französische Politik teilweise dadurch, daß sie die in Frankreich beabsichtigten Investitionen in anderen EWG-Ländern an der Grenze zu Frankreich errichteten.

Das Beispiel Japans und Frankreichs zeigt, daß die weniger entwickelten kapitalistischen Industrieländer einer Liberalisierung des Kapitalverkehrs größeren Widerstand entgegensetzen als der Liberalisierung der Handelsbeziehungen,

34 Zitiert nach R. Hellmann, *Weltunternehmen* . . ., a.a.O., S. 121.
35 Zitiert nach Rainer Hellmann, *Weltunternehmen* . . ., a.a.O., S. 121.

obgleich die Internationalisierung des Kapitals den Abbau von Restriktionen sowohl in den internationalen Handels- als auch in den internationalen Kapitalbeziehungen erfordert. Diese differenzierte Politik ist darauf zurückzuführen, daß durch die Liberalisierung des internationalen Kapitalverkehrs die Konkurrenzbedingungen der weniger entwickelten nationalen Kapitale im stärkeren Maße tangiert werden als durch die Institutionalisierung des Freihandels. Die zunehmende nationale Kritik an der »Amerikanisierung« ihrer Wirtschaft, die seit Mitte der 60er Jahre in Kanada und Australien zu beobachten ist, bestätigt diese These. Solange sich allerdings der Akkumulationsprozeß des Weltkapitals in einer Aufschwungsperiode befindet – dies gilt für alle wichtigen kapitalistischen Industrieländer seit dem Zweiten Weltkrieg – und damit einhergehend der internationale Verflechtungsprozeß der nationalen Wirtschaften über den Handelsverkehr wächst, wird auch die Restriktionspolitik gegenüber Kapitalimporten nach und nach abgebaut und letzten Endes auf minimale Formen, wie z. B. nationale Beteiligungsauflagen, reduziert.

3.3.2 *Restriktionen der Kapitalexportländer*

Im Verlaufe dieser Arbeit wurde mehrmals betont, die Internationalisierung der Mehrwertrealisierung erzeuge notwendigerweise die Internationalisierung auch der Mehrwertproduktion, ohne daß dabei allerdings die Rückwirkungen der Internationalisierung des Produktionsprozesses auf die internationalen Handelsbeziehungen reflektiert wurden. Im folgenden Kapitel, in dem die Kapitalexportrestriktionspolitik der führenden Mächte auf dem kapitalistischen Weltmarkt erörtert werden soll, muß die Rückkopplung zwischen internationalen Kapital- und internationalen Handelsbeziehungen am Anfang der Darstellung stehen, denn sie bildet die Grundlage der Restriktionspolitik.
In Kapitel 2.3.5.3 wurde gezeigt, daß die Kapitalexporte der höchstentwickelten Nationen Angleichungsprozesse in der Stufenleiter der universellen Arbeit einleiten, indem die Entfaltung der Produktivkraft in den kapitalimportierenden, weniger entwickelten Ländern forciert wird, aber zugleich

im Zentrum des Weltkapitals die Zwänge zur Produktivkraftentwicklung – soweit sie aus dem internationalen Konkurrenzkampf resultieren – teilweise unterlaufen werden. Infolge dieser Angleichungsbewegung schichten sich zeitweise auch die internationalen Handelsströme um, weil die internationale Wettbewerbsfähigkeit der weniger entwickelten Länder bei zunächst unveränderten Währungsparitäten gestärkt, die der höchstentwickelten Länder demgegenüber geschwächt wird. Die schrumpfende Differenz zwischen den Rangpunkten der USA und Westeuropas in der Stufenleiter der universellen Arbeit, wie sie in den 60er Jahren auch wegen der amerikanischen Kapitalexporte nach Westeuropa beobachtet werden konnte, muß sich in ungleichgewichtigen Handelsbilanzen niederschlagen, solange sich das Wechselkursgefüge nicht den veränderten Bedingungen angepaßt hat.

Negative Auswirkungen auf die Handelsbilanz des höchstentwickelten kapitalistischen Industrielandes haben dessen Kapitalexporte noch aus einem weiteren Grunde: Da die Direktinvestitionen der Weltmarktbranchen dieser Nation überwiegend die Funktion haben, die Surplusprofitposition dieser Kapitale zu festigen (dies kann z. B. für zwei Drittel der amerikanischen Kapitalexporte angenommen werden), substituieren sie zu einem nicht geringen Teil die ehemaligen oder potentiellen Warenexporte dieser Anlagesphären des Kapitals. Ohne das mit den Kapitalexporten verbundene Ausweichmanöver wären die Exportbranchen dieses Landes gezwungen, die Produktivkraft der Arbeit verstärkt zu entfalten oder auf die Realisierung von Extraprofiten im internationalen Konkurrenzkampf zu verzichten, auf jeden Fall aber müßten sie weiterhin einen Teil ihres Warenkapitals auf dem Weltmarkt absetzen. Mit Hilfe der Direktinvestitionen entfällt dieser Zwang, die Warenexporte werden durch die Produktion im Exportmarkt selber substituiert. Der Umfang dieses exportsubstituierenden Effektes der Kapitalexporte und damit ihrer unterminierenden Wirkung auf die Handelsbilanz läßt sich für die USA anhand der Verhältniszahl zwischen Warenexporten und Direktinvestitionen indizieren (vgl. Tabelle 57 und Tabelle 58).

Unter Berücksichtigung der Schätzung, daß der Produktionswert der Auslandsdirektinvestitionen etwa das Doppelte ihres

Tabelle 57
Auslandsinvestitionen und Export (in Milliarden Dollar)

Land	Bestand an Auslandsinvestitionen a			
	Ende 1966 (OECD)	Ende 1966 oder 1967 (Handelskammer Hamburg)	Warenexport 1967 (OECD)	Verhältnis Export/ Direktinvestitionsbestand
USA	54,5	59,5	31,15	0,5
Kanada	3,2	3,75	10,55	3
Japan	1,0	1,45	10,45	7
Großbritannien	16,0	13,50	14,40	1
Frankreich	4,0	6,0	11,40	2
Schweiz	–	4,25	3,47	1
Deutschland	2,5	3,5	21,75	7
Niederlande	–	2,25	7,30	3
Schweden	0,8	1,25	4,50	4

a Buchwerte

Quelle: Rainer Hellmann, *Weltunternehmen* ..., a.a.O., S. 18.

Tabelle 58
Auslandsexpansion 1957-65, Industrieunternehmen

Prozentsatz der Umsatzsteigerungen durch:	Exporte	Auslandsproduktion
USA	2	13
Großbritannien	12	20
Frankreich	6	1
BRD	14	2
Italien	24	5
Niederlande	27	17
Kanada	33	13
Japan	17	2

Quelle: IMSF, *Internationale Konzerne und Arbeiterklasse*, a.a.O., S. 28.

Buchwertes ausmacht, setzten die US-Kapitale 1966/67 etwa das Vierfache ihres Exportwertes durch Produktionsstätten im Ausland auf dem Weltmarkt um. Bei den anderen kapitalistischen Industrieländern war diese Relation erheblich geringer: Großbritannien und die Schweiz realisierten im Ausland durch Direktinvestitionen doppelt so viel wie durch Warenexporte; Japan und die BRD setzten immer noch weitaus mehr Waren in Form von Exporten als durch Direktinvestitionen auf dem Weltmarkt ab. Tabelle 58 zeigt, daß von 1957 bis 1965 die Umsatzsteigerungsraten der ausländischen Produktionsstätten bei Großbritannien und den USA größer waren als die Wachstumsraten der Warenexporte, während bei der BRD, Japan und Italien die Warenexporte deutlich schneller expandierten als die Umsätze der Auslandsproduktionsstätten.

Die amerikanischen Kapitalexporte haben nach diesen Überlegungen die Zahlungsbilanz der USA in den 60er Jahren aus drei Gründen unterminiert:

1. substituierten sie in hohem Maße die amerikanischen Warenexporte,
2. produzierten sie Angleichungsbewegungen in der Stufenleiter der universellen Arbeit und stärkten damit die Konkurrenzposition des westeuropäischen Kapitals auf dem Weltmarkt,
3. führten sie zu negativen Salden in der Bilanz der langfristigen Kapitalbewegungen.

In den Zahlungsbilanzdaten der USA von 1960 bis 1972 sind diese Prozesse dokumentiert (vgl. Tabelle 59).

Während die Handelsbilanz der Vereinigten Staaten bis Ende der 60er Jahre Überschüsse auswies, war die Grundbilanz permanent negativ, weil die hohen langfristigen Kapitalexportüberschüsse die positiven Salden der Leistungsbilanz überkompensierten. Die oben beschriebenen Rückwirkungen der Kapitalexporte auf die Warenexporte einerseits und die ungleichmäßige Enwicklung zwischen den USA und Westeuropa/Japan andererseits erodierten aber im Verlaufe der 60er Jahre die amerikanische Handelsbilanz, so daß das Defizit der Grundbilanz seit 1966 immer größer wurde. Eliminiert man die Warenexporte, die die USA nur durch den Lieferbindungszwang ihrer Entwicklungshilfeleistungen realisieren konnten, weist die Handelsbilanz bereits 1966 ein Defizit aus,

Tabelle 59
U.S. Trade and Balance-of-Payments Deficits 1960-72 (in billions of Dollars)

	Trade Balance		*Balance of payments*	
	F. o. b.	C. i. f. Excluding foreign aid	Basic Balance	Liquidity
1960	4.9	1.8		−3.7
1961	5.7	2.5		−2.3
1962	4.8	0.9		−2.9
1963	5.4	1.2	0.8	−2.7
1964	7.1	2.3		−2.7
1965	5.2	0.6		−2.5
1966	3.8	−1.4	−1.7	−2.2
1967	3.8	−1.4	−3.3	−4.7
1968	0.6	−5.9	−1.4	−1.6
1969	0.6	−4.2	−3.0	−6.1
1970	2.1	−3.0	−3.1	−3.9
1971	−2.7	−9.3	−9.3	−22.0
1972	−6.9	−14.5	−10.2*	−13.1*

* January-September 1972

Quelle: Committee on Finance United States Senate, *The Multinational Corporation and the World Economy*, a.a.O., S. 32.

eine Tatsache, die die Stärke der negativen Handelsbilanzeffekte der amerikanischen Kapitalexporte und des Positionsverlustes des US-Kapitals in der Stufenleiter der universellen Arbeit anzeigt.
Obwohl die USA als Leitwährungsland im Bretton-Woods-System ihren negativen Grundbilanzsalden zumindest bis zur Umkehrung der Handelsbilanzsalden tatenlos zusehen konnten, waren sie bereits Mitte der 60er Jahre zur Einleitung von Stabilitätsmaßnahmen gezwungen, wollten sie das primär ihren Interessen als imperialistischer Führungsmacht dienende Weltwährungssystem, das die Umtauschbarkeit der Dollar-Guthaben in Westeuropa und Japan in Gold wenigstens formal vorsah, nicht funktionsunfähig machen. Da die

umfangreichen amerikanischen Kapitalexporte auch rein optisch für die defizitäre Grundbilanz verantwortlich sind, wird seit Ende der 60er Jahre in den USA die Frage diskutiert, welche Auswirkungen die Auslandsinvestitionen auf die verschiedenen Posten der Zahlungsbilanz haben. Die multinationalen Konzerne und ihre Pressure Groups vertreten ihren Interessen gemäß die Auffassung, die Direktinvestitionen beeinflußten die Zahlungsbilanz nicht negativ, sondern im Gegenteil positiv.[36] Auch der Finanzausschuß des amerikanischen Senates hat sich diese Anschauung zu eigen gemacht. Hauptargumente dieser Position sind:

a) der augenscheinlich positive Einfluß der multinationalen Konzerne auf die Handelsbilanz, der damit belegt wird, daß die Warenexporte der verarbeitenden Industrie an die amerikanischen Tochtergesellschaften 1966 13,7 Mrd. Dollar und 1970 21,7 Mrd. Dollar ausmachten (das sind 62% der amerikanischen Gesamtexporte), während sich die Fertigwarenimporte über Tochtergesellschaften nur auf 6,1 Mrd. Dollar 1966 und 10,7 Mrd. Dollar 1970 (das sind 35% der Fertigwarenimporte) beliefen;[37]

b) der ebenfalls positive Einfluß der multinationalen Konzerne auf die Kapitalverkehrsbilanz. Die amerikanischen Kapitalimporte an Profiten, Zinsen, Dividenden, Royalties und Managementgebühren überstiegen z. B. 1971 den Kapitalexport, der an amerikanische Tochtergesellschaften im Ausland floß, um 4,5 Mrd. Dollar. »Foreign investment by U.S. corporations cannot be fairly blamed as the basic cause

36 Vgl. die Stellungnahmen der multinationalen Konzerne (ITT, IBM, Xerox, Monsanto, Union Carbide, Allied Chemical, u. a.) und der Interessenverbände des amerikanischen Kapitals (National Association of Manufacturers, U.S. Chamber of Commerce, u. a.) vor dem Subcommittee on international trade des Finanzausschusses des amerikanischen Senats, in: Committee on Finance, United States Senate, *Multinational Corporations, A Compendium of Papers submitted to the Subcommittee on International Trade of the Committee on Finance of the United States Senate*, U.S. Government Printing Office, Washington 1973 und Committee on Finance, *Multinational Corporations, Hearings before the Subcommittee on International Trade of the Committee on Finance, United States Senate, Ninety-Third Congress, First Session*, U.S. Printing Office, Februar 1973.

37 Committee on Finance, *The Multinational Corporations* . . ., a.a.O., S. 20 f.

of our persistent balance of payments deficits. Indeed, the income on foreign investment is growing at a healthy pace, and together with royalty and fee income, exceed direct investment capital outflows by $ 4,5 billion [...]«[38]

Diese Argumentation ist in zweifacher Weise vordergründig:

1. stellt sie die durch multinationale Konzerne verursachten laufenden jährlichen Kapitalabflüsse den laufenden jährlichen Kapitalimporten gegenüber, statt im Zeitablauf zu verfolgen, wie eine ursprüngliche Auslandsinvestition für ein Projekt von X Mill. Dollar a) durch die erweiterte Reproduktion des Kapitals wächst und damit weitere Kapitalexporte induziert und b) in Form von Profittransfers, Dienstleistungsvergütungen an die Mütter etc. Kapitalimporte produziert, die die ursprüngliche Investitionssumme und deren Wachstum nach einer Frist von vielleicht 10 bis 15 Jahren übersteigen und dann erst die Zahlungsbilanz positiv beeinflussen;
2. unterschlägt sie die exportsubstituierende Wirkung der Direktinvestitonen, weil sie unter Berufung auf die bürgerliche Theorie die defensive Orientierung der Auslandsdirektinvestitionen voraussetzt und damit deren negative Effekte auf die Handelsbilanz verschleiert.[39]

In mehreren Studien bürgerlicher Ökonomen, die in den 60er Jahren die Zahlungsbilanzwirkungen der Direktinvestitionen differenzierter untersuchten, wurden andere Ergebnisse erzielt als in den Veröffentlichungen des Finanzausschusses des amerikanischen Senates.[40] Unter Verwendung verschiedener Untersuchungsmethoden und unterschiedlicher statisti-

38 Committee on Finance, United States Senate, *The Multinational Corporation and the World Economy*, a.a.O., S. 33.

39 Nicht ganz so vordergründig wird in der Zweiten Studie des Finanzausschusses des amerikanischen Senates argumentiert (Committee on Finance, *Implications ...*, a.a.O., S. 266 ff.), wenngleich auch hier die Effekte der US-Direktinvestitionen auf die Kapitalverkehrsbilanz methodisch unzureichend reflektiert werden und die exportsubstituierenden Wirkungen der Auslandsinvestitionen unberücksichtigt bleiben.

40 Vgl. vor allem: G. C. Hufbauer und F. M. Adler, *Overseas Manufacturing Investment and the Balance of Payments*, U.S. Treasury Department, Washington D.C. 1968. Eine Darstellung und Kritik der Treasury-Studie und anderer Zahlungsbilanzstudien ist in: Dietmar Haubold, *Direktinvestitionen und Zahlungsbilanz*, Hamburg 1972, zu finden; vgl. auch: R. Vernon, *Sovereignty ...*, a.a.O., S. 163 ff.

scher Ausgangsmaterialien versuchten diese Analysen, sogenannte pay-off-Perioden für Kapitalexporte zu ermitteln, d. h. den Zeitraum zu ermessen, in dem die negativen Wirkungen des Kapitalexportes auf die Zahlungsbilanz in positive Wirkungen umschlagen, also Netto-Devisen-Zuflüsse bewirken. Untersucht wurden die Wirkungen eines einmaligen, eines jährlich konstanten und eines jährlich mit konstanter Rate zunehmenden Kapitalexportes auf die Zahlungsbilanz, wobei Berücksichtigung fanden: Einkommenstransfers aus Direktinvestitionen, Warenexporte (Kapitalgüter, Vorleistungen, Dienstleistungen) an ausländische Tochtergesellschaften, verschiedene Multiplikatorwirkungen und exportsubstituierende versus exportfördernde Wirkungen von Direktinvestitionen. Die Ergebnisse dieser Studien sind in der Tabelle 60 zusammengetragen:

Tabelle 60
Pay-off-Perioden in Jahren

Studie	Modellannahme		
	Einmaliger Kapitalabfluß	Jährlich konstanter Kapitalabfluß	Jährlich konstant wachsender Kap.-Abfl.
Homan			12,9
Bell			
Erhebung 1957	9,2	15,7	22,5
Erhebung 1959–60	6,6	11,3	15,3
Erhebung 1962–64	4,7	8,1	10.1
Hufbauer/Adler	6,5	11,4	16,5
Behrman	2,1		

Quelle: D. Haubold, *Direktinvestitionen* ..., a.a.O., S. 255.

Bei jährlich mit konstanter Rate wachsenden Kapitalabflüssen sind nach diesen Untersuchungen pay-off-Perioden von 10 bis 22 Jahren anzunehmen, wobei die Bellsche Untersuchung auf der Basis des 1957er Census allerdings auf schlechtem statistischen Ausgangsmaterial beruht. Methodisch ziemlich einwandfrei scheint die Hufbauer/Adler-Studie zu sein, weil die beiden Autoren verschiedene Modelle über Alternativen bei

Nicht-Existenz der Auslandsinvestitionen diskutieren. Die in der Tabelle 60 wiedergegebenen pay-off-Perioden der Hufbauer/Adler-Studie basieren auf der Annahme des sogenannten reverse classical models.[41] Das reverse classical model setzt voraus, daß die Direktinvestitionen die Investitionsausgaben sowohl im Inland wie im Ausland unberührt lassen, im Anlageland die Auslandsinvestitionen also bei Nicht-Existenz durch inländische oder Drittland-Investitionen ersetzt werden. Bereits bei diesem Modell, das für die Beurteilung der amerikanischen Zahlungsbilanz insofern günstig ist, als die Auslandsinvestitionen voraussetzungsgemäß nicht durch Warenexporte ersetzt werden können, beträgt die pay-off-Periode im Falle konstant wachsender Direktinvestitionen 16,5 Jahre.
Noch kritischer wirken sich Direktinvestitionen auf die Zahlungsbilanz bei Berücksichtigung der sogenannten classical und anticlassical-models aus. Das classical model nimmt an, daß die Direktinvestitionen im Anlageland eine zusätzliche Investition darstellt, also nicht substituierbar ist, und die Investition im Exportland vermindert; im anticlassical model erhöht die Auslandsinvestition die Investitionssumme im Anlageland, verringert aber nicht die Investitionssumme im Exportland. In diesen beiden Modellen können die Direktinvestitionen die Warenexporte substituieren und führen deshalb zu extrem langen bis unendlichen pay-off-Perioden.
Nach unseren theoretischen Überlegungen über die Rückwirkungen der Kapitalexporte auf die internationalen Handelsbeziehungen und der empirischen Analyse der Branchenstruktur der amerikanischen Direktinvestitionen in der verarbeitenden Industrie Westeuropas muß von den in den Zahlungsbilanzstudien diskutierten drei Modellen dem classical und dem anti-classical-model Priorität eingeräumt werden. Das reverse classical model ist für die Analyse der Direktinvestitionen der imperialistischen Führungsmacht ungeeignet,

41 Zur Diskussion und Abgrenzung des classical, reverse classical und anticlassical models vgl. Hufbauer/Adler, a.a.O., S. 6 f.; auch: W. B. Reddaway, S. J. Potter und C. T. Taylor, *Effects of U.K. Direct Investment Abroad,* Final Report, Cambridge 1968, S. 282 ff., sowie John H. Dunning, *The costs and benefits of foreign direct investment to investing country: the U.K. experience.* In: Ders., *Studies* . . ., a.a.O., S. 49 ff., insbesondere S. 98 ff. und S. 107 ff.

weil es unrealistische Annahmen über die Exporteffekte der Kapitalexporte enthält.
Es ist nun selbstverständlich, daß sich die amerikanische Regierung in ihrer Entscheidung, die Kapitalexporte kurzfristigen Restriktionen zu unterwerfen, um die Zahlungsbilanz zu sanieren, nicht auf die classical- oder anticlassical-model-Analysen stützte, denn sie hätte damit die negativen Effekte der amerikanischen Direktinvestitionen nicht nur auf die Warenexporte, sondern auch auf die Arbeitsplatzsicherheit in den USA eingestanden. Als theoretische Basis für die Kapitalexportkontrollen genügten der US-Regierung die im Auftrage des Schatzministeriums mit Hilfe des reverse classical models durchgeführten Zahlungsbilanzanalysen. Aus diesen Untersuchungen konnte sie einerseits die langfristig positiven Auswirkungen der Direktinvestitionen auf die amerikanische Zahlungsbilanz, auf die internationale Wettbewerbsfähigkeit des US-Kapitals (defensive Orientierung der Auslandsinvestitionen) und auf die Sicherheit der Arbeitsplätze in den USA ableiten, andererseits aber auch folgern, daß zeitlich begrenzte Kapitalexportlimitierungen zu kurzfristigen Sanierungserfolgen in der Kapitalverkehrsbilanz führen können. Dieser Logik entsprechend führte die amerikanische Regierung 1965 zunächst ein freiwilliges Selbstbeschränkungsprogramm für die multinationalen Konzerne ein, um dann 1968 dem US-Kapital bindende Kapitalexportkontrollen aufzuerlegen.[42] Das freiwillige Selbstbeschränkungsabkommen forderte die US-Unternehmen auf, ihre Rückflüsse in die USA 1965 um 15 bis 20% im Vergleich zu 1964 zu erhöhen, während die Abflüsse aus den USA noch keinen Restriktionen unterworfen wurden. Dies geschah erst 1966, als die US-Regierung die multinationalen Konzerne aufforderte, die Abflüsse im Vergleich zu 1965 um 1 Mrd. Dollar zu kürzen. Jedes Unternehmen sollte nur 90% der 1965 getätigten Abflüsse und zusätzlich die nichttransferierten Gewinne der Jahre 1962 bis 1964 im Ausland investieren dürfen. 1967 wurde das Programm abermals verschärft: Nur

42 Vgl. Jack N. Behrman, *National Interests* . . ., a.a.O., S. 88 ff.; H. David Willey, *Direct Investment Controls and the Balance of Payments.* In: Kindleberger (Hrsg.), a.a.O., S. 95 ff.; Charles P. Kindleberger, *American Business* . . ., a.a.O., S. 50 ff.; Raymond Vernon, *Sovereignty* . . ., a.a.O., S. 212 ff.; Rainer Hellmann, *Weltunternehmen* . . ., a.a.O., S. 204 ff.

noch 20% der 1966 getätigten Auslandsinvestitionen sollten im Ausland akkumulierbar sein. 1968 wurde das Kapitalexportrestriktions-Programm gesetzlich verbindlich und noch einmal verschärft: US-Unternehmen, die mehr als eine 10%ige Beteiligung an ausländischen Unternehmen besaßen, sollten nur noch mit Genehmigung des Handelsministeriuns Kapital exportieren und gleichzeitig ihre Gewinne und ihre kurzfristigen Aktiva in die USA retransferieren dürfen. Durchschnittlich konnten die US-Unternehmen bis zu 35% ihrer Kapitalexporte und reinvestierten Gewinne der Jahre 1965 bis 1966 ins Ausland exportieren. Eine Ausnahme wurde für Kapitalexporte in unterentwickelte Länder gemacht; diese konnten 110% der in den Jahren 1965/66 getätigten Investitionen und reinvestierten Gewinne als Neuinvestitionen erhalten. Den Ländern, die in hohem Maße von Kapitalimporten aus den USA abhängig waren, Kanada, Australien, Irland, Neuseeland, Großbritannien und den Erdölländern, wurde ein Prozentsatz von 65% der Basisjahre 1965/66 eingeräumt. Obwohl die US-Unternehmen das Restriktions-Programm ihrer Regierung durch Kapitalanleihen im Ausland, insbesondere im Euro-Dollar-Markt, zu unterlaufen versuchten[43], stagnierten die amerikanischen Direktinvestitionen von 1965 bis 1968. Insbesondere schlug der Übergang vom freiwilligen Selbstbeschränkungsabkommen zur gesetzlichen Beschränkung der Kapitalexporte deutlich zu Buche (vgl. Tabelle 61). Die amerikanischen Direktinvestitionen, die ohne Auslandsanleihen und ausländische Kredite finanziert wurden, fielen im Rahmen des Selbstbeschränkungsabkommen von 1965 4 Mrd. Dollar auf 1967 3,7 Mrd. Dollar, um dann nach Einführung der gesetzlichen Kapitalexportkontrollen im Jahre 1968 auf 1,4 Mrd. Dollar zurückzugehen. Auch in den amerikanischen Zahlungsbilanzsalden wirkten sich die Kapitalexportkontrollen aus. Zwar stieg das Defizit in der Handelsbilanz von 1967 1,4 Mrd. Dollar auf 1968 5,9 Mrd. Dollar an, der Defizitsaldo der Grundbilanz sank aber von 1967 3,3 Mrd. Dollar auf 1968 1,4 Mrd. Dollar. Eine generelle Wende in der amerikanischen Zahlungsbilanz konnte das kurzfristige Kontrollprogramm jedoch nicht einleiten, denn die Handelsbilanz

43 Vgl. H. D. Willey, a.a.O., S. 98 f.

Tabelle 61
Direct Investment Transactions, Excluding Canada, 1965 to 1969 (billions of dollars)

Selected Transactions	Data for 3,300 OFDI Reporters				Projections from 469 Major Companies
	1965	1966	1967	1968	1969
Total, all schedules, excluding Canada	1.02	1.08	0.92	1.21	1.67
Reinvested earnings	1.02	1.08	0.92	1.21	1.67
Capital transfers, including use of foreign borrowings	3.10	3.44	3.35	2.47	3.42
Direct investment, including use of foreign borrowings	4.12	4.52	4.27	3.68	5.09
Use by direct investor of long-term foreign borrowings	0.11	0.65	0.56	2.22	2.30
Direct investment, excluding use of foreign borrowings	4.01	3.87	3.71	1.46	2.79

Quelle: H. D. Willey, a.a.O., S. 99.

war wegen der ungleichmäßigen Entwicklung der Produktivkräfte in den USA und Westeuropa sowie der Exportsubstitutionseffekte der amerikanischen Direktinvestitionen stark unterminiert. Die kurzfristigen Verbesserungen der amerikanischen Kapitalverkehrsbilanz konnten die Strukturkrise der amerikanischen Handelsbilanz nicht auffangen.
Wenn unsere Analyse der Rückwirkungen der Direktinvestitionen auf die Warenexporte richtig ist, dann kann erwartet werden, daß die führenden Kapitalexporteure des kapitalistischen Weltmarktes periodisch zu Beschränkungen des Kapitalexportes gezwungen sein werden. Die Direktinvestitionen unterminieren nämlich auf Dauer die Handelsbilanzpositionen der betreffenden Länder und produzieren so Zahlungsbilanzkrisen, die eine zeitweise Restriktionspolitik gegenüber Kapitalexporten erforderlich machen. Das amerikanische Beispiel findet in den Kapitalexportkontrollen Großbritanni-

ens seine Parallele. Auch Großbritanniens Handelsbilanz dürfte nicht nur deshalb negativ sein, weil die ungleichmäßige Entwicklung der nationalen Kapitale zuungunsten dieses Landes verlaufen ist, sondern auch teilweise auf die hohen Kapitalexporte zurückzuführen sein. In den umfangreichen Auslandsinvestitionen eines Landes ist damit eine periodische Kapitalexportrestriktionspolitik einprogrammiert.

3.4 Die Internationalisierung der Mehrwertproduktion und die Tendenzen zur Überwindung des Nationalstaates

Fassen wir die in diesem Abschnitt dargestellten Beziehungen zwischen der nationalen Organisationsform des bürgerlichen Staates und der Internationalisierung des Kapitals zusammen, so ergibt sich ein widersprüchliches Bild. Die Nationalstaaten sind zwar in den Aufschwungsphasen des kapitalistischen Weltmarktes gezwungen, die Barrieren der internationalen Handels- und Kapitalbeziehungen tendenziell aufzuheben, um den politischen Unterbau für die Weltmarkttendenz des Kapitals zu errichten, sowohl die Nettokapitalexportnationen als auch die Nettokapitalimportnationen betreiben aber dennoch eine die Internationalisierung des Kapitals partiell hemmende Restriktionspolitik. Gleichzeitig führt die Internationalisierung des Kapitals zu einer Untergrabung der ökonomischen und politischen Autonomie der Nationalstaaten. Es stellt sich also die Frage, ob die Internationalisierung des Kapitals eine Tendenz zur Internationalisierung der Staatsfunktionen produziert, ob die Hemmnisse, die die Nationalstaaten teilweise gegen die Internationalisierung der Mehrwertproduktion errichten, und die Schwächung der nationalstaatlichen Interventionsinstrumentarien (Konjunktur- und Währungspolitik) nicht Kräfte mobilisieren, die eine Supranationalisierung der Staatsgewalt intendieren. Motor dieser Tendenz wären vor allem die die nationalen Schranken sprengenden multinationalen Konzerne, so daß eine Analyse des Verhältnisses von Reproduktionsprozeß des Kapitals in multinationalen Konzernen und nationalstaatlicher Organisation des bürgerlichen Staates das Supranationalisierungsproblem zu entscheiden hat.

Überblickt man die Funktionen des bürgerlichen Staates als ideellem Gesamtkapitalisten,[44] nämlich:

1. die Institutionalisierung der bürgerlichen Verkehrsverhältnisse als Rechtsverhältnisse (Rechtsfunktion),
2. die Sicherung der kapitalistischen Herrschaftsverhältnisse nach innen und außen (Herrschaftsfunktion),
3. die Herstellung der allgemeinen materiellen Produktionsbedingungen des Kapitals (Infrastrukturfunktion),
4. die Stabilisierung des von Krisen periodisch unterbrochenen Akkumulationsprozesses des Kapitals (Krisenfunktion),
5. die Sicherung der Existenz und Expansion des nationalen Kapitals im internationalen Konkurrenzkampf auf dem Weltmarkt (Weltmarktfunktion),

dann ist unmittelbar einsichtig, daß die Herrschafts- und die Infrastrukturfunktion für die multinationalen Konzerne durch prinzipiell jeden Nationalstaat, in dem sich die Konzerne ansiedeln, wahrgenommen werden kann, in diesen Bereichen eine Internationalisierung der Staatsfunktion also nicht notwendig ist. Auch die Rechtsfunktion des bürgerlichen Staates kann ohne weiteres von allen Nationalstaaten, in denen sich multinationale Konzerne niederlassen, ausgeübt werden. Probleme ergeben sich hier nur im Bereich des Wettbewerbsrechtes und einiger Teilbereiche des Außenwirtschaftsrechtes. Die Konflikte, die zwischen den Nationalstaaten und den multinationalen Konzernen im Wettbewerbs- und Außenwirtschaftsrecht auftauchen, sind aber durch Abkommen zwischen den Nationalstaaten lösbar und stellen somit keine relevante Triebkraft zu supranationalen Staatsformen dar.

Stärker tangiert wird der Reproduktionsprozeß des Kapitals in den multinationalen Konzernen durch die nationalstaatliche Organisation der Krisen- und Weltmarktsfunktion des bürgerlichen Staates. Aus den Überlegungen über die Auswirkungen der Akkumulationsbewegung der multinationalen Konzerne auf die nationalen Konjunkturzyklen wird deutlich,

44 Vgl. Elmar Altvater, *Zu einigen Problemen des Staatsinterventionismus.* In: *Probleme des Klassenkampfes*, Nr. 3, 1973.

daß bei der noch vorherrschenden Tendenz der horizontalen Integrationsform der multinationalen Konzerne die Krisenfunktion des bürgerlichen Staatsapparates unterminiert wird. Da die nationalen Zyklen asynchron verlaufen, werfen die multinationalen Konzerne ihre akkumulationsfähigen Profitmassen in die Nationen, in denen die Konjunktur sich im Aufschwung befindet und lassen die ohnehin wenig effektiven Interventionsinstrumentarien der Konjunkturpolitik noch weiter abstumpfen. Das Unterlaufen der nationalen Geld- und Kreditpolitik durch die konzerninternen Verrechnungspraktiken der multinationalen Konzerne verstärkt diese Erosionstendenzen. Multinationale Konzerne erschweren die antizyklische Konjunkturpolitik der Nationalstaaten und damit die relative Möglichkeit des bürgerlichen Staates, die Extreme des Konjunkturverlaufes abzumildern. Dieser objektive Widerspruch zwischen dem krisenverschärfenden Reproduktionsprozeß des Kapitals in seiner multinationalen Organisationsform und dem gesamtkapitalistischen Interesse an einer Stabilisierung des Akkumulationsprozesses durch Staatsinterventionen wäre nur durch eine weltstaatliche Koordination der internationalen Konjunkturpolitik aufhebbar.

Die Transformation der horizontalen Struktur der multinationalen Konzerne in eine vertikale Integrationsform, die sich mit der zunehmenden Internationalisierung der Mehrwertproduktion tendenziell herausbildet, verschärft den eben bezeichneten Widerspruch. Vertikal organisierte multinationale Konzerne produzieren in der Tendenz eine Synchronisierung der nationalen Konjunkturzyklen, *einen* Weltmarktzyklus, und lassen damit die nationale Konjunkturpolitik zu einem Anachronismus werden. Die Gefahr für den Reproduktionsprozeß der multinationalen Konzerne wäre vor allem darin zu sehen, daß die nationale Konjunkturpolitik in Krisenzeiten durch den Rückgriff auf protektionistische Außenwirtschaftsinstrumentarien (Zölle, Abwertungen, Exportprämien etc.) nicht nur nicht prozyklisch wirkte, weil sie zur Rückbildung des Weltmarktes führte, sondern die organisatorische Einheit des Arbeitsprozesses in multinationalen Konzernen auseinanderreißen würde und damit den Reproduktionsprozeß zum Erliegen bringen müßte. Auch diese Widersprüche könnte nur durch die Etablierung einer internationalen Konjunkturpolitik *eines* Weltstaates aufgehoben werden. Die Weltmarktfunktion des bürgerlichen Staates, die aus sich heraus Beschränkungen sowohl der Kapitalexporte als auch der Kapitalimporte hervorbringt und damit den Internationalisierungsprozeß des Kapitals partiell hemmt, erheischt ebenfalls eine internationale Koordinierung der Außenwirtschaftspolitik, die letzten Endes nur von einem ideellen Gesamtkapitalisten des Weltkapitals betrieben werden könnte.

Die Internationalisierung des Kapitals drängt damit über die nationale Organisationsform des bürgerlichen Staates hinaus, setzt Triebkräfte in Richtung supranationaler Staatsformen frei. Diese objektive Tendenz, die in der Internationalisierung der Mehrwertproduktion angelegt ist, bricht sich allerdings an einer anderen objektiven Tendenz der kapitalistischen Produktionsweise im Weltmaßstab, nämlich der der ungleichmäßigen und ungleichzeitigen Entwicklung der verschiedenen Nationen. Internationaler Konkurrenzkampf ungleich entwickelter nationaler Kapitale ist nur auf Basis der nationalstaatlichen Organisation des Kapitals möglich, denn nur diese garantiert die Schutzmechanismen, die das internationale Wertgesetz für die schwächer entwickelten Nationen insbesondere in Gestalt der Wechselkursbewegungen stets produziert. Nur die Existenz des Nationalstaates führt dazu, daß sich die Rangstruktur der nationalen Kapitale in der Stufenleiter der universellen Arbeit in einer Stufenfolge der nationalen Währungsparitäten widerspiegelt, daß damit nationale Kapitale mit ungleichem Entwicklungsniveau auf dem Weltmarkt konkurrieren können, ohne einen internationalen Vernichtungsprozeß der schwächer entwickelten nationalen Kapitale hervorzurufen. Überwindung des Nationalstaates, Verschmelzung verschiedener Nationalstaaten in einem supranationalen Staatsgebilde, um eine internationale Konjunktur- und Weltmarktpolitik zu ermöglichen, heißt letzten Endes Nivellierung aller nationalstaatlichen Schranken, heißt somit Beseitigung der spezifischen Differenz zwischen nationaler und internationaler Wirkungsweise des Wertgesetzes. Der durch einen Weltstaat produzierte internationale Konzentrations- und Zentralisationsprozeß des Kapitals entspricht somit zwar den Interessen der Kapitale der entwickelteren Länder, nicht aber den Kapitalinteressen weniger entwickelter Nationen. Selbst den multinationalen Konzernen zweit- und drittrangiger Nationen kann deshalb nicht an einer generellen Supranationalisierungstendenz gelegen sein, denn am Beispiel des wechselseitigen Investitionsbestandes der USA und Westeuropas haben wir gesehen, daß nicht einmal alle Weltmarktbranchen des europäischen Kapitals zu Direktinvestitionen in den USA in der Lage sind, also immer noch auf die Vermittlung des internationalen Konkurrenzkampfes durch die nationalen Währungsparitäten angewiesen sind. Um wieviel mehr werden sich dann die bloß am nationalen Markt orientierten Kapitale und die schwächer entwikkelten Kapitale der rangniederen Nationen gegen den Nivellierungsprozeß stemmen, den supranationale Staatsformen gebären.

Die von der Internationalisierung des Kapitals objektiv hervorgetriebene Tendenz zur Internationalisierung der Staatsfunktion bricht sich so lange an der nationalstaatlichen Verfassung des Kapitals, wie die Voraussetzungen der Supranationalisierung, nämlich ein etwa gleicher Entwicklungsgrad der Nationen, nicht erreicht ist. Die Internationalisierung der Mehrwertproduktion, die Internationalisierung der Produktivkräfte findet somit an der der kapitalistischen Produktionsweise im Weltmaßstab notwendigerweise eigenen Nationalstaatsstruktur ihre relativen Schranken, sie gerät mit ihr in vorerst unaufhebbare Widersprüche. Praktizierbar und denkbar sind in der momentanen Etappe der Internationalisierung des Kapitals Formen der Kooperation zwischen Nationalstaaten, die die Unterschiede z. B. im internationalen Wettbewerbs- und Außenwirtschaftsrecht beseitigen. Lösbar sind in Aufschwungsetappen des Weltkapitals auch die Probleme, die sich aus der Internationalisierung der Mehrwertrealisierung ergeben, also Zollabbau, Beseitigung sonstiger Handelshemmnisse, internationale Währungskooperation, denn auf der Ebene der internationalen Handelsbeziehungen produziert das internationale Wertgesetz Ausgleichsmechanismen, die auch die schwächer entwickelten nationalen Kapitale an einer Liberalisierung des Weltmarktes interessiert sein lassen. Nicht lösbar sind allerdings die Widersprüche, die sich aus der

Tendenz zur Internationalisierung der Mehrwertproduktion bei gleichzeitiger nationaler Organisationsform des bürgerlichen Staates ergeben, weil die Aufhebung dieser Widersprüche die Beseitigung der Schutzmechanismen des internationalen Wertgesetzes impliziert. Eine Internationalisierung der Staatsfunktionen läßt sich vorerst nur mit kriegerischen Mitteln durchsetzen, einer Form innerimperialistischer Politik, die wegen des Antagonismus zwischen Sozialismus und Kapitalismus immer weniger vorstellbar ist.

4 Internationalisierung der Mehrwertproduktion und die gewerkschaftlichen Kämpfe der Arbeiterklasse

Karl Marx schrieb 1866 in seinen Instruktionen an die Delegierten des 1. Kongresses der Internationalen Arbeiterassoziation:[1] »Das Kapital ist konzentrierte gesellschaftliche Macht, während der Arbeiter nur über seine Arbeitskraft verfügt. Der Kontrakt zwischen Kapital und Arbeit kann deshalb niemals auf gerechten Bedingungen beruhen, gerecht nicht einmal im Sinne einer Gesellschaft, die das Eigentum an den materiellen Mitteln des Lebens und der Arbeit der lebendigen Produktivkraft gegenüberstellt. Die einzige gesellschaftliche Macht der Arbeiter ist ihre Zahl. Die Macht der Zahl wird jedoch durch Uneinigkeit gebrochen. Die Uneinigkeit der Arbeiter wird erzeugt und erhalten durch ihre *unvermeidliche Konkurrenz untereinander*.

Gewerksgenossenschaften entstanden ursprünglich durch die spontanen Versuche der Arbeiter, diese Konkurrenz zu beseitigen oder wenigstens einzuschränken, um Kontraktbedingungen zu erzwingen, die sie wenigstens über die Stellung bloßer Sklaven erheben würden.« Solange sich die freie Bewegung des Kapitals nur im nationalen Rahmen vollzog, konnte die Arbeiterklasse ihre »unvermeidliche Konkurrenz untereinander« durch gewerkschaftliche Organisationen auf nationaler Ebene weitgehend einschränken. In dem Maße aber, in dem sich das Kapital nicht nur in der Form des Warenkapitals, sondern auch in der Form des Geldkapitals (mit dem Ziele der Auslandsproduktion) auf den Weltmarkt warf, setzte es die verschiedenen nationalen Arbeiterklassen auf höherer Stufe erneut in ein Konkurrenzverhältnis.

Die Formen dieses Konkurrenzverhältnisses und die Versuche, der Internationalisierung der Mehrwertproduktion eine

1 Karl Marx, *Instruktionen für die Delegierten des Zentralrates.* In: *MEW* Bd. 16, Berlin 1964, S. 196 (Hervorhebungen im Original gedruckt; K. B.)

internationale Gewerkschaftsstrategie entgegenzusetzen, sollen in diesem Abschnitt analysiert werden.

4.1 Die Auswirkungen der Internationalisierung des Kapitals auf die Arbeiterklasse und die Schwierigkeiten einer internationalen Gewerkschaftsbewegung

Aus unserer Analyse der die Weltmarktbewegungen des Kapitals dominierenden Gesetzmäßigkeiten lassen sich unmittelbar eine Reihe wichtiger Auswirkungen auf die internationale Arbeiterklasse ableiten.

1. Die Durchsetzung einer internationalen Arbeitsteilung auf der Basis komparativer Kostenstrukturen führt in allen am Welthandel beteiligten Nationen zu Verschiebungen in der Zweigstruktur der Industrie. Jedes Land spezialisiert sich auf die Produktion der Waren, bei denen es international über komparative Vorteile verfügt, und ist gleichzeitig zur Aufgabe der Produktion anderer Warengruppen gezwungen. In den einzelnen Nationen findet deshalb gleichzeitig in einigen Branchen eine Repulsion und in anderen Branchen eine Attraktion von Arbeitskräften statt.

2. Die Internationalisierung der Mehrwertproduktion, die sich aus der Internationalisierung der Mehrwertrealisierung zwangsläufig ergibt, führt im kapitalexportierenden Land zur relativen Freisetzung von Arbeitermassen und gleichzeitig zur relativen Verbesserung der Verkaufsbedingungen der Ware Arbeitskraft im kapitalimportierenden Land. Kapitalexporte zur Stabilisierung und Entwicklung von Surplusprofiten der Weltmarktbranchen der imperialistischen Führungsmächte substituieren teilweise die Warenexporte dieser Kapitale und gefährden deshalb die Arbeitsplätze der in diesen Branchen beschäftigten Arbeitskräfte. Dienen die Kapitalexporte der Sicherung der Wettbewerbsfähigkeit unterdurchschnittlich produktiver Branchen eines Landes, so gehen nicht nur die Arbeitsplätze in den die Produktion auslagernden Unternehmen verloren, sondern es werden gleichzeitig die Arbeitsplätze in anderen Unternehmen derselben Branche durch Importe aus den sogenannten run-away-Unternehmen gefährdet.

In den kapitalimportierenden Ländern werden neue Arbeitsplätze geschaffen, wenn die ausländischen Investitionen nicht eine bloße Aufkauf- oder Beteiligungsaktion zur Grundlage haben.

3. Das internationale Kapital setzt die Arbeiterklasse verschiedener Länder dadurch in ein Konkurrenzverhältnis, daß es bei sonst gleichen Umständen (Qualifikationsgrad der Arbeitskräfte, Wechselkursstrukturen, Zollstrukturen, Standortprobleme) dort direkt investiert, wo der Preis der Ware Arbeitskraft am geringsten ist. So wird bei amerikanischen Direktinvestitionen in Europa die Lohnhöhe für die Wahl des Anlagelandes dann eine Rolle spielen, wenn das Unternehmen für den gesamten europäischen Markt produziert und nicht nur am lokalen Markt orientiert ist.

4. Multinationale Unternehmen, deren Tochtergesellschaften einer regionalen Arbeitsteilung unterworfen sind, multinationale Konzerne mit horizontaler Integrationsform also, können die Arbeiterklasse verschiedener Nationen in Lohnkämpfen und Streiks gegeneinander ausspielen, indem sie mit Produktionsverlagerungen ins Ausland drohen und dies im Streikfalle praktizieren.

Auch vertikal integrierten internationalen Unternehmen steht diese Kampfform offen, wenn sie bei der Institutionalisierung der konzerninternen Arbeitsteilung »Sicherungen« gegen Arbeitskämpfe einbauen, d. h. mehrere Tochtergesellschaften auf gleiche Produktionsprogramme spezialisieren oder Produktionsumstellungen der Möglichkeit nach einplanen.

Die Internationalisierung des Kapitals bringt damit einerseits eine Arbeitsplatzunsicherheit für die Arbeiterklasse mit sich und gefährdet andererseits die nationalen gewerkschaftlichen Kämpfe um die Verbesserung des Lohnniveaus. Das *objektive* Konkurrenzverhältnis, in das die nationalen Arbeiterklassen durch die Internationalisierung des Kapitals gesetzt sind, umfaßt zwei Aspekte.

So ist für die internationale Umstrukturierung des Arbeitsplatzangebotes über die internationalen Handels- und Kapitalbeziehungen die Konkurrenz der nationalen Arbeiterklassen nicht direkt verantwortlich, denn die Verschiedenheit der nationalen Lohnniveaus spielt für die Struktur der Handels- und Kapitalbeziehungen auf dem Weltmarkt nur eine unter-

geordnete Rolle. Die Konkurrenz der nationalen Arbeiterklassen fällt hier erst ins Gewicht, wenn die Arbeiterklasse dieses oder jenes Landes, um ihre Arbeitsplätze zu sichern, eine protektionistische Außenwirtschaftspolitik fordert und im Bündnis mit nationalen Kapitalfraktionen verwirklicht.
Unmittelbar hat die Verschiedenheit der internationalen Arbeitslöhne allerdings Bedeutung für die Wahl des Anlagelandes, wenn wegen sonst gleicher Umstände mehrere Länder für die Auslandsinvestition in Frage kommen. Nicht die Arbeiterklasse des kapitalexportierenden Landes steht dann mit der Arbeiterklasse des kapitalimportierenden Landes in Konkurrenz, sondern die Arbeiterklassen verschiedener kapitalimportierender Länder konkurrieren objektiv um die mit den Direktinvestitionen verbundenen Arbeitsplätze.
Diese beiden Aspekte der internationalen Konkurrenz der Arbeiterklasse – die mittelbare und die unmittelbare Form – sind bei der Frage, inwieweit die internationale Gewerkschaftsbewegung die Konkurrenz der Arbeiter aufzuheben vermag, je spezifisch zu berücksichtigen. Eine internationale Gewerkschaftsbewegung, etwa in Form internationaler Industriegewerkschaften, kann die unmittelbare Konkurrenz der Arbeiter auf internationaler Ebene nur durch eine Angleichung der nationalen Lohnniveaus überbrücken, eine Voraussetzung, die die Schwierigkeiten der internationalen Gewerkschaftsbewegung im Vergleich zur nationalen gewerkschaftlichen Organisation der Arbeiterklasse offenbart. Bei den jetzt existierenden großen Unterschieden in den nationalen Lohnniveaus kann diese Bedingung einer *internationalen* Gewerkschaftsbewegung nur über eine Lohnpolitik realisiert werden, die durch permanent höhere Lohnzuwachsraten in den weniger entwickelten Ländern das internationale Lohngefälle nach oben hin nivelliert. Es ist klar, daß sich eine derartige Lohnpolitik an den unterschiedlichen Kampfbedingungen der nationalen Arbeiterklassen – dem Organisationsgrad der Arbeiter, ihrem Bewußtseinsgrad, dem Grad an ideologischer Spaltung der Arbeiterklasse, dem Umfang der Reservearmee, den Verwertungsbedingungen des nationalen Kapitals – immer wieder brechen muß. Abgemildert werden diese Hindernisse einer Aufhebung der internationalen Konkurrenz der nationalen Arbeiterklassen allerdings dadurch, daß die

Unterschiede in den nationalen Lohnniveaus in der Tendenz den Differenzen in den durchschnittlichen nationalen Intensitätsgraden der Arbeit entsprechen. Insofern wird der Konkurrenzdruck der Arbeiterklassen der schwächer entwickelten Nationen auf die Arbeiterklassen der entwickelteren Nationen nicht durch die bloßen Unterschiede in den Nominallöhnen bestimmt, sondern durch die Verbindung der nominellen Lohnhöhe mit dem Grad an mittlerer Intensität der Arbeit.
Auf noch größere Schwierigkeiten stößt die internationale Gewerkschaftsbewegung, will sie die mittelbare Form der Konkurrenz der nationalen Arbeiterklassen beseitigen, die durch die Umstrukturierung der nationalen Arbeitsmärkte im Rahmen der internationalen Handels- und Kapitalbeziehungen ausgelöst wird. Der Kampf um die Erhaltung der Arbeitsplätze in dem einen Land kann nämlich auf Kosten der Arbeitsplätze einer anderen nationalen Arbeiterklasse gehen und im übrigen, wenn er in protektionistischen Forderungen mündet, zur Verschärfung der innerimperialistischen Widersprüche mit all ihren möglichen Konsequenzen, letzten Endes sogar internationalen Kriegen, führen. Kann eine internationale Gewerkschaftsbewegung diese Probleme auf der Basis des proletarischen Internationalismus lösen? Geht man davon aus, daß die Arbeiterklasse objektiv gezwungen ist, gegen die Verschlechterung ihrer materiellen Lebensbedingungen, die die Gesetze der kapitalistischen Produktionsweise hervorbringt, zu kämpfen, dann hat auch eine internationale Gewerkschaftsorganisation die verschiedenen nationalen Arbeitsplatzsicherungskämpfe zu unterstützen. Wehrt sich z. B. die Arbeiterklasse einer nationalen Branche gegen die Stillegung von Betrieben, die die Gesetze der internationalen Arbeitsteilung bewirken, oder wehrt sich die Arbeiterschaft einer Mutter- oder Tochtergesellschaft eines multinationalen Konzerns gegen die Produktionsverlagerung ins Ausland, müssen diese Kämpfe von der internationalen Gewerkschaftsorganisation und ihren nationalen Gliederungen mitgetragen werden.
Der Argumentation, derartige Abwehrkämpfe widersprächen den Gesetzen und Vorteilen der internationalen Arbeitsteilung und seien daher abzulehnen, die Gewerkschaften sollten sich mit sozialen Forderungen (Umschulung, Arbeitslosenunterstützungen, Sozialpläne etc.) begnügen, ist entge-

genzuhalten, daß die Arbeiterklasse kein Interesse daran haben kann, die Gesetzmäßigkeiten der kapitalistischen Produktionsweise auf ihrem Rücken austragen zu lassen. Die Notwendigkeit, den Arbeitsplatz zu wechseln, hat nämlich für die davon betroffenen Arbeitskräfte in der Regel eine niedrigere Entlohnung zur Folge und setzt insbesondere die älteren Arbeiter dem Risiko aus, arbeitslos zu bleiben. Sozialprogramme beseitigen das Lohn- und Arbeitsplatzrisiko nicht, mildern es allenfalls ab und haben deshalb die Funktion, die Anpassungsbewegung der Arbeiter an die Bewegung des Kapitals ohne zu große soziale Spannungen, aber dennoch auf Kosten der Arbeiterklasse zu bewerkstelligen. Die internationale Gewerkschaftsbewegung hat deshalb die spontanen Abwehrkämpfe der nationalen Arbeiterklassen gegen die Arbeitsplatzverluste im Rahmen internationaler Kapital- und Handelsbewegungen prinzipiell organisatorisch zu fördern. Diese Unterstützung der spontanen Kämpfe der Arbeiterklasse kann nun aber nicht in protektionistischen Formen durchgeführt werden. Die Einführung von Importbarrieren etwa, die die Branchen des betreffenden Landes vor der überlegenen Auslandskonkurrenz schützen soll, gefährdet nämlich die Arbeitsplätze der Arbeiterklassen anderer Nationen und widerspricht somit der internationalen Solidarität. Protektionistische Forderungen unterstützen im übrigen die innerimperialistischen Widersprüche, die objektiv militaristische und kriegerische Tendenzen in der Weltpolitik produzieren. Die internationale Arbeiterbewegung vor dem Ersten Weltkrieg hat die Zollpolitik der imperialistischen Länder daher stets verurteilt.

In diesem Dilemma zwischen effektiver Absicherung der nationalen Arbeitsplätze und den Erfordernissen des proletarischen Internationalismus sollten die Arbeitsplatzsicherungskämpfe ausschließlich Forderungen beinhalten, die auf die jeweiligen nationalen Staatsapparate abzielen. So dienen etwa die Forderungen nach Arbeitssicherungsklauseln im Rahmen multinationaler Konzerne und nach staatlichen Sanierungsplänen, staatlichen Krediten und Subventionen im Falle weltmarktbedrohter Branchen dem Ziel, die nationalen Arbeitsplätze zu sichern, ohne gleichzeitig Arbeitsplätze im Ausland zu gefährden.

Die Probleme, die sich bei den Versuchen ergeben, auf internationaler Ebene sowohl die direkte wie auch die indirekte Form der Konkurrenz der internationalen Arbeiterklasse aufzuheben, sollen im folgenden am Beispiel der Politik des Internationalen Bundes Freier Gewerkschaften und seiner Internationalen Berufssekretariate sowie des amerikanischen Gewerkschaftsbundes AFL-CIO veranschaulicht werden.

4.2 Die Politik des Internationalen Bundes Freier Gewerkschaften (IBFG) und seiner internationalen Berufssekretariate

Die Position des 1949 mit antikommunistischer Zielsetzung gegründeten Internationalen Bundes Freier Gewerkschaften zur Internationalisierung des Kapitals ist eingebettet in die reformistische Politik dieses Gewerkschaftsbundes. Bei ihrer grundsätzlichen Anerkennung der kapitalistischen Gesellschaftsordnung geht es den im IBFG zusammengeschlossenen Gewerkschaftsbünden vor allem darum, die durch die Internationalisierung der Mehrwertproduktion unmittelbar entstandenen Gefährdungen des gewerkschaftlichen Kampfes um die Sicherung der Arbeitsplätze und die Steigerung des Preises der Ware Arbeitskraft zu beseitigen. In einer auf dem 9. Weltkongreß des IBFG verabschiedeten Erklärung heißt es dementsprechend: »Die internationale Organisation der Produktion kann bei der Verbreitung neuer technischer Sachkenntnisse eine wichtige Rolle spielen und dem Wirtschaftswachstum und dem sozialen Fortschritt einen Auftrieb geben, vorausgesetzt, daß die gewerkschaftliche Aktion in allen ihren Aspekten auf die Multinationalen Gesellschaften angesetzt wird, um die Interessen der Arbeitnehmer und der gesamten Öffentlichkeit zu wahren.«[2]

Neben seiner prinzipiell positiven Haltung betont der IBFG in allen bisherigen Stellungnahmen zur Internationalisierung der Mehrwertproduktion folgende Gefahren für den gewerkschaftlichen Kampf:

1. Multinationale Konzerne lehnen oft die Gewerkschaften

2 IBFG, *Material zu: Multinationale Gesellschaften*, vorgelegt auf der Weltwirtschafts-Konferenz des IBFG in Genf, vom 24.-26. 6. 1971, neuabgedruckt in: IMSF, *Internationale Konzerne* . . ., a.a.O., S. 266 ff., hier S. 270.

als Verhandlungspartner ab und mißachten die in den verschiedenen Nationen etablierten Formen der Kollektivverhandlungen.[3] Bekannte multinationale Konzerne, die diese Politik praktizieren oder praktizierten, sind: IBM, Kodak, Gilette, Nestlé, Firestone, KLM, TWA und die United Fruit.

2. Die Entscheidungsstrukturen in multinationalen Konzernen sind für die Gewerkschaften undurchsichtig und werden ihnen gegenüber gern verschleiert. »Häufig behauptet die Konzernleitung, daß die Geschäftsleitungen der Tochtergesellschaften in den verschiedenen Ländern für den Sozialbereich völlig autonom seien. Andererseits reden sich Direktoren der Tochtergesellschaften bei Verhandlungen mit den Gewerkschaften mit dem Hinweis raus, daß sie keine Zugeständnisse machen könnten ohne die Zustimmung der Konzernleitung.«[4]

3. Multinationale Konzerne nutzen die nationalen Lohndifferenzen im Kampf gegen die Gewerkschaften aus, indem sie bei Lohnverhandlungen mit der Auslagerung der Produktion drohen. Gewerkschaftliche Kampfmaßnahmen versuchen sie ebenfalls mit Produktionsumstellungen innerhalb des Konzerns zu unterlaufen.[5] »Die unterschiedliche Höhe der Arbeitskosten wird von den Arbeitgebern häufig dazu benutzt, die Gewerkschaften gegeneinander auszuspielen. Viele von uns sind in den Tarifverhandlungen oft genug mit dem Hinweis auf niedrige Löhne in anderen Ländern kon-

3 Vgl. u. a. Günter Köpke, Sekretär des IMB, *Multinationale Konzerne und Gewerkschaften.* In: *Gewerkschaftliche Monatshefte,* Nr. 7, 1971, abgedruckt in: IMSF (Hrsg.), *Internationale Konzerne ...,* a.a.O., S. 307 ff., hier S. 310; Heribert Maier, Leiter der Wissenschafts- und Sozialabteilung des IBFG, *Multinationale Gesellschaften und internationale Investitionen.* In: *Wirtschaftliche und soziale Übersicht,* Jahrgang XVIII, Nr. 5, August 1970, Sondernummer, abgedruckt in: IMSF (Hrsg.), a.a.O., S. 294 ff., hier 298 ff.; Otto Brenner, Präsident des internationalen Metallarbeiterbundes, *Multinationale Gesellschaften,* vorgelegt auf der IBFG-Weltwirtschafts-Konferenz im Juni 1971, abgedruckt in: IMSF (Hrsg.), a.a.O., S. 282 ff.; IBFG, *Material zu ...,* a.a.O., S. 274; IBFG, *Der IBFG stellt sich der Zukunft – Aufgaben und Programm,* 10. Weltkongreß des IBFG, 1972, Entwurf, abgedruckt in: *Gewerkschaftsspiegel,* Nr. 19, 1972, Dok. S. 6 ff., hier S. 11.

4 Günter Köpke, a.a.O., S. 311; vgl. auch David Lea, *Multinational companies and trade union interests.* In: J. H Dunning (Hrsg.), *The Multinational Enterprise,* Guilford und London, 1971, S. 147 ff., hier S. 150 f.

5 Vgl. Günter Köpke, a.a.O., S. 310; Heribert Maier, a.a.O., S. 302.

frontiert worden.«[6] »Die Drohung, die Produktion auf Tochtergesellschaften in einem anderen Lande zu verlagern, wurde von Ford in Großbritannien und Belgien und von Pirelli in Italien ausgesprochen. Die amerikanischen Kupfergesellschaften, mit 80% ihrer Produktion in den Vereinigten Staaten, konnten dank ihrer Produktion in anderen Ländern, für die sie überhöhte Preise auf dem Weltmarkt angesichts der durch Streiks verursachten Kupferknappheit erzielen konnten, einen über 8 Monate dauernden Streik durchstehen.«[7]

4. Multinationale Konzerne gefährden die Arbeitsplatzsicherheit und exportieren durch Auslandsdirektinvestitionen Arbeitsplätze. Müller-Wipperfürth in Italien und Roberts Arundel in Großbritannien schlossen ihre Betriebe wegen Kampfmaßnahmen der Belegschaft.[8] Die Übernahme von französischen Betrieben durch General Motors und Remington Rand führte zu Massenentlassungen.

Angesichts dieser mit den multinationalen Konzernen verbundenen Schwierigkeiten des gewerkschaftlichen Kampfes fordert der IBFG, an die Adresse des GATT, der OECD und der ILO gerichtet, die Verabschiedung eines internationalen Übereinkommens, das Verhaltensregeln für multinationale Konzerne niederlegt. In diesem Verhaltenskodex sollen die Anerkennung der Gewerkschaften, die Respektierung sozialstaatlicher Errungenschaften, die Sicherung der Arbeitsplätze und die Offenlegung der Geschäftspolitik durch die multinationalen Konzerne anerkannt werden.[9]

Haupthebel der Gegenstrategie der im IBFG zusammengeschlossenen Gewerkschaften sind allerdings die internationalen Berufssekretariate, in denen branchen- und konzernspezifisch die nationalen Gewerkschaftsbünde des IBFG, aber auch einiger christlicher Gewerkschaften zusammengefaßt sind. Aufgabe dieser internationalen Berufssekretariate ist:

6 Vgl. Otto Brenner, a.a.O., S. 284.

7 IBFG, *Material zu . . .*, a.a.O., S. 274.

8 Günter Köpke, a.a.O., S. 310; Heribert Maier, a.a.O., S. 301 u. S. 303; Otto Brenner, a.a.O., S. 282.

9 IBFG, *Material zu . . .*, a.a.O., S. 273 f. und 280 f.; vgl. auch J. A. Riddell, Secretary, ICFTU/ITS, *Strategy towards National Governments and International Organisations*, vorgelegt auf dem Symposium *Multinational Corporations and Labour Unions*, im Mai 1973 in Nijmegen/Niederlande.

a) Die Organisierung eines internationalen Informationsaustausches über die Tätigkeit der multinationalen Konzerne (Investitionsplanung, Gewinnentwicklung, Forschungs- und Entwicklungsaufwendungen, Transferpreise, etc.),
b) die Organisierung eines internationalen Informationsaustausches über die Betriebsorganisation und die Lohn- und Sozialpolitik einzelner multinationaler Konzerne (Lohntarife, soziale Leistungen, Arbeitsplatzorganisation, Schicht- und Überstundenregelung, etc.),
c) die Organisation von Vertrauensleute- und Betriebsrätekonferenzen in einzelnen Konzernen, wenn möglich Gründung von weltweiten Unternehmensräten,
d) die Prüfung der Möglichkeit, die gewerkschaftlichen Forderungen industrie- oder konzernspezifisch zu koordinieren (z. B. gemeinsame Laufzeiten der Tarifverträge) und zu harmonisieren (von der Arbeitsorganisation bis zur Lohnpolitik),
e) die Koordinierung gemeinsamer Aktionen und wechselseitige Streikunterstützung: Kampf gegen Produktionsverlagerungen bei gewerkschaftlichen Kämpfen, Sicherung der Arbeitsplätze gegen konzernspezifische Investitionsplanungen etc.

Die größten Erfolge in der Organisierung internationaler Berufssekretariate konnten bisher die Gewerkschaften der chemischen Industrie und der Automobilindustrie erzielen. Dem Internationalen Bund der Chemiearbeiter gelang es z. B., die Forderungen von 4 nationalen Gewerkschaftsverbänden gegenüber dem französischen Konzern Saint-Gobain zeitlich zu koordinieren und gegenseitige Unterstützungen der jeweiligen nationalen Kämpfe zu vereinbaren. Ebenso gelang es diesem internationalen Gewerkschaftsbund und seinem internationalen Berufssekretariat, den Abwehrkampf gegen die Stillegungspläne des AKZO-Konzerns in Holland und der BRD erfolgreich zu organisieren.[10]

Weltweit bekannt geworden ist auch die Solidarität der Automobilarbeiter im Ford-Konzern in Dagenham (GB), Genk (Belgien) und Köln (BRD), die in Tarifauseinandersetzungen die Versuche des Konzerns abwehrten, mit Hilfe von Produk-

10 Vgl. L. Turner / Malcolm Warner, *Trade Unions and the Multinational Firm.* In: *The Journal of Industrial Relations,* June 1972, S. 143 ff.

tionsumstellungen die Kampfkraft der Gewerkschaften zu schwächen.[11]

Der Internationale Metallarbeiterbund hat inzwischen Automobilarbeiterräte in folgenden multinationalen Konzernen organisieren können: Ford, General Motors, Chrysler, VW, Fiat-Citroën, Nissan-Toyota, BLMC und Renault-Peugeot. In der Erklärung der Tagung der IMB-Automobilausschüsse im Jahre 1971 heißt es unter anderem: »Als Arbeitsgruppen der verschiedenen IMB-Automobilausschüsse haben wir vorrangige Forderungen und besondere Empfehlungen und Aktivitäten für jede der betroffenen Gesellschaften formuliert. Sie unterscheiden sich zwar hinsichtlich der jeweiligen Situation, auf die sie zugeschnitten sind, jedoch besteht Übereinstimmung im Bestreben nach Harmonisierung und Fortschritt auf folgenden Gebieten:

– Höhere Löhne und Gehälter, Ausgleich ungerechtfertigter Lohnunterschiede, Schutz der Kaufkraft bei Erhöhung der Lebenshaltungskosten;

– Gewerkschaftsrechte zur Organisierung und Vertretung der Arbeitnehmer in den Betrieben, Recht auf freie Tarifverhandlungen, Mitbestimmung bei der Arbeitssicherheit und beim Arbeitstempo, Berufsausbildung und Schutz für Jugendliche und weibliche Arbeitnehmer;

– Sicherung der Beschäftigung und des Einkommens während des ganzen Jahres;

– Arbeitszeitverkürzung mit vollem Lohnausgleich in Form längeren Urlaubes und bezahlter Feiertage, freiwillige Ableistung der Überstunden, längere Pausen und Erholungszeiten und Herabsetzung des Pensionsalters;

– ausreichende Altersrente, Sicherung der zusätzlichen betrieblichen Altersrenten im Falle des Ausscheidens des Arbeitnehmers aus der Firma.«[12]

Im Mittelpunkt des gemeinsamen Kampfes der IMB-Automobilausschüsse stehen also Forderungen, die die Arbeitsorgani-

11 Vgl. u. a. WGB, *Die Gewerkschaften und die Multinationalen Gesellschaften.* In: *Weltgewerkschaftsbewegung,* Zeitschrift des WGB, Heft 6-7, 1971, abgedruckt in: IMSF (Hrsg.), a.a.O., S. 231 ff., hier S. 241.

12 IBM/IBFG, *Erklärung der Tagung der IMB-Weltautomobilausschüsse,* London, vom 23.-25. 3. 1971. In: IMSF (Hrsg.), a.a.O., S. 260 ff., hier S. 262.

sation, die gewerkschaftlichen Rechte und sozialen Leistungen betreffen, um über Harmonisierungen in diesen Bereichen grenzüberschreitenden Produktionsverlagerungen innerhalb des Konzerns die materielle Basis zu entziehen. Die Harmonisierung der nationalen Löhne, die diesem Ziele am ehesten gerecht werden könnte, haben die Automobilausschüsse des IMB noch nicht in ihren Forderungskatalog aufgenommen. Burtion Bendiner, Koordinator der IMB-Automobilausschüsse, begründet dies mit pragmatischen Argumenten: »The setting of priorities is a step in the approach to harmonisation of working conditions in the international plants of the company. Behind it, of course, is the attempt to discourage arbitrary moves by multinational company management to transfer operations from one region to another. Note that the stress thus far has been laid on working conditions rather than wages. This is a practical approach to harmonisation. We often do not have a uniform wage for similar job categories in the same company in the same country, let alone across national boundaries. Then there is the different living standards and purchasing price to be considered. We have thus emphasised equal conditions of work in different national plants of the companies as a goal for the World Auto Councils.«[13]

Auch die Berichte über internationale Gewerkschaftskontakte in anderen multinationalen Konzernen zeigen, daß die Zusammenarbeit zur Zeit in erster Linie darauf aus ist, Produktionsverlagerungen innerhalb des Konzerns, insbesondere im Streikfalle, zu verhindern. Dies gilt für die Konferenz der Internationalen Union der Lebens- und Genußmittelarbeitergewerkschaften (IUL) im Mai 1972 in Genf, auf der Informationen über die Situation im Nestlé-Konzern ausgetauscht wurden;[14] das gilt ebenso für die Gespräche des Europäischen Metallarbeiterbundes (EMB) und der Spitze des Philips-Konzerns, in deren Mittelpunkt immer wieder das Problem der Produktionsverlagerungen standen,[15] und dies trifft

13 Burton Bendiner (IMF Word Auto Councils), *Strategy towards Multinational Corporations,* vorgelegt auf dem Symposium, Nijmegen, Niederlande, im Mai 1973, S. 7 f.

14 Vgl. *Gewerkschaftliche Gegenmacht gegen Nestlé-Konzern.* In: *Gewerkschaftsspiegel,* Nr. 10, 1972, S. 32 ff.

15 Vgl. G. Köpke, a.a.O., S. 315.

für die internationalen Gewerkschafts- und Betriebsrätekontakte in den Konzernen Honeywell, BBC, Robert Bosch und VFW-Fokker zu, die ebenfalls grenzüberschreitende Produktionsumstellungen zu wesentlichen Gesprächsthemen erklärten.[16]
Aus den internationalen Gewerkschaftskontakten in der Metall-, Lebensmittel- und der Chemieindustrie, in den Industriezweigen also, in denen die internationale Solidarität der Arbeiterklasse in den kapitalistischen Industrieländern die größten Fortschritte erzielt hat, werden damit die Schwierigkeiten deutlich, auf die die internationale Gewerkschaftsbewegung stößt, will sie die internationale Konkurrenz der Arbeiterklasse aufheben. Die die Arbeiterklasse bedrohenden internationalen Aktionen der multinationalen Konzerne schmiedet zwar die nationalen Gewerkschaftsbünde zu gemeinsamen Abwehrkämpfen zusammen, wenn Produktionsumstellungen Arbeitsplätze gefährden oder die tarifliche Kampfkraft der Gewerkschaft unterminieren, sie führen aber noch nicht zu koordinierten Lohnkämpfen mit dem Ziele, das nationale Lohngefälle nach oben so weit zu harmonisieren, daß den Konzernen für grenzüberschreitende Produktionsverlagerungen aus Arbeitskostengründen der Boden entzogen wird. Für eine derartige internationale Lohnpolitik scheinen die nationalen Voraussetzungen noch zu unterschiedlich zu sein, sei es, daß der Organisationsgrad und der Bewußtseinsgrad erheblich divergieren, sei es, daß die nationalen Verwertungsbedingungen des Kapitals den Unternehmerverbänden einen unterschiedlichen Grad an Widerstand gegen gewerkschaftliche Forderungen aufherrschen.[17]
Diese objektive Schranke der internationalen Gewerkschaftsbewegung wird für die in den multinationalen Konzernen abhängig Arbeitenden dann zu einer besonderen Bedrohung

16 Vgl. die Berichte von Gewerkschaftsfunktionären der genannten Unternehmen in: *Gewerkschaftliche Monatshefte*, Heft 7, 1971; wieder abgedruckt unter dem Titel: *Betriebsräte und Gewerkschaftsfunktionäre aus internationalen Konzernen in der BRD: Möglichkeiten der Zusammenarbeit von Belegschaften und Gewerkschaften.* In: IMSF (Hrsg.), a.a.O., S. 317 ff.

17 Willi Janssen, Betriebsratsvorsitzender im BBC-Konzern erklärte: »Die Löhne und Gehälter sind für die Betriebsräte und für die Unternehmensleitungen international tabu, da sie den jeweils nationalen Tarifen unterliegen.« Vgl. *Betriebsräte und Gewerkschaftsfunktionäre* . . ., a.a.O., S. 319 f.

ihrer Arbeitsplätze, wenn die Gewerkschaftsorganisationen einen reformistischen Kurs steuern. Mit der zunehmenden Internationalisierung des Kapitals und der damit verbundenen wachsenden Integration des Produktionsprozesses in weltweitem Maßstab steigt auch das Arbeitsplatzrisiko, dem reformistische Gewerkschaften in den meisten Fällen nur soziale Forderungen wie Umschulungs- und Fortbildungsmaßnahmen, Lohnfortzahlung etc. und nicht den konsequenten Kampf um die Erhaltung der Arbeitsplätze entgegenzusetzen haben. Weil sie der Rationalität des kapitalistischen Produktionsprozesses keine gesellschaftliche Alternative gegenüberstellen können, sperren sich reformistische Gewerkschaften letzten Endes nicht gegen die die Arbeiterklasse benachteiligenden Folgen der kapitalistischen Produktion, z. B. Betriebsstillegungen und Produktionsverlagerungen, sondern beschränken sich auf Sozialprogramme. In letzter Konsequenz sorgen damit reformistische Gewerkschaftsbünde für den konfliktfreien Ablauf des kapitalistischen Ausbeutungsprozesses, statt der Arbeiterklasse an der prinzipiellen Unsicherheit des Arbeitsplatzes im Kapitalismus die Gesetze dieser Ausbeuterordnung und deren notwendige Bekämpfung zu verdeutlichen.

Die reformistische Haltung der IBFG-Gewerkschaften wird aus den Dokumenten zur Frage der gewerkschaftlichen Gegenmacht in multinationalen Konzernen immer wieder deutlich. So heißt es im Referat von Günter Köpke über die Spitzengespräche zwischen dem Europäischen Metallarbeiterbund (EMB) und dem Philips-Konzern: »Dieses zweite Spitzengespräch führte zur Zusage der Konzernleitung, die Gewerkschaften auf europäischer und nationaler Ebene rechtzeitig zu informieren, im Falle von wesentlichen Produktionsverlagerungen und -einschränkungen von Land zu Land. Ferner zeigte sich die Konzernleitung bereit, gemeinsame Ausgangspunkte zu entwickeln für Umschulungs- und Fortbildungsmaßnahmen der Arbeitnehmer und zum sozialen Schutz infolge Rationalisierungen und wirtschaftlicher Konzentration.«[18] Diese auf die Notwendigkeiten der kapitalistischen Produktionsverhältnisse abgestellte Gewerk-

18 G. Köpke, a.a.O., S. 315.

schaftspolitik kann nur die Arbeiterklasse selber unterlaufen, indem sie dem Druck des Kapitals ihre geschlossene Kampfkraft gegenüberstellt. Die jüngsten Kämpfe der holländischen und westdeutschen Arbeiter gegen die Stillegungspläne des AKZO-Konzerns sind Ausdruck einer solchen Haltung, zu der die materiellen Verhältnisse selber die Arbeiterklasse nötigen.

Neben den objektiven Schranken einer internationalen Gewerkschaftsbewegung, die aus dem internationalen Lohngefälle resultieren, stößt eine Vereinigung der nationalen Gewerkschaftsbünde auf weitere, sich aus nationalen Unterschieden ergebende Schwierigkeiten. Zu nennen sind hier einmal die national divergierenden Gewerkschaftsstrukturen, Industrie-, Berufs- oder Betriebsgewerkschaften, zum anderen die unterschiedlichen Tarifverhandlungspraktiken (Betriebs-, Industrie- und Regionalverhandlungen oder Mischformen) und schließlich stark voneinander abweichende Arbeits- und Sozialgesetzgebungen (Tarifautonomie, Anerkennung des Streikrechtes, betriebliche oder staatliche Sozialversicherung etc.).[19] Sollte man noch annehmen, daß diese Hindernisse einer internationalen Gewerkschaftsbewegung zu beseitigen sind, so müssen die unterschiedlichen ideologischen Ausrichtungen der nationalen Gewerkschaftsbünde als ein gewichtiges Hemmnis einer gewerkschaftlichen Strategie gegen die Internationalisierung der Mehrwertproduktion betrachtet werden. Die Spaltung der internationalen Gewerkschaftsbewegung in IBFG, WBG und WVA sowie die momentane Ungebundenheit des amerikanischen Gewerkschaftsbundes AFL-CIO werfen für eine internationale Gewerkschaftsstrategie gegen multinationale Konzerne vor allem deshalb große Probleme auf, weil in den einzelnen Ländern die politischen Richtungen der Weltgewerkschaftsbewegung unterschiedlich stark repräsentiert sind. So ist in Italien und Frankreich eine Strategie gegen die multinationalen Konzerne ohne die kommunistischen Gewerkschaften CGT und CGIL undenkbar, da beide jeweils über 50% der in Gewerkschaften organisierten Arbeiter auf sich vereinigen.

19 Nat Weinberg, *The international Corporation and Labour*, vorgelegt auf dem Nijmegen-Symposium, S. 5 ff.

Obwohl die WGB-Gewerkschaften immer wieder Aktionsbündnisse zwischen den IBFG- und den WGB-Organisationen gegenüber den multinationalen Konzernen fordern, haben die reformistischen Gewerkschaftsbünde, insbesondere der AFL-CIO, aufgrund ihrer antikommunistischen Haltung diese Strategie bisher abgelehnt.[20] Die antikommunistische Militanz des AFL-CIO hat ihn nicht nur aus dem IBFG austreten lassen (aus Protest gegen die Ost-Kontakte des DGB), sondern verhindert auch die Zusammenarbeit der internationalen Industriegewerkschaftsbünde und deren internationaler Berufssekretariate (in denen der AFL-CIO weiterhin mitarbeitet) mit den kommunistischen Gewerkschaften.

Im europäischen Rahmen ist es vor allem der DGB, der das notwendige Aktionsbündnis mit der CGT und der CGIL bisher boykottiert, während der niederländische N.V.V. und vor allem die italienischen Gewerkschaftsbünde CISL und UIL zur Zusammenarbeit mit den kommunistischen Gewerkschaften bereit sind.[21] Es ist zu hoffen, daß die Tendenz zur Verschmelzung der italienischen Gewerkschaftsbünde (CGIL, CISL und UIL) zur Einheitsgewerkschaft und die sich auf Konzern- und Industriegewerkschaftsebene anbahnenden

20 Zur Aktionseinheit zwischen dem WGB und dem IBFG führte der Generalsekretär des WGB, Pierre Gensous, aus: »Heute sind die internationalen Monopole eine Realität, der wir Rechnung tragen müssen. Die Spaltung der Weltgewerkschaftsbewegung ist ebenfalls eine Realität, aber eine Realität, die den Bedürfnissen der internationalen Arbeiterklasse nicht entspricht. Es besteht kein Zweifel, daß die augenblicklichen Spaltungen reale ideologische Meinungsverschiedenheiten widerspiegeln, aber was uns betrifft, den WGB, so haben wir immer versichert, daß das kein Hindernis für das gemeinsame Handeln in bezug auf gemeinsame Probleme zu sein braucht.« Zitiert nach: WGB, *Die Gewerkschaften und die Multinationalen Gesellschaften,* a.a.O., S. 243; vgl. auch: WGB, *Einheit – eine wirksame Waffe gegen die Multinationalen Gesellschaften.* In: *Weltgewerkschaftsbewegung,* Heft 8, 1971, abgedruckt in: IMSF (Hrsg.), a.a.O., S. 247 ff.; Henry Sinno, Sekretär der IVG-Metall, WGB, *Die internationalen Monopole und die Aufgaben, die sich daraus für unsere IVG und die nationalen Industriegewerkschaften ergeben.* In: IMSF (Hrsg.), a.a.O., S. 251 ff.; Heinz Seeger, *Internationale Kapitalkonzentration und gewerkschaftliche Gegenmacht.* In: Josef Ledwohn u. Heinz Seeger (Hrsg.), *Gewerkschaften – Standort und Perspektive,* Frankfurt/Main 1971, S. 287 ff.

21 Vgl. die Kritik der französischen Gewerkschaft CGT am DGB, wiedergegeben im *Gewerkschaftsspiegel,* Nr. 23, 1970, S. 6 und Nr. 17, 1971, S. 31 f.

Kontakte zwischen dem IBFG, WGB und WVA wenigstens auf europäischer Ebene mittelfristig Aktionsbündnisse gegen die multinationalen Konzerne ermöglichen.[22]
Ansätze zu Aktionsbündnissen sind zur Zeit in den Kontakten zwischen der CGT und der CFDT und der gleichzeitigen Zusammenarbeit der CFDT mit einigen Berufssekretariaten des IBFG sowie dem Europäischen Bund Freier Gewerkschaften (EBFG) zu sehen, ferner in der von den drei italienischen Metallarbeiterbünden (FIM-CISL, FIOM-CGIL, UILM-UIL) und den beiden französischen Metallarbeitergewerkschaften der CGT und des CFDT beschlossenen Zusammenarbeit bei Fiat-Citroën, Olivetti-Bull, Ducati-Thomson, Brandt-Alsthom, in der Stahlindustrie, in der Werftindustrie und der Elektroindustrie.[23] Auch die Kontakte zwischen den verschiedenen Richtungsgewerkschaften auf Konzern-Ebene, wie etwa die 1972 erstmals organisierte Konferenz zwischen den drei italienischen Metallarbeiterbünden und der IGM über eine Gewerkschafts-Kooperation bei AEG/Telefunken und dem italienischen Elektrokonzern Zanussi, sind Schritte, die das notwendige Aktionsbündnis gegen die multinationalen Konzerne einer Realisierung näherbringen.
Es bleibt abzuwarten, ob die sich ändernde Haltung der CGT

22 Vgl. Volker Jung und Ernst Piehl, *Jüngere Entwicklungen in der westeuropäischen Gewerkschaftsbewegung.* In: Otto Jacobi u. a. (Hrsg.), *Gewerkschaften und Klassenkampf, Kritisches Jahrbuch 1972,* Hamburg 1972, S. 235 ff.
23 Vgl. *Gewerkschaftsspiegel,* Nr. 20, 1970, S. 24 und WGB, *Die Gewerkschaften . . .,* a.a.O., S. 240 ff.; die italienischen und die französischen Metallarbeiterbünde verabschiedeten auf ihrem Treffen Anfang 1971 ein Dokument, in dem es unter anderem heißt: »Angesichts der kapitalistischen Konzentration, der Formen, die sie – besonders mit den Multinationalen Gesellschaften – annimmt, angesichts der daraus resultierenden verstärkten Ausbeutung und der Unterdrückungsmanöver der Kapitalisten wird die Einheit eine Forderung, die heute besser verstanden und stärker erstrebt wird als in der Vergangenheit.« Zur konkreten Zusammenarbeit haben die fünf Gewerkschaften beschlossen, »[. . .] jedesmal, wenn es der Kampf ihrer Kollegen in dem anderen Land und besonders in der gleichen Gruppe oder dem gleichen Bereich erfordert, ihre gegenseitige Solidarität durch praktische Aktionen (Ablehnung von Überstunden, aktive Unterstützung, Beratungen, usw.) zum Ausdruck zu bringen: ›Ständige Koordinationsausschüsse der Gewerkschaften‹ zu bilden, die in den Bereichen der Eisen- und Stahlindustrie, der Schiffswerften, der Autoindustrie und der Elektro- und Haushaltsgeräteindustrie sowie zwischen Betrieben ein und derselben Gruppe mit besonderen Aufgaben betraut werden.« zitiert nach: WGB, *Die Gewerkschaften . . .,* a.a.O., S. 242.

und CGIL zur EWG auch den Widerstand des DGB gegen Gewerkschafts-Kontakte zwischen den kommunistischen und den sozialdemokratischen Bünden brechen kann. Bisher hat der DGB jedenfalls die Kontaktaufnahme zu den kommunistischen Gewerkschaften von einer Änderung der Position der CGIL und der CGT zur Europäischen Wirtschaftsgemeinschaft abhängig gemacht.[24]

4.3 Die Politik des AFL-CIO

Unter den Gewerkschaftsbünden der kapitalistischen Industrieländer bezieht der amerikanische AFL-CIO in der Frage der Internationalisierung des Kapitals eine besondere Stellung, die sich zum Teil aus der Relativierung der Dominanzposition des amerikanischen Kapitals auf dem Weltmarkt seit dem Zweiten Weltkrieg und der Rolle des US-Kapitals als Hauptkapitalexporteur unter den kapitalistischen Industrieländern herleiten läßt.

24 Vgl. *Gewerkschaftsspiegel*, Nr. 23, 1970, S. 6 und Nr. 17, 1971, S. 31 ff. Die Position der WGB-Gewerkschaften gegenüber den multinationalen Konzernen wird hier nicht explizit dargestellt. Grundsätzlich unterscheidet sich die Haltung des WGB von der des IBFG in der Kapitalismuskritik und den sozialistischen Zielsetzungen. In der konkreten Politik gegenüber den multinationalen Konzernen bestehen allerdings nur in der Frage des Aktionsbündnisses Differenzen. Die Gefahren, die die Internationalen Konzerne für die Arbeiterbewegung produzieren, werden von den WGB-Organisationen nicht anders analysiert als von den IBFG-Bünden. Die generelle politische Linie des WGB ist eingebettet in die Strategie der kommunistischen Parteien Westeuropas, also insbesondere der KPF und der KPI, sie zielt auf die Verwirklichung der antimonopolistischen Demokratie im Rahmen einer Volksfrontbewegung ab. Nur am Rande sei hier erwähnt, daß das Konzept der antimonopolistischen Demokratie eine teilweise sehr fragwürdige Kritik an den multinationalen Konzernen impliziert. Ausgangspunkt der Kritik sind nicht mehr nur die Interessen der Arbeiterklasse, sondern auch die der Bauern, Handwerker, Klein- und Mittelkapitalisten, so daß die kommunistischen Parteien nicht mehr vom Standpunkt der Arbeiterklasse aus argumentieren, sondern von dem der »Nation«, die als »stabile« und »moderne« Realität beschworen wird, in der die Volksmassen ihre Interessen erkennen und ihre Forderungen aufstellen können. Den multinationalen Konzernen wird vorgeworfen, am Profit und nicht an der Wahrung der nationalen Interessen orientiert zu sein. Vgl. Paul Boccara u. a., *Der staatsmonopolistische Kapitalismus*, a.a.O., S. 430 ff. und S. 479 f., sowie die Dokumente der Londoner Konferenz der kommunistischen Parteien von 1971, abgedruckt in: IMSF (Hrsg.), a.a.O., S. 1-232.

Wie wir oben an anderen Stellen analysiert haben, muß die imperialistische Führungsmacht auf dem kapitalistischen Weltmarkt auch zum wichtigsten Nettokapitalexporteur unter den konkurrierenden nationalen Kapitalen heranwachsen. Weil die Kapitalexporte die Warenexporte teilweise substituieren, bringt diese Strategie des imperialistischen Kapitals für die Arbeiterklasse der USA in hohem Maße Arbeitsplatzrisiken mit sich. War die amerikanische Arbeiterklasse bereits Ende der 50er und Anfang der 60er Jahre vor dieses Problem gestellt, so verschärfte sich die Arbeitsplatzunsicherheit mit der Relativierung der Vormachtstellung des US-Kapitals auf dem Weltmarkt in den 60er Jahren erheblich. Die Handelsbilanzdefizite in der amerikanischen Zahlungsbilanz indizierten, daß durch die geringere Entwicklung der Produktivkraft der Arbeit in den USA – im Vergleich zu den wesentlichen Weltmarktkonkurrenten dieses Landes (BRD und Japan) – die amerikanische Arbeitslosigkeit wenigstens zum Teil mitverursacht war. Der AFL-CIO reagierte auf diese Situation mit der Forderung nach einer protektionistischen Außenwirtschaftspolitik. Importe sollten kontrolliert und reduziert werden, Kapitalexporte einem Zulassungsverfahren unterworfen werden. In einer Stellungnahme des AFL-CIO zu dem im Burke-Hartke-Gesetzentwurf enthaltenen protektionistischen Programm untermauerte der Gewerkschaftsverband seine Forderung mit folgenden Argumenten: »The American economy is in trouble in its international relationships. The monetary aspects of this trouble [...] are largely the reflection of basic problems concerning production and employment, merchandise exports and imports, American investment in other countries and the transfer of American technology to foreign operations. At stake are the American standard of living and whether the U.S. will remain an industrial nation, with various types of industries and production.«[25] Von 1966 bis 1971 hat die amerikanische Arbeiterklasse durch das Handelsbilanzdefizit über 900 000 Arbeitsplätze verloren. Durch die Verlagerung von Produktionsstätten ins Ausland sind

25 AFL-CIO, *An American Trade Union View of International Trade and Investment.* In: Committee on Finance, United States Senate, *Multinational Corporations* ..., a.a.O., S. 61.

allein in der elektronischen Industrie von 1965 bis 1970 122 500 Arbeitsplätze exportiert worden. »So the economy loses a growing part of its productive base, workers lose their jobs, while the major benefits go to the profit margins of the companies involved.«[26] Für die Verschlechterung der amerikanischen Wettbewerbsfähigkeit macht der AFL-CIO drei Faktoren verantwortlich:

1. Während die USA eine Freihandelspolitik betrieben, seien viele ihrer Weltmarktkonkurrenten protektionistisch eingestellt.
2. Der Export amerikanischer Technologien durch Lizenzgeschäfte habe den amerikanischen Produktivitätsvorsprung und damit die amerikanischen Wettbewerbsvorteile auf dem Weltmarkt zunichte gemacht. Technologieexporte und niedrigere Löhne im Ausland gefährdeten die amerikanische Handelsbilanz und damit die amerikanischen Arbeitsplätze.
3. Durch Auslandsdirektinvestitionen seien Warenexporte substituiert und Arbeitsplätze exportiert worden: »Sharply rising investments of U.S. companies in foreign subsidiaries have been key factors in the export of American technology, the displacement of U.S. production and loss of American jobs.«[27] Das extreme Wachstum der multinationalen Konzerne werde die amerikanische Handelsbilanz und die amerikanischen Arbeitsplätze in Zukunft weiterhin unterminieren, denn: »A U.S.-based multi-national corporation can produce components in widely separated plants in Korea, Taiwan and the United States, assemble the product in a plant on the Mexican side of the border and sell the goods in the United States at American prices – perhaps with a U.S.-brand name. Or the goods produced in foreign subsidiary plants are sold in foreign markets, in competition with U.S.-made products.«[28] Da die Arbeiterklasse weniger mobil als das Kapital sei, habe diese Entwicklung negative Auswirkungen auf die Lebensbedingungen der Arbeiter, die oft monatelang arbeitslos seien und dann eventuell in weniger qualifizierte Berufe mit geringerer Entlohnung eingestuft würden.

26 AFL-CIO, *An American Trade* ... In: Committee on Finance, United States Senate, *Multinational Corporations* ..., a.a.O., S. 65.
27 AFL-CIO, *An American Trade* ..., a.a.O., S. 69.
28 AFL-CIO, *An American Trade* ..., a.a.O., S. 71.

Die Richtigkeit dieser Analyse des AFL-CIO steht vor dem Hintergrund unserer Überlegungen über den Zusammenhang zwischen der Internationalisierung der Mehrwertrealisierung und der Internationalisierung der Mehrwertproduktion außer Zweifel[29], eine Ansicht, die auch J. F. Galloway für die amerikanische Elektroindustrie bestätigt: »The above figures indicate that there is some evidence for the AFL-CIO position as far as the electrical machinery industry is concerned. Business will argue that if it does not expand abroad, it cannot sell abroad, but this does not account for the loss of jobs in electronics due to production abroad and exporting back into the U.S. market.«[30]

Die Frage ist allerdings, ob die Mittel, die der AFL-CIO zum Einsatz bringen will, unter internationalistischen Gesichtspunkten angebracht sind. Der vom AFL-CIO unterstützte Gesetzentwurf von James Burke und Vance Hartke (Foreign Trade and Investment Act of 1972) sieht vor:

– Eliminierung der Steueranreize für amerikanische Direktinvestitionen im Ausland,

– Regulierung des amerikanischen Exportes von Geldkapital und Technologie,

– quantitative Restriktionen für Importe von Waren in die USA nach Kriterien, die am amerikanischen Industrieausstoß orientiert sind.

»The Burke/Hartke Bill's restraints on imports and on the outflow of technology and capital are tailored to meet America's needs in a world of managed national economies, technology-transfers and multinational corporations. The bill represents a practical way of dealing with a serious economic and social problem.«[31] Welche ökonomischen und sozialen Probleme diese Art protektionistische Politik für die Arbeiterklasse anderer Länder mit sich bringen kann, haben erst

29 In der Studie des Finanzausschusses des amerikanischen Senates, *Implications* ..., a.a.O., S. 605 ff. werden die negativen Effekte der amerikanischen Kapitalexporte auf die Arbeitsplatzsicherheit in den USA verschleiert, ja, in positive Effekte umgemünzt, weil hier wiederum von der Defensiv-Orientierung der amerikanischen Direktinvestitionen ausgegangen wird.

30 J. F. Galloway, *The Multinationalization of Labor: U.S. Perspectives*, vorgelegt auf dem Symposium in Nijmegen, S. 5.

31 AFL-CIO, *An American Trade* ..., a.a.O., S. 83.

jüngst die auch vom AFL-CIO unterstützten Beschränkungen japanischer Textilimporte in die USA gezeigt: 300 000 japanische Textilarbeiter wurden vom japanischen Kapital auf die Straße gesetzt.[32]

Der AFL-CIO betreibt eine objektiv reaktionäre Politik, wenn er die Probleme der amerikanischen Arbeiterklasse auf dem Rücken der Arbeiterklasse anderer Nationen zu lösen versucht. Der Kampf um die Erhaltung der Arbeitsplätze durch den amerikanischen Gewerkschaftsbund müßte sich einerseits gegen das amerikanische Kapital und dessen Staat richten und andererseits, wenn extreme Ausbeutungsbedingungen in anderen Ländern die Ursache der günstigeren Wettbewerbsposition ausländischer Kapitale auf dem Weltmarkt sind, gemeinsam mit der internationalen Gewerkschaftsbewegung und den entsprechenden nationalen Bünden auf die Verbesserung der Lebensbedingungen der extrem ausgebeuteten Arbeitsklassen abzielen. Zölle und quantitative Restriktionen gefährden nicht nur die Arbeitsplätze und Kampfbedingungen der Arbeiterklasse im Ausland, sondern erhöhen zudem deutlich die Kriegsgefahr. Die Führer der Arbeiterbewegung vor dem Ersten Weltkrieg waren sich dieser Zusammenhänge noch bewußt; so schrieb Rosa Luxemburg in *Sozialreform oder Revolution:* »Das heißt, die Zölle dienen heute nicht mehr als Schutzmittel einer aufstrebenden kapitalistischen Produktion gegen eine reifere, sondern als Kampfmittel einer nationalen Kapitalistengruppe gegen eine andere.«[33]

30 Jahre später geißelte F. David die sozialdemokratische Schutzzollpolitik mit den Worten: »Die klassenbewußte Arbeiterschaft sieht in den Zöllen ein Mittel der Bourgeoisie zur Herabdrückung des Lebensniveaus der Arbeiterklasse. Nicht nur das allein: Die Zölle sind ein wichtiges Kampfmittel im Wirtschaftskrieg zwischen den Kapitalisten verschiedener Länder, der früher oder später in einen militaristischen Krieg umschlägt. Die Unterstützung der imperialistischen Zollpoli-

32 Halliday/McCormack, a.a.O., S. 62.

33 Rosa Luxemburg, *Sozialreform oder Revolution.* In: Rosa Luxemburg, *Politische Schriften,* Teil I, herausgegeben und eingeleitet von Ossip K. Flechtheim, Ffm./Wien 1966, S. 277.

tik ist deshalb zugleich die Unterstützung einer Politik, die zu einem neuen Weltkrieg führt.«[34]

Die freihändlerische Haltung der klassenbewußten Arbeiterbewegung hat nichts mit einem Kotau vor den Gesetzmäßigkeiten der kapitalistischen Produktionsweise zu tun, sie leitet sich nicht aus der reformistischen Position ab, der internationale Handel bringe auch längerfristig der Arbeiterklasse Vorteile, im Gegenteil, eine klassenbewußte Arbeiterbewegung kämpft um die Erhaltung ihrer Arbeitsplätze, auch wenn sich an ihrer Kampfkraft die arbeitsteiligen Gesetze des internationalen Handels brechen. Sie führt aber diesen Kampf mit Forderungen, die an das nationale Kapital und dessen Staat gerichtet sind und nicht auf Kosten der Arbeiterklasse anderer Länder gehen.

Gleiches gilt für den Kampf gegen die Arbeitsplatzexporte durch Auslandsdirektinvestitionen. Hier sollte die Arbeiterbewegung dem Kapital Schutzklauseln abpressen, die die Sicherheit der Arbeitsplätze in multinationalen Konzernen gewährleisten, nicht aber protektionistische Forderungen aufstellen, die in diesem Falle zwar nicht direkt zu Lasten der Arbeiterklasse anderer Länder gingen, aber dennoch zur Verschärfung der innerimperialistischen Widersprüche beitragen könnten.

Die nicht aus den Interessen der Arbeiterklasse entwikkelte Haltung der reformistischen IBFG-Gewerkschaften zur Frage der Arbeitsplatzgefährdung durch die Internationalisierung der Mehrwertproduktion wird nicht nur – wie oben gezeigt – an den bloß sozialen Forderungen dieser Gewerkschaften deutlich, diese Position offenbart sich auch in der Stellungnahme der IBFG-Gewerkschaften zur protektionistischen Politik des AFL-CIO. In den Materialien zur Frage der multinationalen Konzerne, die der IBFG auf der Weltwirtschaftskonferenz 1971 verbreitete, wird die Haltung des AFL-CIO ohne Kritik dargestellt und an anderer Stelle die Auffassung vertreten, daß die Niedrig-Lohn-Bedingungen in einigen Ländern für den protektionistischen Druck in den Kapitalausfuhrländern verantwortlich seien.[35] Der IBFG-

34 F. David, *Der Bankrott des Reformismus,* Berlin 1932, Reprint: Erlangen 1971, S. 238.

35 IBFG, *Material zu ...,* a.a.O., S. 275.

Funktionär Heribert Maier schreibt: »Eine besondere Bemerkung wäre noch angebracht über die Haltung der Internationalen Freien Gewerkschaftsbewegung gegenüber einschränkenden Maßnahmen, mit denen ein nationaler Wirtschaftsraum vor der Einfuhr von Erzeugnissen geschützt werden soll, von denen man mit Recht annehmen kann, daß sie unter ungerechten Arbeitsbedingungen produziert wurden. Die grundsätzliche Linie des IBFG ist, zunächst alle Möglichkeiten einer positiven Aktion zu erschöpfen, wie die Förderung starker Gewerkschaftsverbände und frei ausgehandelter Kollektivverträge, Maßnahmen der Regierung zur Förderung einer ausgeglichenen und geordneten Anpassung der von solchen Einfuhren betroffenen Industrien, einschließlich von Maßnahmen, um zu gewährleisten, daß die davon betroffenen Arbeitskräfte ausreichend umgeschult oder neue Arbeitsplätze für sie beschafft wurden. Zu einer aktiven Arbeitskräftepolitik gehört zum Beispiel auch der gesamte Komplex von Maßnahmen, die die Regierungen anwenden sollten, um Marktstörungen aufzufangen. Diese Maßnahmen sind wichtig nicht nur für die Wahrung eines hohen Beschäftigungsstandes, sondern sind auch grundlegende Voraussetzung für eine gültige Alternative gegenüber dem Protektionismus, von dem niemand erwartet, daß er auf lange Sicht irgendjemandem hilft. Werden solche positiven Aktionen rechtzeitig eingeleitet, dann können sie die Notwendigkeit für eine protektionistische Politik aus der Welt schaffen.«[36] Richtig ist an dieser Stellungnahme allein die Forderung nach der Stärkung des gewerkschaftlichen Kampfes in den Niedrig-Lohn-Ländern. Ansonsten fehlt eine generelle Kritik des AFL-CIO, ja, es wird Verständnis für dessen protektionistische Haltung geäußert, also Verständnis dafür, daß die ohnehin extrem ausgebeuteten Arbeiterklassen in Niedrig-Lohn-Ländern zusätzlich noch ihre Arbeitsplätze verlieren, denn die Schutzzölle werden sicherlich nicht zu höheren Löhnen in den weniger entwickelten Ländern führen. Im übrigen offenbaren diese Stellungnahmen des IBFG zur Politik des AFL-CIO abermals den reformistischen Charakter dieses Gewerkschaftsverbandes: Nicht Kampf gegen Arbeitsplatzverluste,

36 Heribert Maier, a.a.O., S. 301.

sondern soziale Forderungen, nicht Befürwortung des Freihandels aus Gründen internationaler Solidarität und einer antimilitaristischen Einstellung, sondern weil der internationale Handel dem Wohle der Völker dient.[37] Wenn aber der Freihandel allen Völkern dient, darf die Arbeiterklasse nicht im Wege stehen und auf der Erhaltung ihrer Arbeitsplätze beharren – der reformistische Zirkel schließt sich.

37 IMB (IBFG), *Erklärung der Tagung der IMB-Weltautomobilausschüsse* . . ., a.a.O., S. 263.

Anhang

Tabelle I
Die umsatzstärksten Unternehmen in der amerikanischen und westeuropäischen Automobilindustrie

	R	Umsatz in 1 000 $	Aktiva in 1 000 $	Beschäftigte
USA				
General Motors	1	18 752 354	14 174 360	695 796
Ford Motors	3	14 979 900	9 904 100	431 727
Chrysler	8	6 999 676	4 815 772	228 332
American Motors	179	1 089 787	546 618	22.769
Westeuropa				
Volkswagen	15	4 314 481	2 444 809	190 306
Daimler-Benz	36	3 018 852	1 227 088	144 372
Fiat	45	2 738 952	2 202.937	184 814
Renault	53	2 528 902	1 362 123	155 000
British Leyland Motors	56	2 450 314	1 878 065	199 524
Citroen	125	1 416 874	302 093	91 000
Peugeot	130	1 389 166	361 513	78 742
Volvo	192	1 029 071	909 242	38 866
BMW	404	462 695	274 596	23 132

R = Rang unter den 460 größten Unternehmen der kapitalistischen Welt 1970

Quelle: Institut für Marxistische Studien und Forschungen (IMSF) (Hrsg.), *Internationale Konzerne* . . ., a.a.O., S. 344 ff.

Tabelle II
Die umsatzstärksten Unternehmen in der amerikanischen und westeuropäischen Flugzeugbauindustrie

	R	Umsatz in 1000 $	Aktiva in 1000 $	Beschäftigte
USA				
Boeing	23	3677073	2621819	79100
Lockheed Aircraft	52	2535000	N. A.	84579
United Aircraft	60	2348945	1546375	68481
General Dynamics	67	2223643	1096398	80900
McDonnell Douglas	71	2088179	1769345	92552
Westeuropa				
Hawker Siddeley Group	180	1088818	845842	93000
Aerospatiale	310	639126	989352	43716
SAAB-Scania	287	678302	782551	28588
Rolls Royce	306	645000	N. A.	83500

R = Rang unter den 460 größten Unternehmen der kapitalistischen Welt 1970

Quelle: IMSF (Hrsg.), *Internationale Konzerne* . . ., a.a.O., S. 344 ff.

Tabelle III
Die umsatzstärksten Unternehmen in der amerikanischen und westeuropäischen Erdölindustrie

	R	Umsatz in 1000 $	Aktiva in 1000 $	Beschäftigte
USA				
Standard Oil (N.J.)	2	16554227	19241784	143000
Mobil Oil	7	7260522	7921049	75600
Texaco	11	6349759	9923786	73734
Gulf Oil	13	5396182	8672298	61300
Standard Oil of California	17	4187762	6593551	44610
Standard Oil of Indiana	22	3732827	5397471	47551
Westeuropa				
Royal Dutch/Shell	4	10797348	16977108	184000
British Petroleum	19	4062000	6319680	70600
Cie. Française des Pétroles	77	1949715	2841603	24000
ENI	91	1808640	4904640	71690
ELF (ERAP)	118	1461599	2619824	16620
Petrofina	147	1252600	1573235	21300

R = Rang unter den 460 größten Unternehmen der kapitalistischen Welt 1970

Quelle: IMSF (Hrsg.), *Internationale Konzerne . . .*, a.a.O., S. 344 ff.

Tabelle IV
Die umsatzstärksten Unternehmen in der amerikanischen und westeuropäischen Maschinenbau- und Elektroindustrie

	R	Umsatz in 1000 $	Aktiva in 1000 $	Beschäftigte
USA				
General Electric	5	8726738	6309945	396583
IBM	6	7503960	8539047	296291
ITT	10	6364494	6697011	392000
Western Electric	12	5856160	3743623	215380
Westinghouse	16	4313410	3358167	145000
General Telephone & Electronics	28	3439219	7739272	172000
RCA	30	3291888	2936125	127000
Westeuropa				
Philips	18	4163002	5272985	359000
Siemens	31	3196467	3098634	300500
AEG-Telefunken	62	2344155	1652241	178000
General Electric	68	2217600	2528854	225000
Cie. Générale d'Electricité	115	1550181	2096415	113000
Bosch	117	1502732	488020	116987
Brown, Boveri	139	1326375	1324774	96900

R = Rang unter den 460 größten Unternehmen der kapitalistischen Welt 1970

Quelle: IMSF (Hrsg.), *Internationale Konzerne* . . ., a.a.O., S. 344 ff.

Tabelle V
Die umsatzstärksten Unternehmen in der amerikanischen und westeuropäischen Gummiindustrie

	R	Umsatz in 1000 $	Aktiva in 1000 $	Beschäftigte
USA				
Goodyear	32	3194554	2955301	136835
Firestone	61	2334717	2097074	105203
Uniroyal	114	1555594	1308428	64168
Goodrich	157	1204754	1303991	48858
Westeuropa				
Dunlop	141	1298400	1054025	107000
Pirelli	158	1202900	1414100	89900
Michelin	164	1152283	226097	80000
Continental Gummi-Werke	449	414534	339407	32773

R = Rang unter den 460 größten Unternehmen der kapitalistischen Welt 1970

Quelle: IMSF (Hrsg.), *Internationale Konzerne . . .*, a.a.O., S. 344 ff.

Tabelle VI
Die umsatzstärksten Unternehmen in der amerikanischen und westeuropäischen Chemieindustrie

	R	Umsatz in 1000 $	Aktiva in 1000 $	Beschäftigte
USA				
Du Pont	24	3618400	3566600	110685
Union Carbide	35	3026326	3563795	102144
Procter + Gamble	37	2978750	1854990	44225
Monsanto	76	1971632	2114664	62940
W. R. Grace	81	1917559	1575168	61656
Dow Chemical	83	1911105	2779802	47347
Allied Chemical	149	1248479	1582057	32766
Westeuropa				
ICI	26	3509760	4997280	194000
Hoechst	34	3027322	3584699	139460
BASF	40	2874317	3278689	106776
Montedison	41	2841600	3332998	162791
Bayer	55	2502186	3251639	101800
AKZO	74	2002438	2327946	100800
Rhône-Poulenc	75	1985468	2440112	120514

R = Rang unter den 460 größten Unternehmen der kapitalistischen Welt 1970

Quelle: IMSF (Hrsg.), *Internationale Konzerne* . . ., a.a.O., S. 344 ff.

Tabelle VII
Die umsatzstärksten Unternehmen in der amerikanischen und westeuropäischen Stahlindustrie

	R	Umsatz in 1000 $	Aktiva in 1000 $	Beschäftigte
USA				
U.S. Steel	14	4814368	6311038	200734
Bethlehem Steel	39	2935408	3331206	130000
Armco Steel	108	1583673	1978913	51236
Republic Steel	135	1364694	1833264	41726
National Steel	150	1248363	1567616	30547
Inland Steel	161	1195088	1362969	32159
Westeuropa				
British Steel	27	3496800	2988000	255000
August-Thyssen-Hütte	38	2956674	2105005	97530
Mannesmann	94	1784426	1213339	76347
Krupp-Konzern	101	1645902	1500629	80340
Hoesch	122	1425184	1267693	63645
ARBED	137	1334480	787685	36700
Rheinstahl	140	1302064	1182711	71103

R = Rang unter den 460 größten Unternehmen der kapitalistischen Welt 1970

Quelle: IMSF (Hrsg.), *Internationale Konzerne* . . ., a.a.O., S. 344 ff.

Tabelle VIII
Die umsatzstärksten Unternehmen in der amerikanischen und westeuropäischen Nichteisen-Metallindustrie

	R	Umsatz in 1000 $	Aktiva in 1000 $	Beschäftigte
USA				
Alumimium Co. of America	116	1522418	2628192	48307
Kennecott Copper	170	1133061	1737190	30500
Reynolds Metals	191	1035166	689618	37300
Anaconda	204	977424	1784657	30804
National Lead	215	915877	752649	28500
Kaiser Aluminium & Chemical	222	880934	1625934	26868
Westeuropa				
Péchiney	113	1564693	2010374	62000
Metallgesellschaft	131	1385305	755643	35932
Ugine-Kuhlmann	167	1140760	1132766	46500
Rio Tinto Zinc	185	1054560	2140080	55000
Consolidated Tin Smelters	213	935587	172426	3200
Metallurgie Hoboken-Overpelt	307	644600	358372	8200

R = Rang unter den 460 größten Unternehmen der kapitalistischen Welt 1970

Quelle: IMSF (Hrsg.), *Internationale Konzerne* . . ., a.a.O., S. 344 ff.

Tabelle IX
Die umsatzstärksten Unternehmen in der amerikanischen und westeuropäischen Nahrungsmittelindustrie

	R	Umsatz in 1 000$	Aktiva in 1 000 $	Beschäftigte
USA				
Swift	33	3 076 378	852 482	38 900
Kraftco[a]	43	2 751 129	1 031 365	48 179
Armour[b]	40	2 153 357	560 469	31 700
General Foods	72	2 045 355	1 360 996	44 000
Borden	87	1 827 341	1 191 795	45 900
Reynolds Industries[c]	93	1 786 023	1 857 651	28 255
Consolidated Foods	100	1 651 512	726 099	60 000
Westeuropa				
Unilever	9	6 833 200	3 951 600	333 000
Nestlé	63	2 333 734	1 858 069	91 173
British American Tobacco	82	1 911 936	2 480 928	120 000
Associated Foods British Foods	145	1 258 452	557 246	107 758
Imperial Tobacco Group	177	1 100 000	1 687 565	68 460
Ranks Hovis McDougal	216	909 600	668 507	69 000
Unigate	262	744 000	346 075	35 000

R = Rang unter den 460 größten Unternehmen der kapitalistischen Welt 1970
a Früher: National Dairy Food
b Armour wurde 1970 von Greyhound übernommen, deshalb sind hier die Daten für 1969 angegeben
c Früher: Reynolds Tobacco

Quelle: IMSF (Hrsg.), *Internationale Konzerne* . . ., a.a.O., S. 344 ff.

Tabelle X
Labour Cost[a] per Unit of gross Value Added[b] in Industry[c]

		1959	1960	1961	1962	1963	1964	1965	1966	1967	1968
West Germany	(a)	100.5	104.0	114.9	122.9	126.4	128.5	132.6	137.8	136.7	135.5
	(b)	0.5	3.5	10.5	7.0	2.9	1.7	3.2	3.9	−0.8	−1.0
France	(a)	86.3	89.8	95.2	98.4	105.1	108.9	112.0	114.3	116.7	124.5
	(b)	−13.7	4.0	6.0	3.4	6.9	3.4	2.9	2.0	2.1	5.5
Italy	(a)	97.1	100.2	104.6	113.4	131.7	142.3	137.8	135.7	142.6	144.0
	(b)	−2.9	3.2	4.4	8.4	16.1	8.1	−3.1	−1.6	5.1	1.0
Netherlands	(a)	96.7	97,7	107.5	113.1	121.0	129.0	136.9	145.4	144.5	141.0
	(b)	−3.3	1.1	10.0	5.2	7.0	6.6	6.1	6.2	−0.6	−2.5
Belgium	(a)	93.0	91.4	91.8	93.1	95.4	99.4	103.3	106.4	107.3	108.0
	(b)	−7.0	−1.7	0.4	1.4	2.5	4.1	3.9	3.0	0.8	0.5
United States	(a)	99.6	101.8	102.5	102.0	102.1	102.3	102.5	106.3	111.1	115.0
	(b)	−0.4	2.1	0.7	−0.4	0.1	0.3	0.2	3.7	4.5	3.5
United Kingdom	(a)	98.7	99.4	104.9	108.4	108.1	109.8	116.1	121.5	121.9	108.5
	(b)	−1.3	0.7	5.6	3.3	−0.3	1.6	5.7	4.6	0.4	−11.0

a = Allowing for changes in exchanges rates; b = At constant prices; c = Including buildings and constructions
(a) = 1958 = 100; (b) Percentage increase at constant prices over previous year

Quelle: Kindleberger and Shonfield, *North American and Western European Economic Policies*, London and Basingstoke, 1971, S. 63.

Tabelle XI

Increase in Nuclear-Generated Power Capacity Installed* 1964-1967 Compared with Increase in Total Fossil and Hydro Power Capacity Installed

	Germany	Belgium	Italy	France	EEC	Sweden	U.K.	U.S.A.
Total increase 1964–1967–MW	11.038.0	2.091.0	8.242.0	6.405.0	28.676.0	2.377.0	17.538.0	75.000.0
1964–1967 increase=100	100.0	100.0	100.0	100.0	100.0	100.0	100.0	n. a.
Increase in fossil MW	9.770.0	1.657.0	6.919.0	3.728.0	23.074.0	911.0	14.448.0	n. a.
As a % of 1964–1967 increase	88.5	79.2	83.9	58.2	80.7	38.3	82.4	n. a.
Increase in hydro MW	946.0	8.0	891.0	1.597.0	3.342.0	1.456.0	400.0	n. a.
As a % of 1964–1967 increase	8.6	0.4	10.8	24.9	11.7	61.3	2.3	n. a.
Increase in nuclear MW	332.0	426.0	432.0	1.080.0	2.260.0	10.0	3.090.0	2.500.0
As a % of 1964–1967 increase	3.0	20.4	5.3	16.9	7.9	0.4	17.6	3.3

* Estimate based on statistics given in source indicated below

Quelle: OECD, *Gaps in Technology, Analytical Report*, a.a.O., S. 215.

Tabelle XII
Nuclear Generated Power – Total Installed and Planed 1967 to 1973 MW

	1967	1973
Europe	6000	24000
United States	2500	40000

Quelle: OECD, *Gaps in Technology, Analytical Report,* a.a.O., S. 216.

Tabelle XIII
Increase in Total Computing Capacity

		1959	1961	1963	1965	1967
France	Total	23.8	335.7	1.409.3	3.570.8	9.953.5
	Index	100	1410	5921	15003	41821
Italy	Total	26.4	144.2	780.5	1.624.9	7.387.6
	Index	100	546	2956	9943	27983
Belgium/Luxembourg	Total	10.0	56.1	170.3	665.2	2.059.0
	Index	100	561	1703	6652	20590
Netherlands	Total	18.8	94.3	373.9	800.9	3.214.9
	Index	100	496	1989	4258	17100
Germany	Total	102.5	457.0	1.669.8	5.908.0	13.711.6
	Index	100	446	1629	5764	13377
United Kingdom	Total	118.5	273.5	940.0	4.120.6	12.283.3
	Index	100	231	794	3477	10365
U. S. A.	Total	5.063.9	12.762.5	34.221.5	86.242.5	216.335.1
	Index	100	252	676	1703	4272

Quelle: OECD, *Gaps in Technology, Analytical Report,* a.a.O., S. 217.

Tabelle XIV
Consumption of Plastics per Capita

		1955	1961	1965
Japan	Total	1.35	8.44	14.11
	Index	100	625	1045
Belgium	Total	2.37	10.28	24.00
	Index	100	434	1013
Italy	Total	1.70	6.74	11.85
	Index	100	396	697
Netherlands	Total	3.03	7.93	16.40
	Index	100	262	541
France	Total	2.75	8.00	13.94
	Index	100	291	507
Sweden	Total	5.26	12.64	14.81
	Index	100	240	472
Germany	Total	5.87	15.29	26.78
	Index	100	260	456
United Kingdom	Total	5.19	9.61	14.95
	Index	100	185	288
United States	Total	9.91	15.61	24.12
	Index	100	158	243

Quelle: OECD, *Gaps in Technology, Analytical Report,* a.a.O., S. 220.

Tabelle XV
Apparent Consumption of Man-Made Fibres tons per capita

		1960	1965
Denmark	Total	0.83	2.41
	Index	100	290
Sweden	Total	1.75	4.05
	Index	100	231
Netherlands	Total	2.74	5.21
	Index	100	190
Belgium	Total	3.16	5.98
	Index	100	189
U. S. A.	Total	4.14	7.73
	Index	100	185
Canada	Total	2.88	5.02
	Index	100	174
Norway	Total	3.02	5.16
	Index	100	170
Germany	Total	4.28	6.36
	Index	100	148
U.K.	Total	4.69	6.21
	Index	100	132
France	Total	2.93	3.51
	Index	100	119
Italy	Total	2.70	3.18
	Index	100	117
Austria	Total	4.53	5.27
	Index	100	116
Switzerland	Total	3.69	3.92
	Index	100	106
Japan	Total	4.35	7.02
	Index	100	161

Quelle: OECD, *Gaps in Technology, Analytical Report,* a.a.O., S. 222.

M. A. Adelman, *The Multinational Corporation in World Petroleum*, in: Charles P. Kindleberger (Hrsg.), *The International Corporation*, Cambridge, Mass., 1970
Awni Al-Ani, *Deutsche Direktinvestitionen in Entwicklungsländern*, in: *Wirtschaftsdienst*, Nr. IV, 1969
M. Albert, *Repercussions of the Economic Policy of the United States on the Policies of the Countries of the European Community*, in: Charles P. Kindleberger / A. Shonfield (Hrsg.), *North American and Western European Economic Policies*, London and Basingstoke 1971
Detlef Albers, Werner Goldschmidt, Paul Oehlke, *Klassenkämpfe in Westeuropa, England, Frankreich, Italien*, Reinbek bei Hamburg, 1971
Carlos F. Diaz Alejandro, *Direct Foreign Investment in Latin America*, in: Charles P. Kindleberger (Hrsg.), *The International Corporation*, Cambridge, Mass., 1970
Robert Z. Aliber, *A Theory of Direct Foreign Investment*, in: Charles P. Kindleberger (Hrsg.), *The International Corporation*, Cambridge, Mass., 1970
Robert Z. Aliber, *The multinational enterprise in a multiple currency world*, in: John H. Dunning, *The Multinational Enterprise*, London 1971
Elmar Altvater, *Die Weltwährungskrise*, Frankfurt/Main 1969
Elmar Altvater, *Zu einigen Problemen des Staatsinterventionismus*, in: *Probleme des Klassenkampfes*, Nr. 3, 1972
Elmar Altvater, *Multinationale Konzerne und Arbeiterklasse*, unveröffentlichtes Manuskript, vorgelegt auf dem Symposium *Multinational corporations and labour unions*, Nijmegen/Niederlande, Mai 1973
Samir Amin, *L'accumulation à l'échelle mondiale*, Ifan-Dakar und Paris 1970
Samir Amin und Christian Palloix, *Neuere Beiträge zur Imperialismustheorie*, Band I, München 1971
Statistisches Amt der Europäischen Gemeinschaften, *Volkswirtschaftliche Gesamtrechnungen*, Brüssel 1970
C. A. Andreae (Hrsg.), *Geldtheorie und Geldpolitik*, Berlin 1968
Arbeitsgemeinschaft Entwicklungsländer, *Investieren in Indien – eine Untersuchung über das Investitionsklima*, o. O., 1965
Arbeitsgruppe Dritte Welt am OSI, *Neuere Imperialismustheorien*, in: *Sozialistische Politik*, Nr. 6/7, 1970; auch abgedruckt in: *Critiques de l'économie politique*, Nr. 4/5, Paris 1971

Helmut Arndt (Hrsg.), *Sozialwissenschaftliche Untersuchungen*, Berlin 1969
K. J. Arrow / H. B. Chenery / B. S. Minhas / R. M. Solow, *Capital Labor Substitution and Economic Efficiency*, in: *The Review of Economics and Statistics*, Band 43, Cambridge, Mass., 1961
H. Aszkenazy, *Les Grandes Sociétées Européennes*, Brüssel 1971
Autorenkollektiv, *Der Imperialismus der BRD*, Berlin (Ost) 1971
Autorenkollektiv, *Politische Ökonomie des heutigen Monopolkapitalismus*, Berlin (Ost) 1972
Hans Bachmann, *Die Konvention von Bretton Woods*, St. Gallen und Zürich 1945
Hans Bachmann, *The External Relations of Less-developed Countries*, New York 1968
Hans Bachmann, *Zollpolitik und Entwicklungsländer*, Tübingen, Zürich 1965
Bela Balassa, *Trade Liberalization among Industrial Countries*, New York, Toronto, London, Sydney 1967
Bela Balassa u. a., *The Structure of Protection in developing Countries*, Baltimore 1971
Paul A. Baran, *Politische Ökonomie des wirtschaftlichen Wachstums*, Neuwied und Berlin 1966
Paul A. Baran / Paul M. Sweezy, *Monopolkapital – Ein Essay über die amerikanische Wirtschafts- und Gesellschaftsordnung*, Frankfurt/Main 1967
M. Barratt-Brown, *Struktur der Weltwirtschaft*, in: Ekkehart Krippendorff (Hrsg.), *Probleme der internationalen Beziehungen*, Frankfurt/Main 1972
William H. Bartsch, *The Impact of the Oil Industry on the Economy of Iran*, in: R. F. Mikesell (Hrsg.), *Foreign Investment in the Petroleum and Mineral Industries. Case Studies of Investor-Host Country Relations*, Baltimore and London 1971
W. J. Baumol, *Business Behavior, Value and Growth*, New York 1959
Jack N. Behrman, *The Role of International Companies in Latin Americans Integration*, Toronto and London 1972
Jack N. Behrman, *National Interests and the Multinational Enterprise – Tensions among North Atlantic Countries*, Englewood Cliffs, N. J., 1970
Jack N. Behrman, *Governmental policy alternatives and the problem of international sharing*, in: John H. Dunning (Hrsg.), *The Multinational Enterprise*, London 1971
Burton Bendiner, *Strategy towards Multinational Corporations*, unveröffentlichtes Manuskript, vorgelegt auf dem Symposium »Multinational corporations and labour unions«, Nijmegen/Niederlande, Mai 1973

A. A. Berle, *Power without Property. A new Development in American Political Economy*, New York 1959

Berliner Bank, *Zur Erweiterung der EWG*, in: *Mitteilungen für den Außenhandel*, Nr. 2, 1972

Berliner Bank, *Neue Welthandelsgespräche in Sicht*, in: *Mitteilungen für den Außenhandel*, Nr. 2, 1972

Berliner Bank, *Zunehmende unternehmerische Verflechtung zwischen den EWG-Ländern*, in: *Mitteilungen für den Außenhandel*, Nr. 6, 1972

Berliner Bank, *Grünes Licht für westeuropäische Freihandelszone*, in: *Mitteilungen für den Außenhandel*, Nr. 7, 1972

Berliner Bank, *Zollabbau und Währungsunsicherheit*, in: *Mitteilungen für den Außenhandel*, Nr. 7, 1972

Berliner Bank, *Vor einer neuen GATT-Runde*, in: *Mitteilungen für den Außenhandel*, Nr. 12, 1972

Berliner Bank, *Eine Novelle zum Realignment*, in: *Mitteilungen für den Außenhandel*, Nr. 1, 1973

Berliner Bank, *Freihandelsabkommen mit Rest-EFTA öffnet neue Märkte*, in: *Mitteilungen für den Außenhandel*, Nr. 1, 1973

Berliner Bank, *In den USA investieren?*, in: *Mitteilungen für den Außenhandel*, Nr. 4, 1973

Berliner Bank, *Kommt die amerikanische Zahlungsbilanz ins Gleichgewicht?*, in: *Mitteilungen für den Außenhandel*, Nr. 5, 1973

Berliner Bank, *Eine währungspolitische Schluß- und Eröffnungsbilanz*, in: *Wirtschaftsbericht*, Nr. 1, 1972

Gilles Y. Bertin, *Foreign Investment in France*, in: I. A. Litvak und Ch. J. Maule (Hrsg.), *Foreign Investment: The Experience of Host Countries*, New York, Washington, London 1970

Betriebsräte und Gewerkschaftsfunktionäre aus internationalen Konzernbetrieben in der BRD, *Möglichkeiten der Zusammenarbeit von Belegschaften und Gewerkschaften*, in: Institut für Marxistische Studien und Forschungen (Hrsg.), *Internationale Konzerne und Arbeiterklasse*, Frankfurt/Main 1972

J. N. Bhagwati, *Trade, balance of payments and growth*, Papers in International Economics in Honor of Charles P. Kindleberger, Amsterdam, London 1971

Klaus Billerbeck, *Die Konsequenzen der Industrialisierung der Entwicklungsländer für die Industrieländer*, Köln 1964

David H. Blake, *Cross-National Cooperative Strategies: Union Response to the MNCs.*, unveröffentlichtes Manuskript, vorgelegt auf dem Symposium »Multinational corporations and labour unions«, Nijmegen/Niederlande, Mai 1973

Paul Boccara u. a., *Der Staatsmonopolistische Kapitalismus*, Berlin (Ost) 1972

Horst Bockelmann, *Zur Kritik der klassischen Traditionen in der Außenhandelstheorie*, Frankfurt/Main 1958
Klaus Boeck, *Entwicklung und Förderung britischer Direktinvestitionen*, in: Hans-Eckart Scharrer (Hrsg.), *Förderung privater Direktinvestitionen*, Hamburg 1972
B. Bolotin / V. Kudrow, *Vergleich der ökonomischen Potenzen kapitalistischer Industrieländer*, in: *IPW-Berichte*, Heft 3, 1972
Volker Bornschier, *Multinationale Wirtschaftskooperationen. Eine Form organisationeller Überschichtung im Weltmaßstab*, Zürich, im Februar 1973, unveröffentlichtes Manuskript, vorgelegt auf der Tagung der Deutschen Vereinigung für Politische Wissenschaft in Tutzing, April 1973
Edwin Borschberg, *Die Diversifikation als Wachstumsform der industriellen Unternehmung*, Bern, Stuttgart 1969
Alfred Bosch und Reinhold Veit, *Theorie der Geldpolitik*, Tübingen 1966
Donald T. Brash, *Australia as Host to the International Corporations*, in: Charles P. Kindleberger (Hrsg.), *The International Corporation*, Cambridge, Mass., 1970
Martin Breetzmann, *Die Industrialisierung der Entwicklungsländer*, Frankfurt/Main 1970
Otto Brenner, *Multinationale Gesellschaften*, in: Institut für Marxistische Studien und Forschungen (Hrsg.), *Internationale Konzerne und Arbeiterklasse, Frankfurt/Main 1972*
J. R. Bright, Lohnfindung an modernen Arbeitsplätzen in den USA, in: G. Friedrichs (Hrsg.), *Automation und technischer Fortschritt in Deutschland und in USA*, Frankfurt/Main 1963
Michael Z. Brooke / H. L. Remmers, *The Multinational Company in Europe, some Key Problems*, London 1972
M. Z. Brooke / H. L. Remmers, *The Strategy of Multinational Enterprise. Organisation and Finance*, London 1970
Kurt Brüderlin, *Die moderne Theorie der zwischenstaatlichen Kapitalbewegungen*, Bern 1942
N. I. Bucharin, *Der Imperialismus und die Akkumulation des Kapitals*, Berlin/Wien 1926
N. I. Bucharin, *Imperialismus und Weltwirtschaft*, in: *Archiv sozialistischer Literatur* 13, Frankfurt/Main 1969
Internationaler Bund Freier Gewerkschaften (IBFG), *Material zu: Multinationale Gesellschaften*, vorgelegt auf der Weltwirtschaftskonferenz des IBFG in Genf, 24.-26. Juni 1971, abgedruckt in: Institut für Marxistische Studien und Forschungen (Hrsg.), *Internationale Konzerne und Arbeiterklasse*, Frankfurt/Main 1972
Internationaler Bund Freier Gewerkschaften (IBFG), *Der IBFG stellt sich der Zukunft – Aufgaben und Programm*, 10. Weltkongreß des

IBFG 1972, Entwurf, in: *Gewerkschaftsspiegel*, Nr. 19, 1972, Dokumentation
Internationaler Bund Freier Gewerkschaften (IBFG), *Die freien Gewerkschaften und die multinationalen Gesellschaften*, in: Institut für Marxistische Studien und Forschungen (IBFG), *Internationale Konzerne und Arbeiterklasse*, Frankfurt/Main 1972
Deutsche Bundesbank, *Direktinvestitionen im Ausland*, in: *Monatsberichte der Deutschen Bundesbank*, Dezember 1965
Bundesministerium für Wirtschaft, *Unternehmensgröße und Wettbewerb*, Bonn 1970
Klaus Busch, *Ungleicher Tausch – zur Diskussion über internationale Durchschnittsprofitrate, ungleichen Tausch und komparative Kostentheorie anhand der Thesen von Arghiri Emmanuel* in: *Probleme des Klassenkampfes*, Nr. 8/9, 1973
Klaus Busch, *Bemerkungen zu Ernest Mandels Analyse der Weltmarktbewegung des Kapitals*, in: *Die Internationale*, Nr. 2, 1973
Busch/Schöller/Seelow, *Weltmarkt und Weltwährungskrise*, Bremen 1971
Commerzbank, *Auslandsfertigung*, Frankfurt/Main 1971
Committee on Finance, United States Senate, *Implications of Multinational Firms for World Trade and Investment and for U.S. Trade and Labor*, Report to the Committee on Finance of the United States Senate and its Subcommittee on International Trade on Investigation No. 332-69, under Section 3320 F, The Tariff Act of 1930, U.S. Government Printing Office, Washington, D. C., 1973
Committee on Finance, United States Senate, *The Multinational Corporation and the World Economy*, Committee on Finance, U.S. Senate, Subcommittee on International Trade, 93d Congress 1st Session, 26. 2. 1973, U.S. Government Printing Office, Washington 1973
Committee on Finance, United States Senate, *Multinational Corporations*. Hearings before the Subcommittee on International Trade of the Committee on Finance, U.S. Senate, 91d Congress, 1st Session, 26.-28. Febr. + 1. + 6. 3. 1973, U.S. Government Printing Office, Washington 1973
Committee on the Judiciary, United States Senate, *International Aspects of Antitrust, 1967*. Hearings before the Subcommittee on Antitrust and Monopoly of the Committee on the Judiciary, U.S. Senate, 90d Congress, 1st Session, June 1967, U.S. Government Printing Office, Washington 1967
James O'Connor, *Die Bedeutung des ökonomischen Imperialismus*, in: Dieter Senghaas (Hrsg.), *Imperialismus und strukturelle Gewalt. Analysen über abhängige Reproduktion*, Frankfurt/Main 1972
Walter Damm, *The Economic Aspects of European Direct Investment in the United States*, in: S. E. Rolfe / W. Damm, *The Multinational*

Corporation in the World Economy. Direct Investment in Perspective, New York, Washington, London 1970
F. David, *Der Bankrott des Reformismus*, Berlin 1932, Reprint Erlangen 1970
Edward F. Denison, *Why Growth Rates Differ. Postwar Experience in Nine Western Countries*, Washington, D. C. 1967
K. H. Domdey / H. D. Kühne, *Die chronische Krise des kapitalistischen Währungssystems*, in: *Probleme der kapitalistischen Weltwirtschaft*, Nr. 9, Berlin (Ost) 1972
K. H. Domdey u. a., *Gegenwartsprobleme der internationalen Handelsbeziehungen*, in: *Probleme der kapitalistischen Weltwirtschaft*, Nr. 6, Berlin (Ost) 1964
J. P. Donges, *Die Entwicklungsländer als Anbieter industrieller Erzeugnisse*, in: *Die Weltwirtschaft*, Nr. 1, Kiel 1971
Peter Düesberg, *Zur praktischen Bedeutung der reinen Theorie des internationalen Handels*, in: *Zeitschrift für die Gesamte Staatswissenschaft*, 123. Band, Tübingen 1967
Peter Düesberg, *Determinanten der internationalen Güterströme*, Berlin 1965
John H. Dunning, *The Role of American Investment in the British Economy*, Broadsheet 1969
John H. Dunning, *Studies in International Investment*, London 1970.
John H. Dunning, *The costs and benefits of foreign direct investment to the investing country; the UK experience*, in: derselbe, *Studies in International Investment*, London 1970.
John H. Dunning, *The Profitability of British Enterprise in North America*, in: derselbe, *Studies in International Investment*, London 1970.
John H. Dunning, *British Investment in the United States 1860/1913*, in: derselbe, *Studies in International Investment*, London 1970.
John H. Dunning, *Inter-firm efficiency comparisons: US and UK manufacturing enterprises in Britain*, in: derselbe, *Studies in International Investment*, London 1970.
John H. Dunning, *Technology, United States Investment, and European Economic Growth*, in: Charles P. Kindleberger (Hrsg.), *The International Corporation*, Cambridge, Mass., 1970.
John H. Dunning (Hrsg.), *The Multinational Enterprise*, London 1971.
John H. Dunning, *The multinational enterprise: the background*, in: derselbe, *The Multinational Enterprise*, London 1971.
John H. Dunning (Hrsg.), *International Investment*, Middlesex, England, 1972.

P. Durwick, *Der Trend zur multinationalen Marketingstrategie,* in: *Wirtschaftsdienst,* Nr. 4, 1970.
A. Edwards, *Investment in the European Community,* New York/London 1964.
Gertrud G. Edwards, *Foreign Petroleum Companies and the State in Venezuela,* in: R. F. Mikesell (Hrsg.), *Foreign Investment in the Petroleum and Mineral Industries. Case Studies of Investor-Host Country Relations,* Baltimore/London 1971.
J. J. A. Ellis, *The Legal Aspects of European Direct Investment in the United States,* in: S. E. Rolfe / W. Damm (Hrsg.), *The Multinational Corporation in the World Economy. Direct Investment in Perspective,* New York/Washington/London 1970.
Arghiri Emmanuel, *L'échange inégal – Essai sur les antagonismes dans les rapports économiques internationaux.* Preface et remarques théoriques de Charles Bettelheim, Paris 1969, 1972.
A. Enderle u. a., *Das Rote Gewerkschaftsbuch,* Berlin 1932.
Friedrich Engels, *Der Freihandelskongreß in Brüssel,* in: Marx/Engels, *Werke,* Band 4, Berlin (Ost) 1964.
Friedrich Engels, *Schutzzoll oder Freihandels-System,* in: Marx/Engels, *Werke,* Band 4, Berlin 1964.
Friedrich Engels, *Der ökonomische Kongreß,* in: Marx/Engels, *Werke,* Band 4, Berlin (Ost) 1964.
Friedrich Engels, *Vorwort zu Karl Marx: Das Elend der Philosophie,* in: Marx/Engels, *Werke,* Band 4, Berlin (Ost) 1964.
Friedrich Engels, *Schutzzoll und Freihandel. Vorwort zur amerikanischen Ausgabe von Karl Marx: ›Rede über die Frage des Freihandels‹,* Marx/Engels, *Werke,* Band 21, Berlin (Ost) 1962.
American Federation of Labor-Congress of Industrial Organisations (AFL-CIO), *An American Trade Union View of International Trade and Investment,* in: Committee on Finance, United State Senate, *Multinational Corporations,* Hearings before the Subcommittee on International Trade of the Committee on Finance, U.S. Senate, 91d Congress, 1st Session, 26.-28. Febr. + 1. + 6. 3. 1973, U.S. Government Printing Office, Washington 1973.
G. Fels, *Spezialisierungsmuster in der Arbeitsteilung zwischen Industrie- und Entwicklungsländern,* in: *Die Weltwirtschaft,* Nr. 1, Kiel 1971.
Herbert Feis, *Europe The World's Banker 1870-1914,* New York 1964.
Herbert Feis, *The Changing Pattern of International Economic Affairs,* London/New York 1971.
Sibylle v. Flatow / Freerk Huisken, *Zum Problem der Ableitung des bürgerlichen Staates,* in: *Probleme des Klassenkampfes,* Nr. 7, 1973.

Fortune, the 500 Largest U.S. Industrial Corporations, Vol. LXXXV, No. 5, Mai 1972.
Fortune, The 300 Largest Industrials Outside the U.S., Vol. LXXXVI, No. 2, August 1971.
Albrecht Forstmann, *Der Kampf um den internationalen Handel*, Berlin 1935.
Andre Gunder Frank, *Kapitalismus und Unterentwicklung in Lateinamerika*, Frankfurt/Main 1968.
Bruno Fritsch (Hrsg.), *Entwicklungsländer*, Köln/Berlin 1968.
Bruno Fritsch, *Die Geld- und Kredittheorie bei Karl Marx*, Frankfurt/Main 1968.
Karl Fugger, *Geschichte der deutschen Gewerkschaftsbewegung*, Erste Ausgabe des Textes 1949, Reprint, Westberlin 1971.
J. K. Galbraith, *Die moderne Industriegesellschaft*, München und Zürich 1968.
Jonathan F. Galloway, *The Multinationalization of Labor: U.S. Perspectives*, unveröffentlichtes Manuskript, vorgelegt auf dem Symposium »Multinational corporations and labour unions«, Nijmegen/Niederlande, Mai 1973.
T. R. Gates / F. Linden, *Costs and competition: American Experience Abroad*, New York 1961.
Heide Gerstenberger, *Zur Theorie der historischen Konstitution des bürgerlichen Staates*, in: *Probleme des Klassenkampfes*, Nr. 8/9, 1973.
Gewerkschaftsspiegel: Nr. 7, 9, 20, 23, 1970; Nr. 17, 1971; Nr. 10, 16, 19, 1972; Nr. 2, 7, 11, 1973.
Herbert Giersch (Hrsg.), *Integration durch Währungsunion?*, Tübingen 1971.
Helmut Giesecke, *Industrieinvestitionen in Entwicklungsländern – Risiken und Chancen*, Hamburg 1963.
Frank D. Graham, *The Theory of International Values*, Princeton 1948.
Günter Grosche / Rolf Lehmann-Richter, *Die Gewinne aus deutschen Direktinvestitionen in Entwicklungsländern*, Düsseldorf 1970.
Richard Groß, *Freiheit und Intervention im Kapitalverkehr zwischen Industrieländern*, Frankfurt/Main 1970.
Henryk Grossmann, *Das Akkumulations- und Zusammenbruchsgesetz des kapitalistischen Systems*, in: *Archiv sozialistische Literatur* Nr. 8, Frankfurt/Main 1970.
J. Gruner, *Wachsende Rivalität zwischen EWG und USA*, in: *IPW-Berichte*, Heft 4, 1972.
Rudi Gündel, *Beziehungen zwischen Außenhandel, Kapitalverwertung und Wachstum*, in: Gunther Kohlmey (Hrsg.), *Außenwirtschaft und Wachstum*, Berlin (Ost) 1968.

Bo Gustafsson, *Versuch über den Kolonialismus*, in: *Kursbuch* Nr. 6, Frankfurt/Main 1966.
Wilfried Guth, *Der Kapitalexport in unterentwickelte Länder*, Basel 1957.
Ernst Haak / Hannes Wunderlich, *Grundkurs zu ›Der Imperialismus als höchstes Stadium des Kapitalismus‹*, Hrsg.: Parteihochschule Karl Marx beim ZK der SED, Berlin (Ost) 1971.
G. Haberler, *Der Internationale Handel*, Berlin 1933.
G. Haberler, *Geld in der Internationalen Wirtschaft*, Hamburg 1965.
G. Haberler, *Der Devisenmarkt und die Stabilität der Zahlungsbilanz. Eine theoretische Untersuchung*, in: Klaus Rose (Hrsg.), *Theorie der internationalen Wirtschaftsbeziehungen*, Köln, Berlin 1966.
G. Haberler, *Währungsabwertung und Realaustauschverhältnis*, in: Klaus Rose (Hrsg.), *Theorie der internationalen Wirtschaftsbeziehungen*, Köln, Berlin 1966.
Jon Halliday / Gavan McCormack, *Japan and America: Antagonistic Alliance*, in: *New Left Review*, Nr. 77, 1973.
Handelskammer Hamburg, *Deutsche Direktinvestitionen im Ausland, Motivation, Entwicklung, Förderung*, 2 Bände, Hamburg 1969.
Hans-Jürgen Harborth, *Neue Industriezentren an der weltwirtschaftlichen Peripherie*, Hamburg 1967.
Pedro G. Hastedt, *Deutsche Direktinvestitionen in Lateinamerika*, Göttingen 1970.
Dietmar Haubold, *Direktinvestitionen und Zahlungsbilanz – Wirkungen der US-Investitionen in Europa auf die amerikanische Zahlungsbilanz*, Hamburg 1972.
Dietmar Haubold, *Entwicklung und Förderung der amerikanischen Direktinvestitionen*, in: Hans-Eckart Scharrer, *Förderung privater Direktinvestitionen*, Hamburg 1972.
Hakan Hedberg, *Die japanische Herausforderung*, Hamburg 1970.
Horst Heininger / Peter Hess, *Die Aktualität der Leninschen Imperialismuskritik*, Frankfurt/Main 1970.
Franz Heidhues, *Zur Theorie der internationalen Kapitalbewegungen*, Tübingen 1969.
Rainer Hellmann, *Amerika auf dem Europamarkt*, Baden-Baden 1966.
Rainer Hellmann, *Weltunternehmen nur amerikanisch? – Das Ungleichgewicht der Investitionen zwischen Amerika und Europa*, Baden-Baden 1970.
Rainer Hellmann, *U.S. Direct Investment in Europe*, in: S. E. Rolfe / W. Damm, *The Multinational Corporation in the World Economy*.

Direct Investment in Perspective, New York/Washington/London 1970.
Rainer Hellmann, *Europäische Wirtschafts- und Währungsunion – Eine Dokumentation,* Baden-Baden 1972.
Klaus Henkner, *Quantifizierung von Wettbewerbs- und Struktureffekten in der Exportentwicklung ausgewählter Industrienationen 1954 bis 1967,* Berlin 1971.
Helmut Hesse, *Die Bedeutung der reinen Theorie des internationalen Handels für die Erklärung des Außenhandels in der Nachkriegszeit,* in: *Zeitschrift für die Gesamte Staatswissenschaft,* 122. Band, Tübingen 1966.
Helmut Hesse, *Die Industrialisierung der Entwicklungsländer in ihren Auswirkungen auf den internationalen Handel,* in: Harald Jürgensen (Hrsg.), *Gestaltungsprobleme der Weltwirtschaft,* Göttingen 1964.
Helmut Hesse, *Strukturwandlungen im Welthandel 1950-1960/61,* Tübingen 1967.
Rudolf Hilferding, *Das Finanzkapital – Eine Studie über die jüngste Entwicklung des Kapitalismus,* Frankfurt/Main 1968.
H.-J. Höhme, *Krisenzyklus unter dem Einfluß staatsmonopplistischer Kapitalverwertung,* in: *IPW-Berichte,* Nr. 6, 1972.
Carl Hudeczek, *Das internationale Währungssystem – Mängel und Reformen,* Frankfurt/Main 1969.
G. C. Hufbauer / F. M. Adler, *Overseas Manufacturing Investment and the Balance of Payments,* U.S. Treasury Department, Washington 1968.
Jörg Huffschmid, *Die Politik des Kapitals. Konzentration und Wirtschaftspolitik in der BRD,* Frankfurt/Main 1970.
W. Huppert, *Internationale Industriekonzerne,* Westberlin 1966.
Stephen Hymer / Robert Rowthorn, *Multinational Corporations and International Oligopoly: The Non-American Challenge,* in: Charles P. Kindleberger, *The International corporation,* Cambridge, Mass., 1970.
Steven Hymer, *Multinationale Konzerne und das Gesetz der ungleichen Entwicklung,* in: Dieter Senghaas (Hrsg.), *Imperialismus und strukturelle Gewalt. Analyse über abhängige Reproduktion,* Frankfurt/Main 1972.
Institut für Iberoamerika-Kunde Hamburg, *Private Direktinvestitionen als Entwicklungsbeitrag für Lateinamerika,* 2 Bände, Hamburg 1969.
Institut für Marxistische Studien und Forschungen (Hrsg.), *Internationale Konzerne und Arbeiterklasse,* Frankfurt/Main 1972.
Ifo-Institut für Wirtschaftsforschung, *Soziale Auswirkungen des technischen Fortschrittes,* Berlin/München 1963.

Ifo-Institut für Wirtschaftsforschung, *Technischer Fortschritt in den USA. Auswertung der amerikanischen Untersuchung: ›Technology and the American Economy‹*, Berlin/München 1971.
Deutsches Institut für Wirtschaftsforschung, *Wochenbericht 22*, Berlin 1972.
Ingo v. Jacobi, *Direktinvestitionen und Export – Deutsche Produktions- und Beteiligungsgesellschaften in Entwicklungsländern*, Hamburg 1972.
Otto Jacobi u. a. (Hrsg.), *Gewerkschaften und Klassenkampf. Kritisches Jahrbuch* 1972, Frankfurt/Main 1972.
Dieter Jäger, *Handelspolitik als Entwicklungspolitik*, Bielefeld 1968.
Pierre Jalée, *Die Ausbeutung der Dritten Welt*, in: *Probleme sozialistischer Politik* 7, Frankfurt/Main 1968.
Pierre Jalée, *Die Dritte Welt in der Weltwirtschaft*, Frankfurt/Main 1969.
Pierre Jalée, *Das neueste Stadium des Imperialismus*, München 1971.
Harry G. Johnson, *The Efficiency and Welfare Implications of the International Corporation*, in: Charles P. Kindleberger (Hrsg.), *The International Corporation*, Cambridge, Mass., 1970.
Franz Janossy, *Das Ende der Wirtschaftswunder*, Frankfurt/Main 1969.
Volker Jung / Ernst Piehl, *Jüngere Entwicklungen in der westeuropäischen Gewerkschaftsbewegung*, in: Otto Jacobi u. a. (Hrsg.), *Gewerkschaften und Klassenkampf*, Frankfurt/Main 1972.
Harald Jürgensen (Hrsg.), *Gestaltungsprobleme der Weltwirschaft*, Göttingen 1964.
Harald Jürgensen, *Probleme der Finanzierung von Investitionen in Entwicklungsländern*, Berlin 1959.
Chlodwig Kapferer, *Probleme der deutschen Privatinvestitionen in Entwicklungsländern*, in: *Wirtschaftsdienst*, Nr. X, 1966.
Carl Kaysen, *The Social Significance of the Modern Corporation*, in: *American Economic Review*, Mai 1957.
Dietrich Kebschull, *Direktinvestitionen im Ausland – Ansatzpunkte und Förderungsinstrumente*, in: *Wirtschaftsdienst*, Nr. IX, 1969.
Gyula Kecskes, *Private Investitionen in Entwicklungsländern in der Nachkriegszeit*, Kiel 1965.
Horst Kern / Michael Schumann, *Der soziale Prozeß bei technischen Umstellungen*, 9. Band des RKW-Projektes. *Wirtschaftliche und soziale Aspekte des technischen Wandels in der BRD*, Frankfurt/Main 1972.
Charles P. Kindleberger, *International Economics*, Homewood, Ill. 1963.

Charles P. Kindleberger, *American Business Abroad*, New Haven and London 1969.
Charles P. Kindleberger (Hrsg.), *The International Corporation*, Cambridge, Mass., 1970.
Charles P. Kindleberger / A. Shonfield (Hrsg.), *North American and Western European Economic Policies*, Edinburgh 1971.
A. W. Kirsanow, *Die USA und Westeuropa*, Berlin (Ost) 1968.
Knauss/Vogel/Herrmanns, *Unternehmenskonzentration in der westlichen Welt*, Köln 1967.
Novitake Kobayashi, *Foreign Investment in Japan*, in: I. A. Litvak / Ch. J. Maule (Hrsg.), *Foreign Investment: The Experience of Host Countries*, New York/Washington/London 1970.
Gunther Kohlmey (Hrsg.), *Außenwirtschaft und Wachstum*, Berlin (Ost) 1968.
Gunther Kohlmey, *Einige Zusammenhänge zwischen Wirtschaftswachstum und Außenhandel*, in: derselbe (Hrsg.) *Außenwirtschaft und Wachstum*, Berlin (Ost) 1968.
Gunther Kohlmey, *Bemerkungen zur Theorie der komparativen Vorteile im Außenhandel*, in: derselbe (Hrsg.), *Außenwirtschaft und Wachstum*, Berlin (Ost) 1968.
Gunther Kohlmey, *Der sozialistische Anteil am Welthandel*, in: *Probleme der Politischen Ökonomie*, Band 4, Berlin (Ost) 1961.
Gunther Kohlmey, *Karl Marx' Theorie von den internationalen Werten*, in: *Probleme der Politischen Ökonomie*, Band 5, Berlin (Ost) 1962.
Gunther Kohlmey, *Weltwirtschaftliche Strukturveränderungen und sozialistische Wirtschaftsplanung*, in: *Probleme der Politischen Ökonomie*, Band 7, Berlin (Ost) 1964.
Gunther Kohlmey, *Karl Marx' Außenhandelstheorie und Probleme der außenwirtschaftlichen Beziehungen zwischen sozialistischen Staaten*, in: *Wirtschaftswissenschaften*, 15. Jg., 8. 8. 1967, Heft 8.
Gunther Kohlmey, *Friedrich Engels über Freihandel und Schutzzoll*, in: *Probleme der Politischen Ökonomie*, Band 13, Berlin (Ost) 1970.
Günter Köpke, *Multinationale Unternehmen und Gewerkschaft*, in: Institut für Marxistische Studien und Forschungen (Hrsg.), *Internationale Konzerne und Arbeiterklasse*, Frankfurt/Main 1972.
Julien-Pierre Koszul, *American Banks in Europe*, in: Charles P. Kindleberger (Hrsg.), *The International Corporation*, Cambridge, Mass., 1970.
Hans R. Krämer, *EWG und EFTA. Entwicklung, Aufbau und Tätigkeit*, Stuttgart 1968.
Harry Krägenau, *Entwicklung und Förderung der deutschen Direkt-*

investitionen, in: Hans-Eckart Scharrer (Hrsg.), *Förderung privater Direktinvestitionen*, Hamburg 1972.
Lawrence B. Krause, *European Economic Integration and the United States*, Washington 1968.
Ekkehart Krippendorff (Hrsg.), *Probleme der internationalen Beziehungen*, Frankfurt/Main 1972.
Alfred Kruse, *Außenwirtschaft – Die internationalen Wirtschaftsbeziehungen*, Berlin 1965.
Heinz Kuby / Erich Kitzmüller, *Transnationale Wirtschaftspolitik. Zur Politischen Ökonomie Europas*, Hamburg 1968.
Jürgen Kuczynski, *Eine Weltübersicht über die Geschichte der Lage der Arbeiter*, Band 37 der Reihe: *Die Geschichte der Lage der Arbeiter unter dem Kapitalismus*, Berlin (Ost) 1967.
Harald Dietrich Kühne, *Die Marxsche Theorie von der Funktion des Geldes als Weltgeld und deren Bedeutung für die Gestaltung und Beurteilung der Außenwirtschaftsprozesse in der Gegenwart*, in: Gunther Kohlmey (Hrsg.) *Außenwirtschaft und Wachstum*, Berlin (Ost) 1968.
Ulrich Küntzel, *Der Dollar-Imperialismus*, Neuwied und Berlin 1968.
Christopher Layton, *Trans-Atlantic Investments*, Boulogne-sur-Seine 1966.
Dieter Läpple, *Staat und allgemeine Produktionsbedingungen. Grundlagen zur Kritik der Infrastrukturtheorien*, Westberlin 1973.
Richard W. McLaren, *U.S. Antitrust Policy and Direct Foreign Investment*, in: S. E. Rolfe / W. Damm, *The Multinational Corporations in the World Economy. Direct Investment in Perpective*, New York/Washington/London 1970.
Hal B. Lary, Imports of Manufactures from Less Developed Countries, New York 1968.
David Lea, *Multinational Companies and Trade Union Interests*, in: John H. Dunning (Hrsg.), *The Multinational Enterprise*, London 1971.
Josef Ledwohn / Heinz Seeger (Hrsg.), *Gewerkschaften – Standort und Perspektive*, Frankfurt/Main 1971.
W. I. Lenin, *Die Entwicklung des Kapitalismus in Rußland*, in: Lenin, *Werke*, Band 3, Berlin (Ost) 1960.
W. I. Lenin, *Materialien zur Revision des Parteiprogrammes*, in: Lenin, *Werke*, Band 24, Berlin (Ost) 1959.
W. I. Lenin, *Hefte zum Imperialismus*, in: Lenin, *Werke*, Band 39, Berlin (Ost) 1965.
W. I. Lenin, *Der Imperialismus als höchstes Stadium des Kapitalismus*, Bücherei des Marxismus-Leninismus, Berlin (Ost) 1970.

Alfons Lemper, *UNCTAD 1968. Probleme und Perspektiven*, Hamburg 1968.
Charles Levinson, *Inflation – Das weltweite Phänomen*, Hamburg 1972.
Helmut Lipfert, *Einführung in die Währungspolitik*, München 1964.
Helmut Lipfert, *Devisenhandel*, Frankfurt/Main 1968.
I. A. Litvak / Ch. J. Maule (Hrsg.), *Foreign Investment: The Experience of Host Countries*, New York/Washington/London 1970.
Rosa Luxemburg, *Die Akkumulation des Kapitals. Ein Beitrag zur ökonomischen Erklärung des Imperialismus*, Berlin 1913.
Rosa Luxemburg, *Die Akkumulation des Kapitals oder was die Epigonen aus der Marxschen Theorie gemacht haben. Eine Anti-Kritik von Rosa Luxemburg*, Leipzig 1921.
Rosa Luxemburg, *Sozialreform oder Revolution?*, in: *Politische Schriften* I, Herausgegeben und eingeleitet von Ossip K. Flechtheim, Frankfurt/Main 1966.
Kyoichi Maekawa, *Die Abhängigkeit des japanischen Monopolkapitals vom US-Imperialismus und die neue Phase seiner militaristisch-imperialistischen Wiederbelebung*, in: *Sozialistische Politik* Nr. 19/1972.
Kyoichi Maekawa, *Struktureigenschaften des japanischen Kapitalismus und die Herrschaft der Monopole*, in: *Sozialistische Politik*, Nr. 18, 1972.
Kyoichi Maekawa, *Die allseitige Entfaltung des staatsmonopolistischen Kapitalismus und die hohe Akkumulation des Monopolkapitals in Japan*, in: *Sozialistische Politik* Nr. 20, 1972.
Fritz Machlup, *Die Pläne zur Reform des internationalen Geldwesens*, Kiel 1972.
Fritz Machlup, *Die Theorie des Devisenmarktes*, in: Klaus Rose (Hrsg.), *Theorie der internationalen Wirtschaftsbeziehungen*, Köln-Berlin 1966.
Angus Maddison, *Economic Growth in the West. Comparative Experience in Europe and North America*, New York, London 1964.
Harry Magdoff, *Das Zeitalter des Imperialismus. Die ökonomischen Hintergründe der US-Außenpolitik*, *Probleme sozialistischer Politik* Nr. 17, Frankfurt/Main 1969.
H. Magdoff / P. M. Sweezy, *Notes on the Multinational Corporation*, in: *Monthly Review*, Nr. 5, 1969.
H. Magdoff / P. M. Sweezy, *Inflation and the Dollar*, in: *Monthly Review*, Nr. 10, 1970.
Heribert Maier, *Multinationale Gesellschaften und internationale Investitionen*, in: Institut für Marxistische Studien und Forschungen

(Hrsg.), *Internationale Konzerne und Arbeiterklasse*, Frankfurt/Main 1972.

Markos Mamalakis, *Contribution of Copper to Chilean Economic Development 1920-67: Profile of a Foreign-Owned Export Sector*, in: R. F. Mikesell (Hrsg.), *Foreign Investment in the Petroleum and Mineral Industries. Case Studies of Investor-Host Country Relations*, Baltimore/London 1971.

Ernest Mandel, *Die Marxsche Theorie der ursprünglichen Akkumulation und die Industrialisierung der Dritten Welt*, in: *Folgen einer Theorie. Essays über ›Das Kapital‹ von Karl Marx*, Frankfurt/Main 1967.

Ernest Mandel, *Marxistische Wirtschaftstheorie*, Frankfurt/Main 1968.

Ernest Mandel, *Die EWG und die Konkurrenz Europa-Amerika*, Frankfurt/Main 1968.

Ernest Mandel, *Die Widersprüche des Imperialismus*, Berlin 1971.

Ernest Mandel, *Der Spätkapitalismus*, Frankfurt/Main 1972

Alfred Marshall, *The Pure Theory of Foreign Trade. The Pure Theory of Domestic Values*, London 1949

Alberto Martinelli / Eugenio Somaini, *National States and Multinational Corporations*, unveröffentlichtes Manuskript, vorgelegt auf dem Symposium »Multinational corporations and labour unions«, Nijmegen/Niederlande, Mai 1973

Karl Marx, Friedrich Engels, *Manifest der kommunistischen Partei*, in: Marx/Engels, *Werke*, Band 4, Berlin (Ost) 1964

Karl Marx, *Rede über die Frage des Freihandels*, in: Marx/Engels, *Werke*, Band 4, Berlin (Ost) 1964

Karl Marx, *Zur Kritik der Politischen Ökonomie*, in: Marx/Engels, *Werke*, Band 13, Berlin (Ost) 1964

Karl Marx, *Instruktionen für die Delegierten des Provisorischen Zentralrats zu den einzelnen Fragen*, Marx/Engels, *Werke*, Band 16, Berlin (Ost) 1964

Karl Marx, *Das Kapital*, Band 1, Marx/Engels, *Werke*, Band 23, Berlin (Ost) 1971

Karl Marx, *Das Kapital*, Band 2, Marx/Engels, *Werke*, Band 24, Berlin (Ost) 1966

Karl Marx, *Das Kapital*, Band 3, Marx/Engels, *Werke*, Band 25, Berlin (Ost) 1968

Karl Marx, *Theorien über den Mehrwert*, Teil I, Marx/Engels, *Werke*, Band 26.1, Berlin (Ost) 1965

Karl Marx, *Theorien über den Mehrwert*, Teil II, Marx/Engels, *Werke*, Band 26.2, Berlin (Ost) 1959

Karl Marx, *Theorien über den Mehrwert*, Teil III, Marx/Engels, *Werke*, Band 26.3, Berlin (Ost) 1968

Karl Marx, *Grundrisse der Kritik der Politischen Ökonomie*, Berlin (Ost) 1953
H. Matthöfer, *Internationale Kapitalzentralisation und Gewerkschaftsbewegung*, in: *Gewerkschaftliche Monatshefte*, Köln Nr. 8, 1971
Paul Mattick, *Marx und Keynes. Die Grenzen des gemischten Wirtschaftssystems*, Frankfurt/Main 1971
H. G. Meissner, Das Entwicklungsgeschäft, Berlin 1966
Internationaler Metallarbeiterbund (IMB), *Erklärung der Tagung der IMB-Weltautomobilausschüsse*, London, 23.-25. März 1971, in: Institut für Marxistische Studien und Forschungen (Hrsg.), *Internationale Konzerne und Arbeiterklasse*, Frankfurt/Main 1972
R. F. Mikesell (Hrsg.), *Foreign Investment in the Petroleum and Mineral Industries. Case Studies of Investor-Host Country Relations*, Baltimore/London 1971
R. F. Mikesell, *U.S. Private Investment in the Extractive Industries of the Developing Countries: Changing Patterns and Attitudes*, in: I. A. Litvak / Ch. J. Maule (Hrsg.), *Foreign Investment: The Experience of Host Countries*, New York, Washington, London 1970
Ralph Miliband, *Der Staat in der kapitalistischen Gesellschaft*, Frankfurt/Main 1972
John Stuart Mill, *Grundsätze der Politischen Ökonomie*, 2 Bände, Jena 1913
B. S. Minhas, *An International Comparison of Factor Costs and Factor Use*, Amsterdam 1963
Hans Möller, *Außenwirtschaftspolitik*, Wiesbaden 1961
Peter Müller, *Die Bedeutung der Industrialisierung unterentwickelter Länder für den deutschen Industrieexport*, Hamburg 1968
Wolfgang Müller / Christel Neusüß, *Die Sozialstaatsillusionen und der Widerspruch von Lohnarbeit und Kapital*, in: *Sozialistische Politik* Nr. 6/7, 1970
Bernd Muldau, *US-Investitionen in der EWG*, Hamburg 1966
Robin Murray, *The Internationalization of Capital and the Nation State*, in: *New Left Review*, Nr. 67, 1971
Tom Nairn, *British Nationalism and the EEC*, New Left Review, Nr. 69, 1971
Tom Nairn, *The Left against Europe?*, in: *New Left Review*, Nr. 75, 1972
Karl Neelsen, *Wirtschaftsgeschichte der BRD. Ein Grundriß*, Berlin (Ost) 1971
Katja Nehls, *Kapitalexport und Kapitalverflechtung*, Frankfurt/Main 1970
Katja Nehls, *Internationale Konzerne. Monopolmacht. Klassenkampf*

– *Die Rolle der internationalen Konzerne in der kapitalistischen Weltwirtschaft, IPW-Forschungshefte,* 8. Jahrgang, Heft 1, 1973
O. Neuloh / H. Wiedemann, *Arbeiter und technischer Fortschritt,* Köln/Opladen 1960
Christel Neusüß, *Imperialismus und Weltmarktbewegung des Kapitals,* Erlangen 1972
Neusüß/ Blanke/Altvater, *Kapitalistischer Weltmarkt und Weltwährungskrise,* in: *Probleme des Klassenkampfes,* Nr. 1, 1971
Martin Nicolaus, *Die Objektivität des Imperialismus. Anti-Mandel,* Berlin 1971
Ragnar Nurkse, *Internationale Kapitalbewegungen,* Wien 1935
Organisation for Economic Cooperation and Development (OECD), *Gaps in Technology, General Report,* Paris 1968
Organisation for Economic Cooperation and Development (OECD), *Gaps in Technology, Scientific Instruments,* Paris 1968
Organisation for Economic Cooperation and Development (OECD), *Gaps in Technology. Analytical Report,* Paris 1970
Organisation for Economic Cooperation and Development (OECD), *Inflation – The Present Problem,* Paris 1970
Fred Oelßner, *Die Wirtschaftskrisen – Die Krisen im vormonopolistischen Kapitalismus,* Frankfurt/Main 1971
Fred Oelßner, *Ein Beitrag zur Monopoltheorie,* in: *Probleme der Politischen Ökonomie,* Band 3, Berlin (Ost) 1960
Bertil Ohlin, *Interregional and International Trade,* Cambridge 1952
Bertil Ohlin, *Die Beziehung zwischen internationalem Handel und internationalen Bewegungen von Kapital und Arbeit,* in: Klaus Rose (Hrsg.), *Theorie der internationalen Wirtschaftsbeziehungen,* Berlin 1966
Christian Palloix, *L'économie mondiale capitaliste,* 2 Bände, Paris 1971
Französische Kommunistische Partei, *Die französischen Monopole im weltweiten Prozeß der industriellen Konzentration,* in: Institut für Marxistische Studien und Forschungen (Hrsg.), *Internationale Konzerne und Arbeiterklasse,* Frankfurt/Main 1972
Französische Kommunistische Partei, *Die Entwicklung der multinationalen Gesellschaften,* in: Institut für Marxistische Studien und Forschungen (Hrsg.), *Internationale Konzerne und Arbeiterklasse,* Frankfurt/Main 1972
Keith Pavitt, *The multinational enterprise and the transfer of technology,* in: John H. Dunning, *The Multinational Enterprise,* London 1971
L. B. Pearson, *Der Pearson-Bericht – Bestandaufnahme und Vorschläge zur Entwicklungspolitik,* München 1969

Edith Penrose, *The Growth of Firms, Middle East Oil and other Essays*, Plymouth 1971
Edith Penrose, *The state and multinational enterprises in less-developed countries*, in: John H. Dunning (Hrsg.), *The Multinational Enterprise*, London 1971
Edith Penrose, *Foreign Investment and the Growth of the Firm*, in: *Economic Journal*, vol. 66, 1956; erneut abgedruckt in: John H. Dunning (Hrsg.), *International Investment*, Middlesex, Engl. 1972
Werner Petrowsky, *Zur Entwicklung der Theorie des staatsmonopolistischen Kapitalismus*, in: *Probleme des Klassenkampfes* Nr. 1, 1971
Ernst Piehl, *Struktur, Strategie und Perspektive der Gewerkschaften in Westeuropa*, in: *Gewerkschaftsspiegel*, Nr. 10, 1972
Ernst Piehl, *Gewerkschaftliche Gegenmacht gegenüber multinationalen Konzernen*, in: *Gewerkschaftsspiegel*, Nr. 2, 1973
Friedrich Pollock, *Automation*, Frankfurt/Main 1964
Thomas L. Powrie, *Foreign Investment in Canada*, in: S. E. Rolfe / W. Damm (Hrsg.), *The Multinational Corporation in the World Economy. Direct Investment in Perspective*, New York/Washington/London 1970
Raul Prebisch, *Für eine bessere Zukunft der Entwicklungsländer*, Berlin 1968
Projekt Klassenanalyse, *Zur Kritik der Sozialstaatsillusionen*, in: *Sozialistische Politik*, Nr. 14/15, 1971
Projekt Klassenanalyse, *Leninismus – neue Stufe des wissenschaftlichen Sozialismus? Zum Verhältnis von Marxscher Theorie, Klassenanalyse und revolutionärer Taktik bei W. I. Lenin*, 2 Halbbände, Westberlin 1972
Projekt Klassenanalyse, *Zur Taktik der Proletarischen Partei. Marxsche Klassenanalyse Frankreichs von 1848-1871*, Westberlin 1972
Redaktionskollektiv Gewerkschaften, *Zu einigen Aspekten der Klassenkämpfe in Westeuropa in den 60er Jahren anhand aktueller Untersuchungen*, in: *Probleme des Klassenkampfes*, Nr. 3, 1972
W. B. Reddaway u. a., *Effects of U.K. Direct Investment Overseas. An Interim Report*, Cambridge 1967
W. B. Reddaway u. a., *Effects of U.K. Direct Investment Overseas. Final Report*, Cambridge 1968
Helmut Reichelt, *Zur logischen Struktur des Kapitalbegriffes bei Karl Marx*, Frankfurt/Main 1970
Ilan Reisin, *Zur Diskussion neuerer Probleme der Imperialismusanalyse*, Teil I in: *Sozialistische Politik*, Nr. 19, 1972, Teil II in: *Sozialistische Politik*, Nr. 21, 1972
David Ricardo, *Grundsätze der Volkswirtschaft und der Besteuerung*, Leipzig 1837
J. A. Riddell, *The Situation of labour unions outside of Europe*, unver-

öffentlichtes Manuskript, vorgelegt auf dem Symposium »Multinational corporations and labour unions«, Nijmegen/Niederlande, Mai 1973
J. A. Riddell, *Strategy towards National Governments and international Organisation*, unveröffentlichtes Manuskript, vorgelegt auf dem Symposium »Multinational corporations and labour unions«, Nijmegen/Niederlande, Mai 1973
David Robertson, *The multinational enterprise: trade flows and trade policy*, in: John H. Dunning (Hrsg.), *The Multinational Enterprise*, London 1971
Ulrich Rödel, *Forschungsprioritäten und technologische Entwicklung*, Frankfurt/Main 1972
Sidney E. Rolfe, *The International Corporations in Perspective*, in: S. E. Rolfe / W. Damm (Hrsg.), *The Multinational Corporation in the World Economy. Direct Investment in Perspective*, New York/Washington/London 1970
S. E. Rolfe / W. Damm (Hrsg.), *The Multinational Corporation in the World Economy. Direct Investment in Perspective*, New York/Washington/London 1970
Roman Rosdolsky, *Zur Entwicklungsgeschichte des Marxschen ›Kapital‹*, 2 Bände, Frankfurt/Main 1968
Klaus Rose (Hrsg.), *Theorie der internationalen Wirtschaftsbeziehungen*, Berlin 1966
Klaus Rose, *Entwicklung und Stand der Außenwirtschaftstheorie*, in: derselbe (Hrsg.), *Theorie der internationalen Wirtschaftsbeziehungen*, Berlin 1966
Klaus Rose, *Theorie der Außenwirtschaft*, Berlin 1970
Kurt W. Rothschild, *Marktform, Löhne, Außenhandel – Beiträge zur Wirtschaftstheorie und Wirtschaftspraxis*, Wien 1966
Robert Rowthorn in collaboration with Stephen Hymer, *International Big Business 1957-1967 – A Study of Comparative Growth*, Cambridge 1971
Bob Rowthorn, *Imperialism in the Seventies – Unity or Rivalry*, in: *New Left Review*, Nr. 69, 1971
I. I. Rubin, *Studien zur Marxschen Werttheorie*, Frankfurt/Main 1973
Seymour J. Rubin, *The International Firms and the National Jurisdiction*, in: *Charles P. Kindleberger (Hrsg.), The international Corporation*, Cambridge, Mass., 1970
M. R. Sachmatowa, *Die Expansion des USA-Privatkapitals nach Westeuropa*, Berlin (Ost) 1968
Sachverständigenrat, *Jahresgutachten 1972*, Bundesdrucksache 612/72, Bonn 1972
P. A. Samuelson, *Der Ausgleich der Faktorpreise durch den interna-*

tionalen Handel, in: Klaus Rose (Hrsg.); *Theorie der internationalen Wirtschaftsbeziehungen,* Berlin 1966
P. A. Samuelson, *Der internationale Faktor-Preis-Ausgleich – noch einmal,* in: Klaus Rose (Hrsg.), *Theorie der internationalen Wirtschaftsbeziehungen,* Berlin 1966
Hans-Bernd Schäfer, *Imperialismusthesen und Handelsgewinne,* Düsseldorf 1972
Hans-Eckart Scharrer, *Portfolio-Kapitalexport und Zahlungsbilanz,* Hamburg 1970
Hans-Eckart Scharrer (Hrsg.), *Förderung privater Direktinvestitionen,* Hamburg 1972
Hans-Eckart Scharrer, *Direktinvestitionen im Ausland – Probleme der Messung und Förderung,* in: derselbe (Hrsg.), *Förderung privater Direktinvestitionen,* Hamburg 1972
Heinz Schluep, *Der Außenhandelsprotektionismus und die Entwicklungsländer,* Winterthur 1964
J. L. Schmidt u. a., *Staatsmonopolistischer Kapitalismus und kapitalistischer Weltmarkt,* in: *Probleme des kapitalistischen Weltmarktes,* Nr. 2, Berlin (Ost) 1959
Matthias Schmitt, *Entwicklungshilfe als unternehmerische Aufgabe,* Frankfurt/Main 1965
Günter Schmölders, *Geldpolitik,* Tübingen 1962
Erich Schneider (Hrsg.), *Weltwirtschaftliche Probleme der Gegenwart.* Schriften des Vereins für Sozialpolitik, NF, Band 35, Berlin 1965
Erich Schneider, *Zahlungsbilanz und Wechselkurs,* Tübingen 1968
Wolfgang Schöller, *Werttransfer und Unterentwicklung. Zur neueren Diskussion um Weltmarkt, Unterentwicklung und Akkumulation des Kapitals in unterentwickelten Ländern,* in: *Probleme des Klassenkampfes,* Nr. 6/1973
Conrad Schuhler, *Zur Politischen Ökonomie der Armen Welt,* München 1969
Joachim Schulz, *Entwicklungshilfe durch Handelsverträge – eine kritische Analyse der westdeutschen Handelsbeziehungen mit überseeischen Entwicklungsländern von 1950 bis 1963,* Hamburg 1966
Bernd Schüngel, *Zur Frage der Abhängigkeit der kapitalistischen Industrieländer von den Rohstoffen der Dritten Welt,* in: *Das Argument,* Nr. 53, Berlin 1969
Heinz Seeger, *Internationale Kapitalkonzentration und gewerkschaftliche Gegenmacht,* in: J. Ledwohn / H. Seeger (Hrsg.), *Gewerkschaften – Standort und Perspektive,* Frankfurt/Main 1971
Hubertus Seifert, *Die deutschen Direktinvestitionen im Ausland,* Köln und Opladen 1967
Willi Semmler / Jürgen Hoffmann, *Kapitalakkumulation, Staatsein-*

griffe und Lohnbewegung, in: *Probleme des Klassenkampfes*, Nr. 2, 1972
Dieter Senghaas (Hrsg.), *Imperialismus und strukturelle Gewalt. Analysen über abhängige Reproduktion*, Frankfurt/Main 1972
Eva Senghaas-Knobloch, *Fragen einer gewerkschaftlichen Strategie gegenüber den multinationalen Konzernen*, unveröffentlichtes Manuskript, vorgelegt auf dem Symposium »Multinational corporations and labour unions«, Nijmegen/Niederlande, Mai 1973
Jean Jacques Servan-Schreiber, *Die amerikanische Herausforderung*, Hamburg 1970
Eli Shapiro / Francis J. Deastlov, *The Supply of Funds for U.S. Direct Foreign Investment*, in: Charles P. Kindleberger (Hrsg.), *The international Corporation*, Cambridge, Mass., 1970
Andrew Shonfield, *Modern Capitalism – The Changing Balance of Public and Private Power*, London/Oxford/New York 1969
Hans Sieber, *Die realen Austauschverhältnisse zwischen Entwicklungsländern und Industriestaaten*, Zürich 1968
D. A. Snider, *The Case for Capital Controls to Relieve the U.S. Balance of Payments*, in: *American Economic Review*, vol. 54, 1964, erneut abgedruckt in: John H. Dunning (Hrsg.), *International Investment*, Middlesex, England, 1972
Eugenio Somaini, *On the roots and consequences of economic nationalism*, unveröffentlichtes Manuskript, vorgelegt auf dem Symposium »Multinational corporations and labour unions«, Nijmegen/Niederlande, Mai 1973
Klaus-Heinrich Standke, *Amerikanische Investitionspolitik in der EWG*, Frankfurt/Main 1965
Kurt Steinhaus, *Zur Theorie des internationalen Klassenkampfes*, Frankfurt/Main 1967
Max Steuer / John Gennard, *Industrial relations, disputes and labour utilization in foreign-owned firms in the United Kingdom*, in: John H. Dunning (Hrsg.), *The Multinational Enterprise*, London 1971
Rudolf Strauch, *Die atlantische Wirtschaftsgemeinschaft*, Zürich/St. Gallen 1970
Paul Streeten, *Costs and benefits of multinational enterprise in less-developed countries*, in: John H. Dunning (Hrsg.), *The Multinational Enterprise*, London 1971
J. Wilnar Sundelson, *U.S. Automotive Investments Abroad*, in: Charles P. Kindleberger (Hrsg.), *The international Corporation*, Cambridge, Mass., 1970
J. F. Sudworth, *The chemical industry: a case study*, in: John H. Dunning (Hrsg.), *The Multinational Enterprise*, London 1971
Paul M. Sweezy, *Theorie der kapitalistischen Entwicklung*, Köln 1959

Gerd Tacke, *Kapitalausfuhr und Warenausfuhr*, Jena 1933
F. W. Taussig, *Theorie der internationalen Wirtschaftsbeziehungen*, Leipzig 1929
Werner Theess, *Kapitalistische Rohstoffmärkte – Internationale Rohstoffabkommen*, in: *Probleme der kapitalistischen Weltwirtschaft*, Nr. 8, Berlin (Ost) 1967
Rolf Thiessen, *Kapitalanlage im Ausland. Tendenzen und Motive*, Berlin 1965
European Free Trade Association (EFTA), *Die Auswirkungen der EFTA und der EWG auf den Handel 1959-1967*, Genf 1972
Robert Triffin, *Die Währungsordnung des 20. Jahrhunderts*, Stuttgart 1963
Robert Triffin, *Wegweiser vom Währungswirrwarr*, Berlin 1967
Kurt P. Tudyka, *Multinationale Konzerne.* Diskussionsbeitrag zur Tagung der Sektion Internationale Politik der Deutschen Vereinigung für Politische Wissenschaft in Tutzing, April 1973
Ch. Tugendhat, *The Multinationals*, London 1971
L. Turner, *Invisible Empires. Multinational Companies and the Modern World*, London 1970
United Nations, *Statistical Yearbook of the United Nations*, New York 1969
Pierre Uri, *Bericht über die Wettbewerbsfähigkeit der Europäischen Gemeinschaft*, 2 Bände, Anhang, Brüssel, Nov. 1971
Eugen Varga, *Der englisch-amerikanische Gegensatz im zweiten imperialistischen Krieg*, in: derselbe, *Die Krise des Kapitalismus und ihre politischen Folgen*, Frankfurt/Main und Wien 1969
Eugen Varga, *Die Krise des Kapitalismus und ihre politischen Folgen*, herausgegeben und eingeleitet von Elmar Altvater, Frankfurt/Main und Wien 1969
James W. Vaupel / Joan P. Curhan, *The Making of Multinational Enterprise – A Sourcebook of Tables based on a Study of 187 Major U.S. Manufacturing Corporations*, Boston 1969
Raymond Vernon, *How Latin America Views the U.S. Investor*, New York/Washington/London 1967[2]
Raymond Vernon, *Manager in the international economy*, Englewood Cliffs, 1968
Raymond Vernon, *Future of the Multinational Enterprise*, in: Charles P. Kindleberger (Hrsg.), *The international Corporation*, Cambridge/Mass., 1970
Raymond Vernon, *Sovereignty at Bay – The Multinational Spread of U.S. Enterprises*, New York/London 1971
Raymond Vernon, *Restrictive business practices, the operation of multinational United States enterprises in developing countries. Their*

role in trade and development, herausgegeben von: United Nations, New York 1972
Raymond Vernon, *The Economic Environment of International Business*, Englewood Cliffs, 1972
Raymond Vernon, *International Investment and International Trade in the product cycle*, in: *Quarterly Journal of Economics*, Vol. 80, 1966, wieder abgedruckt in: John H. Dunning (Hrsg.), *International Investment*, Middlesex/Engl. 1972
Jacob Viner, *Studies in the theory of international trade*, New York 1937
Otto Vogel, *Konzentrationsbewegung im Ausland*, in: Knauss/Vogel/Hermanns, *Unternehmenskonzentration in der westlichen Welt*, Köln 1967
Kenneth N. Waltz, *The Myth of National Interdependence*, in: Charles P. Kindleberger (Hrsg.), *The international corporation*, Cambridge/Mass. 1970
E. Wangenheim, *Die Wirkungen zwischenstaatlichen Kapitalverkehrs auf Wechselkurse und Zahlungsbilanzen*, Berlin 1968
Malcolm Warner / Louis Turner, *Trade Unions and the Multinational Firms*, in: *The Journal of Industrial Relations*, Juni 1972
Nat Weinberg, *The international corporation and labor*, unveröffentlichtes Manuskript, vorgelegt auf dem Symposium »Multinational corporations and labour unions«, Nijmegen/Niederlande, Mai 1973
Weltgewerkschaftsbund, *Die Gewerkschaften und die Multinationalen Gesellschaften*, in: Institut für Marxistische Studien und Forschungen (Hrsg.), *Internationale Konzerne und Arbeiterklasse*, Frankfurt/Main 1972
Weltgewerkschaftsbund, *Einheit – eine wirksame Waffe gegen die multinationalen Gesellschaften*, in: Institut für Marxistische Studien und Forschungen (Hrsg.), *Internationale Konzerne und Arbeiterklasse*, Frankfurt/Main 1972
Weltgewerkschaftsbund, *Die internationalen Monopole und die Aufgaben, die sich daraus für unsere IVG und die nationalen Industriegewerkschaften ergeben*, in: Institut für Marxistische Studien und Forschungen (Hrsg.), *Internationale Konzerne und Arbeiterklasse*, Frankfurt/Main 1972
Michael Whitehead, *The multinationally-owned Company: a case-study*, in: John H. Dunning (Hrsg.), *The Multinational Enterprise*, London 1971
H. David Willey, *Direct Investment Controls and the Balance of Payments*, in: Charles P. Kindleberger (Hrsg.), *The international Corporation*, Cambridge/Mass., 1970
Hans Willgerodt u. a., *Wege und Irrwege zur europäischen Wäh-*

rungsunion, Freiburg 1972
Margaret Wirth, *Kapitalismustheorie in der DDR*, Frankfurt/Main 1972
Europäische Wirtschaftsgemeinschaft – Kommission, *Erster Bericht über die Entwicklung der Wettbewerbspolitik – Anlage zum 5. Gesamtbericht über die Tätigkeit der Gemeinschaften*, Brüssel/Luxemburg 1972
Europäische Wirtschaftsgemeinschaft – Kommission, *Zweiter Bericht über die Entwicklung der Wettbewerbspolitik – Anlage zum 6. Gesamtbericht über die Tätigkeit der Gemeinschaften*, Brüssel/Luxemburg 1973
Jack Woddis, *Introduction to Neo-Colonialism*, London 1967
Richard D. Wolff, *Der gegenwärtige Imperialismus in der Sicht der Metropole*, in: Dieter Senghaas (Hrsg.), *Imperialismus und strukturelle Gewalt. Analysen über abhängige Reproduktion*, Frankfurt/Main 1972
Wilfried Wunden, *Die Textilindustrie der BRD im Strukturwandel*, Basel 1969
S. L. Wygodski, *Der gegenwärtige Kapitalismus. Versuch einer theoretischen Analyse*, Köln 1972
M. Y. Yoshino, *Japan as Host to the International Corporation*, in: Charles P. Kindleberger (Hrsg.), *The International Corporation*, Cambridge/Mass. 1970
Süddeutsche Zeitung, Nr. 151, 155, 158, 159, 163, 1973
L. J. Zimmermann, *Das Verhältnis von Industrie- zu Entwicklungsländern auf längere Sicht*, Hamburg 1968
L. J. Zimmermann, *Arme und reiche Länder*, Köln 1963

Bibliothek Suhrkamp

319 John Millington Synge, Die Aran-Inseln
320 Bernard Shaw, Der Aufstand gegen die Ehe
321 Henry James, Die Tortur
322 Edward Bond, Lear
323 Ludwig Hohl, Vom Erreichbaren und vom Unerreichbaren
324 Alexander Solschenizyn, Matrjonas Hof
325 Jerzy Andrzejewski, Appellation
326 Pio Baroja, Shanti Andía, der Ruhelose
327 Samuel Beckett, Mercier und Camier
328 Mircea Eliade, Auf der Mântuleasa-Straße
329 Hermann Hesse, Kurgast
330 Peter Szondi, Celan-Studien
331 Hans Erich Nossack, Spätestens im November
332 Weniamin Alexandrowitsch Kawerin, Das Ende einer Bande
333 Gershom Scholem, Judaica 3
334 Ricarda Huch, Michael Bakunin und die Anarchie
335 Bertolt Brecht, Svendborger Gedichte
336 Francis Ponge, Im Namen der Dinge
337 Bernard Shaw, Wagner-Brevier
338 James Joyce, Stephen der Held
339 Zbigniew Herbert, Im Vaterland der Mythen
341 Nathalie Sarraute, Tropismen
342 Hermann Hesse, Stufen
343 Rainer Maria Rilke, Malte Laurids Brigge
344 Hermann Hesse, Glück
345 Peter Huchel, Gedichte
346 Adolf Portman, Vom Lebendigen
347 Ingeborg Bachmann, Gier
348 Knut Hamsun, Mysterien
349 Boris Pasternak, Schwarzer Pokal
350 James Joyce, Ein Porträt des Künstlers
351 Franz Kafka, Die Verwandlung
352 Hans-Georg Gadamer, Wer bin Ich und wer bist Du
353 Hermann Hesse, Eigensinn
354 Wladimir W. Majakowskij, Ich
356 Werner Kraft, Spiegelung der Jugend
357 Edouard Roditi, Dialoge über Kunst
359 Bernard Shaw, Der Kaiser von Amerika
360 Bohumil Hrabal, Moritaten und Legenden
361 Ödön von Horváth, Glaube Liebe Hoffnung

362 Jean Piaget, Weisheit und Illusionen der Philosophie
363 Richard Hughes, Ein Sturmwind auf Jamaika
365 Wolfgang Hildesheimer, Tynset
366 Stanislaw Lem, Robotermärchen
367 Hans Mayer, Goethe
368 Günter Eich, Gedichte
369 Hermann Hesse, Iris
370 Paul Valéry, Eupalinos
371 Paul Ludwig Landsberg, Die Erfahrung des Todes
372 Rainer Maria Rilke, Der Brief des jungen Arbeiters
373 Albert Camus, Ziel eines Lebens
375 Marieluise Fleißer, Ein Pfund Orangen
376 Thomas Bernhard, Die Jagdgesellschaft
377 Bruno Schulz, Die Zimtläden
378 Roland Barthes, Die Lust am Text
379 Joachim Ritter, Subjektivität
380 Sylvia Plath, Ariel
381 Stephan Hermlin, Der Leutnant Yorck von Wartenburg
382 Erhart Kästner, Zeltbuch von Tumilat
383 Yasunari Kawabata, Träume im Kristall
384 Zbigniew Herbert, Inschrift
385 Hermann Broch, Hofmannsthal und seine Zeit
386 Joseph Conrad, Jugend
388 Ernst Bloch, Erbschaft dieser Zeit
389 Thomas Mann, Leiden und Größe der Meister
390 Viktor Šklovskij, Sentimentale Reise
391 Max Horkheimer, Die gesellschaftliche Funktion der Philosophie
392 Heinrich Mann, Die kleine Stadt
393 Wolfgang Koeppen, Tauben im Gras
394 Cesare Pavese, Das Handwerk des Lebens
395 Theodor W. Adorno, Noten zur Literatur IV
397 Ferruccio Busoni, Entwurf einer neuen Ästhetik der Tonkunst
398 Ernst Bloch, Zur Philosophie der Musik
399 Oscar Wilde, Die romantische Renaissance
400 Marcel Proust, Tage des Lesens
402 Paul Nizan, Das Leben des Antoine B.
403 Hermann Heimpel, Die halbe Violine
404 Octavio Paz, Das Labyrinth der Einsamkeit
405 Stanislaw Lem, Das Hohe Schloß
406 André Breton, Nadja
407 Walter Benjamin, Denkbilder
415 Thomas Bernhard, Die Macht der Gewohnheit

635 Manfred Jendryschik, Frost und Feuer, ein Protokoll und andere Erzählungen
636 Paul A. Baran, Paul M. Sweezy, Monopolkapital. Ein Essay über die amerikanische Wirtschafts- und Gesellschaftsordnung
637 Alice Schwarzer, Frauenarbeit – Frauenbefreiung
638 Architektur und Kapitalverwertung
639 Oskar Negt, Alexander Kluge, Öffentlichkeit und Erfahrung
640 Probleme des Sozialismus und der Übergangsgesellschaften. Herausgegeben von Peter Hennicke
641 Paavo Haavikko, Gedichte
642 Martin Walser, Wie und wovon handelt Literatur
643 Arzt und Patient in der Industriegesellschaft. Herausgegeben von Otto Döhner
644 Rolf Tiedemann, Studien z. Philosophie Walter Benjamins
646 H. J. Schmitt, Expressionismus-Debatte
647 Über Peter Huchel
649 Renate Damus, Entscheidungsstrukturen und Funktionsprobleme in der DDR-Wirtschaft
650 Hans Ulrich Wehler, Geschichte als Historische Sozialwissenschaft
651 Segmente der Unterhaltungsindustrie
652 Peripherer Kapitalismus. Herausgegeben von Dieter Senghaas
655 Die negierte Institution
659 Heinar Kipphardt, Stücke I
660 Peter v. Oertzen, Die soziale Funktion des staatsrechtlichen Positivismus
661 Kritische Friedenserziehung
662 Thesen zur deutschen Sozial- und Wirtschaftsgeschichte 1933 bis 1938
663 Gerd Hortleder, Ingenieure in der Industriegesellschaft
664 Hans Setzer, Wahlsystem und Parteienentwicklung in England
665 Alexander Kluge, Lernprozesse mit tödlichem Ausgang
670 Peter Bulthaup, Zur gesellschaftl. Funktion der Naturwissenschaften
671 Materialien zu Horváths ›Glaube Liebe Hoffnung‹. Herausgegeben von Traugott Krischke
672 Reform des Literaturunterrichts. Eine Zwischenbilanz. Herausgegeben von H. Brackert und W. Raitz
674 Monopol und Staat
675 Autorenkollektiv Textinterpretation und Unterrichtspraxis, Projektarbeit als Lernprozeß
676 George Lichtheim, Das Konzept der Ideologie
677 Heinar Kipphardt, Stücke II
678 Erving Goffman, Asyle

679 Dieter Prokop, Massenkultur und Spontaneität
680 Die Kommune in der Staatsorganisation
681 M. Dubois-Reymond / B. Söll, Neuköllner Schulbuch, 2 Bände
682 Dieter Hoffmann-Axthelm, Theorie der künstlerischen Arbeit
683 Dieter Kühn, Unternehmen Rammbock
688 Evsej G. Liberman, Methoden der Wirtschaftslenkung im Sozialismus
689 Martin Walser, Die Gallistl'sche Krankheit
694 Schule und Staat im 19. Jahrhundert. Herausgegeben von K. Hartmann, F. Nyssen, H. Waldeyer
695 Gesellschaft, Beiträge zur Marxschen Theorie 1
696 Hans Magnus Enzensberger, Palaver
697 Psychoanalyse der weiblichen Sexualität. Herausgegeben von Janine Chasseguet-Smirgel
699 Wolfgang Lempert, Berufliche Bildung als Beitrag zur gesellschaftlichen Demokratisierung
701 Sozialistische Realismuskonzeptionen.
702 Claudio Napoleoni. Ricardo und Marx. Herausgegeben von Cristina Pennavaja
704 Joachim Hirsch, Staatsapparat und Reproduktion des Kapitals
705 Neues Hörspiel O-Ton. Der Konsument als Produzent. Herausgegeben von Klaus Schöning
707 Franz Xaver Kroetz, Oberösterreich, Dolomitenstadt Lienz, Maria Magdalena, Münchner Kindl
708 Was ist Psychiatrie? Herausgegeben von Franco Basaglia
710 Rosa Luxemburg oder Die Bestimmung des Sozialismus. Herausgegeben von Claudio Pozzoli
712 Hartwig Berger, Untersuchungsmethoden und soziale Wirklichkeit
713 Werkbuch über Tankred Dorst. Herausgegeben von Horst Laube
718 Perspektiven der kommunalen Kulturpolitik. Herausgegeben von Hilmar Hoffmann
719 Peter M. Michels, Bericht über den Widerstand in den USA
722 Jürgen Becker, Umgebungen
728 Beulah Parker, Meine Sprache bin ich
737 Louis Althusser, Für Marx
740 Bertolt Brecht, Das Verhör des Lukullus. Hörspiel
741 Klaus Busch, Die multinationalen Konzerne
777 Caspar David Friedrich und die deutsche Nachwelt. Herausgegeben von Werner Hofman

Alphabetisches Verzeichnis der edition suhrkamp